JN224613

熊本社会運動史研究

上田穰一

熊本近代史研究会

目次

一、熊本の労働運動概観

黎明期の労働問題と労働者運動

労働問題および労働者運動の成熟は、一般的には明治三〇年代以後に属するが明治二七・八（一八九四・五）年の日清戦争前にも皆無ではなかった。しかしそれは、極めて前期的性格が強く、本県では、日露戦争以後も同様な傾向が著しく残った。

明治一六年九月二一日―二三日および翌年三月四日に発生した三池炭坑の騒動も、劣悪な労働条件のもとで苛烈な労働を強制された囚人労働者の一揆的暴動であった。

日清戦争前に創業された工場・鉱山は、県下ではほとんど見るべきものはなく、わずかに、日本セメント（八代）・五木鉱山（球磨郡五木村）・岩屋銅山（球磨郡深田村、現あさぎり町）・肥後製蠟（飽託郡出水村、現熊本市）などの名を挙げうるにすぎない。

出稼労働と納屋制度

このような工・鉱（礦）業の未発達のため、県下の労働者数も極く少数であった。他方、県外への出稼労働者は少なくなかった。福岡や長崎の炭坑などでは、本県出身の坑夫が多数を占めていた。明治二一（一八八八）年、松岡好

第1表　高島炭坑県別出身地一覧（明治21年）

出　身　県	人　数
長　　　崎	442
福　　　岡	405
熊　　　本	286
佐　　　賀	179
広　　　島	166
大　　　分	140
山　　　口	115
そ　の　他	393
計	2,129

(註)隅谷三喜男「日本賃労働史論」昭和30年7月。

一らの暴露記事で「明治前期における最大の労働問題[1]」となった「地獄島」＝長崎県高島炭坑は、明治初年以来、しばしば坑夫の暴動が繰り返されたが、ここの坑夫の実に一三％余は熊本県出身者であった（第1表参照）。筑豊地方の炭坑においても、本県出身の坑夫は多数にのぼり、例えば笠松村炭坑（福岡県鞍手郡、現宮若市）では、山口・熊本・大分・鹿児島の順であった（明治二〇年前後）。

筑豊の炭坑や高島炭坑などは、典型的な納屋制度で知られ、生殺与奪の権を握る「納屋頭」のもとで無権利な奴隷的状態におかれ、「終身復タ故国ニ帰ルノ日ナシ[2]」といわれた高島炭坑において、県下農村出身の坑夫は「生きながらの無間地獄[3]」に堕ちていた。明治末期の坑山でも、依然としてこのような状態は続いた。明治四二（一九〇九）年一月の天草魚貫炭坑の坑夫一〇〇〇名余の暴動も、詳細は明らかではないが、劣悪苛酷な労働条件に対する忿懣の爆発であったことは事実である。

第2表　主要事業場創業年次一覧

工場・坑山名	創業年次
美　作　製　糸	明治28年
肥　後　製　糸	〃　29年
熊　本　製　糸	〃　29年
熊本織物力食	〃　29年
九　州　製　糸	〃　29年
関　　製　　糸	〃　31年
万　田　炭　坑	〃　31年
九　州　紡　績	〃　32年
鐘　淵　紡　績	〃　32年

労働問題の発生と明治の工女

日清戦争は、結果として資本主義産業を飛躍的に発展させ、資本主義の急速な確立をもたらすモメントとなったが、民間工業の中では、とりわけ紡績・製糸業がめざましい発展をとげた。第2表に示すように、県下でも鐘淵紡績春日工場をはじめ多くの紡績・製糸工場が創業され、この時以後、県下の労働者の数も次第に多くなり、大正期に入って急速な増加を見せた（第3表参照）。このことは、県下の労働問題と労働者運動を急速に進展させることとなった。

明治期労働問題の特徴の一つは、幼少年および婦人労働であるが、県下の賃金労働者は、大正二（一九一三）年まで、女子労働者の数が、男子労働者の数を上廻っており、一〇名以上を雇傭する工場についてみても、一四歳未満の工女が、多い年（明治三八年）には県下全工女の一九％以上を占めた。甚しい例では、六・七歳の児童すらいた。主として家内工業的経営が支配していた織物業に働く女子労働者＝工女＝を含めると女子労働者の比重は、さらに決定的となる。すなわち、織物業では、男二〇一人に対して、女三万八〇四七人、計三万八二四八人（明治二九年末現在）であった。

第３表　県下工場ならびに労働者数の推移

	工場数	男	女	計
明治33年	51	1,299	1,600	2,899
40年	69	1,608	1,930	3,538
（明治45年）大正 1年	102	2,147	2,836	4,983
2年	93	2,152	2,682	4,834
3年	119	6,749	3,681	10,430
4年	103	3,821	2,629	6,450
5年	114	3,856	3,145	7,001
6年	135	4,732	3,985	8,717

（註）各年次「熊本県統計書」より作製。ただし、常時10名以上の工場のみ、一部は採鉱などを除いてあり、年次により若干の基準の差がある。

県下の賃金労働者の過半数を占める工女の大部分は、紡績・製糸・織物の衣料三部門に集中し、その労働条件は極度に苛酷なものであった。生糸および織物工場では、一二、三時間から一七、八時間の長時間労働が行なわれ、「就業時間外と雖も外出を許さず、日曜も尚ほ限りある一定の障壁内に蟄居せしめ自由の散策も禁」(4)じ「工女は父の死亡か危篤の場合でなければ一切外出」(5)もさせず、「食物はワリ麦六分に米四、寝室は豚小屋に類して醜陋見るべから」(6)ざる寄宿舎に拘禁されていた。「工女の少し見目よきものは別室に置かれて淫楽の犠牲となつて居」(7)たという例も少くなかった。強制貯蓄制度と賞旗制、残酷で卑猥な「体罰」、「年期契約」または「前借金制度」、出来高払制賃金給が支配的であった。「肉体消磨的」過度労働、「印度以下的」低賃金、(8)拘禁的、半奴隷的労働関係のもとで、「誘拐」と「争奪」を含む方法で集められた工女は、「逃亡」もしくは「結核工女」として肉親の住む農村に帰っていった。これが多数工女の辿る運命であった。

工場法の施行

このような幼少年労働者と工女を保護する労働法すら当時は存在しなかった。労働法としては、不徹底かつ不充分なものではあったが、工場法が施行されたのは、大正五（一九一六）年九月であった。県は同法施行取締に関する県令を定めたが、県下の適用工場は八〇数工場、そのうち労働者数の最も多いのは、日本窒素鏡工場（男一二六八人・女六三人、計一三三一人）であった。工場法施行時、適用工場の保護職工とされた一五歳未満の男工は約五〇〇人、女工総数は三〇〇〇人を超えていた。

日露開戦と非戦運動

日露戦争後の明治三九・四〇（一九〇六・七）年に至って労働運動の全国的高まりは、明治期最大のものとなった。初期社会主義運動もまた全国的に広まりを見せた。明治四〇年六月に創刊された「熊本評論」は、ストライキの頻発を「廿世紀の新潮流(9)」と指摘している。このような傾向は、プロレタリアートの極度に未成熟な熊本にも、影響を及ぼさずにはおかなかった。

日露開戦を前にして、幸徳秋水らが展開した「非戦論」—平民社の反戦運動を中心とする社会主義運動は、県内の各地にも多くの支持・共鳴者を生んだ。東京では、田添鉄二や八代郡出身の松岡悟（荒村）が病躯をかえりみずめざましい活躍を見せ、県内にも、松尾卯一太（玉名）・吉田勝蔵（玉名）・池尻豊吉（人吉）・尾前正行（球磨）・野中誠之（熊本市）、それに松隈勇（玉名）ら長洲グループ（のち民声倶楽部）などの人々がいるが、「挙国一致の聖戦」を支持する国民的風潮に抗して敢然と「非戦」を叫び、集会をもち、あるいは、啓蒙的パンフレットの行商などをおこなった。

明治後期の労働者運動

明治三九（一九〇六）年二月に結成された「日本社会党」には、東京にいた飽託郡（現熊本市）出身の田添鉄二が中心的役割を担っただけでなく、熊本から植田清之助・魚住季治が、正式に党員として参加した。明治四〇年六月には、松尾・新美卯一郎らの手で「政治的自由平等の革命主義に、社会的自由平等革命を加えて」[10]「熊本評論」が創刊（明治四〇年六月―明治四一年九月）され、花々しい活動を始めた。「熊本評論」は「鐘紡問題、兵器廠問題乃至は兵士の行斃れ、兵士の憤死など、熊本に於ける惨虐の声も漸く高き様見受申候」[11]と報じたが、同年七月末には、春日駅（現熊本駅）仲仕の賃金値上げストライキがおこり、勝利を収めた。翌年一月一〇日から一六日にかけては、熊本市内洋服縫工が賃金三割引上げを中心とする要求をかかげて、同盟罷工を行なった。なお、洋服縫工は、当時県下の職人的労働者のうち、最も高い賃金水準にあった。

明治四一（一九〇八）年一月末から始まった熊本市内人力車夫争議は、新美卯一郎を中心とする「熊本評論」同人らの指導のもとに、一〇〇〇名を超える全市の人力車夫を、自主的、民主主義的大衆組織「車夫同盟」に組織して、周到かつ組織的な闘争を展開した。

高利貸的収奪にさいなまれていた「曳子」・「曳取り」などの車夫は、人力車夫営業組合の改革と「根止め」禁止などによって、貸車業者に痛烈な反撃を加え、「万国の労働者萬才」の叫びが一〇〇〇有余の車夫によって高唱された。この争議を契機として開かれた演説会では、一三〇〇名余の聴衆を前にして、社会主義、無政府主義が公然と語られた。熊本市第一次人力車夫争議には、極端な警察的強圧のもとで直接行動派への傾斜を強めつつあった社会主義と勤労者の組織的大衆闘争との、萌芽的結合が見られた。

のちには、「直接行動派」の全国紙的役割を果していた「熊本評論」も、東京における「赤旗事件」の直後、発行を禁止された。また、明治四二（一九〇九）年三月、再び「平民評論」の名で新聞の発行を企てたが、直ちに発禁処分をうけた。婦人児童労働者の保護のためには、一片の社会政策すらないにもかかわらず、一方の極には「治安警察法」（明治三三年公布）があった。

なお、幸徳らの「直接行動派」に深いつながりを持っていた松尾・新美らは、明治政府のフレームアップによる「大逆事件」に連座して刑死した（明治四四年一月二四日）。「大逆事件」は、同事件にあやうく連累をまぬがれた佐々木徳母ら県下の「主義者」はもとより、宮崎民蔵らの土地復権運動にも壊滅的打撃を与えた。これより灰色の「冬」が始まる。

大正前期の労働運動

大正三（一九一四）年八月に勃発した第一次世界大戦ののち、日本窒素鏡工場労働者の「友愛会」加盟（大正五年、九州では長崎につぎ二番目）・大正六年の日窒水俣工場の争議などがおきた。大正七年、米価の暴騰と生活苦のため岩屋銅山の同盟罷業（八月九日―一一日）・日本窒素鏡工場および水俣工場の同盟罷業・日本セメント八代工場の争議、そして、ついに軍隊の出動を見た万田炭鉱の暴動は激烈を極めた。こうした一連の米騒動は、日本資本主義の危機の産物であった。

「冬」は去った。米騒動の国民的経験は、勤労大衆の階級的自覚を高めた。熊本の労働者の間にも専売局の米村鉄三・印刷工の角田時雄・熊本電気の職工（のち印刷工）である徳永直らの運動（大正八年）によって、ようやく新らしい動きが始まった。

注

(1)(2)(3) 隅谷三喜男『明治文化全集』社会編「高島炭坑問題」昭和四年刊
(4)(5)「熊本評論」第五号　明治四〇年八月二〇日付
(6) 横山源之助『日本の下層社会』明治三一年刊
(7)「熊本評論」第五号
(8) 山田盛太郎『日本資本主義分析』昭和七年刊
(9)「熊本評論」第一号　明治四〇年六月二〇日付
(10)「熊本評論」第四号　明治四〇年八月五日付
(11)「熊本評論」第五号

戦前の労働運動

一　第一次世界大戦後の高まり

第一次世界大戦ののち、労働問題は、国内の最も重要な課題の一つとなった。資本主義の飛躍的発展にともない、労働者総数が増加し、大工場への労働者の集中が生じた（第1表参照）。「工場統計表」によると民営工場だけでも一〇人以上の労働者を有する工場数は、大正三（一九一四）年の一万七〇六二から大正六年の二万九六六六に、労働者数は、八五万三九六四人から一二八万九六四人に増加した。

熊本県下でも、県統計書によると、工場数は、大正二年の九三から大正六年の一三五に、労働者数は、四八三四人から八七一七人に激増した。大正三年には、県下最大の工業労働者を擁する日本窒素鏡工場が建設された。

労働者階級の構成にも、全国的に著しい変化が生じた。重工業の労働者の比重の増大と男工の比率が高くなった。このため、労働運動は、大規模かつ組織的に展開される条件をそなえるに至った。

戦争は、大資本家および一部の中資本家を富ませる一方、軍事インフレ景気によって、物価騰貴と労働者の実質賃金の低下をもたらした。こうした経済状態の悪化は、労働者の中に大きな不満をひきおこし、自然発生的労働争議が

第１表　　職工数単位数・100人

	総数（5人以上）		100〜499人		500人以上	
	工場数	職工数	工場数	職工数	工場数	職工数
明治42	32,228	8,006	980	1,808	140	1,671
大正 3	31,717	9,483	1,155	2,172	209	2,436
大正 8	43,949	16,120	1,881	3,796	362	5,168

岡崎・楫田・倉持編「日本資本主義発達史年表」より

第２表　労働争議件数

	争議件数	争議参加人数	労働組合数
大正3（1914）	件 50	人 7,904	47
〃 4	64	7,852	53
〃 5	108	8,412	66
〃 6	398	57,309	80
〃 7	417	66,457	91

末弘厳太郎「日本労働組合運動史」より

頻発した。

第2表で見るように、労働争議の増大の中で、労働組合の組織もまた、ようやく増加してきた。

いわゆる大正デモクラシーの風潮および大正六（一九一七）年のロシヤ革命の成功と、米騒動（大正七年）が、その後の民主主義運動と労働運動の発展に本質的役割を果した。

労働者懇談会

右に述べた諸条件に影響されて大正七年、熊本市にも社会主義的思想をもった青年労働者の小グループが生れた。このグループは、米村鉄三、徳永直、角田時雄ら数名の労働者から成っていた。

大正八年、彼らは、熊本市で「労働問題講演会」の開催を計画した。これは、大正期に入って初めての熊本における社会主義的グループの公然たる動きであった。憲兵と警察は、この芽ばえたばかりの小グループを追及し、壊滅させようとした。グループは検挙され、労働問題講演会は開くことが出来なかった。釈放後、徳永直は熊本電気第一発電所を解雇された。この事件は、熊本における大逆事件後の「冬の時代」の終末を告げる前兆となった。徳永らの、この動きは、労働者の「組織」への志向を明らかにした画期的なものであった。この組織は、のちに「労働者懇談会」とよばれ、研究会や講演会を開き、出版物をひろめるなど、労働者の中で系統的な社会主義の研究、

大正期労働運動の草わけ
徳永直・米村鉄三・角田時雄

宣伝活動をおこなった。大正九（一九二〇）年、印刷工の労働組合「技工会」の結成によって、社会主義的影響はより一層ひろがり、「労働者懇談会」の組織は拡大した。このグループの活動で、大正九年には、熊本ではじめてのメーデーを記念する行事がもたれた[1]。

技工会の結成

大正九（一九二〇）年、熊本市内の印刷工によって結成された「技工会」は、九州日日新聞をはじめ市内の大多数の印刷工が参加した。池上某を会長とするこの技工会について、当時、九州日日新聞社の文選工をしていた徳永直は、「その組合は、職長や兄弟子たちが中心のギルド的なものであったが、とにかく労働組合ではあった」と述べている[2]。このような組織ではあったが、技工会の結成によって、熊本の印刷工と中央の労働運動との組織的なつながりが生じた結果、当時わが国の労働運動の中で重要な役割を演じていた印刷工の組合「信友会」および「正進会」から、たえずサンジカリズムの影響が流れこみ、多分に「職人気質」をもっていた印刷工の中に、サンジカリズムの影響は急速にひろがった。このため、技工会には、急進的労働者と職長層の内部対立が生じた。一方、急進的労働者の中にも徳永直らボル派が形成されて、アナ、ボルの対立が生れた。急進派と職長層との対立は、ついに技工会を解体状態におとしいれた。以後、熊本の印刷労働者の間には、アナルコ・サンジカリズムの気運が長い間支配した。とはいえ、印刷労働者は、戦前の県下の労働運動の先駆的、中心的役割をになった。

光働会

一方、同じころ、熊本専売支局（大正一〇年七月、熊本地方専売局と改称）でも米村鉄三らの活動があったが、大正一二年には「光働会」が生れた。この組織者は、川端秀蔵らであった。光働会は、共済団体的色彩の強い労働者の組織であったが、大日本労働総同盟友愛会にもつながりをもっていた。かくて、熊本の労働運動には、わが国労働運動の中心をなしていた信友会と友愛会の二つの団体との組織的連繋が生じた。

米村鉄三はサンジカリズムの影響をうけ、のち熊本印刷工組合の創立に参加した。川端秀蔵は、総同盟の方向転換ののち、社会民主主義者として活動し、昭和二年、社会民衆党熊本支部を創立した。(3)

五高社研の結成と影響

社会主義の思想的影響は、特に学生の間にのびていた。大正一一（一九二二）年五月、第五高等学校（五高）に、「RF会」が結成された。この組織者は、松延七郎、後藤寿夫（林房雄）、坂本彦太郎、村上敦、鶴和夫らが中心であった。RF会は、翌一二年一月に解散して「社会思想研究会」を創立し、学校当局に公認された。RF会は、おりから全国的に展開された「飢えたロシヤを救え」運動に積極的に参加した。非公認で出発したRF会は、この運動を通じて広汎な学生および学校当局の支持をえて大きく前進した。(4)

RF会は、同年一一月七日、ロシヤ革命五周年記念日に、「当分地下組織とすること」を申し合せて発足した「学生連合会」の結成に参加し、つづいて、翌一二（一九二三）年一月、「高等学校連盟」の結成に参加した。(5)

五高社研の学校当局による公認は、「純学究的立場に於て社会思想の批判及び研究会に従い、実際運動に立ち入らないようにとの趣旨」で公認されたが、(6)発足の当初から「新人会」の連絡と指導をうけていた。五高社研は、学生連合会の提唱した三悪法（過激社会運動取締法案、労働組合法案、小作争議調停法案）反対運動に参加し、しかも、「本連盟は高等学校学生間における共産主義に対し熱意と犠牲の精神を有し、かつ完全に秘密を厳守し得る者たることを要す」

と明確に義務づけた高等学校連盟の規約を支持した。社研運動は、雑誌『前衛』(大正一一年七、八月合併号）に発表された山川均の論文「無産階級運動の方向転換」の指導的影響をうけていた。学校内部の研究と宣伝活動にとどまらず、地域の先駆的労働者・徳永直らと連絡をとり、マルクス主義の宣伝と組織活動に従い、労働者教育に力を入れた。熊本市内の労働者とともに、社会主義サークル「七日会」や「青年学生連盟」などを組織した。

青年学生連盟は一〇〇〇部余の機関紙を発行し、社研の活動家は県下の農村を遊説して廻った。同年一二月、全国の高等学校社研の一斉解散命令に先だって、五高社研は解散を命ぜられた。解散当時、一〇〇名前後の会員を擁し、合宿所をもち、全国学生社研中、有数の組織をほこっていた。

非公認となったのちも、学校内外における研究、啓蒙、組織活動は衰えるどころか、より尖鋭なものとなった。熊本医専（のち医大）の社研などとともに、マルクス主義の思想的影響をひろめ労働者を組織し、闘争に参加した。九州共産党事件、熊本市電スト、郡築争議など大正末期から昭和にかけて発生した熊本地方のあらゆる闘争に五高生の参加がみられた。

アナ、ボルの対立

無政府主義、サンジカリズムの思想は、第一次世界大戦前に、すでに熊本地方でもある程度の影響をもっていたが、全国的には、大戦中に、いっそう普及し、信友会のみならず大正八年には友愛会の中にも、アナルコ・サンジカリズムの気運が一般組合員の中に成長し始めた。第一次大戦後はじめられた熊本地方の労働運動の内部にも、信友会、正進会を通じて流れこみ始めたアナルコ・サンジカリズムの気運が、一時的ではあるがいちじるしい影響を与えた。

技工会の印刷工のみならず、他の青年労働者もアナルコ・サンジカリズムの影響をうけた。一方、五高社研の活動などを通じて、労働運動の内部には、マルクス主義の思想が影響力をひろげた。このため、アナ、ボルの対立が激化し、労働者懇談会の内部でも、米村らの「アナ」と徳永らの「ボル」の対立がおきた。この間の事情について、徳永直は、「ボルか？　アナか？　大正一〇年から一一年にかけて、地方の青年労働者にとっても大きな課題であったが、熊本市の第五高等学校の生徒たちにも影響されて、兄弟子と分裂しながら五平たちはボル派となった」と述べている。(7)大震災ののち、田代倫、磨井豊喜らが帰熊したため、全国的動向に反して、アナルコ・サンジカリズムの強い影響が一時的に支配した。が、しかし五高社研および川内唯彦、末吉初次、中田大八らボル派の着実な活動の結果、大正一四年頃には、熊本地方の無産運動におけるボルシェビズムの指導権が確立した。大正一五（一九二六）年、アナルコ・サンジカリズム的労働組合「熊本印刷工組合」が「自由連合脱退、日本労働組合評議会加盟」を決議するにおよんで、熊本地方におけるアナルコ・サンジカリズムの凋落は、決定的なものとなった。

しかし、無政府主義的思想の残滓は、その後の熊本地方の労働運動に好ましからぬ影響を与えた。

二　関東大震災後の労働運動

大正一二（一九二三）年におきた二つの事件、第一次共産党検挙事件（六月五日）と関東大震災（九月一日）ののち、熊本の労働運動は、本格的な展開をみせた。

当時の一般的風潮とともに、とくに、(1)大震災後の経済的諸条件　(2)五高社研の地域勤労者に対する働きかけ　(3)大震災のため、数多くの労働運動経験者が帰熊して既存の活動家と合流して、活動を始めたことがその契機となった。大震災後、帰熊した者の中には、米村鉄三、田代倫、辻山繁、村上峯雄、木部某兄弟、中田大八（哲）につづいて、自由連合の活動家・磨井豊喜などがある。第一次共産党事件の川内唯彦（宮本）も来熊して、熊本市春竹町に居を定めて指導にあたった。

これらの帰熊者は、在熊の既存の活動家、末吉初次や五高社研の学生と合流した。

彼らはマルクス主義、サンジカリズムなど雑多な思想の持主であったが、いずれも先進地の労働運動を経験した積極的な活動家であった。これらの人々の先進地の運動経験の導入と積極的活動は、水平社の創立（熊本は大正一二年）、水平社青年同盟の活動と相まって、少数の思想的集団の活動から大衆的実践に移行する転機となり、急速に影響を広げつつ、本格的な労働運動の展開を見せる直接の要因となった。

七日会の結成

大正一二（一九二三）年の末に結成された「七日会」は在熊の全ての反資本主義的勢力を結集するこころみであった。勤労者、学生、水平社の活動家で構成された七日会は、末吉初次、高野貞三らとともに五高の古賀勇、田中正文（稔男）、田中定らが中心であった。七日会は、「大衆へ」をスローガンとした学生運動と、地域の先駆的労働者との結合体で、定期的研究会の開催や、出版物をひろめた。七日会はその諸活動を通じて、労働者の間にマルクス主義的思想を普及する中心的組織となった。

熊本無産者同盟

インテリ排撃を宣言して五高社研に絶縁状をつきつけたアナーキスト・田代倫、磨井豊喜や竹中英太郎（のち画家）、岩野猛、岩尾家貞（のち共産青年同盟中央委員）らの主唱で、大正一三（一九二四）年、熊本無産者同盟が結成された。熊本無産者同盟は、「理論よりも実践」を主張して活発な大衆行動を始めた。当初いちじるしく無政府主義的気運の濃厚な団体として出発したが、次第に共産主義の影響が増大した。無産者同盟内部の無政府主義的気運に反対する五島角夫（早稲田大学出身）や富安三次郎（五高）らが組織した「労働者協会」の労働者に対する教育啓蒙活動が、この気運を促進する上で一定の役割を果した。熊本無産者同盟は、大正末期における熊本地方の労働運動の発展の一支点となった。その活動を基礎にして、やがて、熊本印刷労働組合、熊本合同労働組合、北九州鉄工組合熊本支部などの労働組合が組織された。

九州共産党事件

大正一三年三月、合法的大衆組織「熊本無産者同盟」の結成準備が、田代倫らを中心に進められていたころ、いわゆる第一次日本共産党中央部では、一部の反対をおし切って「解党」がおこなわれた。[8]

このような中央部の動きにもかかわらず、九州では、第一次共産党事件の被告、川内唯彦、浦田武雄(玉名出身)らを中心に、ひそかに同志を募って全九州的共産主義者の秘密結社を結成する準備がすすめられた。大正一三年(日時不詳)、川内唯彦、浦田武雄、中田哲、末吉初次、大谷源、関直尭、村尾薩男、田中正文らを始め九州各県から集った数十名の人々が熊本市に会合した。結成大会は、第一会場の画図湖の舟が官憲に察知され、包囲されたが、全員が包囲を逃れて第二会場、美濃部長行方(熊本市出水町)で開催された。時をうつさず、北九州や大牟田の工業地帯など九州各地の運動の中心となって、ようやく活発な動きを見せ始めたが、大正一四年三月、一斉検挙にあって壊滅的打撃をうけた。この事件は、日本共産党再組織運動であったといわれている。(熊本市、中田哲談)

初めてのメーデー

すでに大正一一(一九二二)年には、徳永直らによって熊本市内で、ひそかにメーデーを記念する集会がおこなわれたが、公然と街頭示威運動がおこなわれるようになったのは、大正一三(一九二四)年以降である。東京の第一回メーデーにおくれること四年であった。末吉初次、中田哲、辻山繁、竹中英太郎、古閑正文、高浜、竹内、宇野、元田ら労働者、学生が参加した。[9]また、この年、北九州のメーデーにも、熊本から代表が派遣された。翌大正一四年には八代でも遠山新五郎らによってメーデー行事がおこなわれるようになった。

熊本印刷労働組合

大正一四年に入ると熊本地方の労働運動は、大衆的、組織的に展開され始め、画期的な前進をとげた。熊本無産者同盟の磨井豊喜、辻山繁らによって「熊本印刷工組合」が結成された。熊本印刷工組合は、自由連合を組織方針とするアナルコ・サンジカリズム系の労働組合で、印刷工連合会に加盟した。結成大会で選ばれた役員は次のような人々であった。

理事長　磨井豊喜　　理事　辻山　繁、西村　生、村上峰雄

組合員二五〇名余で発足したこの組織は、大同印刷、白石印刷、稲本報徳社、九州日日新聞、九州新聞、大熊本新聞など、市内の主な印刷工場に分会をもっていた。のち組合員は約三〇〇名に達し、熊本市内の印刷工場を網羅した横断的組織であった。印刷労働者の間には、その職人的気質を反映して、技工会以来、アナルコ・サンジカリズムの気運が強く残ったが、熊本印刷工組合は、大正一五（一九二六）年一月、日本労働組合評議会（評議会）の指導した「共同印刷」の大争議が開始されたのち、アナルコ・サンジカリズムの非政治主義からマルクス主義に脱却した磨井豊喜らの提唱で「自由連合会脱退、評議会加盟」を決議し、名称も「熊本印刷労働組合」と改称して、サンジカリズムとの絶縁を宣言した。それは、印刷労働者の「職人気質」から「労働者的意識」への成長と対応し、「自由連合」から「中央集権」方式への発展を意味した。理事長・磨井豊喜はまもなく「出版労働組合」に中央委員として上京したので辻山繁らが中心となった。熊本印刷労働組合は、評議会・出版労働組合と連絡をとりつつ、総同盟九州連合会内の左翼勢力と提携して総同盟刷新運動の展開を試みたが、のち評議会に加盟した。熊本印刷労働組合は、熊本地方における労働組合運動の中心勢力となった。

熊本合同労働組合

大正末期から昭和にかけて、熊本印刷労働組合とともに、熊本地方の労働組合運動の一方の中心となったのは、「熊本合同労働組合」である。熊本合同労働組合は、大正一四年秋、永村徳次郎、末吉初次らを中心に結成された。熊本印刷工労働組合がアナルコ・サンジカリズム系の労働組合として発足したのに反して、熊本合同労働組合は、評議会

系の左翼労働組合として発足した。印刷工場を除く熊本市周辺の工場、事業場に横断的組織を拡大し、一時、組合員数は五〇〇余名に達した。評議会の方針に基き、「九州合同労働組合熊本支部」（総同盟九州連合会）と称したが、評議会に加盟した。のち熊本合同労働組合と改称した（全協加盟）。

熊本市電争議

大正一三年八月、熊本市電が開通したが、富安三次郎や末吉初次らの外部からの指導と、坪井郵便局を免職されたのち市電に入った永村徳次郎や松村早苗らの内部における活動で、織畠某を会長とする「親友会」が組織された。永村らは、富安、末吉らと協力して、ひそかに市電労働者の中に共産主義的活動をおこなっていたが、大正一五年二月末、指導者・永村徳次郎の解雇問題が直接の原因となり、解雇反対、待遇改善などを要求して、現業員がストライキ闘争に入った。

市電ストは、戦前の熊本市における最大のストライキとなった。印刷労働組合、合同労働組合をはじめ県下の全左翼勢力がこの争議を応援したが、川内唯彦や合同労働組合の幹部および市電争議の指導者（交渉委員）一二名などがことごとく検束され、極度の弾圧が加えられた。熊本市を中心とした左翼諸団体とその指導者にとってこのような規模の争議は初めての経験であった。

ストライキは、二月末から三月二日まで続けられ、三日、争議団は解散した。争議団の解散後、三月一〇日になって、永村ら一二名の市電労働者が解雇され、争議は惨敗した。永村徳次郎はこの争議のあと、熊本合同労働組合や労農党熊本支部の指導者として活動した。この争議の中で、五高生・富安三次郎（大夏）、松本惣一郎（吉井のぼる）、木元栄の三名が検挙され、五高から放校された。

郡築小作争議と労働者

これより先、大正一二年五月以降とくに激化した八代郡郡築村の小作争議は、県下の各方面に激しい衝撃を与えた。農民運動は、第一次世界大戦ののち、年々盛んとなり、県下でも各地で小作争議が発生した。しかも労働争議とその闘争方法から各種の影響をうけた。郡築村の小作人は、すでに、数年前から小作料減額陳情をおこなっていたが、日本農民組合（日農）九州農民学校長の高崎正戸、花田重郎の指導で、大正一二年四月、日農郡築支部（郡築村農民組合）を結成した。日農の指導によって、郡築の小作人は組織的、大衆的な争議を展開し、争議は激化した。いわゆる郡築争議は、第一次（大正一二年五月—一四年二月）、第二次（大正一五年一一月）、第三次（昭和五年二月—昭和六年三月）の三次にわたってたたかわれた。郡築農民の悲惨な生活と長期、激烈な闘争は、県下はもとより全国的にも大きな社会的反響をよびおこした。大正一二年、第一次争議が開始されると、県下の地主諸勢力だけでなく、労働者、農民、学生、都市勤労者に深刻な衝撃を与えた。印刷労働組合、合同労働組合、ペンキ工組合（末吉初次ら）、五高社研などが争議資金や激励文を送って、郡築農民との連帯を表明した。また、労働者、学生が現地に応援に出かけた。水平社は、暴力団と官憲の暴圧に反対して大衆動員で応じた。[10] 郡築争議は、県下の労働者、農民、学生の諸運動をはげまし、勇気づけることによって県下無産運動の進展にはかりしれぬ役割を果した。

郡築小作争議の真相を訴える
青年部行商隊ビラ

労働農民党熊本支部

大正一四（一九二五）年九月、日本共産党の合法機関紙「無産者新聞」の発行は、県下の無産運動に中央部の系統的な指

郡築小作争議の応援募金を集めた労働者の募金袋（第三次争議）

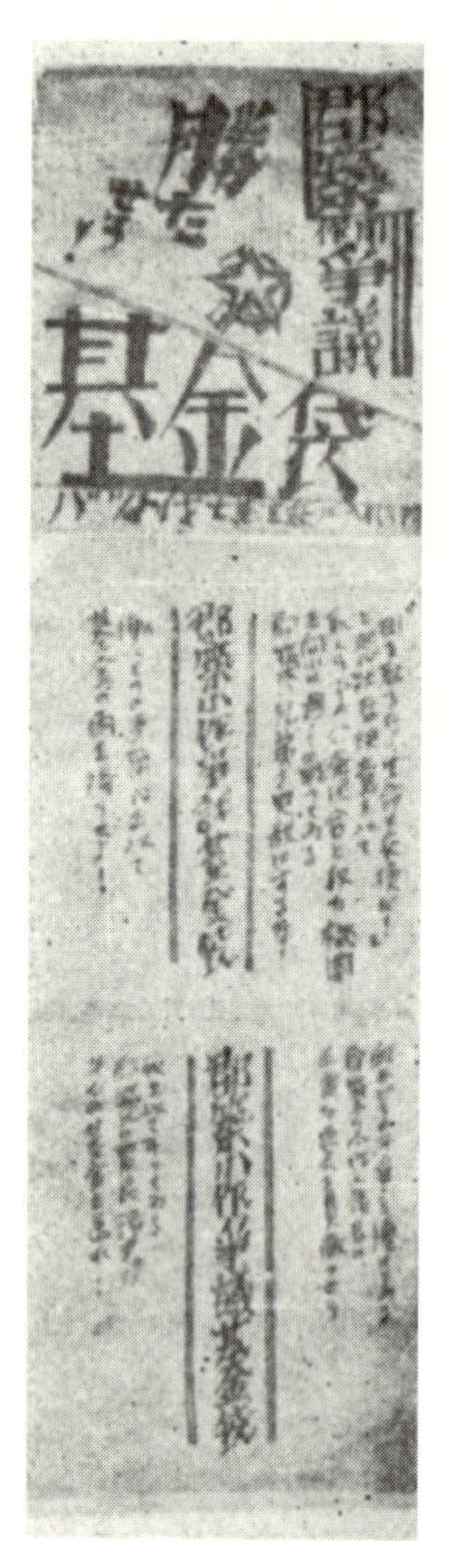

導性を確立した。ときを移さず小田島良種を支局長とする無産者新聞熊本支局が作られた。同年秋には無産青年同盟熊本県支部が結成されて、活動は一層ひろがった。大正一五（一九二六）年、単一無産政党樹立の全国的な動きに呼応して、五島角夫、勝次兄弟らによって「政治研究会熊本支部」が結成されたが、「労働農民党（労農党）」の結成（大正一五年三月五日）ののち、永村徳次郎らを中心にして、同年秋、労農党熊本県支部が結成された。かくて、熊本地方の労働者は、「普選」を前にして、合法的、大衆的な自己の政党をもった。委員長は永村徳次郎、書記長・五島角夫、執行委員に中島辰雄らが参加した。

大正末年には、「全日本鉄道従業員組合」（葉山彌七、近藤某ら）、「北九州鉄工組合熊本支部」、「熊本ペンキ工組合」などの労働組合があった。

大正後期無産運動の特徴

大正後期における熊本地方の無産運動の特徴を要約すると、⑴運動の急激な高まり、⑵それに伴う各種組織の確立、⑶運動内部における共産主義の思想的、政治的影響の増大であった。県下の労働運動には、ようやく大衆的、組織的展開の基盤が芽ばえ始めた。先進的労働者が数の上でも増加し、政治的無権利と封建的桎梏の下にあった婦人の間からも、楠本信恵、清住はる枝、宮村浅江などが階級闘争に参加し始めた。いわれのない差別に苦しめられて来た部落出身の勤労者、青年労働者、農民の階級的自覚と活動は、特にめざましいものがあった。

三　恐慌下の労働運動

慢性的恐慌下にむかえた「昭和」の歴史は、突発した金融恐慌（昭和二年春）によって開幕され、つづいて世界恐慌の渦中にまきこまれた。昭和四（一九二九）年一〇月、ウォール街の株価大暴落にはじまる世界恐慌は、日本資本主義を根底からゆすぶった。独占集中と産業合理化―賃金切下げ、労働時間の延長、労働強化と大量解雇が強行された。大量解雇と中小企業の倒産の結果、失業者が増大し、農業恐慌はより深刻なものがあった。

都市、農村における階級闘争が激化し、失業者は、昭和五（一九三〇）年には、三〇〇万人に達したと推定される[11]。日本資本主義の危機の深化と労働者階級の自覚の高まりに対応して、大規模かつ苛酷な弾圧が繰り返された。大正末期、ようやく、大衆的かつ組織的な労働運動を展開する芽が萌えだした熊本でも「被圧迫民衆の全線的進撃」を開始するかに見えたが、警察的取締りと干渉圧迫が熾烈になり、労働運動には、苦難に満ちた新局面が到来した。

三・一五と四・一六

昭和二年、普選下に初めて迎えた地方議会選挙（一〇月）を前にして、労働農民党は、県会議員に永村徳次郎を立候補させる準備をすすめていたが[12]、選挙告示直前になって、暴力的に選挙参加の自由を奪われた。労農党熊本支部および熊本合同労働組合の専従幹部のうち、一、二名を除いて、立候補が公表されていた永村徳次郎を含む全員を「浮浪者狩り」に籍口して一斉に検束し、県下の警察をタライ廻しして、留置場所さえ明らかにせず、選挙後釈放した。

政府は、大正一四（一九二五）年には治安維持法を公布し、昭和三（一九二八）年六月には、「国体の変革」に対して死刑をもってのぞんだ。同年七月には工場地帯にしかなかった特別高等警察（特高）が全国的に創設され、熊本県警察部に警部補以下六名の定員配置をはじめ県下各署に特高係をおいた。このために県会は一万一〇〇〇円の予算を計上した[13]。

昭和三（一九二八）年三月一五日、払暁を期して全国一斉におこなわれた共産党、共産青年同盟に対する一斉検挙（三・一五）にひきつづいて四月一〇日、労働農民党、日本労働組合評議会、無産青年同盟の結社禁止、解散が強行され、政治的自由、言論集会と結社および思想の自由をふみにじった。恐慌からの脱出口を海外市場の侵略にもとめ、戦争とファシズムの政策がとられた。

いわゆる第二次共産党検挙事件——三・一五では、熊本地方でも多数の労働者、農民、学生が検挙されたため、指導者や有力な活動家が奪われ、一時労働運動は後退した。中島辰雄、草野三喜男、松原三男らが起訴された。一時難を逃れた永村徳次郎も中間検挙で投獄、起訴された。中田哲は宮崎で検挙され、五高関係の起訴者も六名に上った。[14] しばしば来熊して、労働運働の指導に当った日本共産党九州地方委員会の藤井哲夫や村尾薩男をはじめ市電争議で活躍して五高を追われた富安三次郎、木元栄、松本惣一郎らもこの三・一五で検挙、投獄された。

三・一五は、熊本地方の労働運動に加えられた最初の大規模な打撃であった。合同労働組合や印刷労働組合の多数の中心的労働者が三・一五で検挙され、留置投獄されただけでなく、ひきつづき四月一〇日、三団体解散命令で追打ちがかけられたため、さらに大きな打撃と混乱を生んだ。

出獄した労働者は、合同労働組合や学生グループを中心に組織再建のたたかいを進めた。草野三喜男らを中心に「政治的自由獲得労農同盟」が組織され、評議会に属していた印刷労働組合や合同労働組合は、昭和三年末に創立された「日本労働組合全国協議会」に加入して半非合法の活動を始めた。草野三喜男、中島辰雄、松原三夫、藤井哲也らが指導の中心となり、五高の山口隆喜、木俣豊次らと協力してたたかいをすすめたが、昭和四年四月一六日——いわゆる四・一六検挙で、これらの人々は全員検挙された。草野、松原、木俣、桝添勇らは日本共産党九州地方組織とつながっていたため治安維持法違反にとわれた。

五高の学生運動を指導していた村岡不二雄（五高—九大）も福岡で検挙、起訴された。[15]

無産運動の力量

合同労働組合は数名の専従幹部を事務所に常駐させ、昭和二年には竹田油屋の争議などを指導して注目を集め、印刷労働組合も、市内の各印刷工場で日常闘争と小規模の争議を指導するなど活発な運動をしていたが、もとより戦後の労働運動と比較することは出来ない。酷烈な警察的取締りの下で、実勢力も小さく、印刷労働者を除いては組織率も低く、主体的力量は劣弱であった。県下の主要工場には未だ労働組合の組織は存在していなかった。

大正一五年の第二次争議の敗北後、郡築でも農民組合は解体した。第三次郡築争議、不知火小作争議などで一時農民組合が結成されたが、県下の農民組合は皆無に近かった。

第3表　工場・職工数の推移

年度	工場数	職工数		
		男	女	計
昭和2年	427	6,838	8,597	15,435
3	467	6,949	9,760	16,709
4	507	7,084	9,934	17,018
5	535	6,496	10,219	16,715
6	499	6,020	10,824	16,844
7	509	6,441	9,389	15,830
8	496	6,730	8,587	15,317
9	532	7,382	8,346	15,728
10	546	7,522	8,485	16,007
11	595	8,161	8,071	16,232
12	800	10,514	8,547	19,061

（注）10人未満の工場および採鉱、政府直轄工場などを除く
（各年次「熊本県統計書」より作製）

労農党熊本支部や無産者同盟も、昭和二年、熊本県下を襲った大風水害（および潮害）にさいして、草野三喜男、道村友八らや一部労働者の活動があったとはいえ、被災農民を組織する力量には欠け、同年起きた白川下流農民の大規模な闘争（数千の農民が何回も県庁におしかけた）などでも農民にたたかいの方向を示す政治的力はなかった。しかし、先進的労働者は、倍加された苦難の中で、相次ぐ弾圧と生活苦にたたかいつつ活動し、階級的自覚をもった労働者の数は次第に増加した。

竹田製油工場のストライキ

昭和二年三月一日、竹田製油工場（熊本市本荘町）で、突然、松尾虎喜ほか二三名が解雇された。この解雇は、熊本合同労働組合に加入した労働者が対象となり、労働

組合組織の破壊が目的であった。争議団が結成され、労働農民党熊本支部、合同労働組合、印刷労働組合などの応援でストライキが行なわれた。争議が激化すると、会社側支配人・竹田定平は、「若し労働組合を脱退して従来の如く竹田製油工場の職工として還元すれば復職せしむる」と回答して、譲らなかった。[16] このため、争議は長期化し、労働者は行商による資金カンパなどで生活を支えつつ、持久戦でたたかった。竹田製油工場の争議は、評議会加盟九州合同労働組合熊本支部（熊本合同労働組合）の公然たる指導で長期にわたってたたかわれた点に特徴があった。

万田炭坑のストライキ

竹田製油工場は熊本市内の小規模な企業における争議であったが、同年五月には玉名郡荒尾村（現荒尾市）の万田坑で大規模な争議が発生した。大正一三年以来、三年目の争議の発生であった。この争議の直接の原因は、採炭夫二〇数名の解雇に始ったが、その主因は劣悪な労働条件にあった。五月末、解雇反対、待遇改善など一二項目の要求をかかげて、採炭夫・武藤久太郎らが中心となって開始した一部採炭夫の争議は総同盟大牟田支部の指導の下、労農党、日本労働党（日労党）の応援もあって統一行動がひろがり、大多数の採炭夫、支柱夫、棹取夫が参加し、六月一九日には入抗者は三〇数名にまで低下した。二二、三三日には抗内夫の九〇％近くがストライキに参加した。会社側は暴力団を雇入れ、自警団をつくって暴力的に威嚇と挑発をおこなった。熊本県警は田島警部を指揮者として、荒尾、熊本北、南、高瀬、植木の各署から警官を派遣した。各所で会社側自警団、警官隊と労働者の衝突がくりかえされ、争議は激化の一途を辿ったが、六月二四日、争議団幹部・武藤久太郎、小田熊太郎、宮田浅夫、木村正夫ほか主だったもの三〇余名が騒擾罪容疑で検束された。このため争議団に動揺が生じ、七月七日、一二項目の要求を撤回して争議は敗北した。争議開始以来四六日目であった。[17]

失業者の闘争

さきに述べたように、大恐慌は多数の失業者を生み、失業問題は深刻な社会問題となった。昭和二年五月一日から、熊本市立職業紹介所（大正一五年創設）に、知識階級職業紹介所が併設されたが、開設後二ヵ月間の就職率は、三％前後であった（中卒以上）[18]。職業紹介所も昭和四年には、花畑町に新庁舎を新築して業務体制を強化した。昭和五年一月より一二月に至る一年間の熊本市の職業紹介状況は第４表に示す通りである。

国および県の失業救済事業は、主として国道、県道、橋梁、港湾、河川改修などの土木事業であった。熊本市のアスファルト舗装工事や八代—人吉間道路の建設などがとり上げられた。失業救済土木事業の労働時間は、およそ午前五時より午後五時に至る一二時間労働であったが、実質的には午前四時には労働者集会所に集合しなければならなかったので、拘束時間は一二時間を超えた。

就労日数は天候その他に著しく左右され不安定であるが、普通の場合でもほぼ三日に一日で、賃金は男八〇銭、女五〇銭であった（第5表参照）。このような劣悪な労働条件は当然、失業対策土木事業労働者の不満をかった。昭和六年八月一五日、熊本市内で二〇〇名の労働者が集合し、市、県当局に対して賃金値上げ、賃金の公平支給を要求した[19]。失業者は、「失業者互助会」を組織し、就労日数の増加を含む諸要求でたたかった。田辺富雄、古閑某らがこの闘争を指導し、三割程度の値上げに成功した。

第４表　職業紹介状況表

昭和5年1月—12月

	男	女	計
求　人	2,486	2,067	4,553
求　職	4,277	2,256	6,533
就　職	819	885	1,704

熊本市立職業紹介所調による

第５表

昭和6年　熊本市賃金比較

	最　高	普　通
	円 銭	円 銭
活版職工	2.30	1.30
日傭人夫	1.70	1.50
失対労務者	—	80

「熊本県統計書」(51回) および「日本社会政策史」(風早八十二) による

四　戦争とファシズムへの道—労働運動の敗退—

四・一六後の労働運動

恐慌からの脱出口を戦争と植民地獲得に求める政策は、すでに第一次山東出兵（昭和二年五月二八日）によって開始されていた。労働運動に対する弾圧は日を追って激しさを加え、老練な多数の指導者を奪い、あるいは日常的監視と干渉の結果、行動の自由を極度に制約した。しかし、四・一六ののち、年若い多数の指導者が生れ、ますます数多くの労働者が戦闘的、左翼的となって階級闘争の戦列に加わった。これらの人々の努力で、相次ぐ積極的弾圧で破壊された組織の再建がしつように続けられ、合法、非合法の諸組織がのびた。昭和五（一九三〇）年頃には、全協に加盟した熊本合同労働組合が、非公然裡に組織を拡大した。西山新二郎、道村友八、宇土信之、斉藤貞良（のち山口隆喜）が、全協の組織活動で指導的中心となった。松原三男、桑原頼喜、土師末雄らも重要な役割を果した。

昭和六年、満州事変の勃発ののち、永村徳次郎らの検挙で破壊された日本共産党の組織も再建され、山口隆喜、益田丈志（山地）らが入党して、各々労働、農民運動を分担した。矢田磨志（全協オルグ）が熊本に常駐した。時期的に多少の変化は生じたが、長野製糸、肥後製糸、鐘紡熊本工場、千徳百貨店、八木デパート、熊本電気、川尻電車、百貫電車、熊本市電、国鉄（人吉機関区など）、鉄道郵便局、逓信局、坪井郵便局、熊本電話局、樺太工業八代工場、専売局、竹田製油工場、八代木材合同労組、稲本印刷ほか若干の印刷工場などの各企業、職場に非公然の労働者グループの組織が拡大した。八木デパート（柏原俊郎らの指導）、川尻電車（笠井鎮雄ら）、日通労働者などのストライキがおこり、千徳百貨店、熊本電気などでは工場新聞が発行された。また、教員の間では、草野実馬（玉名）、松山秀雄（阿蘇）、後藤某（阿蘇、女教員）らの検挙事件と別に田代官次、てる夫妻を中心とする新興教育同盟熊本支部（準備会）、のち全協一般使用人組合教育労働部熊本支部（機関紙「バット」を発行）の秘かな組織活動などがあった。[20]

無産者消費組合運動

昭和五、六年頃、中山常次郎の指導で、松橋から始められ、豊野（下益城郡）、不知火（宇土郡）、熊本（熊本市）、金剛（八代郡）などに無産者消費組合が創立された。[21] とくに熊本消費組合は、「労働組合の力弱く文化団体も合法性がなし」[22] の熊本では、左翼組織として合法面での中心となった。

はじめ、関東消費組合連合会につながったが、のち日本無産者消費組合連合会（日消連）が結成されると、これに加入し、城南連合会、県連合会が結成された。昭和八・九年の一斉検挙で中心幹部が根こそぎ検挙され壊滅的打撃をうけ、昭和一二年頃自然消滅した。中山常次郎をはじめ、松山秀雄、松坂一喜、三浦姫子（姉）・悌二（弟）、七山ミサオなどが指導的活動家であった。

プロレタリア文化運動

昭和二年、日本プロレタリア文芸連盟熊本支部の確立ごろから次第に活発となり、エスペラント（ポエウ）、美術（P、P）、演劇（プロット）、文学（ナルプ）などの各分野で活動がめだち、戦旗支局や日本プロレタリア文化連盟（コップ）の支部が創立され、また『地平線』、『未耕地』（中山常次郎ら）、『火花』（熊本電気）をはじめ各種の文芸雑誌が発行された。昭和八年頃までの全国的なプロレタリア文学、文化運動の高揚を反映して、多くの労働者、知識人の参加がみられたが弾圧のため半非合法状態で活動した。その中から中山常次郎のほか永田日出夫（コップ）、生田孔一（ナップ）、本田正男（ポエウ）、本宮次郎（プロット）、木部某、桑原某（P、P）など多数の活動家が生れた。五高、医大、薬専、熊本中学、第一高女などでは学生社研が活動した。

婦人の活動

労働運動の広がりの中から、厳しい監視と弾圧下にもかかわらず、多くの婦人が階級闘争に参加し始めたことが、この時期の特徴であった。

また、中産階級の間でも昭和五年ごろには、「婦人選挙権獲得同盟熊本支部」が結成され、山下ツネ、大畑妙子、川辺ミチらの活動がみられた。[23]

女子労働者の賃金は、男子の三四、五％（昭和五年）にすぎず、[24] 昭和六年に例をとっても県下の総職工数の六四％が女工であった（第3表参照）。製糸工場ではいぜんとして「拘禁的」「肉体消磨的」労働が続けられた。婦人労働者の自覚の高まりは、八木デパート、千徳百貨店、長野製糸、鐘紡熊本工場をはじめ、各職場における闘争となってあらわれ、大黒（松坂）ツタエ（長野製糸）、田中ミエコ（鐘紡）、古賀マツエ（千徳）、宮村浅枝（専売局）、木原春子（熊本電気）、三浦姫子（消費組合）、田代てる（教員）、吉井のぶ（教員）などのほか児玉三子（第一高女出身）、清藤（吉田）しずえ（熊本電話局）、七山（山根）ミサオ（消費組合）ほか数多くの年若い婦人が、解雇、逮捕、投獄に屈せず階級闘争の先頭にたってその青春を捧げた。とりわけ多数の県立第一高女出身の婦人の活動が異彩を放った。

人民戦線運動—最後の努力

たえまない弾圧がくりかえされ、特に、四・一六のあと、昭和六（一九三一）年、八年、一一年、一六年と大規模な一斉検挙が全県的に執拗に繰りかえされ、その都度数百名の労働者が、検挙され、拷問をうけ、解雇され、投獄された。日常的な警察の張り込み、尾行で行動の自由を奪われ、系統的指導体制と組織は破壊された。ある者は熊本を去り、ある者は発狂し、また出獄後病死した。

昭和八年二月、日本共産党および全協組織の全県にわたる一斉検挙で経験のゆたかな指導者を奪われ、組織が破壊されて、力は著しく弱化した。昭和一〇年代に入ると組織は皆無に近かった。

このようなきびしい情勢下で田川宗一ら労働者を中心とした人民戦線運動および全協再建のたたかいがひそかにすすめられた。彼らは国内の合法的左翼文書や米国を通じてもちこまれた非合法文書を手がかりとした。[25] 田川宗一らは、

「国際通信」の岡野論文（岡野進＝野坂参三）「あかるい日本のため人民戦線樹立へ」「日本の共産主義者への手紙」などに指導されつつ、また、「時局新聞」なども運用しながら組織活動をおこなったが、(26)充分な成果をみないうちに、昭和一一年一二月五日、一斉検挙にあって挫折した。田川宗一（大同印刷）、得田徹（人吉機関区）、本田正男、吉田栄一郎、松山秀雄ら十数名が検挙された。

労働運動の敗退とその要因

昭和一一年五月、「思想犯保護観察法」が公布され、昭和一六年一二月九日、太平洋戦争開戦の翌日、全県的な一斉検挙で、自由主義者を含む多数の人々が検挙され、草野三喜男らは予防拘禁所に投獄されて敗戦まで釈放されなかった。山口隆喜、桑原頼記その他も釈放後保護観察下に監視され、あるいは国外に強制的に送り出された。太平洋戦争の開始以後、熊本地方における組織的活動は姿を消したといわれる。

しかし、県下の労働運動の敗退の原因のすべてを凶暴な弾圧のみに求めることはできない。運動の内部にも敗退につながる弱点を内包していた。戦争とファシズムの嵐を前にして評議会解散後、労働運動の主流となった「労働総同盟」は、昭和八（一九三三）年、反戦反ファッショの中心スローガンをかかげた一四回メーデーを分裂させ、「建国祭」に参加し、同年八月には自ら「スト統制」を決定し、「涙をのんで賃金の値下げをしのび」ストの回避を説いた（西尾末広議会演説）。それはあたかも、数百名の戦闘的労働者、指導者が熊本で一斉に検挙され、決定的打撃をうけた同じ年のできごとであった。昭和一二（一九三七）年、総同盟はスト絶滅宣言を出して自ら武装解除した。これら一連の右傾化――「産業報国」への傾斜の強まる中で、左翼労働運動――全協は極左的方針のあやまりから自らを「非合法」に追い込んだ。全協の線に連なる熊本地方の労働運動家も、反戦、反ファッショのスローガンをかかげて、極めて戦闘的、献身的にたたかったが、極左的セクト主義とひとりよがりにわざわいされて、遊離し、孤立し、着実な運動による大衆的たたかいを展開することができなかった。弾圧と内部的弱点によって抵抗力は分散し、破壊され、労働運動の廃墟の上に戦争とファシズムが荒れ狂った。

注

(1)(2) 徳永直『一つの歴史』(徳永直遺稿集) 昭和三三年刊
(3)「九州新聞」昭和二年六月二二日、九月一〇日
(4) 重光武徳『習学寮史』昭和一三年、高森良人『五高五十年史』昭和一四年、雑誌『竜南』二〇〇号
(5) 高桑末秀『日本学生社会運動史』昭和三〇年刊
(6) 前掲『習学寮史』
(7) 徳永直『一つの歴史』
(8) 市川正一「日本共産党闘争小史」、荒畑寒村『寒村自伝』昭和三五年
(9) 上田穰一『熊本における戦前の社会運動(1)』昭和三三年刊
(10) 花岡伊之助『熊本県郡築小作争議の真相』大正一三年刊、野々宮三夫『世界プロレタリア年表』昭和七年刊、全農郡築農民組合「郡築小作争議新聞抜萃綴」「郡築小作争議資料綴」
(11) 風早八十二『日本社会政策史』昭和一二年刊
(12)「九州新聞」昭和二年九月八日
(13)「熊本県公報」第八二号　昭和三年八月一七日
(14)「大阪朝日新聞」昭和三年一二月八日
(15) 立山隆章『日本共産党検挙秘史』昭和四年刊
(16)「九州新聞」昭和二年三月五日
(17) 全右　昭和二年六月一九日より七月九日まで
(18) 全右　昭和二年六月一一日、三〇日
(19) 風早八十二『日本社会政策史』昭和一二年刊
(20)(21) 上田穰一『熊本における戦前の社会運動(2)』昭和三四年刊
(22) 山坂登「新聞委員会をこうして作った」消費組合運動第三巻第二号（昭和九年）
(23)「熊本女性の封建性を抉る」「熊本評論」五、六合併号（昭和二三年）
(24) 労働運動史研究会・労働者教育協会共編『日本労働運動の歴史』昭和三五年刊
(25) RODGER SWERINGER, PAUL F. LANGER. "RED FLAG IN JAPAN" MASSACHUSETTS, USA, 1952.
(26) 上田穰一『熊本における戦前の社会運動(1)』昭和三三年刊

二、明治期の社会運動

「熊本評論」創刊前の熊本における社会主義運動

「熊本評論」創刊以前の熊本県下における社会主義運動がどのようなものであったか―つまり「熊本評論」創刊の地方的背景としての社会主義者の動向と運動を知ることは、「熊本評論」の研究に欠かすことが出来ない。

県下の社会主義者の動きを知ることの出来る最初の文献は雑誌『社会主義』である。西川光次郎による社会主義遊説の報告である。明治三六（一九〇三）年八月の西川、片山らの来熊を機会に社会主義協会熊本支部結成が企られ、牧田忠藏、志賀連の二人が委員に選ばれている。しかし、社会主義協会支部の構成者や人数など、同協会支部についての後報が約束されているが、掲載文がないため不明である。ただ、注目されるのは志賀連は、のち「熊本評論」の社友として活躍していることである。

同年一一月には週刊「平民新聞」が発刊されるが、翌年七月の第三五号に直接購読者の統計表が掲載されており、総計一四〇三部のうち熊本が一〇部となっている。直接購読総部数の二倍にあたる各売捌所あつかいの数字は含まれていない。

人名としては、平民社維持金の募集にいち早く松尾卯一太が応じており、つづいて野中誠之、池尻豊吉らが送金している。

後継紙「直言」になってからも、吉田（勝藏であろう）、松尾、池尻、高橋一、植田清之助が寄附をしている。注目されるのは、「光」に〝直言残金〟を尾前正行が寄附していることである。「熊本評論」紙上で活躍し、師範学校を追われた尾前翠村である。

明治三八（一九〇五）年に入って、最も注目すべき資料は「直言」に連載された小田頼造の「社会主義伝道」日誌である。小田は荒尾から熊本県下に入り、第一夜を松隈勇（遠舟）の家に泊し、豊水、熊本、八代、水俣を経て鹿児島へと向っている。小田は平民社の読者名簿によって同志、支持者および地方知名人などを訪問しながら、〝伝道行商〟を行なっているのであるが、この日誌風の通信によって、県下の社会主義者、同情者の一部を知ることができる。

前述の松隈勇は中島田鶴雄と共に中心となって、この機会に長洲町談話会を開いた。この集りこそのちの長洲民声倶楽部結成の契機となったのである。

小田が訪問した築山村の高田市郎は自宅で〝小集会〟を持っただけではなく、後日、熊本市の小田を訪ねて松尾と共に〝行商〟活動に従っている。松尾と共に吉田、奥村の名前が出て来るが、奥村数馬は一馬であろう。〝同志〟と呼んでいる。高橋鷹蔵は、西川らの来熊に際しても演説会の開催に盡力した草場町教会の牧師である。五高の大川周明らにも会っているが、大川については大内兵衛や嘉治隆一の文章がある。

熊本市では高田次郎、池野亀太郎らの土地復権同志会員ともあっている。小田は県下に入るや荒尾で宮崎民藏（不在）を訪ねている。社会主義者の土地復権同志会運動に関する評価を示すものとしては『社会主義研究』の文章が知られている（第二号・「土地復権説」）。八代町で訪問した高橋一は牧師である。のちに「直言」に寄付金を送金している。

官憲の調査資料（「社会主義者・無政府主義者名簿」）によると長洲の「民声倶楽部」の結成は明治三八（一九〇五）年一〇月とある。以後の民声倶楽部に関しては動きや人名を「光」の通信記事によって知ることができる。「熊本評論」創刊以前の熊本県下における社会主義運動として注目すべきであろう。

もとより熊本県下における社会主義者の動きは九州各県の社会主義者との人的交流の面でも見落すことが出来ない。横田宗次郎、杓子甚助、柴田久吉、野波鎮人、吉野省一らがそれであろう。

「光」には日本社会党としての魚住季治、植田清之助、野中誠之の名が登場するが、官憲資料によるとこの時期での野中の積極的動きがある。

野中が熊本における「社会主義研究会」の創設を日刊「平民新聞」紙上で提唱したのは日本社会党第二回大会における田添、幸徳論争のあとであったことは注目に値する。野中は間もなく渡米し、のち片山と行を共にする。一方、松尾、新美は「熊本評論」の創刊にあたっては松隈とも連絡しあっているのである（『大逆事件証拠物調』）。このように見て来るとき「熊本評論」の創刊は県下および九州の（今回は触れなかったが）社会主義的諸運動と深く結びついていたと言わねばならず、その紙面の一部を土地復権同志会関連の記事に提供したことを「第一期の…」として区分することにどのような積極的意義があろうか？「熊本評論」と土地復権同志会とのかかわりもまた終刊に至るまで変りはないのである。

「熊本評論」と人力車夫同盟会について
―初期社会主義と大衆運動―

一、はじめに

「熊本評論」は、明治四〇（一九〇七）年六月二〇日付で、松尾卯一太、新美卯一郎らによって、急進的な「自由」を標榜して創刊された。

明治後期社会主義運動は、政府の苛酷な強圧のもとで、片山潜、田添鉄二に代表される「議会政策派」と幸徳秋水らの「直接行動派」の両派の対立を深めた。直接行動派は、いよいよ急進化してゆくのであるが、その運動の態様は、大衆組織と大衆運動から遊離した観念的な傾向をより強くしていった。

明治四一（一九〇八）年一月末に始まる熊本市の第一次人力車夫争議は、「熊本評論」が幸徳秋水らの影響を受けて、直接行動派への傾斜を深める時期に発生した。

「熊本評論」および同人らとこの大衆運動との関係はどのようなものであったか。第一次熊本市人力車夫争議の具体的分析と検討によって、「熊本評論」と同派の運動をより明らかにし、初期社会主義運動の中にどのように位置づけするかという見地から考察した。

二、明治後期の人力車と車夫の状況

1 熊本市の人力車

熊本市内および周辺（現熊本市）の主要な交通機関は、乗用馬車と人力車であった。乗合馬車の運行は、別表1に掲げる通りであり、県下の乗用馬車も年々着実に増加していたが（別図1）、人力車がその主力であった。

人力車は、明治初年、竹崎茶堂によって熊本に初めて登場したのち、年とともに普及したが、明治後期の県下の人力車および営業人力車夫は、別表2に示す通りである。当時の熊本市内の営業人力車夫は「熊本評論」によると登録された者一〇三二名であり、「九州日日新聞」は挽子約一五〇〇人、うち1／3が自己の車を曳く者と報じ、「熊本市職業調査の結果」（明治四〇年四月二五日現在）では、陸運業従業者四九六八人、同従事者一五六八人で、同従事者のうち、人力車曳き八〇六人とある。

「従業者」と「従事者」の区分は不明確であるが、後述の曳子および曳取りを「従事者」とすれば「熊本評論」紙上の数字とほぼ一致する（別表3）[1]。県下人力車夫のおよそ1／3を超える数が熊本市内に集中しており、市周辺部の春日、砂取の車籍を含めると1／2をはるかに超える。この数字は、当時の熊本市の人口比にして五五：一、戸数比にして一四：一となる[2]。

熊本市内の工場労働者数は七一〇人余、市周辺部を含めても一五〇〇人（一四歳未満を含む）に満たないのであるから人力車夫数とほぼ同数であり、県下の男女労働者の総計もまた県下人力車夫数と大差がないことから見て、県下の1／3を占める熊本市内営業人力車夫の都市勤労者中に占める比重は明らかとなる（別表4参照）。

さて、前述のように乗用馬車および乗合馬車の普及に加えて、明治四〇（一九〇七）年一二月二一日には安巳橋―水前寺間に軽便鉄道が開通して、（熊本軽鉄＝のち大日本軌道）単線運転を開始し、一日の乗客四〇〇―七〇〇名を運び、さらに春日―百貫（熊本軌道）、熊本県庁―大津町字西津留（熊本軽鉄）、熊本―隈府間の軽鉄敷設が相次いで計画された。熊本軽鉄の開通により安巳橋の乗合馬車は１／３の減収をもたらした。軽鉄沿線の人力車夫は、「ゆうれい車」に転落する者も出るといった状況が生れた。市周辺部では乗合馬車の普及によって市周辺から市内に働きの場を追い込められるものも出ていた。このような状況は当然、危機感を深めていった。

別表１

乗合馬車運行一覧

春　日	百　貫
立　田	大　津
黒　髪	菊　池
迎　町	御　船
安巳橋	木　山

（明治41年1月現在）

別図１

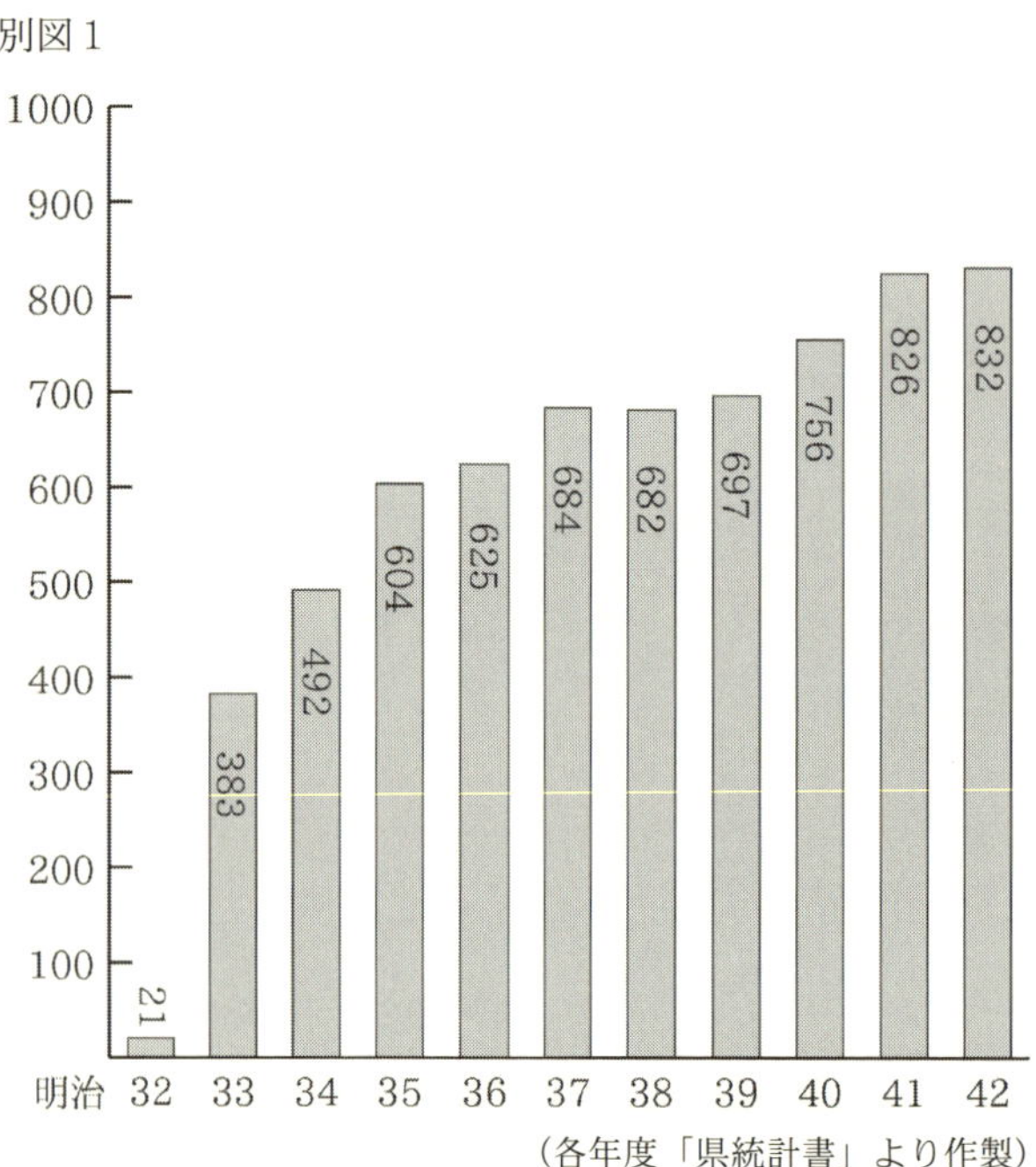

（各年度「県統計書」より作製）

（別表２）　熊本県下の人力車

		明治37	明治38	明治39	明治40	明治41	明治42
人力車	営　業	1,998	1,852	1,891	1,960	1,951	2,934
	挽　子	2,997	3,043	3,053	3,163	3,140	3,080

（別表３）　熊本市の人力車と車夫

車　両　数	自営車曳	曳取り	曳　子	計（登録車夫）	備　考
645（第28回県統計書）	約 300	約 200	約 500	1,032	熊本評論
	約 500	約 1,000		約 1,500	九州日日
		806			市職業調査

（別表４）　工場および労働者数

	工場数	機関数			労働者数						
		水力	蒸気	電気力	14才以上			14才未満			合計
					男	女	計	男	女	計	
熊本市	23	—	6	—	230	272	502	53	26	79	581
飽託郡	9	1	8	—	111	544	655	6	65	71	726
計	32	1	14	—	341	816	1,157	59	91	150	1,307
県総計	69	7	47	22	1,502	1,686	3,188	106	244	350	3,538

—明治40年12月末現在—

備考　㋑ 常時10名以上を雇傭する工場のみ
　　　㋺ この表には、兵器廠（男124, 女49, 計137名）などが含まれていない。

2 人力車夫の状態

営業人力車夫は、満一六歳以上で、警察による視力検査と、簡単な地理の試験に合格することを条件として挽子鑑札が交付され、車体検査を受けることが必要であった。番号を記入した紺法被、半股引、笠、提灯、合羽、膝掛、マッチ、ローソクを常備することが義務づけられ、警察によって取締まられた。市内は坪井、古町、新町、京町の四地区に大別され、要所の立場(タテバ)（駐車場）に属した。石塘口、停車場、通り町筋、細工町筋などの立場(タテバ)が収入が多く、立場(タテバ)をもたぬ車は「ゆうれい車」と呼ばれ、最下層に属した。これは『日本の下層社会』で横山源之助が「もうろう」と分類したものに当り、「熊本評論」では「貧乏車」と表現している。最も有利な駅構内車夫には定員があり、市内の主な旅館、料亭などの出入権―挽子の株は年々値上りし、一株一〇円以上で取引きされていた。

営業人力車夫は大別すると三つに分類することができる。

(1) 自己の車を所有する車夫（独立営業者）

(2) 曳取り

貸車業者に保証金を納めて車を手に入れ、日賦払で元金および利息を支払って人力車を買い取る車夫

(3) 曳子

貸車業者に損料を支払って賃借りしている車夫

このうち貸車業者から賃借りして働いている車夫――曳子（貸車の賃借料は一五銭）が多数を占めたが（別表3参照）、これも

(イ) 立場(タテバ)をもっている車夫

(ロ) ゆうれい（立場(タテバ)を持っていない最下層の車夫）

に区分される。

曳取りは日賦払であったので、風雨や病気のときも賃借料を支払うよう義務づけられていた。

当時の経済的諸条件のもとでどのような階層が都市に流入し、車夫層を構成したかを明らかにする必要があるが資料の都合で果さなかった。

3　貸車業者と営業組合

人力車営業組合は、警察の指導、監督を受け、取締事務所に常駐する「取締り」一名と若干名の惣代を選任して運営に当ったが、その実権は貸車業者の手中にあった。惣代選挙は形式的なものにすぎず、「選挙札は全数の十分の一も集まらない」状態であった。貸車業者中には二〇〇～三〇〇両を所有する大業者が存在し、組合費（付加金）のごときも上に軽く下に重い逓減法が行なわれた。大多数を占める零細営業者は一両当りの付加金で一〇両以上を所有する大業者の二倍以上を負担させられた（別表5参照）。

この様な例は横浜荷馬車組合などでも紛糾の原因となったことが知られている(3)。

また、貸車業者はいわゆる「根止め」によって県内車夫の営業権を全面的に支配した。「曳子」の貸車賃の未払者や「曳取り」の日賦延滞者からは、ようしゃなく車を引き揚げ、日賦および延滞利息の支払がないと「取締り」を通じて県内では車を曳くことを禁止する「根止め」を全県に手配した。「警察の検査を利用して、金を払わぬ場合には取締りより検査を受くる番号を渡さぬ」ので車夫の糧道が絶たれた。その日暮しの車夫の息の根を止める残酷な支配が公然と「人力車営業組合」を通じて行なわれた。

（別表5）　人力車営業組合附加金

4両以下	1両につき	3銭5厘
9両以上	〃	2銭5厘
10両以上	〃	1銭7厘

「熊本評論」は、いわゆる「曳取り」制度についても貸車業者の高利貸的収奪を暴露して追及している。

「貸車営業者より『曳取り』の車を借らんとする時は、一台四十円とすれば、之を借る時に五円若くは十円を入れ置きて、其の上に日日十銭を納めて二十ヶ月間は、一日もかかすことがならぬ。そして立派に納められれば其の車は自分の者（ママ）となるのである。日に十銭とは月に三円の意味にして、其の中二円は元金に返すので後の一円は四十円に対する二分半の利子である。此の可憐な車夫中には三十円を納めたのち、不時の病気に依りて仕事を休むが故に、十銭の納金が出来ず二ヶ月、三ヶ月と延滞する事がある。すると貸車業者は遠慮なく之に延滞利子を付するが故に、借り手は益々窮乏に陥りて、四十円の車一台を我物にする為に百円以上納めた者が少くない」と。

貸車業者は、車代の1／8から1／4に当る金額を内金として受取りながら、これを元本に充当せず無利子で預り、二〇ヵ月では五割に当る利息を取立てるという苛酷な条件を課した。かくて、ともかくも元本の弁済を終り、車の所有者が車夫の手に移るときは「車の寿命が尽きる時」なのである。もちろん「延滞三ヶ月にも及びて、車の価高かくて取る方便利なる時は、遠慮なく車を引揚げて、前納の五円若くは十円を返さぬ」のである。このようにして、「曳取り」車夫は貸車業者の債務奴隷化されていた。

4　人力車夫の生活

車夫の生活に関しては、『日本の下層社会』(横山源之助)によって明らかにされている。これによると、「もうろう」は明治三〇(一八九七)年の東京において、「人力車夫中最も多数を収め」「貧乏部落に住める者」で人足、日傭稼につぐ最下層の勤労者である。上等一〇銭、中等八銭、下等六銭の賃借料(歯代)を支払って貸車を曳き、「甚しきは、筒袖股引の衣裳を借りて」稼ぐのであるが、人力車夫の大多数を占める「もうろう」および「ばん」の平均収入は約五〇銭、一日の生計費は別表6の通りであるから、「東京市中五万の人力車夫、知らず一日の生活を能くし行くもの果して幾何ぞ」と述べている。

明治四一(一九〇八)年代の熊本市内の車夫の収入は、立場(タテバ)の車夫で六〇～七〇銭、夜業をすれば八〇～九〇銭としても、[4] 事情は変らないどころかむしろ悪化している。

「ゆうれい」となると更にひどい状態が見られる。すなわち、「熊本評論」に掲載された熊本市内の貧民街の調査報告

「汽車長屋」(松岡悌三) によると「向い合せの二棟の長屋は僅かに三尺の通路を設けて建てられ」「家は最も汚穢に、最も怪しく、それは社会に於ける活きた人間の住むべき処でないような無作苦しい」棟割長屋の一角二棟一三戸のうち五戸までは、車夫で占められている。この長屋に見られる車夫の生活は悲惨の極に達している。新海卯助を始め、五戸の車夫の家族数と住居面積は別表7に示す通りである。

若干の家財道具をおくと、三畳は一畳に、六畳は四畳になってしまう部屋の中で五、六人の家族が生活を営んでいるのである。夏期には付近の手取神社の境内に寝たりしている。彼らの収入は、夜中の二時頃まで働き、妻が「ダンゴの串削り、紙屑拾いの内職をしても共稼ぎの賃金三〇銭足らずの収入」である。「梅雨などになりますと丸で仕事を休み勝ち、子供も五人も居りますし日々の家賃も滞り許りて居ります」、それどころか「仕方尽きては、着ている衣類などを六一銀行(質屋の別称)に預ける、男は襯衣(ハッピ)一枚、女は儒袢と湯巻きの侭であることは、冬季に於ても尠くない」という生活がなされていた。

(別表6)　車夫の生計費

(明治30年12月調)

収　入	支　出	
平均　50銭	米　代	28銭6厘
	薪　代	2銭5厘
	朝の汁	2銭
	オカズ	5銭
	石油代	8厘
	炭　代	3銭
	家　賃	4銭
計　50銭	計	45銭9厘

備考
① 家族　老婆1，子供2
② 「生活費用の一に加うべき酒代」を含まず
③ 衣服，煙草及子供の小遣等を加えず

(「日本の下層社会」岩波文庫版42〜43頁より作製)

(別表7)　汽車長屋の車夫

氏　名	畳　数	家族数
森竹　サン	6畳	6人
新海　卯助	3	5
西　三太郎	3	6
山本　助太郎	3	4
鶴　さん	3	5

三、車夫争議の経過と内容

熊本市の人力車夫は二度にわたる大きな争議を経験した。

明治四一（一九〇八）年一月末に始まる第一次争議と大正末期から昭和初年にわたる第二次争議である。第二次争議は熊本市電、乗合自動車の開通という都市交通の決定的変化が原因であった。

以下、第一次争議の経過と内容を考察する。

1　車夫争議の発端と「熊本評論」

ことの起りは、一片の真鍮製番号札の配布価格にあった。県令第三三条（号か？）＝明治四〇年一二月一四日、四一年二月一日施行＝で、県下の車夫は一斉に所轄の地名と番号を記入した真鍮製番号札を法被（ハッピ）の背に付けること、これを怠れば違軽罪で処罰することを定めた。しかるに、その内容が車夫に周知されたのは施行前日の一月三一日であった。しかも、人力車営業組合・愛敬取締りによって各駐車場（立場（タテバ））に達せられた通達は「番号札は取締りの所に取揃へあれば、一人二拾銭を予納して之を受取るべし、勿論営業を廃する場合は番号札を持参すれば何時にでも二拾銭は返納すべく云々」というのである。

もとより、車夫にとって即日、予納金を納めて番号札を付けなければ、翌日から働けないのであるから深刻である。しかし、問題はこの番号札の価格にあった。熊本市に隣接する春日、砂取など飽託郡（現熊本市）では半額の一〇銭であった（その後の新美の調査によると原価は六銭であった）。その価格に対する不満と組合幹部に対する憤激は当然である。車夫有志は「熊本評論」社を訪れて実情を訴えた。

明治四一年二月五日（第一六号）の「評論社たより」は、この間の事情を次の様に報じている。

一月三一日の項

「午后の三時頃十名余の人力車営業人諸君来社ありて種々の意見を演べらる。新美はこの意を了して直ちに警察に至る、此の日より人力車問題起りし訳なり」

二月一日の項

「松尾は編集に忙しく新美は人力車業問題に忙し、正午村田巡査部長及愛敬人力車夫業取締りの来訪あり、車夫有志七十名許り、熊本市内新町の出雲大江神殿に会合す、其活気盛なり」

二月三日の項

「新美は人力車営業人の依頼を受けて、愛敬宅に番号札値下げの話しに行きて半額にすることに決して帰る……」

二月四日の項

「この日市内人力車営業人が総て該問題解決に連印したるを聞く、又現惣代に辞職の勧告を為したり、社中多忙を極む……」

新美らが、勇躍して車夫問題に取組み、「熊本評論」社内に活気のみなぎった様がうかがえる。

かくして争議は、新美らの指導と援助によって開始され、「熊本評論」との密接な関係のもとで展開された。

番号札に関する愛敬取締りの通達が車夫間に伝わった一月三一日の午後三時頃には、一〇余名の車夫有志が、「熊本評論」社を訪ねていることは注目に値する。

「熊本評論」が少なくとも「下層社会」の車夫の一部に味方の存在として意識されていたことを物語っている。

「熊本評論」の発行部数は、警察への届出数によると明治四〇（一九〇七）年の半年間に二万一二〇〇部である。これは一回平均一六〇〇部となるが、[5] 同紙は、戸数一万四〇〇〇余戸の地方都市・熊本を主な経営基盤として創刊し、当初から編集方針も地域との結合に意識的配慮が払われていた。森近運平は、「大阪平民新聞」の活動をふりかえって「地方的色彩と云う点に於ては全く失敗に終った。此点に於て熊本評論は成功したものだ」と評価している。

さらに、

①すでに熊本の有力者を批判し暴露した「公開状」や「当世紳士内証日記」などの筆禍事件で広く市民の注目を集めていた。
②同人の松尾、新美、松岡悌三はいずれも郷士出身であり、しかも新聞記者出身であった。
③特に新美は有力日刊紙「熊本毎日新聞」の次席記者、松岡も同紙の著名な記者出身であった。
このような地方的特色は、中央における社会主義新聞のそれとは異なった条件をもっていた。ラジカルな「自由」をかかげて創刊した同紙は、いちじるしく「直接行動派」への傾斜を深めつつあった一面、先に述べた地方的密着度のゆえに、創刊以来わずか半年余で、地方の勤労大衆の間に味方としての社会的地位を確立する方向にあったのである。車夫有志の訪問はこのことを示している。
以下に見るように熊本市の人力車夫大衆は「熊本評論」を彼らの援助者、指導者として選んだのである。

2 番号札値下げと営業組合改革運動

車夫有志の訴えを聞くと、直ちに新美の活動が開始された。新美は警察および愛敬人力車営業取締りを訪ね、原価六銭の番号札を二〇銭とした根拠についてただした。その結果、警察の帳簿には多数の空番があるのでこれを改めることは面倒で時間がかかるとして、実人員の三倍の番号札を作製し、その費用は全額を現在の車夫に負担させせようとしたことを明らかにした。これに同意した組合惣代は大部分が貸車業者によって占められていた。かくて市中の各駐車場に回章を廻し、車夫大会の開催がよびかけられた。翌二月一日、評論社の近くの神社の境内に約七〇名の車夫有志が参集して大会を開き、次のように決議した。

「不法の番号札の価格には応ぜざることは勿論、この不法を断行するに至らしめしは、全く惣代連の手落ちである。宜敷彼等を辞職せしめねばならぬ」

この決議にもとづいて新美に交渉を依頼し、愛敬取締りと交渉の結果、半額値下げに成功した。

番号札値下げの経済的要求は、当初は車夫有志十数名の「熊本評論」社訪問、つづくわずか七〇名余の車夫有志の会合から出発したが、「半額値下げ」の実現を大きな転機として、不当な価格をおしつけようとした物代に対する不満は、営業組合の改革に向けて組織された。物代は大多数を貸車業者に占められ組合は彼らの思うままに運営されていた。不当で高率な付加金の改訂要求と結合して物代辞任要求がたたかわれた。

一、物代改選の件
一、付加金改正の件

について市内の全車夫の連印を集めた。この二項目要求実現のために車夫の間から仮物代一〇名が選出された。仮物代は「取締り」を通じて物代に辞職を勧告し、遂に二月四日、物代を総辞職させるに至った。

争議は、新美を先頭とする「熊本評論」同人らの指導と援助のもとで、経済的、民主主義的要求を実現するための車夫大衆の運動として進められた。

車夫の自覚は急速に高まり、二月六日の物代選挙は、「従来物代選挙の如きは一笑に付し去りて、選挙札は全数の十分の一も集まらざりし者（ママ）が」今回の選挙では殆んど全数を集めた。「熊本評論」は、これは「彼等が全く自己の権利を認識したる結果に外ならぬのである、之れ豈に吾が労働界に於ける面白き現象ではないか」と評価した。市内四地区から新物代が選出されたが、この改選によって、大貸車業者の影響を絶ち、勤労車夫の指導権が営業組合の中に確立された。このことは、ただちに付加金問題の解決への展望をひらいた。

3　評論社演説会の開催

車夫大衆との結合と闘争の一応の勝利、車夫の民主主義的自覚のたかまりは、「熊本評論」の同人らを勇気づけた。「熊本評論」は「同盟の力に依りて少数の資本家と戦うことは最も易々たる業たることを知った」と述べている。さらに一歩を進めるために彼らの指導は「車夫同盟会」の結成と大貸車業者の高利貸的収奪に対する闘争の組織化にむけられた。より一層の大衆的啓蒙活動の強化が必要でもあったが、創刊以来、「主義の伝導上最も有利なる者として」計画しながら果さなかった演説会の開催も「今回市内の人力車夫諸君の活動を機会として」車夫同盟会結成と併行して進める条件がととのった。

車夫争議は「熊本評論」同人らの活動に新たな飛躍をもたらしたといえる。

二月一二日午後一時から新町の忘吾会舎で演説会がおこなわれ、午後四時より高田原の天理教会堂庭園で熊本人力車夫同盟会創立総会が開催された。車夫同盟会結成の動きは、二月九日の「九州日日新聞」にも報ぜられているが、演説会は、「評論社たより」二月一一日の項に「昨日急突に決したる演説のことなれば萬事意の如くならず、明日正午よりの演説に其広告ビラを、此の朝各町中に下ぐるを得たり」とある。弁士も当初は松尾、新美の両名のみを予定していた。(6)

予想外の盛況で「聴衆意外に多く、仝一時頃には殆んど満場立錐の地なからしめ、遅れたるは已むなく場外の四囲に佇立したれば、堂上堂下殆んど人の山を築き聴衆正に千三百余、中にも車夫諸君は七、八分を埋めたり」と報じている。

弁士も下記の五名となった。

「開会の挨拶」…………松尾卯一太
「車夫問題の成行」……新美卯一郎
「矛盾せる社会」………志賀　連
「人」…………………佐々木徳母
「労働者の自覚」………新美卯一郎
「一致の力」…………武蔵　芳蛾
「貧乏の解決」…………松尾卯一太

これらの弁士は、各人の思想の差を反映して演説内容に差があった。千数百の聴衆を前に、クロポトキンの「相互扶助論」や「マルクスの小伝」が紹介され、マルクス主義やアナルコ・サンジカリズムとともに土地復権論も説かれた。しかし、ブルジョアジーの打倒と労使協調を廃し、階級闘争をよびかける論調は共通し、弁論に会場は生気をはらんで湧いた。

「熊本評論」は初めての試みである号外を発行して会場で配布し、次のように訴えた。

「時代は近づけり

諸君!!熊本評論は、平民や労働者や、其他総ての被圧迫者、即ち有らゆる権利の為めに、束縛虐待されて居る不幸な人々を、今の悲惨な境遇から自覚させ、そして平和な、自由な、自治社会を現実に拵えようとするのが其の要領で、そして諸君が自覚し、団結し、進撃さへすれば、屹度其目的が達せられると云うのが我々の主張であります。

諸君、自覚は被圧迫者が圧迫者に対する当然の結果で、即ち諸君が従来忘失し、或は横領せられたる一切の『権利』及『富』の所在の発見であります。そして我々は、其忘失し、或は横領せられたる一切の権利と富とを、再び諸君の手に恢復せよと言うのであります。」

「政府、議会、法律……（中略）……数え来れば一として之れ諸君の敵たる圧迫者の同類、手先き、擁護者のみではありませぬか。

諸君は真に諸君を解放して自由の民たらしむべく、諸君自ら之をやらねばならぬ、自覚せよ、而して圧迫者を恐怖せしめよ、団結せよ、而して圧迫者を戦慄せしめよ、進撃せよ、而して圧迫者を殲滅せよ、熊本評論は終始一貫、徹頭徹尾、諸君平民や労働者やその他総ての被圧迫者の友となり、味方となって其全身全力を尽すのであります。諸君の『力』は偉大なり、諸君にして一度び動かば、天下は匆ち諸君の天下とならん、嗚呼諸君の時代は近ずけり。」

この号外と演説は、車夫争議の指導者たる松尾、新美の社会主義的指導理念を「車夫同盟会」の結成大会を前にして明確にしたものであった。松尾と新美の思想的共通点を示したものでもあった（松尾と新美の思想の相異点については別稿にゆずる）。

新美は「労働者の自覚」という演題で、労働運動は世界の大勢であることを説き、「極めて痛切に労働と資本の調和論を罵り、慈善事業の姑息なるを嘲笑し終に更に論調を進めて此の問題の解決は労働者諸君の自覚で在る階級戦争で在る」と訴えた。

松尾は「貧乏の解決」と題する演説の中で、階級闘争以外に貧乏の悲惨から解放されえないことを説き、自覚と団結の急務を説いた。彼は議会政策を批判し、言論の制約の中で直接行動に言及した。

松尾はまた、資本主義的交通機関の発達がもたらす車夫生活の破滅的危機の近づいたことを予見して訴えた。「一軽鉄が出来る毎に茲に幾百の車夫諸君は其の職を失って路頭に迷うのだ、現に熊本の車夫諸君も眼前に其厄を掴えて居る。諸君、諸君の眼を醒すべき所は此処だ、諸君の力を用ゆべき所は此処だ」と。周知のように、明治一五（一八八二）年、東京では鉄道馬車の出現を契機とした奥宮健之らの車会党の運動があった。だが、もとより松尾が提起した立場は急進的自由主義者・奥宮の「街鉄反対」とは本質的に異る。松尾の主張はブルジョア自由主義との明確な相違を示している。彼は資本主義の打倒以外に解決の途のないことを説いた。「熊本評論」は「車夫諸君に告ぐ」の中でも再びこの問題を提起した。「文明は汽車となり電車となり軽鉄となった。而も諸君の生活は日に此れが為めに侵害せられ、蹂躙せられつつ有るは何ぞ、明記せよ、車夫諸君、労働者諸君、此れ決して文明其物の目的でない唯だ夫れ諸君と全然利害を異にする資本家制度の然らしむる処ではないか」と。

車夫争議を契機として始められた演説会は、以後、平民社の活動にならって「社会主義講演」「社会主義茶話会」「社会主義学術講演」「社会主義婦人講演」の定期開催に発展した。熊本評論社には旧来の同志に混って、多数の車夫の頻繁な出入りが見られるようになり、「熊本評論」の活動の一翼が車夫大衆によって支えられた。熊本地方の明治期社会主義運動は、「熊本評論」の創刊につぐ新段階の到来を迎えた。「車夫同盟会」の結成と運動は、このような新しい段階——初期社会主義と大衆運動との結合が生んだ熊本で初めての大規模な勤労者の民主主義的大衆組織であった。

4 熊本人力車夫同盟会の結成

熊本人力車夫同盟会の結成総会は、あらかじめ仮惣代三〇数名を選出して準備を進めたが、評論社演説会の終了した後、午後四時、熊本市高田原の天理教会堂の庭で開催された。午後一時からの評論社演説会に約一〇〇〇人が参加したので、同日午後から熊本全市の営業人力車夫の営業は一斉に放棄されたも同然であった。演説会と同盟結成大会はそれ自体団結の一大示威運動となった。「評論社たより」は「演説会の終るや千数百名の車夫諸君は十町許りを距てたる高田原の天理教会堂（庭園を借り受けし）へ至る。人の波を打って市中を練り行く様は全市を飲むの慨があったのは痛快であった」と伝えている。

一二〇〇余名の参会者を前に、壇上の新美が同盟会設立の必要を説明したあと、あらかじめ用意した趣旨及び会則案を朗読して賛否を求め、満場一致で採択された。

会則は「人力車夫相互の利益を斗り、品性の向上を期する」ことを目的にかかげ、共済会的性格を持っている。二一名の委員を地域別に互選するが、会長についての特段の定めはなく、委員の任務としては「本会事務の処理」と大小会議の開催があげられているにとどまる。

会　則

一、本会は熊本人力車夫同盟会と称す。

一、本会は人力車夫相互の利益を斗り、品性の向上を期するを目的とする。

一、本会は会員相互の幸福を期するを以て、会員にして若し危急に接する場合は委員の認定にて会員全部にて金銭の補助を為すべし。

一、本会は委員二一名を左記の各区域別に撰びて本会の事務を処理せしむ。

坪井地方　九名　　古町地方　四名

新町地方　四名　　京町地方　四名

一、委員は各区域間に於て互選すべし。

一、入会は会員の紹介を以て之を許す。

「熊本評論」第一七号は「右の会則全く承認さるゝや、新美江湝音頭にて「熊本車夫同盟会萬歳」「萬国の労働者萬歳」を三唱したり、其の声は遠く金峯の山に響きて全市を掩ひぬ、然り、萬国労働者諸君萬歳の声は吾が敬愛する千余名の労働者諸君より初めて熊本市に叫れぬ、吾人豊に血湧き肉躍るの感なからんや」と感激をこめて報じた。争議の発生からわずかに二週間たらずのことであった。

各地域別に選出された同盟会の委員は次の通りである。

坪井地方　林酉蔵・荒尾清人・森本儀次郎・田原市次郎・池辺貫一・福島鶴松・寺本卯八・小島又次郎・明午巳之吉

古町地方　阿部作太郎・荒木光次・永田文太郎・野口丈八

新町地方　平野茂太郎・森田善蔵・神谷彦八・中村仁三郎

京町地方　石村末松・田上太三郎・八木田和吉・酒井弥吉

二月二六日には、市内各処の立場に人力車夫同盟会の看板がかかげられ、車夫の意気は軒昂たるものがあった。車夫大衆は運動の経験の中で民主主義的自覚と、団結の必要とを学んだ。車夫同盟会はこうした勤労車夫自身の組織であり、貸車業者を含む営業組合とは性格を異にした。

闘争の勝利と車夫同盟会の結成は新美らと車夫を一層ふるいたたせずにはおかなかった。

新美が「ツンツルテンのインバネスを羽織って、人力の駐車場にはいり込み、股火をしながら主義を説いていた」という大木山帰来氏の文章から(7)も、車夫の中に入って積極的な活動をした新美の一面がうかがえる。

新美は一貫して直接指導にあたり、重要な役割を果した。「熊本評論」紙上で見る限り、松尾や新美にとって勤労車夫はおしなべて労働者として理解された。彼らを組織することはとりも直さず資本主義打倒を目指す基本部隊の組織化として把握された。

5　貸車業者の反撃と警察の干渉

彼らの尖鋭激越な論調にもかかわらず運動は争議開始以来着実な組織活動と並んで合法的手段で要求の実現を企った。営業組合の新惣代は、不平等高率な組合付加金を一両当り一率一銭五厘均一と改め、多年にわたって曳子・曳取りを苦しめた「根止め」を禁止した。さらに、争議の発端となった県令三三条に関しては一三ヵ条にわたる理由を付して撤廃を県当局に陳情するなどの動きを示した。

付加金改訂、とりわけ「根止め」禁止は、貸車業者に大きな打撃を与えるものであったが、「熊本評論」第二〇号（四月五日付）は、さらに追討ちをかける様に重要問題を提起した。

「不法なる貸車」と題する一文で、「曳取り」の実態を明らかにして、貸車業者の高利貸的収奪を徹底的に暴露追及した。車夫及市民に対して「諸君は彼の不法なる貸車に対して今後如何に処せんとするか」とよびかけた。脅迫と買収にも動ぜず日毎に強化される車夫の運動に対して、貸車業者は取締りの辞任、営業組合分裂工作などで反撃を試みた。しかし、一旦辞職しながら再立候補を画策した愛敬前取締りに対して車夫同盟会は、営業組合規約に基づき池辺某を対立候補に立てて四月六日の選挙に臨んだ。愛敬に投ずる者はわずかに一四～五票にすぎず、圧倒的多数で池辺某が選出された。

貸車業者はもはや警察の干渉以外に頼るところを失った。警察による干渉は以前から種々の形で始っていた。車夫同盟会結成準備をすすめる仮惣代三〇数名は、結成式前日に警察に呼び出されて注意を受け、また三月下旬の車体検査に際しては担当の村田巡査部長が一場の訓示演説をおこない「車夫が同盟の力に依りて大営業者を圧迫する云々」

と非難した事実を「熊本評論」は暴露している。「熊本評論」同人らに対する言論抑圧はもとより強化された。警察は、車夫の催促にもかかわらず、合法的に選挙された新取締りの認可を引きのばし、届出後五〇数日の後に「聞き届け難し」という一片の達示を以って拒否した。一方、貸車業者らは、彼らのみの営業組合を設立し、別箇に取締りを選任しようと画策した。

このような新たな事態に対して「熊本評論」は第二五号で「組合規約は無効也」、および第二六号論説では一面を費して警察の不当干渉を論難した。

6 「車夫諸君に告ぐ」

争議初期には、警察的干渉の余地のない、巧みで合法的かつ組織的戦術を展開したため、比較的順調に進むかに見えた車夫の運動は、ここに至って一転機に直面するに至った。

「数多き労働者は同盟の力に依りて、少数の資本家と戦うことは最も易々たる業」といった楽観的な見地に立ってはいられなかった。権力が前面に立ちはだかったのである。

「熊本評論」第二六号（明治四一年七月五日）は、「車夫諸君に告ぐ」と題して論説をかかげた。「元来該組合の取締りたる、所謂人力車営業人の組合にして警察の組合ではない。挙げて以て車夫諸君の信を置けば事足りるのである。合法の手数を経て撰挙したる以上、敢て警察の容喙すべきところでない」のであって、「要するに今度の警察の措置たる、直ちに此れ組合の破壊である。取締規則の蹂躙である。余りに車夫諸君を見限るたる遺方である。而してこの組合と云ひ、此の規則と云ひ、もと〳〵警察お自身が助言し認可したるものと云ふに至っては、暴の極、得手勝手の極」と警察当局の不法を激しく攻撃した。

惣代改選につづく取締りの改選により、営業組合内での勤労車夫の指導権の確立は、付加金改訂のみならず、根止め禁止を決定し、貸車業者に重大な打撃を与えた。根止め禁止は車夫中七〇％を占める下層車夫の要求であった。取締り辞職の反撃に対しては、新取締りを選出したが、これは組合規約にもとづく合法的な方法であったし、この投票結果を警察当局の干渉によってふみにじられることは、「今回の警察の不法行為に対し若し一歩でも許す如きことあらば、彼れは不法を再びするや燎原の火の如けん、心を寒くすべき時なる哉」「組合は全々警察の手中に落るなり」ということであって、半年余にわたる勤労車夫と新美らの活動の成果は再び貸車業者の手に奪われることとなるのである。

「車夫諸君に告ぐ」はこのような階級的本質を明らかにし、むかうべき道と方法を明示しようと試みた。「議会も法律も、警察も、監獄も……畢竟するに総て是れ少数資本家の為めに動く傀儡たるに過ぎぬ、而して諸君労働者に対する攻道具たるに過ぎぬと。然るに諸君は今此の実証を最も手近かに、最も明白に、最も直接に看守することが出来た」、したがって「諸君の相手は最早や警察でない、県庁でない、総て是等諸機関の陰に潜んで居る資本家だ、大営業者だ」と。この様な敵「資本家制度」の打破以外にもはや道はないことを説いた。

だが、民主主義的諸権利の自覚とその諸権利を武器として運用しつつ、車夫大衆を教育し、指導して来た「熊本評論」は、権力の干渉に直面していかにたたかえというのか。

「起て、熊本全市に於ける千有余名の車夫諸君、諸君は漫りに法律の定むる権利を叫んで空名に齷齪たらんよりは、更に諸君の真の権利を捧持して諸君の大敵に肉迫せよ」と。初歩的な権利すら踏みにじる権力の干渉、そこに合法的諸権利の行使の限界を見て「真の権利」を実力で行使するよう訴えるのである。それは、明治期社会主義運動―彼ら自身が直面している問題であったのだ。

しかし、具体的にはどの様な戦術で、「大敵に肉迫する」のか。これは、第二六号「車夫問題」の記事中に読みとることが出来る。

組合物代の抗議的総辞職と再投票拒否をすることによって営業組合を実質的解体状態におとし入れ、警察の出方を待とうというのである。組合規則によれば、取締りも惣代も投票によって選ばねばならない。したがって市警察当局が車夫の投票結果を否認する限り、この再投票に応ぜねば、「今や組合は唯形体を存して、何等の活動なきに至れるなり、見よ、取締辞職し、惣代辞職したる組合が、何処に如何なる方法に依りて其の生命を保持するぞ」というわけである。しかし、もはやこの他に具体的方策はなかったのか？　不法なる貸車業者の搾取とのたたかいはどうするのか？営業組合は解体状態におち入っても、自主的組織としての車夫同盟会がある。

七月二日午後七時、「車夫問題演説会」が計画されている。市内鍛冶屋町敷島座で開催する予定であったが、当日午前九時になって警察の干渉によって会場使用の約束が解約されて実現しなかった。この演説会で、車夫に方向を与え、さらに広く世論を換起しようと企てたのであろうが、その内容を知るよしもない。或いはこの演説会を機に新たな行動を計画していたことも推測されぬではないが、しかし以後の発展は明らかでない。それは次のような事情による。

第一面に「車夫諸君に告ぐ」を掲げた第二六号（明治四一年七月五日）には、東京の「赤旗事件」が報ぜられた。周知のように「赤旗事件」は中央、地方の社会主義者とその運動に深刻な影響を与えた。「熊本評論」も例外ではなかった。相つぐ発禁で全国的機関紙を失った社会主義運動のために、唯一の機関紙「熊本評論」は全国紙的役割を果さねばならぬ状態が生れた。紙面は「赤旗事件」の関連記事で埋められた。しかも赤旗事件に関連して坂本清馬、新美が相次いで上京し、松尾は二度にわたる筆禍事件の取調べ、公判にわずらわされながら「熊本評論」を発行せねばならなかった。そして、発行禁止に至った。この様な状況の中で、大きな壁に直面した車夫問題は同紙上にとり上げられないまま「熊本評論」の終刊を迎えた。（調査可能な他の新聞など資料を精査したが関連記事を発見することはできなかった。今後の資料発掘に待ちたい。）

四　結　論

「熊本評論」は、創刊号で、国内外の労働者のストライキの波の高まりを「廿世紀の新潮流」であるとみなし、「既に潮流なる以上は達するまで止まざる」べしと労働者運動の未来に対する確信を述べた。

第一次熊本市人力車夫争議は、直接行動派の大衆遊離の傾向が指摘される時期に労働者階級とその運動の未成熟という条件下で、明治後期社会主義運動と都市勤労者大衆との結合のもとで展開された数少ない大衆運動であった。

松尾の筆になると思われる「評論も筆ばかりに力を用ひず追々主義の実行にかかりたい」という一文が第九号「評論社たより」に載っている。どのような実行計画であったかは、明らかでないが、車夫問題の発生以後、松尾・新美らの行動は、「熊本評論」の編集・発行を軸として、車夫争議の指導と組織活動、演説会や講演会、茶話会の開催など多様性をもった運動となった。単に新聞発行のみに止らず、大衆運動の実践を伴った点に、初期社会主義運動史上に占める「熊本評論」のきわだった特徴をみることができる。

「社会党の分離」以前からの社会主義者であり、直接行動派に属した松尾と、「自由」を基底とするラジカルな思想の持ち主・新美、この二人の共通性と相異性がこのような特徴を生み出す上で大きな比重を占めた。

「車夫同盟会」運動は、その後車夫の中にどの様に継承されたか。今後の研究発掘に待たねばならない諸点も多い。

しかし、

1、この争議は当初から新美・松尾らの指導と援助によって、一揆的一時的な暴発におちいることなく、自然発生的な経済的要求から、より高い底辺の要求をとり上げ、経済的、民主主義的要求をかかげて車夫自身の大衆運動として着実に進められたこと。

2、諸権利の合法的運用を武器として最大限に利用しつつ、極めて巧みに組織的に運動をすすめたこと。

3、車夫大衆の民主主義的意識と行動力、階級的意識を高める中で、都市勤労者としての車夫を、広汎に組織して自主的大衆組織—車夫同盟会—をもったこと。

4、「熊本評論」によって社会主義的啓蒙宣伝活動が積極的に展開され、「熊本評論」同人らの運動にはいちじるしい前進が見られたこと—明治後期社会主義運動と大衆運動との結合

の諸点を明らかにすることが出来る。

「熊本評論」のラジカルな論調や各種の思想、人物の混在のために、その表面的理解に止めると、ややもすれば真実を見誤り、理論的未熟、思想的未分化を内包する初期社会主義運動と思想の理解を混乱におとし入れるおそれがあるといわねばならない。

なお、「熊本評論」の中心的人物である松尾と、新美の思想的共通性と相異性の分析は、この人力車夫問題の中でも重要であるが、敢て別稿に譲りたい。

最後に、「人力車夫同盟会」の委員の中には後年の大正末期から昭和初年に起きる第二次熊本市人力車夫争議で指導的役割を果した人々のあることを特記しておきたい。

註

(1)「熊本評論」紙上の数字一〇三二人は、番号札の価格をめぐって熊本市警察及び愛敬取締り側から取材した数字で、最も正確とみてよい。「熊本評論」第一六号、明治四一年二月五日付「人力車営業人諸君の活動」

(2)熊本市の人口は、第二七回「県統計書」によると、五万六二三六人・戸数一万四六三六戸(明治四〇年一二月三一日現在)。「熊本市職業調査の結果」(明治四〇年四月二五日現在)によると五万四五五八人(兵営、監獄、病院にある者を除く)とある。

(3)週刊「社会新聞」「荷馬車組合の分離」明治四〇年六月三〇日

(4)「九州日日新聞」明治四一年一月二四日

(5)第二八回「熊本県統計書」

(6)「日本平民新聞」明治四一年二月二〇日

(7)『日本談義』昭和三一年二月「新美卯一郎の微苦笑」

〈付〉本稿は一九六一年一月、熊本近代史研究会での例会報告およびそれを基にした一九七一年四月の熊本史学会総会での報告に手を入れたものである。

なお、井手伸夫氏「熊本評論と人力車夫組織問題」(『熊本風土記』一一号、一九六六年一一月号)が発表されているが、「熊本評論」と車夫争議の分析と評価は本稿と著しく異なっている。その点は内容的に明らかにしておいたので、前記論文の批判には具体的にはふれなかった。

平民社と「熊本評論」

天気が悪い中をこの集会に足をお運び頂きましてありがとうございました。実は私、ちょっと体調をくずしまして、主催者の人たちにも心配をかけております。つい先程までホテルの一室を借りて休んでおりました。それでも今日は休めないものですからやっと出てまいった次第で、いろいろ不充分な点があるかと存じますが、ご容赦願います。

「熊本評論」を初めて見た頃

平民社と「平民新聞」という名前は知っておりました。内容を見たことは若い時はなかったわけですが、「熊本評論」というのはその存在すら知らなかった。今でも「熊本評論」、平民社は何か、「熊本評論」はそれはどんな物ですか―と、質問は非常に多いです。

私が「熊本評論」の実物を見ましたのは、一九五〇年、昭和二五年の夏ですね、ある人がこういうのを見たことがあるかと言って、それも熊本ではなくて福岡で見せてもらいました。二部見せてもらったんですが、その中の一つは最終版でございました。「熊本評論」が出せなくなって、その一番最後の新聞でございます。これは政府の差し止めによるものですが、それは赤刷りで刷ってありました。すぐマルクスの「ライン新聞」終刊号のことを思い出したんですが、この時ともあれ「熊本評論」という新聞を初めて見せて頂きました。これがですね、熊本県に全部揃いがあるということを知ったのはまだその後のことです。そして、この「熊本評論」をひとつ復刻しようではないかという話が、当時の熊本女子大学の郷土研究所、圭室諦成先生、後で明治大学の大学院の先生になられた方ですが、この方が奔走されまして、出そうという話が出たんです。その前に、実は私は写真版で全部見たんです。「熊本評論」というのは、今の新聞を二つに折ったくらいの大きさなんですが、それを今で言う2Lくらいの印画紙に焼きつけてですね、立派な布表装の和綴の本でした。これが一番最初の揃いでした。私がまだ若くて、まだ三〇歳ぐらいだったのですけれども、いかに若くても一番細かいところは虫めがねを使わないと読めないという縮小したものでした。そんな中で読んでまいりましたところが、先程山泉先生がお示しになった「平民新聞」などの復刻縮小版を発行した明治文献というところから「熊本評論」も復刻本が出たわけです。今では県立図書館に行って見ることも出来ますし、熊本日日新聞社の新聞博物館にも展示してございます。

平民社と熊本との関わり

この「熊本評論」と平民社とどういう関わりがあるのか、ということが一つの問題だろうと思います。平民社は「平民新聞」という新聞を発行致しますね、これが主な任務でございます。と、同時にですね、平民社の活動の中には、もちろん演説会、講演会やなんかもございますが、平民社に出入りする青年たちですね、学生や青年たち、この人たち、例えば荒畑寒村だとか小田頼造、山口孤剣などだとか、こういった人たち、若手ですね。若手はですね、これひとつ普及するためにどうするかというんでですね、当時の交通機関でございます、道路事情でございます、走っているのは人力車ぐらいのもの、その中で大八車に箱を乗せまして、その箱はまっ赤に塗ってある。郵便配達の郵便車み

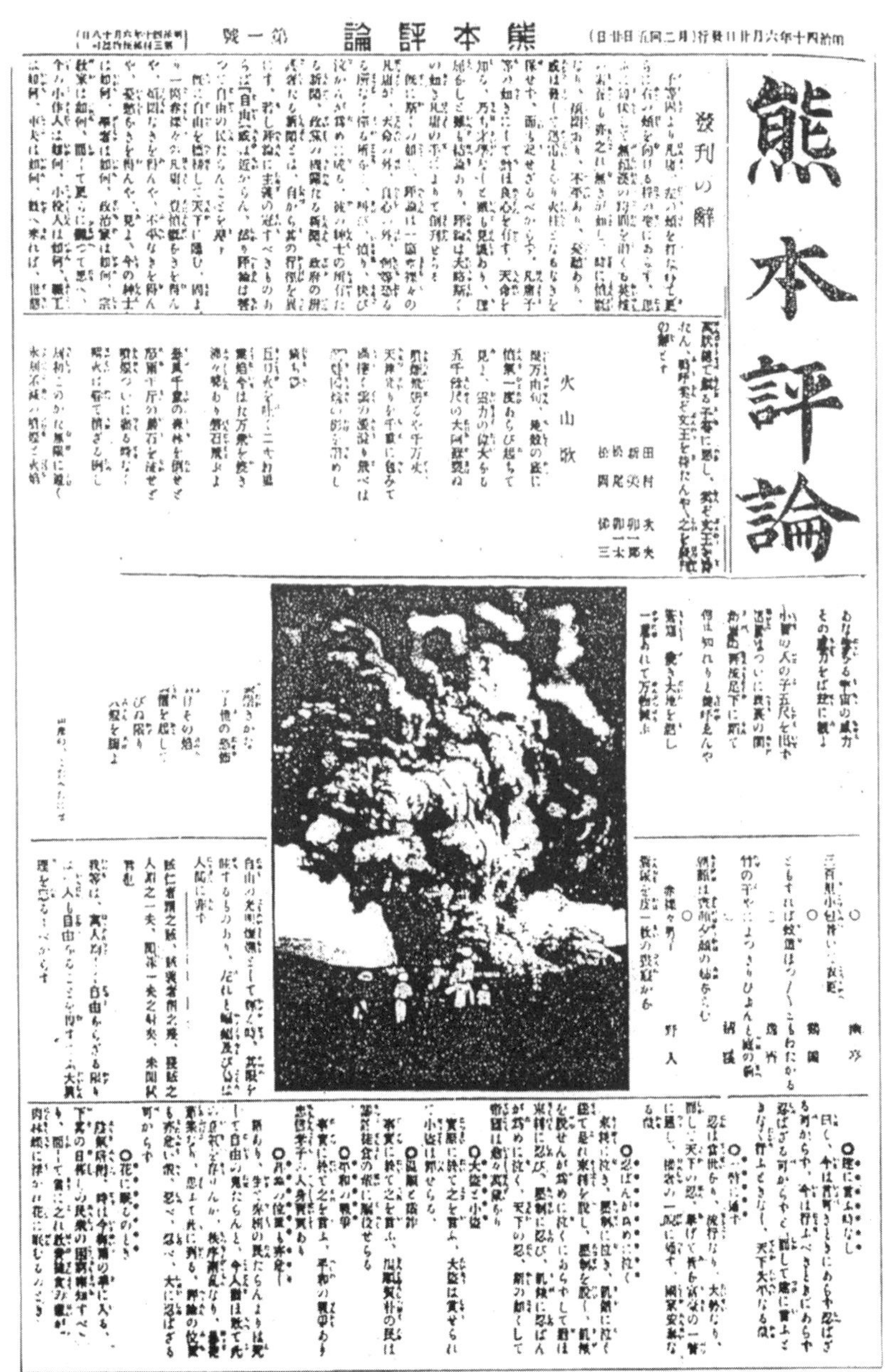

明治四十年六月廿日發行（月二回五日廿日）　熊本評論　第一號

熊本評論

發刊の辭

火山歌

田村次夫　新美卯一郎　松尾卯一太　松岡悌三

「熊本評論」創刊号

たいなもんですよ、当時。大八車ですから勿論タイヤはついておりません。鉄の輪になっておるわけですけれども、これを曳っぱってずうっと、例えば関東から下関まで曳っぱってですよ、その箱の中には「平民新聞」とか、「直言」とか（「平民新聞」の後継紙は「直言」でございますから）、それからいろんな冊子類を入れて歩いて全国を曳っぱって廻るという大変な事業でございます。いわゆる「社会主義伝道行商」と呼ばれた活動です。この活動と、もう一つは出版活動ですね。冊子を出版していくという活動もやっていたわけです。これらは〝平民文庫〟と称する、なるべく安くあがるような冊子で作ったわけですけれども、皆様すでに御存知と思いますが、飽託郡の天明の出身で、田添鉄二さんという方がおられます。この方は「長崎絵入新聞」の主筆、その後は「鎮西日報」の主筆をやった方なんですが、アメリカのシカゴ大学の神学科を出た方です。クリスチャンになったのは、入信したのは熊本市の白川教会ですね。白川教会で入信している。この方が「鎮西日報」を辞めて東京に上京しまして『経済進化論』という文章を仕上げて、これを平民文庫の一冊として出版したわけです。こういったものを箱に積んで普及していくわけですね。

熊本に来たのは小田頼造ですね。青年です。この人は下関から出発して船で門司港に渡り、門司港から一路九州を廻るという旅に出るわけです。日露戦争の真っ最中でございました。明治三八年のはじめです。それでだいたいずうっとお巡りさんが尾行して、絶えず尾行されながら彼はあの重たい大八車を曳っぱって歩いて来るわけです。田原坂なんか登る時は大変だったらしいですよ。今の国道じゃありませんから、西南戦争で戦ったあの坂ですね、あれが道路でしたから、だから大変だったらしいです。それでも彼は一番最初に荒尾に入りまして、宮崎民蔵さんという人に会いに行くんです。でもお留守でした。宮崎民蔵さんという人は宮崎滔天のお兄さんですね。この方は土地をね、あそこは地主なんで小作の人がいっぱい来ますね、そのあわれな姿を見て有償で均一で配分せにゃいかんという「土地均享論」というのを主張していた方なんです。その後は長洲に参ります、宮崎さんが居なかったんで……。長洲にはもう同志が居るんです。「直言」に「私が行く時に協力して頂く方、御連絡下さい」という広告を出して、それを見てる。「直言」というのはどれくらい熊本にはいっていたかという正確な数字が判らないんですが、少なくとも「平民新聞」の後継紙ですから、「平民新聞」の時に直接購読は一五部くらいですね、直接に購読していたのは……。しかし、長洲には二人の協力者が居りまして、いっしょに、小田頼造は知らぬ土地ですから、自分の知っている所に連れて行く、あるいは自分の家に泊まれ―と。泊まったら夜は座談会をしよう―と。この座談会に、私服の刑事は、雨戸の外に立って中の様子を伺いながら聞いているんです、どういうふうな話をするか……。尾行の刑事が見張っている。それは判っているわけです。それにもかかわらずそこにですね、注目されるのは若い女性が二～三人参加しているんです。一人の名前は判っているんですけれども、二～三人の女性が、あの日露戦争の最中に、日露戦争に反対するこの人たちの座談会に参加しています。その後、各地を廻って行きまして、玉名の豊水村、これは現在の玉名市、菊池川べりにありますけれども、この豊水村に松尾卯一太という人が居たわけです。松尾卯一太は、社会主義思想に接し、済々黌を中退して早稲田専門学校の方に行くんですが、帰って来てからですけれども、彼はすでにもう東京でいろんな人たちと接触もし、話も聞いておったようです。従って、「平民新聞」も最初から購読するというような人で、彼のまわりにはあとで豊水村の助役さんか何かになったと思いますが奥村さんという方だとか、吉田さんという方とか、こういう人たちがいっしょにあそこで活躍していました。これに小田頼造が協力を依頼していっしょに廻ったり、座談会をやったり、座談会の記事を見ますと農民だけで四〇数名くらい集まったということが書いてございます。

松尾 卯一太

なぜ私はこのことを取りあげたかと申しますと、小田頼造はその後、熊本市に出ます。熊本市で数日間活動するんですが、これに協力した人の中に、郵便局の青年がいます。野中誠之というんですが、この野中さんこそ後でアメリカに行った片山潜の秘書をやって、後からは元社会党の委員長をやった鈴木茂三郎なんかといっしょにロシアに行ってます。ロシアはもうソビエトになっています。そして、またいろいろと活躍をするんです。日本に帰ってからも労農党

九州伝道行商行程概要（吉田隆喜『無残な敗北』より）

などの仕事をしたりいろいろなことをするんですが、この人が熊本市に居た。それから松尾はもっと積極的に協力を致しまして、わざわざ玉名から熊本市に出てきて、いっしょに小田と廻るとか、さらには小田は鹿児島の方へ行って、宮崎を通って行橋、門司と、こういうふうにめざして行くんですが、その時も行橋に松尾はかけつけて大変協力をしているだけでなくて、小田頼造は病気、疲れて倒れるんです。でも、それを親身に介抱して小田からも非常な感謝を言われている。

こういうようなのが伝道行商で、伝道というとキリスト教会の伝道のようですが、事実、キリスト教社会主義が先程の話にも出ましたように非常に強い影響をもっている中から出た言葉が「伝道」という言葉なんです。今で言えば何でしょう。宣伝、オルグ、何と言うでしょうか、そういうことだと思うんです。「平民新聞」「直言」—こういうものが出てまいりますと、どうしても全国に散らばりますね。そこで読者ができていく。それから読者のクラブができていく。現に長洲では小田が訪問した後、民声倶楽部という社会主義者のグループができまして、活躍を致します。熊本県で一番最初に各個に赤旗の小旗を持ってデモをしたのもこの民声倶楽部であります。それから、もう御存知のように野中は、片山潜の方の、例えば田添鉄二とかこういう人たちの流れを汲んでおります。いわゆる議会政策派と呼ばれておりまして、従って普選に一生懸命、普選運動をやる—と。一方、松尾はですね、ずっと東京から帰って勉強しながら雌伏をして仲間を集めます。豊水あたり、玉名にも居ますけれども、仲間を集めていくということでやっていたんですが、日露戦争下で小田頼造のように牧師さんの所などを含めていろんな所を廻るんですが、戦争のさなかにですよ、〝非戦〟をかかげて廻っていくということが、並大抵のことでないということは、お分かりのことだと思います。一番つらかったのは三太郎峠、あれは車を分解して、人夫さんをやとって運ばなければ持って行けなかった、水俣まで。そういう難所でございます。そういうのにもめげずにずっと廻って福岡、佐賀県をはじめ九州中の仲間たちを結集していったわけです。

新美　卯一郎

「熊本評論」と社会主義

実は、社会主義、社会主義と言いますけれどね、今の人たちが言っている社会主義、あるいは戦争直後言っていた社会主義、それとこの頃の社会主義、明治のはじめ、日露戦争の前後、少し違うんですね。いっしょにできないところがあると私は思っております。もちろん、共通点もありますけれども……。それはですね、先程も山泉さんがちょっとお触れになりましたが、自由民権の系譜を引いている人たちと、キリスト教社会主義の人たち、それにも属さない人たち―と、いろんな全体を社会主義者と言っていたんですね。社会主義と言っていたんです。共通の目標があるでしょうが、中味はかなりいろいろ分かれている。「熊本評論」はどうかというと、「熊本評論」もそうなんです。松尾は最初からのいわゆる社会主義者、これは「光」などの系統ですから、いうならば幸徳につながる。新美卯一郎は松尾の紹介で宮崎民蔵さんと会って、宮崎の説く土地復権同志会の趣旨に賛同して会員となりました。新美は非常に農業問題に関心をもってまして、この人も長崎の「鎮西日報」記者として、田添なんかといっしょに居た。そこを辞めて明治二六年、熊本に帰ってまいりまして「熊本毎日新聞」という新聞に入社しました。これは政友会の機関紙です。ここに次席記者としてはいった後、最初に彼は農業問題を延々と連載するというように非常に農業に関心があった。なぜ農業に関心があったかというと、あの当時を考えて頂きたいと思うんですが、日露戦争に動員された男は、どれくらいか。だいたい六軒に一人ですよ。爺さんやなんかも入れてですよ、子どもも入れて、そして六軒に一人が兵隊に取られているんです。そうすると、農村の、農業というのは大変じゃないですか。だから農村は疲弊するんですよ。しかも、新美の実家は水車業だった。これに対する関心が非常に強かった。彼は社会主義者ではなかった。ただ松尾と新美は済々黌時代からの非常に親しい友だちだった。ところが、新美の在籍する日露戦争後の「熊本毎日新聞」は経営的危機で記者の給料も遅払、欠払といった状況であった。そこで二

熊本協同隊（六）　宮崎滔天

小作人生活（八）　莪巳生

当世紳士内証日誌

汽車長屋（二）

宮崎滔天「熊本協同隊」をはじめ「小作人生活」や暴露記事「当世紳士内証日誌」、ルポ「汽車長屋」など、熊本に密着した記事を連載した。

人で話し合って「熊本評論」の創刊準備を始めるわけですよ、「熊本評論」をひとつ出そうじゃないか—と。

周到に準備された「熊本評論」

「熊本評論」が、非常に周到に準備されていたということは、創刊号を見ると分かります。皆さんの手元の資料の中にも創刊号を写してありますが（六五頁参照）、ここではですね、まず基本的な「熊本評論」の姿勢は、自由ということです。自由ということを基本的な中心の標題にかかげてスタートするんですが、なかを見ると、まず労働者の全国の動き、それから一番ノッケから熊本の自由民権史、熊本の貧民街の状況を扱った連載ルポルタージュですが、こういったものが創刊号からボンボーンと出されていくということは、周到な用意がされたということでもあります。

金は、だいたい従来、松尾がお金持ちだから、中地主なんですね、松尾が金を出して新美が新聞を作ったというような俗説がございます。けれども、実際には新聞を出すためには当時は新聞条例というのがありまして、一〇〇〇円政府に保証金を入れなけりゃなりません。一〇〇〇円ですよ。当時の人力車夫の日収が三〇〜四〇銭くらいですよ。四〇銭はいい方です。こうした時代の一〇〇〇円です。それから新聞を出すための運営費がいります。実は一人、松尾以外に金をバックアップした人が居るんです。それは広瀬莞爾という弁護士さんです。どうも熊本評論社と斜め前くらいの家ですから恐らく「熊本評論」の社屋も、借家ですけれども広瀬が紹介したんじゃないかと思っております。一番地違いなんです、広瀬の家と熊本評論社は……。この広瀬という人は後に「熊本毎日新聞」が倒れかかった時に引き受けて社長になった人です。新美もここに居た人ですね。それから松岡悌三というのもいっしょにはいりますが、これもここに居た人です。じゃあ、松岡悌三の思想は何なのか。のちに首藤猛熊という人がはいります。首藤猛熊の思想はいったい何なのか。皆んな違うんですね、実際には……。ただ〝非戦〟ということ、権力に対して〝自由〟と〝人権〟を要求するということ、当然、松尾には社会主義の思想があり、彼は直接行動派に傾斜して行く。そういったことが中心になって運営されていくわけです。だから軽々しくいつからいつまでが土地復権同志会でとか、いつからいつまでがどうでとかという形では分けることはできません。

また、新美が投獄されたら後は松尾と松岡が中心になります。つまり、松尾というのは金だけ出したんじゃない。創刊号から編集にも深く関与しているわけです。彼の考え方が創刊号にもずっと反映している。こういうのが「熊本評論」なんですけれども、この小田頼造が平民社から、社会主義伝道行商でやって来ました。ある程度熊本県内とのチャンネルが出来ていて、彼ははっきり書いてますね、長洲の松隈、築山（玉名市）の高田市郎や松尾、奥村数馬、野中誠之などをこの方は同志だとか、新しい同志を獲得したといったようなことも書いておりますが、数百部の書物を熊本県内で売って鹿児島にはいって行きました。平民社の活動の中で非常に大事な活動の一つの側面だと思っております。

寄附金募集

同志諸君、読者諸君

諸君の知れる如く、我々の勇敢なる同志十四名は、二十二日の神田事件に関し、端なくも陰惡なる敵手に囚はれて今や實に云ふに忍びざるの懸虐を受けて居ます。或は乱打せられたり、或は腓腹を蹴られたり、有らゆる懸虐は到底娑婆に於ける我々の想像に及ばぬ處だらうと思ひます

そして右十四名の中には年若き弱き四名の婦人も加はつて居るのです。彼等の或者は乱暴なる拷問の爲めに卒倒し、或者は悶絶したと云ふのです

一日、或同志が此の四名の婦人に面會した時に、四名は涙ながらに斯う答へたと申します

「着物や、金子の差入は何うでも好い。入監以來受けし懸虐に對して何うか復讐して戴きたい」

呼嗚何等悲壯の言葉ぞや。諸君、此の言葉を聞て、何うして我々の血が涌かずに居られませう、涙が溢へられずに居られませう。イヤ〳〵茲に此の文を草するうちにも、手に持つ筆の穂先きは既に劍と見ゆるのです。復讐復讐！時代の要求は實に斯の如……[illegible]

諸君、此の事あつて以來、世間は例に依つて罵詈惡口を逞ふして我々に當つて居ます。併し我々は最早や是等俗論に耳を借すの秋では有りませぬ。縦しや二十二日の擧が、我々同志の輕擧なりしとせよ、凶暴なりしとせよ、猶且つ我々は同志に對する信義として其の急に赴くの責務が有るのです。況んや二十二日の事たる、實に日本に於ける眞個活氣ある革命の宣告式として後世に紀念すべきものでは有りませぬか

我々は覺悟した。勿論復讐もする。併し差當り我々の取計らいたいのは囚はれたる同志の身の廻りである。彼等の家には妻子も居よう、若親も居よう、平常貧苦に追はれし彼等は[illegible]今度の厄に逢ふて[illegible]云ひ知れぬ困苦を感じて居るでせう

情報によれば、横暴飽くなき日本の政府者は、今度こそ彼等を極刑に處する時だと威張つて居るそうです。そして其の前定ある裁判を開くのも、少なくとも此の暴中を、一切音信を許さゞる、面會を許さゞる、未決監に苦しめた上でなくては、取懸らないと云ふ細工になつて居るそうで有ります

事態既に斯の如し。勿論我々は復讐もする。併し差當り氣になるは囚はれたる同志の身の廻りです。我々は先づ此の當座の急を救はんが爲めに、敢て諸君の心情に訴へて應分の寄附を募集します

尤も我々が此の擧を企てたるに就ては、決して勇敢なる同志が一日の行爲に報ゆる爲めでなく、唯夫れ嘗し友の云ひ知れぬ困苦を思ふ心情の一端に過ぎませぬ。[illegible]天下の同志諸君、[illegible]應分の寄附あらんことを

申込所　熊本評論社

「赤旗事件」被逮捕者への寄付を呼びかける。

「熊本評論」と平民社

「熊本評論」は、平民社とは直接結ばっています。松尾は幸徳秋水と数度会ってます。そうなんです。実は、松尾は幸徳秋水と数度会ってます。大阪には森徳秋水が高知に帰る途中、大阪で茶話会を、大阪平民社があります。それで幸徳との茶話会に松尾はわざわざ熊本から行ってます。そのことは「熊本評論」には書いてありません。松尾はどこかへ旅行したということだけで伏せてあります。しかし、すぐその後に幸徳秋水の「九州青年と語る」という大きな記事が「熊本評論」に出ることになります。その他、松尾は有楽町の幸徳宅にも何度か出入りをしております。また、荒畑寒村などの赤旗事件という事件があるんですが、実は同志が監獄から出てきたんでその歓迎会をやった、その時に赤旗をバーッと、「無政府共産」とかそういうものを翻したんで、それを口実にして警官とのもみ合いの中からたくさんの人たちが捕まるという事件がおこりました。その公判にわざわざ熊本から新美がその取材に行って通信をしております。新美も出入りをしておりました。さて、「平民新聞」が抑圧されて出せなくなった。「直言」も出せなくなった。

「直言」はなぜ出せなくなったか。「日比谷焼き打ち事件」の時の戒厳令です。民衆があれだけ大きな規模で、これは暴発的なものですけれども、しかし民衆が起ちあがったという点では、日本の歴史の上でも大変なことです。講和条約反対です。ずうーっと政府にだまされてきた人々ですね、戦争に勝って講和条約でもっと取れるぞ—と。そういうような夢が実現しなかったので起きたのが日比谷焼き打ち事件です。しかし、これはすばらしいエネルギーです。その後に来たのが米騒動なんですね。大正七年、これは全国的になっていく。最初は日比谷のエネルギー、そして米騒動のエネルギー、しかしこれを集めて行けなかった、結集して行けなかったところに未だその頃の弱さもあるわけです。

「非戦」について

時間がありませんので、ただ一言、「非戦」という言葉について。「非戦て何だ、反戦じゃいかんのか」という質問を受けました。そしたらある人が言いました。「反戦というのは何か鉢巻きしめてワッショイ、ワッショイとやるような気がする」—と。「非戦ではそれはないですね」と言うから「それはどうですかね？」……。そういうことではなくて、目の前の日露戦争に反対しましたが、反対するだけではなくて戦争そのものについて、先程山泉先生が触れたように、戦争そのものについて踏み込んでいくところに「非戦論」の特徴があるわけです。同時に、今日の情勢の中で「非戦論」ではなく、もっと幅広い意味での「非戦」について、また明治（初期）社会主義と熊本などについて皆さんと考えてみたいと考えて今日の集まりをもった次第です。

それで、今日のシンポジウムではいろんな形で、いろんな角度から発言があると思いますので、その中で「熊本評論」の活動、平民社の活動というものが、また繋がりといったものがどんどん解明されていけばすばらしいと思います。以上で終ります。

（小見出しは編集者がつけた。）

「熊本評論」と労働問題

上田です。ごく簡単にご報告したいと思いますが、二つの問題を考えてみたいと思います。

第一の点は、従来言われていた説に、最初の時期の「熊本評論」は宮崎民蔵が主宰した土地復権同志会の機関紙だということが言われていた訳ですけれど、実は、そしてそれはなぜかというと新美卯一郎が土地復権同志会の会員だったことと、同会関連の記事が多く掲載されていたことから、こういうような理解をしている方が居たようです。今でも居ると思います。ところがそうではありませんね。創刊号は実は第二ページと第三ページは労働問題でうめつくされているんです。しかもこの第三面のトップで労働運動こそ、ストライキ闘争こそ二〇世紀の新潮流であるという見出しで労働運動をとりあげているわけです。で、各地のストライキなどの例を取り上げて並べているんですが、実はですね、この「熊本評論」が発行された時期というのは、日露戦争のあと堺利彦らによって「光」という機関紙、新聞が出されます。それから一方ではキリスト教社会主義者によって、これは石川三四郎ですね、「平民新聞」の編集部にもいました石川三四郎や木下尚江、安部磯雄などといったキリスト者の方々が「新紀元」というのを出します。お手元の資料に載っていますこの「新紀元」の表紙はですね、これコピーですね、原色をお見せ出来ないんですけれど、四色刷の田添鉄二の奥さんですね、田添コウが描いたものです。この人は彫刻、それから絵画をよくするそういう先

田添コウが描いた「新紀元」の表紙

生ですから長崎の活水でもそういう先生でしたから、このですね、女性が高々と十字架をかかげた見事な絵で、かざっております。この「新紀元」と「光」と、日露戦争後、週刊「平民新聞」がなくなって、いや後継紙の「直言」などがなくなってこの二つの新聞が、流派としてはどちらかというと「新紀元」がキリスト教社会主義系で、「光」が自由民権の流れを汲んだ唯物論的な考え方でいくということになる訳ですけれども（田添は「新紀元」にも「光」にも寄稿しました）、ただですね、社会民主主義・普通選挙をやるという点では一致なんですよ。それでそれを加味しまして、一緒にやった方が良いんじゃないかと、で、事実また一緒にやって日刊新聞を発行するだけの素地がつくられておりました。その当時は、日本社会党が結成され、また「光」の普及具合だとか、「新紀元」の普及具合だとかそういうものからですね。それで実現したのが「日刊平民新聞」であります。田添もさかんに投稿します。幸徳はアメリカから帰って「幸徳の直接行動論」という形で言われておりますが、アナルコ・サンジカリズムなんですね。アナルコ・サンジカリズムというカタカナで言わんでもいいじゃないか。そうです。実はですね、政府・政治権力なんかいらんのだと、とにもかくにも議会政策を排してもうゼネストでですね、世の中ぶっこわして全ての土地と資本を万民の共有にして平等にしようじゃないかという、そういう無政府主義の考えなんです。幸徳はそれを「光」や「日刊平民新聞」紙上で発表していきますが、これに対して熊本の田添鉄二は、「光」紙上で「虚無党無政府党遭難史」を書いてテロリストやアナーキストの行動を厳しく批判しました。第二回日本社会党大会では幸徳の直接行動論に対して議会政策論を展開する。これは社会主義社会の実現のためには当面「労働者の階級的自覚を喚起し、その団結訓練」に勉めると共に、選挙、普通選挙権の獲得運動を通じて労働者をその他の運動と共に政治的に教育していくんだ—と、それでそういう運動を重視して取り上げなければならない、というのが田添のいわゆる議会政策論なんです。

ところで、その「日刊平民新聞」が第二回日本社会党大会を報じた中で、幸徳の演説内容が朝憲紊乱の罪で発行人は起訴され、日本社会党は結社を禁止され、解散させられました。「日刊平民新聞」も弾圧に次ぐ弾圧で、資金不足に陥り、ついに廃刊します。またつぶされます。つぶされる時のつぶし方というのはひどいですよ。例えばですね、発禁にはさまざまの法的条文をコジツケてでも適用して不法記事がのったと……。その時は罰金をとりますよね。ひどい時には牢屋にぶちこみますよね。それだけじゃないんです。印刷機を没収するんです。これはもう大打撃です。ところが小さな新聞社では印刷機をもたないんで、よその印刷屋なんかに頼んでるでしょう。たとえば〇〇社とかそういう所に頼んでるんですが、そこのこの新聞を印刷した印刷機まで没収するなどと、これが新聞条例なんです。たいへんな言論の迫害なんですが、で、「日刊平民新聞」、これつぶれまして、そこで「社会新聞」とか「大阪平民新聞」だとか、「熊本評論」だとかが発行されます。で、今言った「社会新聞」、これはだいたい田添・片山潜・西川光次郎とかそういう人達です。それから森近運平の「大阪平民新聞」というのはあとで「日本平民新聞」と名前が変わります。それから「熊本評論」と、この三つが出るんですね。

で、じゃこの「熊本評論」が出た時にこの労働問題の高揚をですね、二〇世紀の新しい潮流なんだと、流れなんだということを「熊本評論」は堂々と主張する訳ですけれど、私ちょっとですね、夕べ、ちょっと寝ないで調べてみたんです、手元の年表を。そうしましたらですね、これは青木虹二さんという方の非常にくわしい労働運動の年表で、それを見ましたらね、明治四〇年、この半年「熊本評論」が書いているのは、この半年の間にたいへんな労働争議がおきているんじゃないかということを指摘しております。事実その通りでありまして、明治三九年の一二月から数え

明治四十年六月廿日（月二回）　熊本評論　第一號　（第三種郵便物認可）（三）

廿世紀之新潮流

「廿世紀之新潮流」と題しストを報じる「熊本評論」創刊号

てだいたい半年が「熊本評論」の創刊なんです。で、それであわてて調べてみましたらですね、一二月ですよ、この月、大阪砲兵工廠職工一万人の大ストなど。それから一月には大日本製糖など一〇件、それから二月には二七、この中には足尾銅山の問題があります。それから生野鉱山、三井三池炭坑の問題とか、鐘紡の争議だとか、そういった賃上げ争議ですけれども、それからそういったものが出てくるんですが、さらに三月には三一件、これは、夕張炭鉱、その他ですね、横浜の造船会社のです。造船会社というのは日露戦争で大きくなってます。それから、砲兵工廠なんてのは大砲をつくる所ですよね。砲兵工廠もストライキやるんですけれども、従業員一万人ですよ。明治四〇年、従業員一万人の大工場、それも軍需工場です。そういった状況が日露戦争以後出てまいります。つまり、日清戦争のあとで産業がぼちぼち増えてまいりますけれども、それが巨大企業の出現という形に日露戦争後はなっていく訳です。それは三月の夕張炭坑、横浜造船工場のスト、王子製薬所争議など三一件、それから四月が幌内炭坑夫一七〇〇人のストや横須賀海軍工廠争議など一二件、五月が八件、別子銅山一〇〇〇余人、横須賀海軍工廠一五〇〇人のストなど六月が二一件。これはですね、だいたい一つの月をとって、とり出してみましたところ、官憲が発表してる、つまり、政府がですね、官憲が調査して発表している争議の数の四倍です。これは各新聞紙とか、そういうものを調べているんですね。ちゃんと「朝日新聞」の何月何日、「日の出新聞」の何月何日という裏づけをもった調査なんです。従ってですね、この日露戦争後の恐慌、つまり戦後の恐慌、この中で労働運動が、近代的労働者が生まれている、ということです。だから、争議というのが起きるんです。そうして日本の資本主義というものは帝国主義的なものにだんだんだんだん収斂していく訳であります。そういう点で「熊本評論」というのは労働問題に非常に重要な関心を持っている。これは、もとより創刊号だけのことではございません。それが第一点。

第二点はですね、この明治の頃の社会主義者と呼ばれる人達は、ま、思想家なんですよね、どちらかと言うと。南松助のように足尾銅山の先頭に立ってですね、労働者を率いてやっていく、会社側を相手にやっていくというのではなくて、思想的にどんどん進んでいく。その点ではですね、たしかにヨーロッパの問題思想も何思想もよく勉強して人力車夫問題を報じる「熊本評論」

います。よく勉強しているし、よくまた紹介もしています。で、そういう中でですね、「熊本評論」は熊本市の人力車問題を取り上げています。この人力車の問題というのは、それと人力車夫の組合というのはですね、官製組織なんです。取締人とかおってですよ、その上に警察署長がおるという、こういう組織で、それから警察による車検もあるんですよ。今の車検費のように高くはないですけれど、人力車ですから。しかし車検もやるんです。そういったことを警察がやるんです。ところがこの警察がですね、ハッピに真鍮製の番号札をつけさせると、車夫にですね、こういうことになりました。その番号札の値段が、春日には春日駅がありますから、熊本駅ですね、現在の。で、ここはここで組合を作っている。ところが春日の組合は安いんですよ、鑑札が。そして熊本のは高いんですよ、二倍です、同じ物が。これは誰かが悪いことをしているに違いない、ということが紛争のはじまり。ただしこれはですね、実は「熊本毎日新聞」の記者に、新聞記者が人力車を使いますから、その人力車夫がこういうことで困っとると、不平等だ、なんとかなりませんかと、乗っている記者に言うんですね。そしたらその記者が即座に言う、「そりゃあ熊本評論の新美さんに頼みなさい」―と。で、新美さんはですね、「熊本毎日新聞」の主筆に次ぐ次席記者ですよ。で、その籍をもったまま「熊本評論」を編集しておるわけです。「熊本毎日新聞」では金は遅配欠配で食えんもんですから、で、「熊本評論」やってるわけです。これがきっかけで主だった車夫が熊本評論社に新美卯一郎を訪ねます。人力車夫の方々も、主だった方を集めて、それが広がっていく。今のですね、新町の所で集まったりしてますね。で、この車夫問題は、何故私があえてとりあげるかと申しますと、当時の社会主義的な諸新聞の中で実際にこの民衆、車夫という人達とつながって、共に運動して、要求を認めさせて、そして組織をつくっていく中で、さらに車夫社会の構造と実態を明らかにし、本質的な要求を汲み上げて、啓蒙し、教育しつつ、たたかっていくというような運動、これはですね、松尾の理論だけじゃないですね。これをぴたっとやっぱりつかまえていったのは地元紙の記者の、新美である。また、創刊時からの同人で「熊本毎日新聞」記者の松岡悌三である。この人たちはぴったりと息が合うんですね。そういうことで「熊本評論」というのは、その時期によって紙面の上では変化もあり、いろいろの側面もありますが、必ずしも農業問題だけでなくて、労働問題に重大な関心をもって「二〇世紀の新しい潮流」をとらえた上で苦闘したと言えましょう。時間の都合もありますので、これで終ります。ありがとうございました。

熊本社会運動史における「熊本評論」

1　創刊前の県下社会主義運動

わが国で初めての公開の社会主義演説会は二〇世紀初頭の一九〇一（明治三四）年三月二日夜、神田青年会館で開催した社会主義協会主催の「社会主義学術大演説会」であった。聴衆は会場に溢れた。

熊本では二年後の一九〇三年八月一五・一六日に初の社会主義演説会が開かれた。社会主義協会の四国・九州遊説の一行、片山潜、西川光二郎、松崎源吉および吉野省三が熊本入りしたのであった。雑誌『社会主義』は社告で一行の西下に先だって「沿道の愛読者諸君、同主義者諸君、及各新聞記者諸君」に協力を訴えた。一行は高松市を振り出しに官憲の尾行、演説中止など種々の干渉妨害と闘いながら、丸亀、松山、今治、呉、下関で演説会を開いたのち九州入りした。門司、中津、福岡、佐賀、久留米を経て八月一三日、三池炭鉱のある大牟田に入った。

西川光二郎は「三池炭坑の坑内には自由労働者七八千名、囚人八百二十四五名働けるとのことなるが、彼等の中より平均日に二人半若しくは三人づつ死人出でつゝありとのことなり」（『社会主義』第七年第一九号）と報じているが、片山潜が帰京後執筆した「四国・九州雑感」（同前・第七年第二〇号）では「炭坑夫の生命は芥の如し！」「昨年の如き約一万余の中より八百人余の坑夫は死亡せり云(ママ)う、亦以つて驚愕すべきにあらずや」「坑夫の口より聞くに一坑にて平均十日に一人位は死亡し、怪我の如きに至りては殆んど其数を知らざる程なりと」と述べている。片山は囚人労働問題に目をむけ、「三井の三池炭坑は大牟田監獄の罪人を使役する故に其の影響として残余の労働賃金は非常に安す(ママ)く、彼等自由坑夫の生活の下等にして憐れなるは言語に絶したり」と報告している。稼ぎ高払い賃金体系下のこの良民坑内夫の一家の生計を支えたのは夫(兄)が先山、妻(妹)が後山の共働きする夫婦幼年共稼ぎであった。「九州地方の炭坑に働ける労働者は男女は無論子供も坑中に労働せり」と驚き、「炭坑は生き地獄なり。繊弱なる女児も老婦も乳飲子を帯携する母親も皆其夫と共に数百数千尺の地中―不潔なる空気、陰欝暗黒の裡、時には濘の中―に昼夜の別なく十二時の労働を為せり。或母は乳飲子を背負ふて坑中に入り、石炭の上にコロガシて夫が掘り出す石炭を運搬せり。其惨酷なる実に吾人の筆を以て尽す所にあらず」と詳しく生活状態に触れている。

こうした三井三池炭鉱における劣悪な労働条件こそ日露戦争中の一九〇四(明治三七)年の万田坑(熊本県荒尾村／現荒尾市)坑夫のストライキの背景であった。ストライキの理由は賃金の値上げ、検炭の緩和などを、これまで会社側に請願してきたが全く取り上げられなかったことによる。坑夫が話しあった要求は賃金値上げ(一函一五銭)、条件の悪い切羽の増額、検炭所の前引きの改正、設備改善、油代の他坑並価格への値下げなどであった。会社の個別説得ではストライキはくずれなかったが、解雇と二日以内の納屋退去通告の強行手段の前に結束は乱れストライキは失敗し、要求は不貫徹に終り首謀者六人が解雇された(上妻幸英『三池炭鉱史』、青木虹二『日本労働運動史年表』明治大正編)。おそらく熊本県下における初の労働者のストライキであろう。万田坑における組織的な労働者の闘争の展開は「米騒動」の中に位置づけられる暴動後の一九一九(大正八)年の労働者のストライキ闘争を待たねばならなかった。

さて片山、西川らの九州遊説では熊本での演説会に特に成功を期待したように見受けられる。「熊本の開会を大々的盛ならしめん」(西川)と開催予定一週間前の八月八日、福岡から特に松崎源吉を熊本に先発させて準備に当らせたのである。しかるに、大牟田の演説会を無事終った片山らが八月一五日、熊本に着いてみると事態は予期に反して深刻であった。会場として借入れ契約した西日本有数の劇場・東雲座が一方的に解約を申し出て、あとは朝日座、敷島座、忘吾会舎と相次いで四度までも使用契約は破約されて、会場確保の見通しのないままに一五日を迎えていたのである。警察の干渉と同市山崎町新市街問題をめぐって一部市会議員の妨害によるものであった。演題中に当時市民の関心を集めた地元の問題である「山崎町新市街に就て」があったため「ツマリ彼等は己等の悪事露顕を恐れてなり」と西川は指摘している。ちなみに後出の社会主義協会熊本支部の委員に選ばれた志賀連は山崎町出身であった。

熊本における演説会開催を断念して、次の予定地の長崎に向うことを協議しているところに、さいわい旅宿を訪れた草葉町教会（日本組合熊本基督教会）の牧師・高橋鷹蔵が窮余の策として「狭まけれども教会にて開会しては如何、先づ三年坂教会に当りて見、都合悪しくば拙者の教会にても宜し」（『社会主義』第七年第一九号）と提案した。「ドンナ所にても一度は開会する方よし」と即決し、高橋の斡旋でようやく三年坂教会（日本メソジスト熊本教会／牧師・値賀虎之介）を会場に確保した。

同夜、三年坂教会で開かれた演説会は地元の牧田忠蔵が「世人は社会主義を知らずに恐れる。之は間違ふて居るから、兎に角、研究せなくては如何云々」と語っただけで開会の辞を終らぬうちに臨監の警官は治安警察法第八条を理由に解散を命じた。翌一六日は同夜、会場を草葉町教会に移し再度演説会を開くこととし、昼間は有志茶話会（参会者約二〇人）を開いた。しかるに同夜の演説会は、事前に届を受付けていながら、警察当局は開会直前に解散を命じた。やむを得ず緊急に有志茶話会（三〇人ほど）に切り替えたが、地元・志賀連の趣旨説明のあと松崎の演説中にこれまた官憲が乗り込んで解散を命じ、聴衆は激しく抗議した。

熊本での演説会は四国・九州遊説中、官憲の干渉によって最悪の事態となった。しかし、公衆の前に地元の社会主義者が公然と立ったこの演説会は、熊本における社会主義運動の前進の契機となった点で画期的なものとなった。熊本市の有志は社会主義協会の支部を設立することとし、牧田忠蔵、志賀連を委員に選出したという。ここに微弱ではあったが、県下に社会主義者の小グループが形成されたのである。しかし、西川は帰郷後の詳報を約しているが掲載されず、熊本支部の構成メンバー、活動について詳細を知ることはできない。

志賀連については翌一九〇四年一月一八日、『社会主義』第八年第二号の「雑報」欄にも名前が見える。のち「熊本評論」の社友となるなど社会主義者としての活動を続け、一九〇八（明治四一）年二月一二日の熊本評論社主催の演説会では、「矛盾せる社会」と題して社会主義を説き、同年の「赤旗事件」では新美卯一郎と共に傍聴に上京するなどした。

社会主義協会の四国・九州遊説の一行が来熊したところ、日本とロシアの対立は厳しさを増し緊張の度を加えつつあった国際情勢のもとで、諸新聞は熱狂的な開戦熱に国民を駆りたて、「ロシヤ撃つべし」の主戦論で沸きかえっていった。こうした国論沸騰の中で進歩的な有力新聞の「萬朝報」のみは、ひとり非戦論を展開した。社長・黒岩涙香、幸徳秋水、堺利彦、内村鑑三、河上清、斯波貞吉らが紙上で戦争反対の論陣を張った。しかし、一〇月はじめ、世論の圧迫と日露開戦必至の状況のもとで、「萬朝報」は突如として主戦論に転じた。すなわち社長・黒岩涙香、主筆・園城寺天山は一〇月八日、前日までの主張を投げすてて社説に「戦争は避くべからざるか」を掲げて主戦論に豹変した。一〇月一二日、幸徳秋水、堺利彦は「退社の辞」を発表して萬朝報社を去った。一三日、内村鑑三も「退社に際し涙香兄に贈りし覚書」を発表して同日退社した。

幸徳秋水と堺利彦は平民社を創立し、加藤時次郎、小島龍太郎や社会主義協会の援助と協力で一一月一五日、週刊「平民新聞」を発刊した。「平民新聞」は「発刊の序」の冒頭で、「平民新聞は、人類同胞をして、他年一日平民主義、社会主義、平和主義の理想境に到達せしむるの一機関に供せんが為めに創刊す」と記して、第一面に自由、平等、博愛の平民社同人「宣言」を掲げた。「平民新聞」の発行は一大センセーションを呼び、売れ行きはすこぶるよく、創刊号は再版まで出すほどであった。日露開戦後も非戦論の立場を堅持し、社会主義の普及と運動のために勇敢に闘った。「平民新聞」の発刊はわが国社会主義史上の時代を画する出来事であった。やがて石川三四郎が「萬朝報」を退いて平民社同人に加わり、翌年一月には「二六新報」記者の西川光二郎が同社をやめて同人となった。当時の平民社について石川三四郎は次のように述べている。

「社会の各方面から、同情は潮のごとく寄せられ、あるいは文章をもって、あるいは金銭をもって、思いもかけない人から思いがけぬ同情の手が延べられたのです。常連の寄稿家も少なくありませんでした」

「平民新聞」の影響は全国に波及し、社会主義思想は主として青年智識層を中心に拡がっていった。同紙の第三五号（一九〇四年七月五日）の「平民新聞直接読者統計表」によると、直接購読者一四〇三部、各売捌所扱いがその約二倍とある。この統計表によると熊本県下の直接購読者は一〇人である。読者名は明らかにされていないが、第三七号（七月二四日）紙上で平民社の経営危機の実情と寄附金二〇〇〇円募集の訴え（「平民社維持の方策」）に、いち早く応じたのは熊本県下では松尾卯一太であった。同紙第三九号（八月七日）に八月三日までの分として「平民社維持金寄附広告」欄に「金参円也　熊本県豊水村　松尾卯一太氏」とある。第四六号（九月二五日）の同欄には野中誠之（熊本市坪井町）、第五八号（一二月一八日）には池尻豊吉（人吉）の名がある。果敢に非戦論と社会主義の言論を展開した「平民新聞」は桂内閣の相つぐ弾圧によって、たびたび発行禁止、罰金、印刷機没収や投獄によって経営的にも発行が困難となり、遂に第六四号（一九〇五年一月二九日）をもって終刊号として自発的に廃刊した。マルクスの「新ライン新聞」にならって赤刷りとした終刊号で運動基金募集を呼びかけたが、運動基金については「今後『直言』紙上を借りて報告することに致します」と予告した。「平民新聞」終刊からわずか一週間後の二月五日には、日本社会主義の中央機関となった週刊新聞「直言」（第二巻第一号）が発刊された。その「直言」（第二巻第二号・一九〇五年二月一二日）の「運動基金寄附広告」欄に「金三円　熊本県　吉田・松尾二氏」とある。松尾は松尾卯一太、吉田は松尾と同村（玉名郡豊水村／現玉名市）の吉田勝蔵であろう。さきに平民社維持金の寄附に応じた池尻豊吉も再び寄附に応じている（同第七号・同年三月一九日）。これらの人々は「平民新聞」の読者であることは疑いないが、この他に松隈勇（玉名郡長洲町）、中島田鶴雄（前同）、高田市郎（玉名郡築山村／現玉名市）、奥村一馬（玉名郡豊水村）や第五高等学校生徒（木下三四彦、大川周明ら）などが読者として考えられる。

平民社の活動は全国各地の社会主義グループや社会主義者の活動を強め、運動は拡大していった。社会主義伝道行商の小田頼造が下関をたって九州に入ったのは一九〇五（明治三八）年四月三日であった。日本中が旅順陥落に次ぐ奉天会戦の勝利に酔っていた。そうした状況の中で当初からたえず刑事、憲兵に尾行され干渉される伝道行商であった。しかし、「社会主義書籍」と大書した赤い箱車を曳いて小田頼造が肥後の地を踏んだ頃、小田を迎える熊本の社会主義者、支持者の状況は二年前の片山、西川らの遊説の時とは大きく変りつつあった。

小田頼造は四月二四日、玉名郡荒尾村（現荒尾市）に入り、県下を縦断して五月一五日、芦北郡水俣町（現水俣市）を経て鹿児島県下に入った。この間、二一日間に及んだ。

熊本県下に入った小田は玉名郡荒尾村で土地復権同志会の宮崎民蔵宅を訪ねた（不在）のち、夕刻、同郡長洲町の松隈勇宅に着いた。長洲町では中島田鶴雄、松隈勇の両人が行商に協力し、夜は松隈宅で談話会を開いた。小田は「夜松隈君宅で小談話会を開き社会主義の講話をした。会する者二十余名、中には若い婦人も見えた。探偵は戸の側で聞いて居た」（「九州伝道行商日記」・「直言」一九〇五年五月一四日）と記している。同郡築山村でも高田市郎宅で小集会を開き十数人の来会者を前に二時間余り社会主義講話を行なった。

同郡高瀬町（現玉名市）の行商には松尾卯一太が同行し、松尾の居村、同郡豊水村では吉田勝蔵、奥村一馬（小田は「数馬」と記しているが「一馬」の誤り＝筆者註）なども歓迎・協力して談話会を開き、主として農民四〇余名が集った。吉田、奥村は松尾と親交した社会主義者で「熊本評論」の協力者。一九〇八年の「赤旗事件」に際しては二人とも寄附金に応じ、また「大逆事件」に際しては家宅捜索を受け、書簡、冊子、新聞類を押収された。

高田市郎と松尾卯一太は熊本市滞在中の小田を訪ね市内行商に協力した後、高田は小田を阿蘇山に案内している。熊本市では同市在住の熊本郵便局員・野中誠之もまた積極的協力を惜しまなかった。八代町（現八代市）で小田の訪問を受けた牧師・高橋一は、同年六月一一日付の「直言」によると平民社に運動基金を送金するなど小田の社会主義伝道行商は県下の社会主義者とその運動に強い影響を与えた。

松尾卯一太は鹿児島、宮崎、大分県下を経て中津に到着した小田頼造に合流した。松尾は小田を慰労し、刑事の尾行付きで耶馬渓に遊び、たまたま腸カタルで倒れた小田の看護に当った。「此夜の苦しかつたことといつたら車を引いて急坂を上る所の比ではない。苦しい中にも松尾君が親切に看護して下さつたので僕はどれ程嬉しく有難かつたか知れない。病気が同志の居ない薩摩や日向の山中で起らず、こんな時こんな所で起つたのは不幸中の幸である。嗚呼友愛の美、人情の花、僕は松尾君の温情好意を深謝する」「松尾君は朝僕の車の事で椎田に行き、引続き僕の休養所を発見すべく小倉に行かれ、僕の為めに種々の労苦を見て下さつた」と小田は「九州伝道行商日記」(「直言」一九〇五年七月一六日)の中で感謝の言葉を述べている。この旅行で松尾は福岡県の社会主義者の中心人物・横田宗次郎や杓子甚助、柴田久吉らと会っている。

小田頼造の九州伝道行商は山口義三、小田頼造による東海道・山陽道行商の旅につぐ壮挙であったが、小田の伝道行商日記は「直言」に連載され読者の注目を浴びたので、熊本の社会主義者の動向とともに「熊本の社会主義者・松尾卯一太」の名もまた全国の読者に親しまれる機会となった。

九州伝道行商の旅行開始に先だって小田頼造は一九〇五年三月五日付の「直言」第五号に「読者諸君、同志諸君に望む―九州伝道行商につきて」と題して「希くば予が訪問を受けて差支なき此等の沿道各地(国道を距る一、二里余の地にあるも妨げなし)にある読者諸君及び同志諸君は来る廿日迄に予が元に御芳名を御通知あらんことを、又希くば全国各地にある読者諸君同志諸君にして右の沿道各地に予が訪問を受けて差支なき御知己あらば多少に関せず右と同日迄に御紹介の労を取られんことを……」と訴え、ついで四月二日の「直言」第九号紙上の「九州の同志諸君に告ぐ」でも「……御通信及び御紹介を賜つた諸君に御好意を謝す、又沿道各地の読者諸君、同志諸君は御通信を下さらなくとも、僕より成るべく調べて訪問する覚悟ですから、左様御承知の上、僕が訪問しました時は、出来得べくんば小談話会なりとも御開き下さるよう希望して置きます」と告げた。

熊本県下に入った小田頼造は四月二四日、長洲町に着き松隈勇宅を訪ねて宿泊している。事前に連絡が付いていたのであろう。三晩滞在した。このあとも築山村の高田市郎、豊水村の松尾卯一太、熊本市の野中誠之宅が宿所となった。県南では八代町の荒川充雄宅を除くと宿屋を利用している。これら宿泊の便宜を与えた人々は、いずれも事前に連絡が付いていたものであろう。小田は彼の文章の中で〝同志〟と〝読者〟を使いわけている。ただ単に〝社会主義者〟とする表現も〝同志〟とは区別している。「九州社会主義伝道日記」の中で熊本県下で〝同志〟と小田が表現している人物は松隈勇・高田市郎・松尾卯一太・奥村一馬の四人である。熱心な「平民新聞」、「直言」の読者、平民社維持金の寄附者で小田の伝道行商に積極的に協力し、のちに日本社会党員となる野中誠之の名には〝同志〟の文字を冠していない。小田が〝同志〟と呼ぶ時、何を基準にしたのであろうか。「社会主義協会」はすでに解散を命ぜられていた（一九〇四年一一月一六日）が〝同志〟と呼ぶとき社会主義協会員だった者を指すのであろうか。「社会主義協会」解散前の伝道行商では各地で社会主義協会員を募っている。

さて、「直言」（一九〇五年五月一四日、第二巻第一五号）の「同志の運動」欄に「長洲町談話会（肥後）」と題して次の一文が掲げられている。

「小田頼造君が来られたので、廿四日（小田の「伝道行商日記」によると二五日＝筆者註）に談話会を開いた、当夜は雨天であつたが二十三名程集りました。後に三四名の婦人も見へました、八時半に開会、中島天花子（中島田鶴雄＝筆者註）の紹介で小田君は其の講話を始め、『社会主義者で無い者は堕落者と云つて宜い』と論結しました、後ち同君は二三の質問に対して明瞭なる解答を与へられ、雑話の後閉会したのは十一時過ぎでありました（松隈）」

長洲町の松隈勇の投稿である。

この小田頼造の社会主義伝道行商を機会に開かれた談話会が契機となったのであろう、まもなく長洲町に松隈らを中心とする社会主義者のグループ「民声倶楽部」が創設された。官憲の調査報告には「(明治)三十八年十月ヨリ長州(洲=筆者)町ニ於テ民声倶楽部ヲ組織シ自ラ其ノ理事トナリ名ヲ学術ニ籍リ一箇月一回会合シテ社会主義的演説ヲナシ以テ主義ノ拡張ヲ計リシコトアリ」(社会文庫叢書『社会主義者・無政府主義者人物研究資料(1)』)とある。月一回の定期的会合とすれば「光」第七号(一九〇六年二月二〇日)の「同志の運動」欄によると一九〇六年一月の会合は第七回と報告されているので、官憲の「十月ヨリ」と異なり七月に創立されたことになる。創立の日時はともかく、「民声倶楽部」の結成は県下における社会主義者グループの結集としては一九〇三年夏、片山潜、西川光二郎らの遊説を機に設立された「社会主義協会熊本支部」(委員=牧田忠蔵・志賀連)設立に次ぐものであり、しかも郡部の長洲町で結成されたことは、社会主義思想の広がりを示すものである。県下の初期社会主義運動史上注目すべき事柄であった。長洲町では早くから青年知識層が回覧雑誌を発行するなどの活動をしたサークル活動の伝統があり、こうした文化的風土もまた「民声倶楽部」結成の土壌となったものであろう。

松隈らは「民声倶楽部」結成から時を経ない一九〇五年一一月には福岡県における社会主義者の中心人物・横田宗次郎を招いて長洲町で町政批判を兼ねた演説会を開いているが、長洲町における「民声倶楽部」の活動はどのようなものであったか。

「光」第七号の「同志の運動」欄によると、「民声倶楽部」の研究会は同年一月二一日、第七回目を迎え、「集る者十五名、内新顔四名」であったが、

「松隈氏先づ立ちて開会の辞と迫害を併せ述べ、三井氏は『迫害に対する我徒の覚悟』宮本氏『社会主義の大意』守屋氏『黄金萬能力に抗す』松隈氏『社会主義は愛国者なるべきか』順次登壇し、演説了りて茶話会に移り、社会主義の歌を高唱して散会せり、此夜尤も歓喜に堪えざりしは新に鉄工倉岡恒蔵氏のわざ〳〵高浜村より傍聴

すべく来会せられ遂に同志に加盟せられたる一事なり…（三井は三井謙吾・磯月、宮本は宮本正三・霞山、守屋は守屋武夫・秋香＝筆者註）」

と報告している。守屋武夫は一時期、松尾卯一太の経営する松尾養禽場で働いたことがある。社会主義理論の理解がどの程度の水準であったかは、この記事からは知るよしもないが、長洲町とその周辺における社会主義の思想的影響の広がりと「民声倶楽部」の活気ある動きを伝えている。金魚の大量生産で知られる長洲町は零細漁業と農業の村々に囲まれた有明海の沿岸漁業と商業の町である。小田頼造は「人口の半数以上漁民で、二十年許り以前は此近海の漁獲も多かったけれど、三池炭坑から出る悪水と同炭坑の作れる長き波止場との為め近年は年一年と不漁になって漁民の生活は非常に困難となったそうだ」（「九州伝道行商日記」）と記している。

「民声倶楽部」は七回にわたる研究会を続けたのち、街頭に出て演説会を開いた。二月二五日、福島屋で三〇〇余人の聴衆を集めて社会主義学術演説会を開催した（「直言」第九号・一九〇六年三月二〇日）。

開会の辞　松隈　勇
実業者同盟　宮本正三
犯罪論　守屋武夫
社会主義と各種の職業　三井謙吾
人間の天性は美なり　中島薫月
労働問題　島崎三郎
婦人問題　劉　力
社会主義の綱要　吉野祐民

熊本県下における社会主義演説会の開催は先に述べたように一九〇三年の社会主義協会の四国・九州遊説に際して熊本市内で計画された。しかし、二度の演説会は官憲によって中止、解散された。実質的には「民声倶楽部」によるこの演説会が県下最初の社会主義演説会であった。しかも地元の社会主義グループで企画挙行された意義は大きい。演壇にたったのは久留米から応援参加した劉力（久留米）と「久留米新聞」記者として在職中の吉野祐民（省一）の二人、あとの五人は、いずれも地元の「民声倶楽部」のメンバーであった。その後、中心的存在であった松隈勇、守屋武夫の二人が「久留米新聞」に入社して長洲を離れたが、「民声倶楽部」は一段と活動を強化した。日本社会党の結成と活動は彼らを励ましたにちがいない。「光」第一三号（一九〇六年五月二〇日）の「日本社会党報」欄には「民声倶楽部」から寄附金がよせられたことが報ぜられている。

「民声倶楽部」が青空演説と示威を敢行したのは五月一五日、長洲町の四王子神社の境内であった。四王子神社は約八〇〇年の伝統を持つ破魔弓祭（一月一五日の小正月の神事、九州三大裸まつりの一つ「的ばかい」）で著名な神社で、破魔弓祭と春（五月一五日）・秋（一〇月一五日）の祭礼は近郷近在から数千人の参拝者が参集して大賑わいを見せる。「民声倶楽部」はこの人出の機会に同神社境内で群衆に囲まれて街頭演説と示威行進でアピールしたのである。

「此日祭典にして、朝来遠近より押し寄する者、公吏あり、車夫あり、漁民あり、商人あり、労働者あり、土方あり、教員学生、医師僧侶あり」（「光」第一四号・一九〇六年六月五日）

といった四王子宮境内に赤旗を押し立てての街頭演説であった。開会の模様は「時正に十時、社会主義万歳の大声を以て幾千の視線を集めたる者は、北方一里余の一寒村同志田島寿一郎君であつた。高く風に翻る赤旗の下に立つて聴衆の拍手喝采の内に、澄徹の弁を揮つて開会の弁」と報じ、「民声倶楽部」員の気負いがうかがえる。三井謙吾（磯月）・島崎三郎（孤月）・宮本正三（霞山）のほか久留米から来援した松隈勇・守屋武夫が交々立って演説した。「雨はソボ降り初めたれど散ぜんとする人もなく、同志は何れも手に小赤旗を打ち振りつゝチラシの雨を降らし、境内を練り廻り、主義の歌を高唱」して夕刻散会した。

「民声倶楽部」はその後も活動を続けたが、「熊本評論」が直接行動派に傾斜を示していた一九〇七（明治四〇）年末、「民声倶楽部」を解散し、三宅正一、守屋武夫らが中心となり議会政策派の立場を鮮明にした「有明倶楽部」を発足させた。「社会新聞」第二九号（一九〇七年一二月二五日）に投稿した宮本正三の一文は「吾人同志の団体たりし旧民声倶楽部の後身として有明倶楽部を作り当地浩養館に於て発会式を挙行せり、集る者十二名。余は先ず民声倶楽部の解散より当倶楽部成立の理由を述べ、次に守屋秋香君社会党分派問題に対する意見を述べ、吾徒は万国社会党の立場に依りて活動すべき事を決議し、夫れより茶話会に移り各自胸襟を開いて快談」したと述べている。この頃、「民声倶楽部」創立に中心的役割を荷った松隈勇は「熊本毎日新聞」記者として熊本市にあり、熊本評論社同人と親交し、一九〇八年一月一日の「熊本評論」第一四号に「革命と新年」を寄稿している。「有明倶楽部」の其の後の活動を知ることのできる記録はまだ発見できていない。

一九〇六年二月二四日、日本社会党の結成と日刊「平民新聞」の創刊は、熊本県下の社会主義者にも大きな反響を呼んだ。魚住季治・植田清之助・野中誠之が入党し、「民声倶楽部」・横田権之助・野中誠之が運動基金を寄附し、民声倶楽部員や一凡人（「球磨河畔より」とあるので人吉の池尻豊吉か？＝筆者註）、野中誠之、野生、八代生、江舟などが「光」「平民新聞」に投稿している。

小田頼造の来熊に際して積極的に協力した週刊「平民新聞」以来の読者・野中誠之は、一九〇六年七月一日、出生地の鹿本郡岩野村（現山鹿市）に近い山鹿町（現山鹿市）で筑紫猛、原口逸馬、堀亮策と会合して同地方の社会主義者の結集と運動展開を図り（失敗）、また同年一一月には熊本市で植田清之助（日本社会党員）と共に西川光二郎著『普通選挙の話』のパンフレットと普選請願用紙を配布して普選運動を行ない官憲の弾圧を受け、玉名郡長洲町の「民声倶楽部」とも交流するなど積極的動きを示したが、一九〇七年一月には日本社会党に入党、同年二月一八日付の日刊

「平民新聞」に投稿して社会主義者茶話会の開催を呼びかけた。

「僕は当市に社会主義研究会を起したいと思つているが当県下にも未だ知らない多くの同志と読者とが居られるだろうと思う　如何です三月の初を期して一大茶話会をやつては！　僕は凡ての労を辞さない　敢て我が県下の同志及び読者に訴う」（「読者の領分」）

野中誠之は鹿本郡岩野尋常小学校、熊本高等小学校を経て県立中学済々黌に入学したが、中退して熊本郵便電信伝習所に入所、一九〇〇年四月に同所を卒業して熊本郵便局に勤めた。一九〇七年一〇月に渡米し、のち片山潜と行動を共にする。

2　創刊までの経緯

小田頼造が玉名郡豊水村川島の松尾卯一太を訪ねた頃、松尾は父（又彦）、母（津保）の営むそうめん製造業とは別に九州屈指の大規模洋式養鶏業「松尾養禽場」を経営していた。三〇余種の種鶏、種卵、雛を九州一円に販売し、養鶏指導誌『九州家禽雑誌』を発行して養鶏指導者としても九州一円に広く知られていた。『九州家禽雑誌』は一九〇四（明治三七）年四月一五日創刊、アメリカから取り寄せた養鶏関係の文献も翻訳して掲載していた。中川斉によると翻訳は主として徳永右馬七が担当したといわれる。この雑誌名を『九州の養鶏』と記述している論文などを見受けるが明らかに誤りである。『九州家禽雑誌』は第二八回「熊本県統計書」によると、一九〇七年の一年間、総発行部数二九、三六〇部である。この頃、松尾は同村内にも社会主義を広め、吉田勝蔵、奥村一馬らの社会主義者を結集していた。同郡長洲町の「民声倶楽部」の守屋武夫も松尾の養鶏場で働いていたことがあり、この頃社会主義思想の洗礼を受けたかとも思われる。

吉田勝蔵は一八六七（慶応三）年五月二〇日、小田手永川島村の生れで、平民社が募集した運動基金の寄附に松尾と共に応募し、新聞紙条例に基づく一九〇四年四月一日付の「雑誌発行届」によると、『九州家禽雑誌』の印刷人。熊本評論社にもしばしば出入りし、「熊本評論」が赤旗事件で運動基金を募集した際にも奥村一馬と共に応募した。吉田、奥村の両人は大逆事件に際しては家宅捜索を受け、吉田は新美卯一郎や平民新聞社よりの書信のほか『入獄紀念・無政府共産』『将来の経済組織』『麺麭の略取』を、村役場書記の奥村も「熊本評論」「平民評論」などのほか『社会主義入門』『平民主義』『麺麭の略取』などを押収され、両人共に厳しい取調べを受けた。吉田はのちに豊水村助役を務めた。

この頃、松尾卯一太と共に「熊本評論」を創刊する松尾の親友・新美卯一郎は「熊本毎日新聞」に次席記者として在籍していたが、一九〇四（明治三七）年二月、召集（二月六日召集令状受領）されて対馬要塞重砲兵大隊に入隊し、竹敷で勤務していた。長男であった卯一郎は父（十五郎）、母（トナ）と六人の弟妹を残して出征した。新美はその心境を帰還直後、「熊本毎日新聞」（一九〇五年一一月三日）紙上の「嗚呼涙」と題する文章の中でつぎのように述べている。

「二月六日午前五時―今日の雲行き（日露間の＝筆者註）を見る為めに、平生朝寝坊の僕も白露を踏んで熊本毎日新聞社に迄急いだ、戸を出づ折りしも赤札の大命は余の韋中に落ちた、舌頭直に生死一如論を説きて快哉を叫びぬ、国に殉ずるの身快に違わじ、而かも胸中一片の憂さはなかりしか。

人に不幸を好む者はあらじ、死は不幸の極にして死に行く旅が何で嬉しかる可き、家の戸に立ちて愛子を送る父母の情、これが永劫の別れぞと思へば深かき恐愁の君、腸千断とは此の時ぞ、余の始めて味ひ得し語なるよ、今日の好天気も何日かは曇りて住み馴れし山河も呆として定かならず、露か将た涙か。」（筆者編『熊本評論』関係資料」、『近代熊本』第二〇号）

新美は一九〇五年一〇月頃復員したが、その感激を先の文章に続いて、「吾れは此の悲しみを后に征徒に登りしを天公運を廻らして、凱旋の裡中の人となり万歳声裡に再び故山に接し、温かき父母の温情に包まる、感慨果して如何。唯涙―立つも涙、帰るも涙、涙は一年有半の吾なりしよ」(前出)と述べている。

新美卯一郎は要塞砲兵として軍務についている間も対馬から「熊本毎日新聞」に記事を送っていたが、復員後、一九〇五年一一月三日の「我観宗教」を始め精力的に執筆を始めた。しかし、新美が復職した頃の熊本毎日新聞社は深刻な経営危機に直面していた。

「熊本毎日新聞」は民権結社「相愛社」の機関紙として発行された「東肥新報」(一八八一年七月一日―八二年七月二五日)の廃刊で機関新聞を失った民権派が創刊した「海西日報」(一八八九年二月一一日)―「九州自由新聞」(一八九〇年一一月一日)―「九州新聞」(一八九八年一月)―「熊本毎日新聞」(一九〇三年一月)の系譜を辿る自由党―政友会系の機関新聞であった。紙名(社名)がたびたび変更された主な原因は経営危機とそのための経営者の交替によるものであった。

「熊本毎日新聞」の前身「九州新聞」は経営危機に陥った古閑義明―三村和兵衛の経営する「九州自由新聞」の後継紙であった。「九州自由新聞」は官憲の干渉圧迫と闘いながら発行を維持していたが、日清戦争が致命的な打撃を与えた。平常時一日約一円五〇銭位の電報料は数十円に激増した。各社は争って特派員を戦地に送ったが、「九州自由新聞」にはその余裕もなく、対照的に競争紙の国権党機関新聞「九州日日新聞」は紙数を激増させて一層経営基盤を固めた。徳富蘇峰の推薦で入社した主筆・丁吉治を始め、社会部担当の原田平八(東洲)らも日清戦争後数年で「福岡日日新聞」に去り、編集体制も経営の維持も困難となった。ついに経営を交替して再建することとなり、衆議院議員・松岡長康を社長に、高森新、小山雄太郎、川野如矢が取締役、田中迪三を業務担当とする合資組織とし、「九州新聞」と改題した。主筆に小泉策太郎(三申)を迎え、沖江左、広瀬莞爾、中村露華、国武猪太郎などの有力記者が入社して筆陣を張り、紙面は一新されて駐在巡査までが購読を妨害する状況下にも紙数を続伸した。しかし、いわゆる北清事変に伴う経費増が再び経営を圧迫した。一九〇〇年末、社長を交替した小山雄太郎の下で新社屋を建設し、小山の資力で健全な経営が続いたが、経済界不況の影響で小山雄太郎の経営する熊本移民会社、山林事務所なども解散し、小山の資金援助に困難をもたらし、「九州新聞」の経営を圧迫した。小山は病床に臥し、主として林田寧熊、安野三郎、広瀬莞爾が経営に当り、一九〇四年一月より「熊本毎日新聞」と改題した。一九〇三年一一月、長崎の「鎮西日報」を辞した新美卯一郎は、この「熊本毎日新聞」に入社した。「熊本毎日新聞」は「九州新聞」の社会部長・中村露華を主筆とし、新美が次席であった。のちに松尾、新美と共に「熊本評論」同人に名を連ねる松岡悌三も同紙の記者で、初代九州新聞社社長・松岡長康のいとこである。「熊本評論」同人の首藤猛熊もまた「熊本毎日新聞」の記者であった。「熊本毎日新聞」に改題後、間もなく日露開戦を迎えた。巨額の電報料と戦地特派員の費用支出が経営に打撃を与え、日露戦中は紙面、発行部数では対抗紙の「九州日日新聞」を相手に善戦したが、次第に社員の給料も遅払いする状態に陥った。

新美卯一郎が復職した「熊本毎日新聞」は右に述べたような経営状態にあった。日露戦中を軍役に服していた新美は、矯めていた思いを吐きだすように次席記者として「熊本毎日新聞」紙上に筆をふるっていたが、一九〇六（明治三九）年一月二〇日、新美は豊水村川島に松尾卯一太を訪ねている。「松尾静枝日記」に同年一月二〇日付で「在宿中川文治郎参リ新美卯一郎参リ新美ハ泊ル中川ハ寺ノ様参リ泊ル」（大逆事件刊行会編集部編『大逆事件』第三巻「証拠物写」）とある。

松尾は「熊本評論」創刊号の「評論社たより」で「鳥渡でも良い小当りに当つて見ようぢやないかとの相談は江湝の髪の毛がまだ寸に満たぬ時代に丿乀（べつぽつ）と二人の中に持ち上つて居た」と述べている。江湝は新美、丿乀（べつぽつ）は松尾のペンネームであるが、特異な長髪で知られる新美の「髪の毛が寸に満たぬ時代」とすれば、陸軍の兵士として丸坊主頭で新美が復員して数ヵ月以内の頃であろう。とすれば新聞発行の計画が話題になったのは、先の「松尾静枝日記」に記された一九〇六年一月二〇日の松尾宅訪問の頃であろうか。このあと、同年五月の松尾宅訪問では話はさらに具体化している。同年五月三〇日付の松尾宛新美書簡が、それを裏付けている。同書簡は前掲「証拠物写」中に収載されているものである。「証拠物写」では松尾卯一太宛封筒の郵便スタンプは日付不明となっているが、書簡には「五月卅日　新美江滸　松尾卯一太兄」とあり、さらに文中末尾に「宮さんの御出で熊本ハ大騒動……」とある。新美の復員後、「熊本評論」創刊に至る一九〇六年、一九〇七年の五月のうち、皇族で熊本を訪問したのは一九〇六（明治三九）年五月の伏見宮貞愛親王である。大日本武徳会総裁の資格で五月二八日、来熊して大日本武徳会熊本支部総会その他に臨み、三〇日離熊した。新聞は来熊前から離熊後の三一日まで連日、関連記事を報道し、当日は軍官民を挙げて、市内小学生に至るまで〝奉迎〟〝奉送〟に動員された。文字通り「宮さんの御出で熊本ハ大騒動……」である。熊本日日新聞社に保存されている「九州日日新聞」の関連紙面によって新美の松尾宛書簡は一九〇六年五月三〇日付であることが特定されるのであるが、この文面によって「熊本評論」の創刊企画は日本社会党の成立後間もなく、「日刊平民新聞」の創刊計画（同年一〇月二五日「光」紙上に発表）より半年も早く、具体的な計画が練られていたことを知ることができる。この時点で松尾は社会主義思想に傾倒し、大逆事件関連の押収「証拠物写」によると、同年創刊された社会主義理論誌『社会主義研究』の読者でもあった。後述するように新聞の創刊には社会主義者・松隈勇も編集スタッフの対象者の一人に選び、新美とは合意していた。

　また新美は、この時点では宮崎民蔵と面識がなく、もとより土地復権同志会員でもなかった。宮崎民蔵は「巡歴日誌」の一九〇七（明治四〇）年一月元旦の項に「一八日宿元より長女篤病の急電に接し其夜東京を立ち熊本に向う、到れば病勢軽快に向へり、此月二四日須翁より旅費来る、看病後一回諸同友と会合し、宿元に帰り又熊本に出て二月二四日を以て東京に向ふ」と記したあと「此間有力なる同志新美、伊藤、宮川と相結ぶを得たり」としている。この「巡歴日誌」で明らかなように、宮崎民蔵が新美と会って土地復権同志会加盟の申し出を取り付けたのは一九〇七（明治四〇）年一月末から二月二四日に至る間である。しかも松尾の紹介によるものであった。したがって、新美は松尾と新聞の創刊を具体的に計画する一九〇六年前半の段階では土地復権同志会員ではないのである。

さて、一九〇六年五月三〇日の松尾宛新美の書簡によると新聞発行のための資金調達は準備資金八〇〇円のうち松尾が四〇〇円、広瀬が二〇〇円宛二回計四〇〇円の拠出計画である。「偖テ例の新聞一件ハ帰来直に広瀬君に話シ申候処兄の意中ヲ聞き喜び居り広瀬ハ曰ク合議政体大に可なりと然るに彼れ廿八日より訴訟用の証拠調の為め鹿児島へ行き明日午后帰熊の筈にて二百円宛二度説に就きても何の異議なく帰来作金にかかり直ちに実行に着手したしとの事にて談合纏り候間……」「広瀬も君が四百円を作る事ヲ話したれば喜び勇んで作金すべしと答へたれば……」とある。文面から広瀬は「熊本毎日新聞」の経営スタッフで弁護士の広瀬莞爾であることは明らかで、「熊本評論」に深いかかわりを持つ広瀬莞爾が、創刊計画の当初から参画していたのである。この文面でさらに注目されるのは「松隈氏の方未だ渉らず是れ又御待ちヲ乞ふ」の一文である。当時、「久留米新聞」にいた長洲出身の社会主義者・松隈勇を創刊企画の当初、編集陣に招く計画が松尾・新美の間にあったことを物語っている。

では、彼らが創刊しようとしていた新聞は、どのような性格のものであったろうか。小田頼造が「伝道行商日記」中で共に同志と呼ぶ社会主義者・松尾卯一太、長洲町の「民声倶楽部」の創立者・松隈勇、松尾と済々黌の同窓で東京で共に暮した親友の「熊本毎日新聞」次席記者・新美卯一郎、社会主義にも理解を示すリベラル派の「九州新聞」記者のち「熊本毎日新聞」経営者の弁護士・広瀬莞爾と見て来ると松尾らが意図した新聞の性格は、のちに「熊本評論」が主張する社会主義的思想をも包含した急進的「自由」を掲げる評論紙としてこの時期に合意していたのであろうと推察できる。しかも、この四人は、いずれもジャーナリストである。現役の新聞記者（新美・松隈）もしくは、記者経験者・経営者（松尾・広瀬）であることも指摘しておく必要があろう。

新美書簡の文面によると、松尾の新聞発行計画に関する決意は積極的で、住居を熊本市内に求めてまでこの計画の実現を期している。

「君の家の方ハ未だ見当らず昨日一ヶ所ヲ忘吾会舎の傍りに見出し候も面白からず約束せざりし而シ両三日中には是非見出す可くの間暫時御待ちヲ請ふ」とある。松尾は新美に早急に住まいを確保することを依頼していたのである。

松尾の家は肥後藩総庄屋の家柄で、しかも、この時期、父・又彦、母・津保の経営するそうめん製造業も盛業中の生活の安定した中地主という経済的環境にあったことにもよろうが、卯一太自身の家庭は妻を迎え、二児をもうけ、九州で五指に入る洋式養鶏業を営んでいた家庭環境にもかかわらず、政論的新聞の発刊に情熱を燃やし、熊本市内に住まいを確保してまで事に当ろうとする決断は並みのものではない。ただ単に、従来よく言われる「資金は松尾、編集は新美」といったものではなく、新聞経営はもとより編集面でも全力を上げる決意を読みとることができる。

新美は「来月は吾党勇士の門出を祝ふの日あるべきかと僕も大いに勇躍致し居り……」と、この計画の早期実現に期待していたのであるが、新美がこの計画の早期実現を期待する背景には「熊本毎日新聞」の経営危機による生活不安も一要因として確かにあったにちがいない。「併し何彼の事情に引懸つて埒が明かず漸く此の五日（一九〇七年六月五日＝筆者註）に発行届を差出し七日に根城を新町一丁目の九十五番地に構へた」（「熊本評論」第一号「評論社たより」）結果となった。一九〇六年五月の計画を実現するには丸一年の日時を要したのであった。

この間の事情の詳細は明らかでないが、松尾・新美が編集スタッフの一員として期待した松隈は、同年「久留米新聞」を退社して釜山の「朝鮮時報」記者、ついで一九〇七年の「熊本評論」創刊直前の四月、「熊本毎日新聞」記者となっている。

一九〇六（明治三九）年九月五日には、松尾は母・津保を失った。家業の中心的働き手で、信望の厚かった津保の死で、松尾一家が受けた打撃は大きかったに違いない。

新美もまた、同年二月二六日、家業の水車業の中心であった父・十五郎を、続いて三月三日、二歳年下の弟・武一郎（二男）を失っていた。家に残されたのは母と二〇歳に満たぬ勝三郎以下幼い五人の弟妹であった。家産を傾け家庭経済は急激に悪化していった。

なお、ここで明らかにしておかねばならないが、後年、飛松與次郎が新美の家庭について「熊本の梁山泊」（筆者編『熊本評論』関係資料」、『近代熊本』第二〇号）で母親には幼少の頃死別し、一人の弟と共に父の手で育てられ、その父も卯一郎が二〇歳の時の洪水で失った旨を記述し、のち雑誌『祖国』収載の「大逆犯人は甦る—飛松與次郎自伝—」においても同様の趣旨を述べているが、明らかな誤りである。飛松の、これらの諸説を基に同様の記述をした文章が一、二あるが、いずれも誤りである。右に上げた飛松の文章には他にも事実と異なる箇所が多いので、注意深い検討が必要である。

母・トナと三男の勝三郎が家業の中心となったが、日露戦後の不況＝米価の変動で第六師団に米穀を納入していた事業が深刻な打撃を受け、失敗したので、長男の新美卯一郎には経済的、精神的大きな負担となった。一家の生計が立つように卯一郎の世話で商売のため鹿児島に移住した母・トナと勝三郎の生活が軌道に乗るまでの間、卯一郎は数え年一五歳、一二歳、八歳の幼い三人の弟妹と同居し、養育を引き受けた。まだ手がはなせない末っ子は母が鹿児島に伴った。妹・ノブの記憶では正月を卯一郎と共に迎えているので、「熊本評論」を創刊する一九〇七年も独身の卯一郎が起居を共にして弟妹の面倒を見る生活が続いたことになるが、六月の創刊より前に鹿児島に落ち着いた母が弟妹を引き取り（筆者編「『熊本評論』関係資料」『近代熊本』第二〇号・第二一号）、新美はようやく身軽になったのであった。

3　創刊と熊本の政界・ジャーナリズム

発刊計画遅延の「何彼の事情」の内容はともかく、「熊本評論」は一九〇七（明治四〇）年六月二〇日付で第一号が発行された。熊本評論社の社屋は編集室と新美卯一郎、松岡悌三、田村次夫の三人の合宿所（当然、松尾卯一太も居住を熊本市に置くまではしばしば宿泊し、のちには首藤猛熊、古庄友祐らも合宿した。また来客者の宿泊も多かった）を兼ねた熊本市新町一丁目九五番の借家であった。この家屋は玄関前の庭の一部に新築の家が建った以外は、家屋も築山、泉水つきの庭造りの主庭も原形のまま一九八〇年代初めまで残っていたが、最近改築された（現在は残っていない＝編集者）。松尾は「四畳半の玄関に十畳の応接間、六畳の編集室と同く六畳の茶の間と台所がある許り、至つて軽少な建物」

（第一号「評論社たより」）と書いているが、すぐ近くに各種の集会に利用された「忘吾会舎」、道を距てて広瀬莞爾の法律事務所があった。

新美、松岡、田村の三人はいずれも熊本毎日新聞社に在籍のまま「熊本評論」の発行に当ったが、当時の熊本毎日新聞社の経営危機は一層深刻の度を増していた。同年末には「全社歳暮の費なく漸く高森新、高木第四郎、林田寧熊等の諸先輩が各自二百金宛を持出し、辛じて此窮状を救ふ」（「九州新聞」所収「熊本に於ける新聞の回顧」）という状況に陥った。

「熊本毎日新聞」は政友会の機関紙で国権党の「九州日日新聞」の対抗紙であったが、発行部数は両党の力関係を端的に反映していた。

国政レベルでは両党の衆議院議員は一九〇三（明治三六）年三月の第八回総選挙で国権四・政友四・中立一、翌一九〇四年三月の第九回総選挙（臨時）では国権六・政友三、一九〇八年五月の第一〇回総選挙においても国権六・政友三であった。国権党系の優勢は大正中期まで続いた。

県会においては県会が開設された当初は民権派が役職を独占していたが、民権派の九州改進党が解散した一八八四（明治一七）年以降は議席数は逆転し、国権派が役員を独占した。一九〇三年の県会議員選挙では国権二一・政友一二・同志（肥後同志会）三・中立一で、「熊本評論」が発刊された一九〇七年一〇月の選挙では国権二四・政友一一・中立三と国権党が圧倒的な強さを示し、郡会議員では、その格差はさらに大きかった。

このように、二〇年以上に及ぶ国権党の勢力の強大さは両派の新聞の消長に明確に反映され、第二四回「熊本県統計書」によると、「九州新聞」が「熊本毎日新聞」に替った一九〇三（明治三六）年の「熊本毎日新聞」の年間総発行部数二一〇万二〇〇〇部に比べて「九州日日新聞」は四一六万一六〇〇部で二〇五万九六〇〇部の大差がある。年間三〇〇日の発行日として日刊で七〇〇〇部近い差である。「熊本毎日新聞」は「九州日日新聞」の発行部数の約半数である。国会および県会における国権・政友の勢力にほぼ照応している。

「熊本毎日新聞」は一九〇四年の年間二四〇万部をピークに漸減し、一九〇五年には一五四万二〇〇〇部となり、「熊本評論」が発刊された一九〇六年には七二万二六〇〇部に凋落した。

同紙は翌一九〇七年に「九州中央新聞」と改題したが、ついに廃刊し、同年内に政友会熊本支部は「九州実業新聞」を機関新聞とした。一方、「九州日日新聞」は新社屋を建築する程の隆勢を見せていた。印刷能力から見ても「九州日日新聞」が蒸気動力の輪転機を設備し、第一工場六〇人、第二工場四七人、計一〇七人の印刷工に対し、「熊本毎日新聞」は印刷工一四人（一九〇六年末）の規模であった。「熊本毎日新聞」の印刷体制は「九州実業新聞」の印刷工二〇人、「九州めざまし新聞」の一六人にも劣る状況となっていた。

「熊本評論」の創刊時、熊本県下における主な日刊新聞は前記「九州日日新聞」「熊本毎日新聞」の他に、「九州実業新聞」「九州めざまし新聞」「熊本毎夕新聞」（「熊本商況日報」を一九〇〇年改題）「九州朝日新聞」（一九〇七年創刊）があった。一九〇六年に池松常雄創刊の「九州実業新聞」（年間約一四三万部）はのちに「熊本毎日新聞」――「九州中央新聞」のあとをうけて政友会機関紙となり、一九一〇年八月、「九州新聞」と改題されて着実に部数を拡大し、経営基盤を固め、「九州日日新聞」と戦時統合されて、現在の「熊本日日新聞」に継承された。「九州実業新聞」は、のち池田泰親の経営となり、一九〇八年には編集長に池田貞記を招いた。池田貞記は早稲田専門学校法科を卒業したあと、同校出版部に勤務していた。のち「九州新聞」（社長・高森新、副社長・池田泰親）編集長となり論説委員を兼ね、「九州の新聞三羽烏」とうたわれたが、同紙上で「社会主義ヲ鼓吹シ一面政府ノ取締ヲ非難セルモノ」（『特別要視察人状勢一班』）を掲載して起訴（無罪）され、また大逆事件に際しては「九州新聞」紙上（一九一一年一月二四日）に「幸徳と堺枯川、社会主義と無政府主義」を掲載して発禁、差押えを受け、編集・発行名義人である本多修公は禁錮刑に処せられた。池田貞記は大正期においても熊本県下の特別要視察人の筆頭に挙げられている。

「九州めざまし新聞」（日刊）は高田次郎によって一九〇五年に創刊、高田が社長兼主筆で大胆な暴露記事で人気をとり、着実に増部して一九〇七年の年間発行総部数は七六万部を越えた。高田次郎は一九〇六年九月、宮崎民蔵の訪問を受けて土地復権同志会に加盟すると共に、「九州めざまし新聞」を「会の機関」とすることを協議している。高田は「熊本評論」同人らと深い交友があった。

「熊本実業新聞」「九州めざまし新聞」の経営陣は政治的には政友会系であった。

「熊本評論」創刊時には上記四紙が主要日刊紙であったが、国権党の圧倒的優勢の下で、国権・政友の両党が激烈な政治相剋を繰り広げ、「政争県熊本」の名をほしいままにしていた。

このような政治風土と新聞界の状況の中で、「熊本評論」は「自由」を標榜して発刊した。

「熊本評論」は、熊本の国権的政治風土を「由来熊本の地、守旧頑固の風あり、彼等は新智識を厭い進歩を嫌悪し、唯古来の習俗を破らんことを此れ恐るゝが如し、故に偶々新思想の声あるを聞けば、常に無意義に戦慄し、思慮なく之を排斥す、見よ、多士済々の聞へありし肥後武士は維新の革命に後(おく)れ、更らに民権自由に恐怖して藩閥の隷属となり、今も尚ほ怪体なる国権拡張の夢に憧るゝにあらずや、然り、是れ肥後人の多くが有する暗黒面にして、彼れは無遠慮に勇猛に旧思想を固守するなり」(「過去の一年間」)と評している。

また、所用で初めて来熊した紀州の著名な社会主義者・大石誠之助は、「熊本といふ所は他にあまり類例を見ない大都会だと思ふ。その国権党が依然として政界の大勢力である事や、士族が幅を利かして町人の天窓が上らぬ点や、金銭を卑める古武士の風が未だ残つて居る所など、少なくとも二十年くらゐ昔の世の中に立返つて見たやうな気がする」(「熊本にて」)と「熊本評論」(第一一号)に寄稿している。

「熊本評論」は国権・政友の政争についても県会議員選挙を前にして、「今や政友会と国権党とは互に相抗争して、漸次激烈の度を高め来れり、政友会？ 国権党？ 其の何れが勝利を占むかに依りて、吾等人民は果して何の得失をか有するぞ、吾人は政友会と国権党との主義綱領の上何等の差あるを見ざるなり。中原に於ける彼等の運動が常に集散時なく或は提携し、或は分離し、昨是今非の裡唯利害の周囲を回りて抗争するを見よ、彼等が競争の無意味なるに熟慮せよ、吾輩は実に呆然たらざるを得ざるなり」と論じた。冒頭から紛糾した新県会については、「余りに横暴を極むる政党あるを見る時は、憤慨の念なきにあらず、今次の県会議員改撰は国権党大多数にして、其の反対派は漸く三分の一のみ、故に国権党の為す往々にして横暴に流れ、無理にも多数を以て他を圧迫す、過般挙行されたる臨時県会に於ける席次抽籤の如き、国権党勝手に之を断行して、理の如何を顧みず、山田（珠一＝筆者註）の如きは多数を以て可決すれば何事を為すも可なりとの意を漏す、暴も亦甚しいかな」（第一一号「国権党の横暴」）と手厳しく批判した。

立憲政友会熊本支部については「堕落政党」（第六号「ドーアルキャー」）「政友会の如きは極論すれば皆な変節家」（第七号同前）と認識していた。九州改進党―自由党―憲政党―憲政党熊本支部を改組して松山守善、古荘幹実、高田露、嘉悦氏房、上羽勝衛ら旧民権派を根幹にして創立された立憲政友会熊本支部について、自由民権期の政治思想を投げ捨てたものと見なした。宮崎八郎らと共に協同隊に加わって戦った政友会熊本支部幹事長・高田露を「足下にして若し真に自由を愛しなば足下は到底総裁政治の政友会に入るべからざりしならん、真理の門に依りて民権を主張せしならんには、焉ぞ能く藩閥者流の爪牙たる今日の如くなるを得んや」「足下は自由の主義民権の主張を捨てゝ、死せる同志を顧みず、権門に阿附し帝国主義の下に降る」（第一二号「公開状」）と論難した。

「熊本評論」は右に述べた県政界、新聞界の中で創刊されたのである。当然のことながら国権、政友、実業派と呼ばれた中間派を含む政界はもとより、官、実業界、言論界に衝撃的な一石を投じ、その波紋は広がった。

その性格、内容の詳細については別稿にゆずるが、「大阪平民新聞」の森近運平は「熊本評論」一周年記念号に寄稿して官憲の圧迫にふれたあと、「其上に人少なで、僕は大阪の事情に暗いものだから、地方的色彩と云う点に於ては全く失敗に終つた。此点に於て熊本評論は成功したものだ」と評価している。森近が評価しているように「熊本評論」が全国紙的役割を視野に入れながらも地域に根ざした編集・経営を行なった点では明治社会主義期における特色ある存在である。

読者の面でも「熊本評論」の後継紙「平民評論」の「県外同志への通知状六百七拾余通」「市内及郡部の旧評論の購

読者八百余名に通知状を出す」（「社たより」）との記事によって県内外の読者比率が明らかとなる。県下八〇〇部の固定購読者数は決して少ない数字ではない。ちなみに「熊本評論」は一九〇七年中に一三号発行され、届出発行総部数は二万一二〇〇部（第二八回「県統計書」。一九〇八年の発行総数は「県統計書」が年末現在の新聞・雑誌を記録するため同年廃刊された「熊本評論」は収録されていない）であるので一号平均一六三〇部となる。

「評論社たより」を注意深くみると、第五高等学校生や市内中学校、師範学校生もしばしば評論社に出入りしており、宮本謙吾（「大逆事件と肥後人」の著者）が筆者に語ったところによると、八代中学生だった本人や八代市の文学青年の間にも相当数の読者がいた。つまり青年智識層への影響を広げていたのである。

購読紙代と共に経営を支える広告の面でも熊本市内の醤油醸造業者・書店・運送・薬品・酒類・呉服・洋服・各種卸商・弁護士などで毎号一頁以上を確保した（新年号は五頁相当）。

編集面においても当然、地元を重視し、その故にこそ著しく直接行動派に傾斜した終刊時点でも県内購読者八〇〇余を確保し得たのであった。

地元政友会の有力者で実業家・高木第四郎（「内証日誌」）、同じく資産家で政友系の弁護士・井島義雄（「公開状」）および第六師団長・西島助義（「内証日誌」）の記事で発行兼編集人・新美卯一郎が起訴、公判に付され投獄された事件ののち、「熊本評論」は地域に根ざす報道姿勢の意図について明らかにしている。「本号の記事に就て—内証日誌と公開状—」（第八号）で「有体に云ふが、僕等が評論を出したのは、敢て熊本を相手に立つたのではない。併し根城を熊本に置く以上は、少なくとも何か熊本に相応ふ景物を添へたいもので」「最一歩進んで内場を打ち明れば、幾ら僕等が高く止つて熊本を相手にせぬと云つた処で、猶且つ評論の足場が熊本に在る以上は、経済的根底を熊本に求めねばならぬ、成らぬと限つたこともないが其れが策の得たるもので、即ち評論の生存ちよう立場からして、一つワッと云はせてドット来るような所謂熊本種子(だね)を掲げたい」と「内証日誌」「公開状」企画の意図を説明しているが、支配層である政、財、官、教育界指導者に筆先をむけた鋭い批判であり告発である。同人らの言う「自由」を掲げた「社会革命」

を目指す言論の一翼であった。新美卯一郎は「不肖江湉も亦敢て主義を有す、主張を有す、捨身而為仁的の覚悟豈になからめや、西島助義の日誌の一節の如きは、唯夫れ一片の余沫にして、力む程のことにもあらざれど、記するの時既に絶対の責任を以てせり、起り来る迫害は恰も辞する所にあらざるなり」(第六号「同志に告ぐ」)と述べている。

創刊にあたっての編集企画は極めて周到な準備と取材を基にして行なわれている。「公開状」「内証日誌」にとどまらず、論評、連載企画記事、報道でも創刊号から積極的に地域の問題をとり上げた。第一号から始まる連載企画記事を見ても、「熊本自由民権史」(一木燐水)、都市貧民の生活を扱った出色のルポ「汽車長屋」(藻川)、統計を駆使して県下農村の地主制と小作問題を扱った「小作人生活」(辰巳生)、「熊本の諸団体」(三級漁夫)、第二号から連載されるユニークなコラム欄「ドーアルキャー」、いずれもしかりである。

では、「大阪平民新聞」の森近運平が果し得なかった「地方色」を何故に「熊本評論」は色濃く出し得たか。

新美卯一郎は「熊本毎日新聞」の主筆・中村露華に次ぐ次席記者であり、松岡悌三、首藤猛熊も同紙の記者で、いずれも熊本毎日新聞社に在籍のまま「熊本評論」の編集・取材に当った。事務を担当した田村次夫を含めて熊本毎日新聞社員が多数参加したのは新美の影響もあろうが、熊本毎日新聞社の経営不振、広瀬莞爾や中村露華ら同社幹部の寛容とひそかな支援もあったであろう。

広瀬、中村は同社退職後も「熊本評論」同人と親密に交友している。また、同社内では記者・松隈勇も密接に「熊本評論」に協力した。しかも創刊準備段階から緊密に支援協力した広瀬莞爾は政友系の有力な弁護士で、かつ「熊本毎日新聞」の前身「九州新聞」の幹部記者、「熊本評論」発行時には病床の熊本毎日新聞社長・小山雄太郎を助けて林田寧熊・安野三郎と共に経営に参画していた人物である。「熊本評論」紙上で大きく取り扱われている白浪庵宮崎滔天、伊藤痴遊、一心亭辰雄の一行を熊本に招いたのも広瀬であった。

こうした地元日刊紙の有力記者が「熊本評論」の同人または社友として参加していたことにより、地元の政、財、官、教育界などの事情に精通し、豊富な情報に接し得たのである。

また、新美卯一郎の幅広い交友関係と魅力ある人柄も重要な要素である。彼の交友は熊本評論社に出入りした「熊本毎日新聞」主筆・中村露華、「九州めざまし新聞」社長兼主筆・高田次郎らジャーナリストはもとより一木斉太郎や宮崎民蔵・寅蔵兄弟、政友会幹部の弁護士・林立夫、弁護士・古閑又五郎など、法曹界や実業界の広汎な人士とも親交した。新美の交友の広さは松尾卯一太が新美入獄中の創刊間もない同社の模様を「江湉が居ないと来客も少ない、日に十幾人と算した評論社も今日今頃は至つて淋しい」（第九号「評論社たより」）と記している程であった。

新美の交友の幅広さは単に新聞記者であったというだけでなく、彼の人柄にもあった。新美について詳細はゆずるが、元「九州めざまし新聞」記者、元「九州日日新聞」記者の大木山帰来は松尾、新美とも相識った仲であったが、新美の人柄について「当時新美らの社会主義運動には同調するもの至って少かったけれども誠実で磊落で表裏のない彼の気象には誰でも好感を寄せ、社会主義を毛虫のように嫌った当時の連中も、彼の悲槍な最後には同情を禁じ得なかったものである」（『日本談義』所収「子飼橋界隈」）。また、「人柄は純情無垢、洒々落々として、どんな人にも胸襟を披いて語る。社会主義者といえば、当時の人々から毛虫のように嫌われていながらも、新美だけは十人が十人からすかれていた」（『日本談義』所収「新美卯一郎の微苦笑」）と回想している。

4　「熊本評論」と人力車夫問題

「熊本評論」同人の活動は単に紙面に筆陣を張ることのみには止まらなかった。

松尾は第九号「評論社たより」（一九〇七年一〇月二〇日付）の中で、「評論も筆ばかりに力を用ひず追々主義の実行にかゝりたい、斯うなつて来れば猶更同志が欲しい、口先ばかりでなく、賛成とばかりでなく、一つ大に働く同志が欲しいのです」と「主義の実行」に移る企図を述べて同志として参加するよう読者に訴えている。「主義の実行」とは、どのような実行形態を指すのかプランは明らかでないが、「熊本評論」の発行活動のみに止まらない意図を明確にしているのである。

この時期、直接行動派と議会政策派との対立が決定的となっていた。この松尾が「主義の実行にかかりたい」と述べた「評論社たより」の同じページには、「幸徳秋水氏の消息」が掲載されている。幸徳はこの書簡の中で、土佐に移転静養することを告げ、数日中に東京を引き払う手筈だと述べているが、幸徳は土佐に帰郷する途中、大阪に立ち寄っている。大阪では荒畑勝三、森近運平ら有志が幸徳を迎えて一一月三日に茶話会を催した。松尾卯一太は、はるばる熊本からこの茶話会に参加している（『社会主義者沿革』上）。このあと、幸徳は旅行途中、静養中の別府から「熊本評論」に書簡を送り、次いで同じ別府から一一月一三日付で「九州青年と語る」（第一一号）の原稿を寄せた。松尾は「追々主義の実行にかゝりたい」と述べたこの時期、明確に直接行動派に接近しているのである。

「熊本評論」同人らが編集室から街頭に出る契機は熊本市の人力車夫問題であった。直接行動派が大衆遊離の傾向を示す状況下にあって、「熊本評論」と熊本市人力車夫の闘争との結合は、明治社会主義運動史の上で、わけても熊本の社会運動史上に特筆すべきものであった。

熊本市内の人力車夫の争議の発端は一九〇八（明治四一）年二月一日より新たに着用を義務づけられることとなった長さ三寸、幅一寸の一片の真鍮製番号札の価格問題であった。

熊本県は「明治四〇年一二月一四日、県令第三四号」を以て「明治二九年（一〇月）県令第四九号・人力車営業取締規則」の第一八条の追加改訂を布達した。同取締規則の「第三章　輓子、就業制限」の第一八条は就業中は帽子または饅頭笠をかぶり、法被および股引または半股引を着用すること、ちょうちん、合羽、膝かけ、マッチ、ろうそくの常時携帯を義務付けているのであるが、「明治四〇年（一二月）県令第三四号」はこれに次の一項を追加した。

第十八条　第一号ノ次ニ左ノ一号ヲ加ヘ第二号ヲ第三号ニ改ム

二　法被ニハ其背部ニ組名及輓子鑑札ノ番号ヲ刻シタル左ノ記号ヲ附着スヘシ但雇切ニシテ雇主ノ供給ニ係ル

法被ヲ着用スル場合ハ此限リニアラス　真鍮製ニシテ長サ三寸幅一寸（曲尺）トシ番号ハ数字ノミヲ刻スヘシ

附則

本令ハ明治四十一年二月一日ヨリ施行ス

（筆者編『「熊本評論」関係資料』、『近代熊本』第二一号）

組
番
号
名

しかるに「熊本評論」の「人力車営業人諸君の活動」（第一六号）によると、この「営業規則」改正の内容が人力車営業組合取締人から一般車夫に周知されたのは施行前日の一月三一日であった。各駐車場に愛敬取締りより通達された内容は「明二月一日より車夫一般に真鍮製の番号札をハッピの背に附けねばならぬ。若し然らざる者は違警罪に処罰されるべし」（「取締規則」によると第一八条違反は五銭以上五〇銭以下の科料―筆者註）というもので、「熊本評論」は次のように報じている。

「…人力車営業人諸君は清空の電雷とも言ふべき感じを以て、此の報知を聞いて一驚を喫した、元来之れは十二月十四日附の県令第三十三条（「県令第三四号」の誤り＝筆者註）にて発布されたる者で之を知らぬは県民の手落なるに相違なきも、社会の実情はさまで進んでは居らぬ、人力車営業人諸君が以上の通知に依りて一驚したるも無理からぬことである、而して千余人の人力車営業人諸君は一一之を作るの熄に絶えぬ所か事明日に迫つたことだから、殆んど当惑し居たるに、取締りよりの通知には更らに左の如きことを附加してあつた。

番号札は取締りの所に取り揃へあれば、一人二拾銭を予納して之を受取るべし、勿論営業を廃する場合に番号札を持参すれば何時にても二拾銭は返附すべし云々

読者諸君請ふ注意せよ、右の番号札は一個六銭にて出来上り居るものにして、飽託郡は現に十銭にて一般の人

力車営業人に渡したり、如何に正直なる人力車営業人諸君も事茲に至りては黙するを得ず、取締り及び総代（重に貸車営業人）を攻撃する声は囂々たるに至つた」

熊本市に隣接する春日警察署管内の飽託郡春日（現熊本市）、同砂取分署管内の砂取（現熊本市）、同川尻分署管内の川尻（現熊本市）車籍の人力車は、多数が常時熊本市内に出入りし、熊本警察署管内の市内の車も熊本駅のある春日や水前寺方面の砂取や川尻方面など隣接町村に出入りするので飽託郡の車籍の人力車夫に番号札が一〇銭で渡されていることはたちまち知れ渡ったに違いない。車夫にとっては翌日までに前金を納めて番号札を購入しなければ働けないのであるから深刻である。飽託郡の二倍の価格と、それを一方的に押しつけようとした営業組合幹部に対する憤激は当然のことであった。

愛敬取締りの通達が各駐車場に達せられた一月三一日の午後、車夫有志は「熊本毎日新聞」記者の紹介で熊本評論社に新美卯一郎を訪ね、こうした事態について憤懣を訴えた。

同日、直ちに車夫有志と熊本評論社の活動が開始された。以下「評論社たより」（第一六号）を中心にその経過を述べる。

一月三一日

「午後の三時頃十名余の人力車営業人諸君来社ありて種々の意見を述べらる、新美はこの意を了して直ちに警察に至る、此の日より人力車問題起りし訳なり」

二月一日

「松尾は編集に忙しく新美は人力車問題に忙し、正午村田巡査部長及愛敬人力車夫業取締りの来訪あり、車夫有志七十名許り、熊本市内新町の出雲大社神殿に会合す、其活気盛なり」

新美の調査によって番号札の原価は六銭に過ぎないことが分った。愛敬取締りの言い分は、

「従来市の人力車には三千七百余の番号があるが目下は千三十二である、故に空番が二千許りになつて居る、然るに今回の番号札を現在数にて制作する時は警察の帳簿を改めねばならぬ、其れは帳簿の整理に時間を要するから、其の面倒を除く為めに三千迄の番号（実は不必要なる空番千九百余を含む）をも作製し、其の番号札製造費用は全部の車夫に負担せしむれば微々たる者にあらずや、との議論に一決して、原価六銭の者に二十銭を予納せしむに至つた」

というのであった。

かくて回章が市内各駐車場に回され七、八〇人の車夫有志が熊本評論社近くの新町・出雲大社の境内に集って協議した結果、「不法の番号札の価格には応ぜざることは勿論、此の不法を断行するに至らしめしは、全く惣代連の手落である（彼等は四、五名が某旗亭に集会したる人名も真相も明らかに知って居る）、宜敷彼等を辞職せしめねばならぬ」と番号札の値下げと営業組合惣代の辞職要求を決議し、番号札値下げ交渉を新美に委嘱した。

二月三日

「新美は人力車営業人の依頼を受けて、愛敬宅に番号札値下げの話しに行きて半額にすることに決して帰る」

二月四日

「この日市内人力車営業人が総て該問題解決に連印したるを聞く、又現惣代に辞職の勧告を為したり、社中は多忙を極む」

番号札の価格問題が半額値下げの実現で解決を見たことにより、新美ら熊本評論社同人に対する車夫の信頼感を増大させると共に、反面人力車営業組合幹部に対する不満を一層募らせた。組合惣代に対する憤懣は新美らの指導と援助で営業組合の民主的改革に向けて組織された。営業組合の幹部である取締人と惣代は「人力車営業取締規則」および「組合規約」により人力車営業人の選挙によって選ぶことになっていたが、実体は選挙も形式的なものにすぎず、幹部の大多数を貸車業者に占められ、組合は彼らの意のままに運営されていた。附加金（組合費）の如きも所有人力車数に基づく、上に軽く下に重い逓減法が行なわれていた。すなわち四台以下の所有者は一台につき月三銭五厘、九台以下は月二銭五厘、一〇台以上は月一銭七厘で貸車業者中には二〇〇〜三〇〇台を所有する大業者もいたが、大多数を占める一台きりの零細営業人は一〇台以上所有する貸車業者の二倍以上の高率に当る附加金を負担させられていた。

惣代の辞任、改選要求は、この不当な附加金改訂要求と結合してたたかわれた。

一、惣代改選の件

一、附加金改正の件

で二月四日、全市の人力車営業人の間で署名・連印が集められた。車夫の自覚は急速に高まり、臨時に仮惣代一〇人を選んで愛敬取締人に惣代の総辞職を申し入れた。この車夫の総意による申し入れは実現し、同月六日、熊本市内四地区から新惣代を選挙したが、顔触れは一新され、貸車業者の影響を絶ち、勤労車夫の指導権が確立した。同月八日、新惣代は附加金を一律月二銭五厘に改訂した。惣代選挙を評して「熊本評論」は「従来惣代の選挙の如きは一笑に附し去りて、選挙札は全数の十分一も集らざりし者が、今回の選挙が殆んど全数を集め得たるは、彼等が全く自己の権利を認識したる結果に外ならぬのである、之れ豈に吾が労働界に於ける面白き現象ではないか」（「車夫問題の決着」第一七号）と述べた。

こうした人力車営業人の闘争経過の中で特に注目されるのは、第一に背章（真鍮製番号札）問題が起きた当日、人力車夫有志一〇人余が熊本評論社を訪ねて協議している事実である。労働者、農民、都市勤労者の解放を掲げて地元と密着しつつ権力、支配層と言論で果敢な闘いを展開する「熊本評論」に対する人力車夫の関心と親密感を持った支持が存在したことを意味する。第二に警察的取締りと貸車業者の横暴な支配に長い間耐えて来た人力車営業人が、背章問題を契機に組織的大衆運動によって営業組合の民主的改革へと向った点である。「熊本評論」は「此の間最も吾人の興味を感じたるは、労働者諸君が自己の権利を重じ、主張は主張として飽くまでも遂行する覇気と元気とである。而して更らに数の多き労働者は同盟の力に依りて、少数の資本家と戦うことは最も易々の業たるを知つたことである」と評価しているが、後に述べるように、新美らの指導によって車夫の運動は人力車営業人に止まらず、賃借り輓子を含む人力車夫同盟会の結成と全車夫の闘争へと進展する。

運動は車夫の意識の高まりに応じて、より本質的な要求をとらえて「根止め」「曳取り」問題へと組織的に展開されるが、ここで熊本における当時の人力車社会の状態に触れておく必要があろう。

熊本県下の人力車の普及は一八八七(明治二〇)年には離島の天草を除く県下全域に及んだが、一八九四(明治二七)年の三七一一台をピークに一九〇七(明治四〇)年には二四五〇台(貸車業および自己所有の車を輓く人力車営業一九六〇、輓子二一六三)に減少し、一九〇八年には若干増加して二六五四台(人力車営業一九五一、輓子三一四〇)となった。このうち熊本市車籍六四五台、飽託郡九六三台、計一六〇八台で、県下総数の六〇パーセントを越えていた。熊本市は一九〇二(明治三五)年に一二三二台で飽託郡は六八〇台であったが、一九〇八年までに熊本市は六四五台に激減した。

熊本市と飽託郡との車籍数逆転の原因は、熊本市域が旧城下町に限られていたのに対し、熊本市をとりまく飽託郡の村々の市街地化による都市圏の拡大、とりわけ熊本駅(春日村/現熊本市)をかかえていたことで飽託郡の車籍数が増加したのである。車夫数においても県下で三一四〇人、うち熊本市は一〇三二人(「九州日日新聞」は約一五〇〇人としている)で、県下総数の三〇パーセントを越え、飽託郡を加えると六〇パーセントを優に越える。熊本市の車夫数は一四戸（一戸平均三・五人＝「熊本市職業調査」）に一人の比率となる（筆者稿「熊本評論と人力車夫同盟会について」『熊本史学』第四三号所収）。

人力車夫は増加する乗用馬車営業に圧迫されていた。乗用馬車は一八九八（明治三一）年には県下で二一台を数えるに過ぎなかったが、一九〇〇（明治三三）年には四九二台、一九〇八（明治四一）年には八二六台に達した（前掲）。熊本市と郊外を結ぶ春日—百貫港、立田—大津、黒髪—菊池、安巳橋—木山、迎町—御船間に乗合馬車が運行し、人力車の営業範囲は市内に追い込まれていった。しかるに一九〇七年一二月二一日、安巳橋—水前寺間に軽便鉄道（熊本軽鉄、のち大日本軌道）が開通して運行を始め、一日の乗客四〇〇人から七〇〇人を運ぶに至り、安巳橋の乗合馬車は三分の一の減収となり、人力車も「世間の人は軽鉄が人力車に比し、其速力も遥かにまさり、車窓さへ閉めておけば竜まく黄塵も頭からかぶらずそして寒くもなし、其のうへ乗り心地も好いと云ふやうな……車中、水前寺街道を俥に乗つて走る男女が如何にもこの娑婆から蹴倒され後へあとへと踏んスザッて、文明国人と未開国人と背馳してゐるやうに見えるなど酷評を下すものがあるので、已に同沿線の人力車は廃物視されて誰も顧みる者がない」（「九州日日新聞」明治四一年一月二五日）という状況が生れた。「軽鉄一部の敷設でさえ同方面の俥夫は職を失ひ生活難を感ずるやうになつて来た。夫れで同沿線の車夫は、他に職を求めて未だ得ざるものは市内に進入しようとしても市内の各駐車場では自家生存の危険を恐れて容易に其の入場を許さないので、已むを得ず幽霊俥となつて辻々にぶらぶらしてゐるのが此の頃非常に多く、警察でも之を厳重に取締ることにしたから、昨今其犯則者を続々出だす様になつてきた……」（同前）と報じている。しかも軽便鉄道は春日—百貫港（熊本軌道）、熊本県庁—大津（熊本軽鉄）、熊本—隈府間などが相次いで着工または計画されて人力車夫は危機感を深めていた。「九州日日新聞」は「これまで敵は馬車だと思つて無性に闘つてゐた俥夫は空前血の力を藉らない火と水とに戦はねばならぬ事になつた。夫れがだんだん引き延ばされて市の幹線を侵すやうになつたら、又それだけ勢力範囲を削り取られて、茲に熊本の俥夫は一大影響を受け……」（同前）と危機が迫っていることを報じた。

熊本県の「人力車営業取締規則」は「人力車営業トハ輓子ヲシテ人力車ヲ輓カシメ又ハ自カラ人力車ヲ軌キ営業スルモノヲ謂フ」と人力車営業者を規程し、これら営業者は営業組合を組織し所轄警察署の監督を受けたが、車夫の大多数は貸車業者から車を賃借りする輓子であった。車夫社会は複雑化し、いくつかの階層に分化していたが、「おかかえ」「自営車輓き」「輓取り」「輓子」に大別できる。

▽おかかえ（抱え車夫）＝富豪、医師、弁護士などの自家用車の車夫で月々手当を受け生活は安定していた。衣類や県令で定められた必備付属品も抱え主負担、祝儀も大きな収入源で、〝黒鴨装束〟と呼ばれる粋な姿で走る「おかかえ」は車夫仲間の羨望の的であった。

▽自営車輓き＝自己所有の車を輓く独立営業の車夫で、熊本市内車夫の約三分の一。車体代約四〇円から二七、八円。ほかに所定の服装、附属品を自弁し、営業組合の附加金を払った。なかには一、二台の貸車を持って貸車業を兼務する者もあった。

▽輓取り＝貸車業者に保証金を納めて、働きながら元金と利息を日賦払いで支払う。支払いがおわれば車体は自己のものとなった。日賦を怠ると延滞利息が課され、車体の引き揚げ、保証金の没収が行なわれた。「熊本評論」は後述するように、その不法性を暴露して闘いを呼びかけた。

▽輓子＝貸車業者から賃借りして働く車夫で、全車夫で最も多数を占めたが、損料は車体の優劣によって一日一五銭、一〇銭、八銭、六銭程度の四段階であった。全車夫で最も多数を占めたが、数は流動的であった。

なお、熊本には東京などのように車を所有し輓子を雇傭して営業する「宿車」「部屋」と称する人力車営業はなかった。

以上のように大別される車夫は自家用車夫の「おかかえ」を除くと「立場」と呼ばれた公設または私設の駐車場以外での駐車は禁止され、路上での客待ちは厳しく取り締まられた。しかし、収容力や経済的条件で駐車場の専用権を手に入れることのできない車夫が多かった。これらの車夫は路上駐車を禁じられているので警官の目を恐れながら一日中、人通りの多い道をふらりふらりと歩き廻って客をさがしたが、県令第四九号の「駐車場外ニ於テ客待チヲ為シ又ハ空車ヲ輓キ路上ニ彷徨佇立スベカラズ」（「人力車営業取締規則」第二一条）の条文で取締りを受け、「一日以上三日以下ノ拘留又ハ弐拾銭以上弐拾五銭以下ノ科料」の処罰対象とされ、警官の厳責を恐れる不安な日々を送らねばならなかった。「熊本評論」の松岡悌三は駐車場を持つ車夫を「御用車」、駐車場を持たぬ車を「貧乏車」と表現しているが、一般に「ゆうれい」と呼ばれた最下層の車夫である。服装も附属品も粗末で車体も賃借料の安いボロ車が多かった（筆者稿「人力車盛衰記」「熊本日日新聞」一九八〇年八月一九日—九月一二日）。

横山源之助（天涯茫々生）は「都市労働者の中、最も多数にして、常に余輩の眼に触るゝ所の労働者は、人力車夫也」（『友愛』第四号、『日本労働運動史料』所収）と述べると共に「社会上より之を見れば、人力車夫は、常に不安の生活を営める細民にして、貧民部落に在りては、日稼人足と共に主人公の位置を占め……」と車夫の貧困に触れ、「而して今日都市の労働社会に在りては、交通労働者として、交通機関の上に欠く可らざる勢力者たり」と位置づけているが、熊本における状況はどうか。

熊本市の労働者数は「職業調査」（一九〇七年四月調）、「県統計書」（一九〇七年末）によると、最も多い工場は若年女子労働を主体とする肥後製糸の一九〇人（男一二人、女一七八人）で、ついで一七三人の陸軍兵器廠（男一二四人、女四九人）である。その他常時一〇人以上を雇傭する二二工場の労働者総数三九一人（男二七一人、女一二〇人）である（この他に若年女子労働中心の熊本葉たばこ製造所があり、六九〇人と思われるが詳細不明）。熊本市の男子労働者総数は一四歳未満を含む四〇七人に過ぎない。これによって工場労働者にくらべて車夫の数が圧倒的に多かったことが明らかとなる。職業別従事者数でも車夫が最も多く、零細な菓子商（六五一人）、和裁（六五〇人）、大工（五七五人）、穀物商（五六一人）、行商人（五一一人）、菓子製造（四九七人）、日傭い（四七五人）、官吏（四五四人）と続く。産業別では商業が四三パーセントを占めている。熊本市に隣接する飽託郡について見てみても、鐘淵紡績三七八人（男五八人、女三二〇人）、熊本製糸一七四人（男四人、女一七〇人）、肥後製蠟四四人（男三二人、女一二人）など九工場七二六人（男一一七人、女六〇九人）で、若年女子労働者が中心。ここでも車夫が圧倒的比重を占めた。

熊本市民で有業男子は若年者を含めて一万六二二六人であったから、一五人ないしは一〇人に一人は車夫という割合となる。乗合馬車が走り、軽便鉄道が走るようになっても、近距離交通機関の主力は熊本市および周辺市街化地区では依然として人力車であり、このような状況は市電開通と乗合自動車が登場する大正末年まで続いた。失業者や零落のはてに車夫となる者が絶えず流入したので、人力車は過剰気味であった。大正期の一時期人力車の数は人口比で日本一といわれた。

人力車夫の社会的地位は低かった。警察は外勤巡査の戸口調査に当っては対象を甲、乙二種に分類し、甲種は「資産又ハ常職ヲ有スルモノニシテ警察上疑ナキモノ」、つまり一般県民は一年一回以上の戸口調査で良いが、車夫は「受刑者又ハ挙動不審ノモノ」「暴行又ハ不良ノ聞アルモノ」その他と共に「車夫馬丁其他日雇稼ノ賃金ニ依リ生活スルモノ」として乙に分類し、「年中不断順次廻転シテ之ヲ行フモノトス」と外勤巡査に義務づけている（熊本県訓令甲七四号「警察署警察分署職務規程」『熊本県警察史』）。

人力車と車夫は明治初年から警察の厳しい取締り対象であった。一八七三（明治六）年の白川県の「違式要目」に始まり、一八七六（明治九）年の「人力車夫営業規則」（甲第一五一号、熊本県）、その後人力車の発達に伴い、「違警罪」と共に一八八七（明治二〇）年には九章六〇条の「営業人力車夫取締規則」（県令第六三号）を制定公布して人力車および車夫の警察的取締りを強化し、一八九六（明治二九）年には新たに通則、車体の構造及び附属品、輓子就業制限、乗載制限、車賃、駐車場、営業組合、罰則の八章五五ヵ条からなる「人力車営業取締規則」（県令第四九号）を制定公布した。年二回の車体および詳細に定めた常時附属品の検査は厳重を極め、車体、附属品のみならず車夫の服装も規制し、ハッピおよび合羽の襟、饅頭笠か帽子（ドイツ帽）には所属組名や輓子鑑札番号を入れさせた。規則違反者は拘留または科料に処せられた。人力車営業者は所轄署ごとに営業組合に入ることを義務づけられ所轄署の監督下におかれた。

大多数の車夫の生活は貧困で不安定であった。もっとも車夫全部が困窮の生活にあえいでいた訳ではない。公設または私設の駐車場（立場）に属する車夫は市内四地区（坪井・古町・新町・京町）内の主要箇所にある駐車場で、需要の多い所に設置されていた。駐車場では近くに常連の客を持ち、その合間には一般の客も乗せるので立地条件のよい駐車場の車夫は比較的に生活も安定して中には小金をためているものも多かった。「九州日日新聞」は次のように記している。「其収入は一日一円以上の時もあれば少なくて六七拾銭、夫れに夜業に出掛けた日には平均八九拾銭、之れを月にすれば少くとも毎月二十五円位ゐの取得がある。若しその職に貴賤の別なしと云へば、袴がけの県庁あたりの腰弁先生に比し、何れ丈け気楽で、何れ丈け美味しいものを食べられるかも知れぬ。それに盆暮には予て出入りの乗客から夫れぞれの心づけに、夏冬の印法被、股引までソックリ呉れるし、実に有難い事である」（筆者編『『熊本評論』関係資料』『近代熊本』第二一号）。あながち誇張ではなかろう。

当時、熊本の職人の収入は大工七〇銭、印刷工四〇銭が普通であった。車夫の間でも特に客の多い旅館や料亭などの専属株は一〇円前後の高額で売買の対象となる程で、春日車籍の熊本駅構内に駐車権を持つ構内車夫も定員制に守られて安定した収入を持っていた。

しかし、このような恵まれた車夫は一部分であって大多数の輓子は絶えず流動し、生活も不安定であった。一六歳以上の健康者で警察の身体検査と市内地理などの簡単な口頭試問に合格すれば誰でも容易に車夫になれたので取り付き易い職業であった。その日の生活の糧を求めて賃貸車の梶棒を握る者が多かったが、「初め俥夫たるの服装に過分の金を費した上、駐車場に入つて見知金の二、三円も出すやうな余裕があつたら、何を苦しんであんな惨めな商売を始めやう、言はば万策尽きて窮した上の俥夫であるから、妻子は飢しいお腹を抱いてゐるし、差当り今日から少し許りの端多金でも懐に入れぬと皆ンなの鼻の下が乾くといふ羽目に陥つてゐるので、俥夫の大概は先づ幽霊俥夫となるのが多い」（「九州日日新聞」一九〇八年一月二四日）といった状況であった。その上に軽便鉄道や乗合馬車の圧迫で砂取、立田、黒髪方面などの駐車場にいた者も市内に流入して「ゆうれい」となる者が多かった。「ゆうれい」は横山源之助が『日本の下層社会』で「もうろう」と呼ぶ部類に入る最下層の車夫である。これら極貧の車夫の生活を「熊本評論」の創刊号から三回にわたって連載した調査ルポ「汽車長屋」（松岡藻川）が「余はもう迚も貧民窟に入る勇気はないと心窃かに叫んだ。恐らく此叫びは貧民窟を訪ふた誰れの口からも発せらるゝのであろふ又誰れの口からも社会組織が滅茶苦茶だと云ふ呪ひの語が発せられるであろふ」と記す汽車長屋の悲惨な生活を報告している。細民の長屋は熊本市中には百間長屋、折詰長屋などと呼ばれるスラムが幾ヵ所もあったが、長安寺町の手取神社近くの貧乏長屋は汽車長屋と呼ばれた。一種独特の臭気がただようこの汽車長屋は「向い合せの二棟の長屋は僅かに三尺の通路を設けて建てられて居る、家は最も汚穢に、最も怪しく、それは社会に於ける活きた人間の住むべき処でない様な無作苦しい」棟割長屋の二棟一三戸である。家賃は六畳で一日三銭五厘、三畳が二銭と一銭五厘の日払いである。この一三戸に住む住人のうち五戸は車夫である。これら五人の車夫の家族は六畳に六人、三畳五人、三畳六人、三畳四人、三畳五人が住んでいた。これらの車夫たちは「車は汚く、衣類は無く、昼となく夜となくここの辻彼処の途に出でて客を呼ぶも壊れかかつた車台誰一人見向きもせぬ」貧乏車曳きの「ゆうれい」で「今日のような雨の日にはどうも暮しが出来ません、梅雨なんかになりますと丸で仕事も休み勝ち、子供も居りますし日々の家賃も滞り許りで居ります」。それどころか「仕方尽きては、着ている衣類などを六一銀行に預ける、男は襯衣一枚、女は襦袢と湯巻きの儘であることは、冬季に於ても尠くない」生活である。収入は夜も一二時過ぎまで働き、妻が「ダンゴ串削り紙屑拾ひの内職をしても共稼の賃金三十銭足らずの収入、其内車の損料など払へば残るは二十四五銭となる」。この収入で家族の四、五人を養わねばならぬという極度の困窮の下で悲惨極まる生活を続けていた。

5　熊本評論社の宣伝啓蒙活動

車夫問題と「熊本評論」のかかわりは熊本評論社の活動に質的な転換をもたらした。

車夫問題の発生はあたかも松尾卯一太が直接行動派への明確な傾斜を示し、「評論も筆ばかりに力を用ひず追々主義の実行にかかりたい」と紙上で訴えていた時期であった。もともと創刊号からストライキ闘争の波の高まりを「二十世紀における新潮流」としてとらえて論陣を張ってきた「熊本評論」は、以後の紙面に見られるように同人らは「筆ばかりでなく」勇躍して車夫問題に取り組み、指導と組織化に当った。

同盟した車夫が貸車業者主導の営業組合惣代を総辞職に追い込んだ直後の「熊本評論」(第一六号)は、「吾熊本も此の頃大分労働者諸君の同盟運動が頻々となつた、先には縫工の同盟罷工あり、今は人力車営業人の同盟運動ありて、社会問題研究者の考慮を要する所だ、聞けば市内某所にも活版職工の同盟罷工をやつたゲナ、資本家も少しは目を覚ますが好い」(「ドーアルキャー」)と労働者の同盟への熱い期待を報じ、同号の「評論社たより」は車夫問題を受けて活気づく同社の動きを活き活きと伝える。わけても新美卯一郎は実践面での中心となって活動した。人力車営業取締規則で「客ノ求メニ応ズベキ輓子ノ外濫リニ立入ルベカラズ」と定め、違反者には「五銭以上五十銭以下」の科料を科した人力車駐車場に出入りして車夫工作に当った。「ツンツルテンのインバネスを羽織って、人力の駐車場にいり込み、股火をしながら主義を説いていた」という大木山帰来の文章にも車夫の中に入って積極的に活動した新美の活躍ぶりがうかがえる(「新美卯一郎の微苦笑」『日本談義』所収)。

「熊本評論」と車夫大衆との結合と闘争の一応の勝利は両者を一層勇気づけた。さらに前進し車夫大衆の団結を強めるために、彼らの指導は「熊本人力車夫同盟会」の結成に向けられ、同時に新聞以外の一層大衆的な宣伝啓蒙活動へと歩を進めた。

一九〇八(明治四一)年二月一二日、熊本市新町の熊本評論社近くの忘吾会舎で同社主催の演説会が開催された。この演説会はかねて準備活動中の人力車夫同盟会結成の具体的計画が進行する中で、二月一〇日、急に企画されたもので「評論社たより」は、

「二月十日　晴天　車夫同盟会創立の事や演説会の事やで大多忙」

「仝十一日　晴天　昨日急突に決したる演説のことなれば万事意の如くならず、明日正午よりの演説は其の広告ビラを、此朝各町中に下ぐるを得たり（以下略）」

「仝十二日　晴天　今日我社演説会の当日なり、一面には熊本車夫同盟会創立懇親会あり、小人数本社は有志の車夫諸君の援助を以て大助りだつた。援助の諸君は早朝より来りて演説会場の世話や何かと骨身惜しまずの御世話で定刻前に立派に出来上つたのは今も尚吾等の感謝する所である（以下略）」

と記録している。車夫大衆との結合こそ演説会開催の決断と成功の原動力であったことがうかがわれる。『社会主義』や週刊「平民新聞」などで、しばしば報ぜられた車夫問題演説会、社会主義演説会など社会主義協会や平民社の活動が想起されたに違いない。演説会開催について同人の首藤猛熊は「吾々も主義の伝道上最も有利なる者として、評論創刊当時より常に此挙を思念し已に幾度か実行せんとの議はありしかど種々なる事情の為に妨げられて終に今日に及び居りしに……今回市内の人力車夫諸君の活動を機会として此に評論社第一回の演説会を開催するに至れり……」（第一七号）と述べている。急に企画した演説会のため弁士も当初は松尾、新美の両名のみを予定していた。「日本平民新聞」（第一一号より「大阪平民新聞」が改題）に掲載された二月一一日付の熊本評論社の投稿は「当地の労働者も漸く目を醒ましかけたり、市内の車夫凡そ千三百名は既に団結し明日其発会式を挙げる。同時に評論社の大演説会と云つても弁士は新美、松尾の二名なり、無事に済むか、何か起るか今となつては勢に任せるの外なし、併し熊本の労働者は僕等を信ずるの厚き、やるに大に気持よし」と記して車夫との結合が支えとなって熊本評論社に重大な転機を与え、

演説会の開催という企図しながら果し得なかった新たな活動分野に進出する機会となったこと、ならびに同社同人の意気込みを伝えている。しかも松尾、新美の二人を予定していた弁士もたまたま各県徒歩伝道中来あわせた社会主義者で社友の武藤芳蛾を含めて在地の社友の志賀連、佐々木徳母を加えて五人となった。

「熊本評論」は演説会開催を機に初めてのこころみとして号外(第一六号附録)を発行し、会場で配布した。一面は「時代は近づけり」と題した一文で、裏面は社会主義の歌「富の鎖」が印刷されていた。「時代は近づけり」は次のように訴えた。

「諸君!! 熊本評論は、平民や労働者や、其他総ての被圧迫者、即ち有らゆる権力の為めに、束縛虐待されて居る不幸な人々を、今の悲惨な境遇から自覚させ、そして平和な、自由な自治社会を現実に拵へようとするのが其要領で、そして諸君が自覚し、団結し、進撃さへすれば屹度其目的が達せられると云ふのが我々の主張であります。

諸君、自覚は、被圧迫者が圧迫者に対する当然の結果で、即ち諸君が従来忘失し、或は横領せられたる一切『権利』及『富』の所在の発見であります。そして我々は、其忘失し、或は横領せられたる一切の権利と富とを、再び諸君の手に恢復せよと云ふので有ります。

御覧なさい、今日の諸君は、屈従と餓の外、何の権利がありますか、人間として何の主張がありますか、生存生活の為めに何の保証がありますか、そして御覧なさい、諸君は此の不都合千万なる眼前の大事実を訴ふべき一つの便り場がありますか、政府、議会、法律、乃至社会の木鐸と称する新聞、人民保護と称する警察、宇宙の真理を語ると称する学者、慈愛を説くの宗教家………数へ来れば一として之れ諸君の敵たる圧迫者の同類、手先き、擁護者のみではありませぬか。

諸君、嗚呼諸君、諸君は真に諸君を解放して自由の民たらしむべく、諸君自ら之をやらねばならぬ、自覚せよ、而して圧迫者を恐怖せしめよ、団結せよ、而して圧迫者を戦慄せしめよ、進撃せよ、而して圧迫者を殲滅せよ、熊本評論は終始一貫、徹頭徹尾、諸君平民や労働者や、其他総ての被圧迫者の友となり、味方となつて其全身全力を尽すのであります。

諸君！　自覚せよ、団結せよ、進撃せよ、諸君の『力』は偉大なり、諸君にして一度び動かば、天下は忽ち諸君の天下とならん、嗚呼諸君の時代は近づけり」

右の「時代は近づけり」は恐らく松尾卯一太が起稿したものであろうが、明らかにその論旨の基底には直接行動論の影響がある。演説会における松尾の「貧乏の解決」ではこのことは一層明確となる。

さて、熊本評論社が主催した初の演説会は準備不足の割には予想をはるかに超える盛況であった。「聴衆意外に多く、同一時頃には殆んど満場立錐の地なからしめ、遅れたるは已むなく場外の四囲に佇立したれば、堂上堂下殆んど人の山を以て築き聴衆正に千三百余、中でも車夫諸君は七、八分を埋めたり」(第一七号)といった状況であった。演題と弁士は「開会の挨拶」松尾卯一太、「車夫問題の成行」新美卯一郎、「矛盾せる社会」志賀連、「人」佐々木徳母、「労働者の自覚」新美卯一郎、「一致の力」武藤芳蛾、「貧乏の解決」松尾卯一太であった。

壇上からは多数の聴衆にむかって公然と社会主義が説かれ、平民、労働者、総ての被圧迫者の解放、平和と自由のために団結の必要が訴えられた。熊本県における社会運動史上の画期的出来事であった。

新美は「労働者の自覚」という演題で「労働運動は世界の大勢である」と説き、「極めて痛切に労働と資本の調和論を罵り、慈善事業の姑息なるを嘲笑し」「此の問題の解決は労働者諸君の自覚で在る、階級戦争で在る」と訴えた。

松尾は「貧乏の解決」と題して階級闘争以外には貧乏からの解放はないことを説き、議会政策論を批判し、直接行動論を紹介してそのための自覚と団結の急務を訴えた。

車夫問題を契機として第一回演説会を開いた熊本評論社は三月一三日には福岡県三池郡渡瀬町(現みやま市)で開かれた社会主義演説会に臨んだ。演説会を計画した森繁は「日本平民新聞」への投稿の中で「弁士は熊本評論の松尾、新美両君を竪とし、熊本毎日社の野波君、遅れて到れる阿部長太郎君の援助があったので意外の盛況を来たした」と報じていることからも分るように、主眼は松尾と新美の演説にあった。「開会の辞」森繁、「普通選挙論」野波鎮人（当時「熊本毎日新聞」記者、クリスチャン、日本社会党員、議会政策派）、「社会問題の解決」阿部長太郎（福岡県山門郡瀬高町在住、直接行動派）、「社会主義と小作人」松尾卯一太、「貧富の戦争」新美卯一郎が弁士であった。松尾は小作問題を社会主義の立場に立って論じ、資本主義制度の打倒に起ち上るよう呼びかけ、土地復権論とは明確な違いを示した。新美は階級闘争を論じ資本主義の打倒を叫んだ。

渡瀬町の社会主義演説会は入場者の身体検査など警察の厳しい干渉があったにもかかわらず二〇〇余人の聴衆が集まり成功した。熊本評論社は、二度にわたる演説会の成功に勇気づけられ、第二〇号（四月五日）では「今月から月一回か二回か社会主義講演を市内適宜の場所にて開くことに致しました」と社告で発表し、四月一一日、第一回講演会および茶話会への参加を呼びかけた。雨天にかかわらず聴衆は意外に多く二〇〇人余であったが、松尾の「社会主義大意」、新美の「何故に現社会に反対するか」のいずれも開口まもなく中止、解散を命ぜられた。尾前正行は「思ふに当夜の講演会は最初より『話させざる』の決心なりしなるべし。二君の中止は吾人に於て殆んど無意義、解すべからざるものなりければなり」と記している。だが解散後の茶話会は成功であった。一〇〇余人が五銭の会費を払って参加し、松尾が社会主義を説いた。

六月二二日の創刊一周年記念演説会、この日も雨天であったが会衆は三〇〇人。「開会の辞」新美卯一郎、「人間と土地」古庄友祐（「熊本評論」同人）、「安住の庭ある乎」新美卯一郎、飛び入り参加の池野亀太郎（土地復権同志会員）、「失業問題」坂本清馬（「熊本評論」同人）、「吾人の運動方法」松尾卯一太がそれぞれ演壇に立った。松尾は直接行動論に基づく総同盟罷工について語ったが中止を命ぜられ、同テーマについては五〇余名が参加した茶話会で坂本が詳述した。

熊本評論社は車夫問題が重大局面を迎えた七月二日に車夫問題演説会を計画したが、警察の妨害で突然当日になって会場を断られた。創刊一周年記念号（六月二〇日）は七月から毎土曜日夜、社会主義学術講演、社会主義婦人講演を開催することを社告で発表したが、赤旗事件の発生と松尾の入獄、「熊本評論」の発行禁止判決で以後の演説、講演会活動を知ることはできない。

だが、熊本という地方都市で、ラジカルな「自由」を標榜した社会主義的新聞の発行のみにとどまらず、地域の大衆運動と深く密着して演説会や講演会活動を展開した点で明治社会主義運動史上に占める意義は大きいといえよう。

6　人力車夫同盟会の結成

熊本人力車夫同盟会の創立総会は二月一二日、第一回熊本評論社演説会開催当日に挙行された。背章問題を契機とした熊本市人力車営業組合の惣代改選は勤労車夫の勝利に帰したが、この闘争過程で車夫同盟会の組織が提起され着実な準備活動が始められていた。「熊本評論」はその経過について「車夫問題の進行其の半に至るや、彼れ等の間に同盟設立の議は提出さるに至りしが」と述べているが、「九州日日新聞」は二月七日付紙面で新惣代改選に関する記事を掲載し、二月九日付紙面では「車夫の同盟会組織」の見出しで「過日来の車夫紛議問題は惣代の改選によりて一先づ無事におさまりしが今回の新惣代の決議にて附加金を一定して一ケ月二銭五厘と変更する旨夫れ夫れ通知せり」と記したのち、更に「此際市内の車夫一同は同盟会を組織するの必要ありとし目下会則起草中なる由」と報じている。

同盟会の創立総会と懇親会は二月一二日午後四時から熊本市高田原（現熊本市中央区下通）の天理教会堂の庭園で車夫一二〇〇人余が参加して挙行された。同日、新町の忘吾会舎で開かれた熊本評論社大演説会の聴衆一三〇〇人余のうち七割か八割は車夫であったとされるので、熊本市全市の約一〇〇〇人以上の車夫が営業を放棄したことになり、演説会参加、新町から高田原まで市中心部を集団移動、同盟会創立大会の挙行はそれ自体車夫の一大示威運動であった。「評論社たより」は、「演説会の終るや千数百名の車夫諸君は十町許りを距てたる高田原の天理教会堂（庭園を借り受けし）へ至る、人の波を打つて市中を練り行く様は全市を飲むの慨があつたのは痛快であつた」と述べている。

大会は、幔幕を張りめぐらした会場を埋めた一二〇〇余名の車夫を前に壇上の新美が同盟会設立の必要を説明し、趣旨および会則案を朗読して満場一致で可決した。会則は簡潔なものであった。「人力車夫相互の利益を斗り、品性の向上を期する」ことを目的に掲げ、事業として「会員にして若し危急に接する場合は委員の認定にて会員全部にて金銭の補助を為すべし」と会員による相互扶助活動をあげているに止まり、「本会の事務を処理」する二一名の委員は四地域別に互選するが、会長もしくは代表者についての特段の定めはない。

会則の目的・事業が労働組合的色彩を避けたのは警察権力の介入を配慮しての事であろう。同盟会結成準備のため選任した三〇人の仮惣代は創立総会前に警察に呼び出された事実がある。

車夫大衆は背章問題に端を発した闘争の中で団結の必要を自覚した。人力車営業組合は貸車業者と自営車夫（いわゆる「組合営業者」）で組織されていた。車夫中大多数を占める貸車の輓子は営業組合員としては扱われず未組織であった。ここに勤労車夫自身による車夫同盟会に車夫を組織する必要性があった。「人力車夫相互の利益」と「品性の向上」という目的の下に全熊本市の車夫が組織され団結した意義は大きく、しかも熊本評論社と緊密に結合している点は特筆すべきである。

「新美江滸音頭にて『熊本車夫同盟会万歳』『万国の労働者万歳』を三唱したり、其の声は遠く金峯の山に響きて全市を掩ひぬ、然り、万国労働者諸君万歳の声は吾が敬愛する千余名の労働者諸君より初めて熊本市に叫れぬ、吾人豈に血湧き肉躍るの感なからんや」と「熊本評論」は感激と興奮の情をこめて報じた。車夫同盟会の結成は車夫問題発生からわずかに二週間たらずのことであった。

車夫問題の勝利と人力車夫同盟会結成への盛り上りは車夫を一層ふるいたたせ、勤労者の大衆闘争と大衆組織との結合は熊本評論社の活動を一段と活発化させずにはおかなかった。熊本評論社への車夫の出入りが多くなり、新聞発送などを手伝う者もあり、二月二〇日早朝の松岡悌三の出獄の際には熊本評論社同人らと共に車夫同盟会の委員多数が出迎えた。「熊本評論」に対する車夫大衆の信頼と親近感の高まりを示す証左と言えよう。同月二六日には市内の人力車駐車場に車夫同盟会の看板が一斉に掲げられた。

貸車業者はいわゆる「根止め」によって県内の輓取り、輓子を支配していた。輓子の貸車賃の未払いや後述する輓取りの日賦金や延滞利子の支払い遅滞者に対しては車を引き揚げるだけでなく、営業組合取締人を通じて県内で他の貸車を曳かせない禁止措置がとられた。年二回の警察の車体検査の際に、「金を払わぬ場合には取締りより検査を受くる番号を渡さぬ」ので検査を受けねば車体検査証、輓子鑑札をもらえず、車夫の糧道が断たれた。「人力車営業取締規則」では取締人は「車体及輓子検査場ニ出張シ警察官吏ノ指揮を承ケ受検順等ヲ定ムル事」（同規則第五一条七項）となっており、この取締人の立場を貸車業者が利用して、車夫の息の根を止める支配が人力車営業組合を通じて行なわれていた。

この貸車の「根止め」は車夫の七割に達する輓子の要望と新美らの指導で新惣代によって禁止され、貸車業者に痛打を与えた。

車夫問題の発端となった背章に関する県令第三四号については新美らと協議の上、一三ヵ条の理由をつけて同県令の条文削除または訂正を陳情書にしたためて県当局に提出し、新美が県と交渉に当った。

「熊本評論」紙上の論調は尖鋭激越なものであったにもかかわらず問題発生以来、着実な組織活動と合法的権利を充分に活用する方向で要求の実現を図るよう車夫に対する指導が行なわれてきた。惣代改選と新惣代による組合附加金の引き下げ均一化、根止めの禁止と相次いで貸車業者を追い込んだが、合法的な手段であるため対応に苦慮した大貸車業者は車夫への脅迫や買収を試みたが成功せず、警察当局は三月下旬の車体検査で担当の警官が「車夫が同盟の力に依りて大営業者を圧迫する云々」と訓示演説して車夫を威圧した。

「熊本評論」は、この警察の不当な干渉を暴露して「聞くも馬鹿〳〵敷限りにて資本家擁護の魔声なり」と断定した上で「咄々！　圧迫とは何を意味するぞ、見よ大営業者とは貸車営業者の謂にして、彼等貸車業者が自分の輓子を圧迫し、他の多くの小営業者を愚にして、如何に不当の膏血を絞り居るかよ、誰か此の圧迫に反抗するは当然ならずと謂ふか」と論難し、村田巡査部長が愛敬人力車営業取締人と「別懇の間柄」であることを指摘して、「当然の権利を主張せんとする車夫諸君に難癖を附けんとするは、それ果して何の心ぞや」と追及した。

「熊本評論」はさらに「輓取り」制度による貸車業者の高利貸的収奪の不法な実態を摘発して車夫と世論に訴えた。「輓取り」については簡単に前述したが、実質的頭金を前納した車で輓子として働きながら日賦で残金と利息を払って完済した時はじめて所有権が移転、自己所有車となる制度であるが、その実態は「輓取り」の車を借りる時は仮に車体代が四〇円とすると五円から一〇円程度の保証金を払った上で日賦で一〇銭を支払って二〇ヵ月間は一日も支払いを滞ることなく支払って初めて自己の所有車となるのである。日賦一〇銭、月にして三円のうち二円が元金支払い、一円が利息であるが、保証金は元本には充当せず、利息は車体代四〇円に対する月二分五厘で、元金がいくら減っても利息計算に変りがなく二〇ヵ月では五割に当る苛酷な利息を課した。「此の可憐の車夫中には三十円も納めたる後ち、不時の病気に依りては仕事を休むが故に、十銭の納金が出来ず、二ヵ月、三ヵ月と延滞する事がある、すると貸車業者は遠慮なく之に延滞利子を附するが故に、借り手は益々窮乏に陥りて、四十円の車一台を我物とする為めに百円以上納めた者が少くない」という状態で、かくて車の所有権が車夫の手に移った時には「車の寿命が尽きる時」であった。「延滞三ヵ月にも及びて、車の価高くて取る方便利なる時は、遠慮なく車を引揚げて、前納の五円若くは十円も返さぬ」、その上で「根止め」を行なってきたのであった。「熊本評論」は貸車業者の債務奴隷化した「輓取り」問題を紙面を通じて提起した。「附加金」「根止め」に続いて「輓取り」が取り上げられれば残されるのは貸車賃その他であろう。

ついに大営業者を中心とする貸車業者は車夫の運動に反撃するために彼らの代理人・愛敬営業組合取締人を突然辞職させ、さらに分裂工作による組合形骸化を図った。

しかし、久しきにわたる貸車業者およびそれとつながる取締人、警察に対する憤懣と民主主義的権利を自覚した車夫は、新美、松尾らの指導を信頼して後退することはなかった。彼らは愛敬取締人の辞職に対しては「人力車営業規則」および組合規則に基づいて取締人改選の選挙で応じた。辞職によって組合運営に圧力をかけようと図った愛敬前取締人は再選を画策したが、車夫は池辺某を擁して四月六日の選挙に臨んだ。愛敬に投ずる者はわずか一四、五票で圧倒的多数で池辺が選出された。貸車業者の反撃に対して取締人選挙でも車夫は合法的に勝利したのである。

「人力車営業規則」は「組合ニハ営業者ノ公選ヲ以テ取締人一名又ハ二名ヲ置キ其住所氏名ヲ所轄警察署ニ届出ベシ改選シタルトキ亦同ジ」（第四九条）と定めているが、所定の手続きをもって届出たにもかかわらず、警察当局は何らの理由説明もせず新取締人を認定しなかった。このため取締人不在となり営業組合の運営に支障を来したが、この取締人事務所不在の空白期間に現行営業組合とは別にひそかに大営業者中心の組合設立と取締人選任を図り警察とも連繋して壊乱策に出た。新取締人選任届出後五〇数日たって警察当局は理由を示すことなく「聞き届け難し」という一片の達示をもって新取締人の就任を拒否した。

警察権力の干渉の余地のないたくみで合法的かつ組織的戦術を展開したため比較的順調に進んだ車夫の運動は、ここに至って権力の厚い壁に直面したのである。

警察権力が車夫運動の真正面に立ちはだかった。「熊本評論」第二六号（明治四一年七月五日）は「車夫諸君に告ぐ」の論説をかかげて「元来該組合の取締りたる、所謂人力車営業人の組合にして警察の組合ではない。挙げて以て車夫諸君の信を置けば事足りるのである。合法の手数を経て撰挙したる以上、敢て警察の容喙すべきところではない」「要するに今度の警察の措置たる、直ちに此れ組合の破壊である。取締規則の蹂躙である。余りに車夫諸君を見縊（みくび）りたる遣方である。而してこの組合と云ひ、此の規則と云ひ、もと〳〵警察お自身が助言し認可したるものと云ふに至つては、暴の極、得手勝手の極」と警察当局の不法を激しく批判し、また選挙の結果を警察が拒否することは組合の自主性の否定であり、取締人は警察の任命と異ならず県令違反であることを指摘した。

「車夫諸君に告ぐ」は大営業者らの策動を暴露した上で、「幾分暴戻の警察と雖もお自身が助言し認可したる手続きに依つて撰定したる取締人を否認する訳はない。而も敢て此れを無視し蹂躪し抹殺す、唯だ夫れ大営業者の御機嫌を奈何せんやである」と指摘して、「諸君の相手は最早警察でない県庁でない、総べて是等諸機関の蔭に潜んで居る資本家だ、大営業者だ」とたたかいの本質を示し、資本主義社会の打倒の必要を力説して「諸君は漫に法律の定むる権利を叫んで空名に齷齪たらんよりは、更らに諸君の真の権利を捧持して諸君の大敵に肉迫せよ」と呼びかけた。

警察当局が新取締人を認めなかったため組合惣代は抗議の総辞職を行ない、人力車営業組合は完全に機能を失った。「車夫問題」（第二六号）は「向後熊本警察は何等の方法を以て、其の管下に完全なる組合を作らしめんとするか、吾人は其の処置の如何と、其の御手際とを拝見せん、但し不法行為の御手際が如何に上手なればとて、吾人は決して賞むべきものにあらずして車夫諸君もソウ〳〵馬鹿にさるべきにあらざるを断言して、暫く其の成り行きを見んと欲す」と結んでいる。

熊本評論社は七月二日午後七時、熊本市新鍛冶屋町の敷島座で車夫問題演説会を計画した。しかるに当日朝になって突如として一方的に敷島座の座主は会場貸与を解約した。警察の干渉によるものであった。車夫問題演説会は実現しなかったので、この演説会で広く世論を喚起し、車夫を励まし、方向を示す企てであったろうが、その内容を知ることはできない。あるいは、この演説会を機に新たな計画をしていたことも推測されぬでもないが、以後の人力車営業組合、人力車夫同盟会の動きは明らかでなく、結末も不明である。それは次のような事情による。

「車夫諸君に告ぐ」の論説をかかげた第二六号は東京で六月二二日に起きた「赤旗事件」に多くのスペースを割いている。よく知られているように「赤旗事件」は中央、地方の社会主義者に衝撃を与え、深刻な影響を及ぼした。もとより「熊本評論」も例外ではなかった。いや「熊本評論」の命運を決することとなった。相次ぐ弾圧下で全国的機関紙を失った直接行動派のために唯一の新聞「熊本評論」は全国紙的役割を果さねばならなかった。紙面は「赤旗事件」の関連記事で埋められ、同事件のための「寄附金募集」の記事（第二七号）、「同志諸君に訴ふ」（第二八号）で松尾卯一太は二度にわたって起訴された。坂本清馬と新美卯一郎は上京し、松尾は筆禍事件の取調べ、公判にわずらわされながら編集、発行に当らねばならなかった。こうした状況の中で八月一七日、熊本地方裁判所は「熊本評論」発行禁止の判決を下したので、車夫問題は再び同紙上に報ぜられることなく第三一号（九月二〇日）を以て終刊した。

直接行動派の大衆遊離の傾向が強い中で、しかも労働者階級とその運動の未成熟な条件下の地方都市でたたかわれた「熊本評論」と熊本市人力車夫の闘争は、明治社会主義運動と都市勤労者大衆との深い結合のもとで展開された点で、全国的にも、また熊本社会運動史上でも特筆すべき運動であった。この運動の展開には土地復権同志会員でありながら、ラジカルな「自由」をかかげて資本主義打倒の階級闘争論に基づく革命主義者・新美卯一郎と直接行動論に傾倒する松尾卯一太の思想的影響が色濃く反映している。「熊本評論」の地域との密着は編集、経営面にとどまらず、都市勤労者としての車夫を中心とした大衆運動との結合の点でもきわだった特色をみることができるのである。

厳重な官憲の監視下にかかわらず、車夫有志は刑死した新美の遺骨を熊本駅頭に迎えた。

「大逆事件」は熊本にも厳しい「冬の時代」をもたらした。しかし、熊本評論社と共に車夫問題をたたかった熊本市の人力車夫は、大正期に入ると印刷労働者などと共に熊本労働団の主要な構成メンバーとして勤労者代表を市会議員に送る上で重要な役割を果し、大正末期から昭和初年にかけては都市交通の発達に伴う人力車夫救済で熊本市当局と激しく闘って成果を上げた。

「熊本評論」との出会い

朝鮮戦争が勃発して間もない一九五〇年の暑い夏の昼であった。確か当時は機関紙協会で仕事をしていた西日本新聞出身の森一作氏に誘われて同氏の自宅を訪ねた。森氏は「こういうものを見たことがありますか」と言いながらタブロイド版ほどの新聞らしきものを二部、畳の上に置いた。これが私の「熊本評論」紙との初めての出会いであった。二部の内一部は冒頭に「終刊の辞」を掲げた全頁赤刷りの終刊号（三一号）であった。もう一部の号数は今は思い出せない。赤刷りの終刊号の印象があまりにも強烈だったせいだろうか。

一九五五年秋、久しぶりに熊本に帰って同市の書店に立ち寄った私は店頭に置かれた『日本談義』の九月号（五八号）を手にとって目次を見た。宮本謙吾氏の「大逆事件と肥後人」がなんと一〇回も連載されているのである。九月号の同稿の末尾に「筆者の手もとに預かっている『熊本評論』は創刊号から終刊号まであるが、残念なことに十七号だけ抜けている。五月十七日、東京大学教授土屋喬雄博士の希望により、熊本大学文学部教授森田誠一氏が携行して上京、史料編纂所においてマイクロ・フィルムに撮影された。ところが向坂逸郎氏（九大教授）が豊岡一喜氏を通じ、同紙を見たいと希望されましたから、イツでも御目にかけますと返事をして置きました」と述べ「徳永右馬七、同維一郎の父子二代に亘って同紙保存されし功績は大きい」と結んでいた（徳永氏は松尾卯一太の母・津保の実家）。

私は五年以上、熊本の地をはなれていたので、戦前と同じ主宰者の荒木精之氏によって『日本談義』が戦後復刊されたことも知らず、まして宮本氏による「大逆事件と肥後人」を読む機会もなかった。熊本県立図書館に出かけて『日本談義』誌のバックナンバーに目をとおした。宮本氏の前記文章は一九五四年の一一月号（四八号）から毎月連載（五五年八月号の終戦一〇周年特集号を除く）されていた。同氏の文章は「熊本評論」を中心に、他の文献に目をとおし参考するに止まらず、実によく足を使って書いたものであった。当時、私はさすがは優れたジャーナリスト出身の郷土史家だと感心しながらメモをとりつつ読ませてもらったことを思い出す。その年の一二月号で一三回にわたる連載は完結した。貴重な文献であった。今なお保守の地と言われる熊本で真正面から大逆事件を取り上げた画期的な論稿であった。

この宮本氏の「大逆事件と肥後人」によって「熊本評論」の編集内容のあらましを知ることができたが、幾度か熊本市川尻の宮本氏の家を訪ねた。ある時、氏は、「実は私は八代中学の生徒の頃だったが『熊本評論』の読者だった。八代町に〈あやめ旅館〉というのがあって、そこが『熊本評論』の取次所だった。そこが私たちの溜まり場でもあった。いつか熊本の人がやって来て話をしたことがある」「今度は幸徳秋水について書こうと思う」と語った。

その後、一九五七年九月発行の熊本女子大学郷土文化研究所編『熊本県史料集成』第一二集『明治の熊本』の中に「熊本評論」の第一号から第一三号まで九回にわたって連載された「小作人生活」が収録された。この収録について同書の編集・解題などに当たった圭室諦成氏は後日、労働運動史研究会編著で明治文献資料刊行会から刊行された「熊本評論」を紹介した「『熊本評論』縮刷版の発刊」（「熊本日日新聞」昭和三七年一二月一一日）の中で「昭和三十年ごろ、宮本謙吾氏と森田誠一氏のあっせんで『熊本評論』は東京で写真複製され、約二十部頒布されたことがある。上下二冊で八千円ぐらいだったと記憶する。熊本女子大においてもさっそく一本を購入し、拙著『明治の熊本』にその一部を収録した」と述べている。

『明治の熊本』に収録された「小作人生活」は熊本の近代史に関心を持つ者にとって見過ごすことのできない資料であり、同誌の発刊の後、私は熊本女子大学（現熊本県立大学）に布村一夫氏を訪れた。布村氏は既に一九五三年『熊本県史料集成』第八集で『明治前期農業統計』の編著があった。椅子から立って研究室の書架に歩み寄った氏は「これだよ。大学所蔵の貴重な本だが君に貸そう。君ならいいだろう。ヤッてみるかね」と手渡されたのは、まさに圭室氏が後に「熊本日日新聞」紙上で触れている写真複製の「熊本評論」であった。印画紙を立派な布張りの表紙で和綴じた二冊の本で、印画紙に焼き付けてあるので、もとより裏白である。B6判ほどの小さな大きさであるが、ずっしりと重かった。それはまた、この冊子の内容の重みのようにも思えた。頒布は二〇部程度であると聞いた。

持ちかえって号数を追ってページを繰ってみると、前記宮本氏が「大逆事件と肥後人」の中で述べている、徳永維一郎氏所蔵の「熊本評論」のうち「残念なことに十七号だけ抜けている」と記しているその一七号がちゃんと収録されていた。これは驚きだった。何処から発見して補充したのか？　九州大学に若干部数があるとは聞いていたし、前記の森一作氏所蔵のものも同氏の母校である九州大学に入れたらしいと噂に聞いていたが、果たして第一七号が含まれていたのか調べることはしないまま時間がたった。ある時、顔なじみの熊本市子飼橋そばの古書店の老主人が「阿蘇から出た『熊本評論』一揃いを鈴木茂三郎さんにお譲りした」と話してくれた。第一七号収載が可能だったわけが分かったように思えた。

一九六二年一二月一一日付けの「熊本日日新聞」紙上で圭室氏は「現存するのは二部に過ぎない。一部は玉名市石貫の徳永氏、一部は日本社会党の鈴木茂三郎氏が所蔵されている。鈴木氏のものは一の宮町高宮氏の旧蔵にかかるものである。今回の縮刷本もこの二本によっている」と記している。

写真版は肉眼で読むには限界を思わせる縮小率であったため、常に傍らには拡大鏡を用意して、読みかつノートした。布村氏の好意で長期間借用することができた。ノートと読み返しと数回の部分的発表などで数年間におよんだ。

この間に何度か全面復刻の試みがあった。前出の圭室氏が記している。「九大教授秀村選三氏主宰九州産業史研究会で『九州近代史料双書』の第七集として活字化が企画され、その校訂・解題を私が担当することになって、その刊行の予告まででたが、経費のめどがつかず惜しくも挫折した。……（中略）私は熊本近代化の道標であるこの社会主義文献の刊行を断念しきれず、熊本の書肆で出版する見通しをつけて出京した。たまたま明治大学で同僚となった田中惣五郎氏から、『明治社会主義資料集』として刊行する計画であることをきいて、熊本で刊行する計画を中止した」。

借用は、私自身も参加していた労働運動史研究会の諸先輩による編集にかかる明治文献資料刊行会発行の『明治社会主義史料集・別冊2』「熊本評論」発刊まで続いた。目を酷使し、時には拡大鏡を使った作業からやっと解放された思いで、あらためて「熊本評論」の検討に取り組んだのであった。

熊本評論社を探して

「熊本評論」の発行所は「熊本市新町壱丁目九十五番地」であった。当時は熊本市川尻町の銘酒「瑞鷹」を醸造している瑞鷹酒造会社（当時の社名は確か吉村合名会社）の一隅に独居していた「大逆事件と肥後人」の著者・宮本謙吾氏を初めて（一九五七年かあるいは五八年頃）訪れた時、私は恐らく氏が熊本評論社の社屋を探したに違いないと思って「熊本評論社は熊本市新町のどの辺りにあったのでしょうか」と尋ねた。果たせるかな宮本氏はこともなげに「新町幼稚園の辺りです」と答えたような気がした。

借家だった当時の社屋が残っているとまでは思っていなかったし、町名、地番は分かっていることでもあり、ついつい社屋探しは後回しになってしまった。しかし、「熊本評論」（マイクロ版ポジ）を検討するうちに気になってきた。同紙の「評論社たより」（のちには「社たより」）の記事が同人らの生活、雰囲気をじつに生き生きと伝えているのである。中には熊本の方言が分からなければ理解しづらい表現も混じっているが……。

＊

どんな町並みであろうか？　幸い熊本市新町は戦災を免れている。「熊本評論」に広告をだしている「長崎書店」も当時の建物が残り営業を続けている。探してみようと思った。

新町幼稚園を目標に探せばいいと思った。だが、それほど容易ではなかった。第一めざす新町幼稚園がみつからない（あとで分かったのであったが「一新幼稚園」だった）。熊本評論社は歴史的地名で知っている電信丁（町）＝明治八（一八七五）年、この場所に東京から通信線が伸びて熊本電信局が開設され町名となった。この電信が西南戦争で政府側の通信手段として活躍した＝の辺りから著名な料亭の並ぶ古城堀端町にかけての地域に近いに違いないと見当をつけて探した。初夏の日差しを避けた日傘の下から料亭の門構えなどを珍しそうに眺めながら妻も同行した。人通りは殆どなかった。電車通りに出てしまった。電車通りの通行人に聞いても仕方がない。古い家がびっしりと建ち並ぶ職人町などという町まで歩き廻った。電信町、古城堀端町、職人町、いずれも現在の地図の上では町名が消えた旧地名であった。

＊

地番を聞いても分からない。私たちは二人とも「新町」の地理に詳しくなかった。最初に見当をつけた地点に返ることにした。当時、激務の続く日々を過ごし、帰宅は深夜の連続の中の久しぶりの休日であった。どうしてもこの日、熊本評論社跡を探し出したかった。

閑静な道に高く古そうな石の柱が両脇に立った堂々とした二階建ての大きな家があった。この家の住人なら近くのことに詳しいに違いないと思って玄関まで歩いた。地番では良くわからないということであった。

なかば諦めかけて元の所に引き返すと、先程は閉まっていた道角の小さな酒屋の店が開いていて、中に人影がみえた。酒屋さんなら詳しいはずだと思って声を掛けた。

「新町一丁目九五番地」と聞くと「この近所だろう。昔のことなら実は土地の争いごとで登記所の字図の写しをとってきている」とわざわざ奥に入って書類を持ってきてくれた。

なんとこの店の横の道を隔てた斜め前にその地番はあった。

うかつであった。市の町界町名変更で地番が変わっていたのである。

＊

「評論社跡」の地番に辿りついただけではなかった。ひと眼でそれと分かった。まさしく「熊本評論」社屋が建っていた！

先に触れた明治四〇年六月二〇日の創刊号の「評論社たより」は、つぎのように述べている。

「此の五日に発行届けを差出七日に根城を新（ママ）壱丁目の九十五番地に構へた
根城と云つても四畳半の玄関に十畳の応接間、六畳の編集室と同しく六畳の茶の間と台所がある許り、至つて
軽少な建物には相違ないが、前後に余地があつて如何にも気持ちが良い」

裏庭に廻ると、綺麗に手入れの行き届いた例の池があった。例の池とは「同志が評論社を訪うた時には誰れても庭先のガマの多いのには驚く。池の端から隊をなして上がって来る。ガマは不平を抱いて居る様だから痛快な動物だと一人が云へば、だが構へた態度は一寸資本家に似た処があるね―」（明治四〇年七月二〇日、第三号）に出て来る池である。

道路に面した前庭は広い。あと一戸の家を建ててもなお庭には余裕がある。松尾卯一太の長男・鶏司郎が遊んだ庭である。

「熊本評論社」社屋跡

＊

後に熊本市役所の市民部地域振興課町界町名係で調べてみると評論社跡は「新町一丁目五の三一」となっていた。

この調査を機会に「熊本評論」に深く関わった広瀬莞爾が当時弁護士事務所を構えていた場所も分かった。なんと熊本評論社と道を隔てた斜め前にあったのである。

松尾が郷里から熊本市に出て一時住んだ「古城堀端町一一九番地」も評論社のすぐ近くで、ここも新町一丁目に町名が変わっている。所在を探すために訪れた古い石の門柱のある家こそ熊本評論社が初めて演説会を開いた会場の忘吾会舎であった。ここも新町一丁目であった。

「熊本評論」に見る人物群像

松尾卯一太（一八七九—一九一一）

一八七九（明治一二）年一月二七日、熊本県玉名郡川島村（のち豊水村大字川島、現玉名市）八七二番地で父・又彦、母・津保の長男として生れ、「大逆事件」により幸徳秋水、新美卯一郎らと共に刑死した。筆名・丿乀。

父・又彦は秀次郎のち又左衛門と称し一領一疋の郷士、明治三年に又彦と改名した。祖父・又之允は小田手永川島の広瀬家から養子に入り、玉名郡荒尾手永、内田手永、小田手永、山鹿郡中村手永の惣庄屋・代官兼帯を務め慶応四年没。次男の又彦が相続し、一領一疋。「先祖帳」によると松尾の家系は一五七三（天正元）年に肥後荒尾の原万田村（現荒尾市）に居を定め、小代氏に武将として仕えた信州島田郡松尾城主・杉原伯耆守氏里を祖とする肥後藩の一領一疋の世襲郷士の家柄で豪農であった。いわゆる金納郷士とは異なる。細川重賢の宝暦改革ののち松尾多助が郡代手付横目、玉名郡小田手永惣庄屋（三〇石）、中富手永惣庄屋（三〇石）に登用され、以後代々、惣庄屋、郡代手付横目、唐物抜荷改方横目などを務め、諸役人段に進席した。母・津保は玉名郡石貫村（現玉名市）の名家、郷士の徳永円八の娘。このような家系を持つ卯一太は大逆事件連座者中ただ一人の士族であった。

松尾家は又彦の代、一八六八（明治元）年、小田手永川島に居住替えした。川島周辺は近世以降、美田が広がる南玉名地方の穀倉地帯の中心であった。

松尾の家は宮本謙吾「大逆事件と肥後人」では「小作米の三百俵ぐらいとったというから十町歩ほどの中地主の家と見てよい」としているが、松尾の家の隣、松尾の親族の広瀬家屋敷内、後には松尾の屋敷内や、松尾の家に寄宿した中川斎は筆者に「私の幼時は五百俵ぐらいの徳米とりでしたが、卯一太が東京から帰った頃には徳米も百俵ぐらいになっていまして、以前ほどの資産はありませんでした、といっても他に比べて富裕なことに変りはありませんでした」と語った。犬童信義の「豊水村政資料調査」によると一八九三（明治二六）年の居村の豊水村内にある松尾又彦の土地は五町九反二畝二歩（うち田四町四反九畝三歩）で他村にある土地は不明だが、所得税額は一五円五五銭五厘であった。土地は減少したのであろう、他の資料によると年所得二五九二円の年もある。

松尾卯一太は川島尋常小学校を経て玉名高等小学校に入学、夜は伊倉の攻玉堂で漢学を学んだのち、一八九三（明治二六）年四月、済々黌に入学した（正確には入学時には九州学院普通部であるが翌二七年三月、普通部は九州学院から分離して熊本県尋常中学済々黌となった）。しかし、一八九九（明治三二）年五月一日、五年生在学中に依願退校している。「大逆事件」の予審調書では松尾は「中学済々黌ヲ四年級迄修業シタ丈デス」と述べ、また四年生のとき退学と書いた論文もあるが、済々黌高校の保存資料によると五年在学中の退学である。当時は学資不足や目的変更による退学者はかなりの数に上るが、松尾の場合、経済的理由は全く考えられず、弟・久雄（一八八二年二月二七日生）は玉名高等小学校をへて済々黌に入学し、一九〇三年七月には札幌農学校森林科に進学している。依願退学の理由は不明である。

松尾の済々黌在学期間は一八九三年四月から一八九九年五月まで六年と一ヵ月であるが、山下信哉の調査によるとこの間、二学年で落第しており、五学年では理由は明らかでないが試験を受けずに留年して五年在学中の五月一日付で依願退学した。成績はそれ程かんばしいものではなく、二年七四点、三年七四点、四年六七点、四年修業は在籍一五四人、修業証書は一二九号中一〇五号であった。学科では漢文、作文、歴史、博物が比較的良い方で数学の成績がよくない。「勤惰」の評価は二年七六点、三年六九点、四年修了時には五九点と著しく低下し、「操練」も八二点、八六点から四学年では五九点となり、何らかの事情の介在をうかがわせる点数となっている。飛松與次郎は出獄後の一九二五年、「九州新聞」に寄稿した「熊本の梁山泊」の中で「四年まで修業して早稲田大学の文科に一年余り遊んだ後、復こゝも半途で退校し新聞記者となって東京に居ったが廿五歳の春に郷里に帰り……」としており、中川斎は「済々黌から早稲田に進みましたが学部は判りません。しかし早稲田は卒業しませんでした」と述べ、玉名高等小学校で二年上級の大江駿太郎は、松尾が早稲田に入ってから社会主義に関心を持つようになったと語っているが、在京中の松尾については不明な点が多い。

松尾は一九〇二（明治三五）年か〇三年には東京暮しを打切って郷里の豊水に帰っているが、正確な年月は明らかでない。家族と共に松尾の屋敷内の別棟に住んでいた中川斎は「私が南関に転住した家族と別れて松尾の家に移り住むことになったのは明治三十五年で、その頃卯一太も東京から帰って来ました」と語っている。また、飛松は「廿五歳の春に郷里に帰り」と述べているが、数え年二五歳なら一九〇三年である。しかし、三月末に結婚式を挙げたとすれば、そののち定住する松尾が挙式の時に帰郷するのは不自然であり、同居していた中川がいうように前年ごろ帰郷して生活態勢を固めたと考えられる。

妻・倭久（しずえ）（通称は静枝）と戸籍面では一九〇四（明治三七）年一月八日の婚姻となっているが、前年春、倭久の尚絅女学校卒業と同時に挙式したらしい。済々黌で入学同期の熊本県宇土郡宇土町（現宇土市）出身の佐々木常人の妹である。佐々木は一八九七年に済々黌を中退、上京しているが、松尾は東京でも親しく交際していた。

帰郷直後は家業のそうめん製造業を手伝うといっても仕事の監督程度の協力をするかたわら東京の新聞にも投稿する生活をしていたが、やがて洋式の大規模な養鶏業を始めた。養鶏といっても数人の雇人によって種鶏、種卵、雛の生産・販売に当り、常時三〇余種の純血種、五〇〇羽を越え、九州屈指の規模であったという。新婚間もない松尾は単に養鶏業にとどまらず一九〇四年四月には月刊の『九州家禽雑誌』を編集・発行する。松尾養禽場の名は広く知られていた。飛松によると「その名は九州は勿論大阪名古屋東京あたりの同業者間にも知られた。九州各地の鶏品評会には審査委員として時々招聘されていった」。アメリカから取り寄せた養鶏雑誌の記事も翻訳掲載した。翻訳には東京専門学校を出て中学校の英語教師をしていた母方のいとこ・徳永右馬七が協力した。

新聞紙条例に基づく明治三七年四月一日付の「雑誌発行届」によると、発行所は松尾の自宅、「熊本県玉名郡豊水村大字川島八百七拾弐番地・九州家禽雑誌社」になっているが、印刷所は玉名郡高瀬町二五一番地　小篠活版所、発行人は同村川島一一五九番地　井本巽(明治元年四月四日生)、編輯人同上、印刷人吉田勝蔵(慶応三年五月二〇日生)となっている。届書に名を出していないが、実質の編集、発行人は松尾であった。「県統計書」によると月刊誌で発行部数は四月創刊した一九〇四年は六一五部、〇五年九二八部、〇六年同上であるが、「熊本評論」を創刊した〇七年には突如、二万九三六〇部の数字となっている。「県統計書」の「新聞及雑誌」の項は年間発行部数を掲載している(数字は必ずしも正確でなく、「市統計書」と著しく数字が異なる年度がある)が、この数字から見ると最初の三年間が年間総発行部数とすると月七〇～八〇部弱となり、アメリカから取り寄せた文献の翻訳まで載せた活版印刷の同誌の採算は全く採れない。それは月発行部数と推定される。〇七年度で年間総発行部数に修正されたものと思われる。とすれば、月平均発行部数で二四四六部となるが、いずれにしても従来の一〇〇〇部弱に比べて急激な部数増加である。

一九〇七年一二月初旬、養鶏は雇人に任せ、松尾は家族と共に熊本市に引越した。熊本評論社の近くの古城堀端町一一九番地に居をかまえ、「熊本評論」の発行・編集に全力を注ぐこととなり、『九州家禽雑誌』は廃刊した。

松尾卯一太の名前が明治社会主義文献上に初めて登場するのは週刊「平民新聞」第三九号(明治三七年八月七日)紙上であり、大規模洋式養鶏業を営み、『九州家禽雑誌』を発行し、長男・奚司郎の誕生直前であった。「平民社維持金寄附広告」欄に「金参円也　熊本豊水村　松尾卯一太氏」とある。「平民新聞」第三七号(明治三七年七月二四日)の「平民社維持の方策(寄附金二千円の募集)」の訴えに応じたものである。

この寄附金募集は「現金受領済の上は金額及び寄附者の住所氏名を本紙に記し受領証に代ふる事」とあり原則として氏名を紙上に公表するもので、例外的に匿名(「無名氏」「北海道のくま」)もあるにはあるが、その事によって平民社―「平民新聞」―社会主義への同情と支持を社会に公表することを意味したと言える。この募金にいち早く応じた松尾は週刊「平民新聞」の読者であったことに止まらず、一般的読者の域を越えて熱烈な支持者であったことを示していると言うべきであろう。三円という金額も群を抜いている。「明治三七、八年頃より社会主義に関心を持ったというが、宮崎民蔵の土地復権運動のことであろう」(『幸徳秋水全集補巻―大逆事件アルバム』)という評価は当を得ていないと言えよう。

週刊「平民新聞」の後継紙「直言」紙上で「社会主義運動基金」募集が訴えられると、この時も直ちに募金に応じた。「直言」第二巻第二号(明治三八年二月一二日)の「運動基金寄附広告」欄に「金三円　熊本県　吉田、松尾二氏」とある。吉田は豊水村川島の吉田勝蔵、松尾は言うまでもなく卯一太である。

一九〇五年四月、熊本県下に入った社会主義伝道行商の小田頼造を松尾は積極的に迎え入れた。福岡県三池郡大牟田町(現大牟田市)を経て熊本県玉名郡荒尾村(現荒尾市)に入った小田は同村の宮崎民蔵(不在)、ついで長洲町で松隈勇、築山村(現玉名市)の高田市郎を訪ねたあと四月二八日、豊水村の松尾の家に着いた。同日午後には松尾は小田と共に高瀬町の伝道行商に協力した。松尾と連名で平民社に社会主義運動基金を寄附した吉田勝蔵宅で会食し、同夜は松尾の影響で同志となった奥村一馬の家を会場として同村の農民らと座談会を開き、小田は松尾の家に泊った。中川斎が「私は主義者とは交際しませんので名前は知りませんが、東京あたりからも来て話をして帰って行ったことがあります」と言うのは、この小田頼造の来訪のことであろう。さらに五月二日夜には野中誠之の下宿先、熊本市塩屋町の電郵倶楽部に同宿中の小田を高田市郎と共に訪ね、翌三日は再び小田と熊本市外の工業学校、女学校、鎮西中学校などを行商したのち著名な水前寺成趣園、江津湖(「直言」の河津湖は誤)に遊んだが「刑事は朝から尾行し、僕等が舟に乗って小川を下ると彼は川の土手道を下って僕等を監視して居る」という状況下の清遊であった。松尾は六月二六日、九州を一巡して大分県中津に到着した小田と合流し、小倉まで同行、三〇日に別れて帰熊したが、この間急病に倒れた小田を親身に看護し、車や宿舎など種々の世話を引受けた。小田は「直言」紙上の「九州伝道行商日記」で「嗚呼友愛の美、人情の花、僕は松尾君の温情好意を深謝する」と感謝の言葉を述べている。この旅行で松尾は福岡県の社会主義者の中心人物・横田宗次郎を始め杓子甚助、柴田久吉らと交流した。

松尾の社会主義思想形成過程は必ずしも明確ではないが、中川斎は松尾が東京から帰郷した頃の模様を「東京で社会主義の気分を抱いて帰ったようです。主義の新聞や書物はあらゆるものを読んでいて「平民新聞」なども創刊号から送って来ていました。西川光二郎や堺枯川のことを話し、枯川を非常に尊敬していた模様で、その逸話などを語って聞かせたのを覚えています」と語った。中川は「幼児の頃から始終松尾の家に出入りして卯一太からは弟のように可愛がられていたわけです、卯一太の弟の久男とも兄弟のようにして育ちました」という間柄で、松尾が東京から帰郷した頃は玉名郡大浜尋常小学校の代用教員で松尾の家に同居(熊本師範学校に入学する一九〇六年三月まで)し、家族同様に扱われていた。

東京時代に社会主義思想に触れた松尾はすくなくとも週刊「平民新聞」の購読と二度にわたる平民社への多額の寄附を行なっていることなどから週刊「平民新聞」発刊(一九〇三年一一月)以前から社会主義にシンパシーを抱いていたことを物語っているものと考えられ、松尾を決定的に社会主義者にしたのは週刊「平民新聞」購読時代であろうと考えられる。

日露戦争下にあって平民社の活動を支援し、小田頼造と行動を共にして反戦と社会主義思想普及活動に協力した松尾は、同村内に吉田勝蔵、奥村一馬、母の生家のある築山村に高田市郎らの同志を得ており、松尾養禽場の従業員だった守屋武夫も松隈勇らと共に長洲で活動していた。

こうした松尾を新美卯一郎が豊水村に訪ねたのは日露戦後の一九〇六(明治三九)年一月二〇日であった。新美は日露戦争下を要塞砲兵として対馬の竹敷要塞で軍務についていたが、復員後直ちに「熊本毎日新聞」に復職し、同紙上で筆を振るっていた。新美は松尾に一年遅れて済々黌に入学、途中緯武黌、九州学院武科海軍部に学んだのち再び済々黌第三年級に入学した。同郷、同窓ということもあって東京では両人は深く親交を結んだ。

松尾、新美が中心になった「熊本評論」の創刊は一九〇七（明治四〇）年六月二〇日であるが、発刊計画は前年の〇六年中に二人の間で具体的な案が協議されていた。松尾は「熊本評論」創刊号で「鳥渡でも良い一つ小当りに当つて見ようぢやないかとの相談は江湖の髪の毛がまだ寸に満たぬ時代にノヽと二人の中に持ち上つて居た」と記しているが、新美の復員後間もない時期で、おそらく先に述べた一月二〇日の新美の松尾宅訪問を指すものと思われるが、遅くとも〇六年前半であることは疑いの余地がない。同年五月三〇日付の新美の松尾宛書簡では計画は極めて具体的となっている。詳細は「熊本社会運動史における『熊本評論』」で述べたので省略するが、「直言」の後継紙、半月刊「光」と「新紀元」が発行されている時期であり、同年二月には「日本社会党」が結成され、三月には『社会主義研究』が創刊された。新美書簡によると同年六月創刊を企図しているが、実際の「熊本評論」創刊の一年前ということになる。この時点で松尾は住まいを移してまで事に当る並々ならぬ決意で、編集スタッフには「久留米新聞」在籍中の長洲町出身の社会主義者・松隈勇も招く計画であった。幸徳秋水の帰国以前のことである。

しかし、「熊本評論」創刊が実現したのは一年後の一九〇七年六月であった。

六月五日、新聞紙条例にもとづく発行届を提出、二〇日付で第一号を発行した。創刊号の「発刊の辞」には社員として田村次夫、新美卯一郎、松尾卯一太、松岡悌三の四人が名を連ねており、松隈勇の入社は実現していない。松尾を除く他の三人は共に「熊本毎日新聞」の社員で、遅れて同社記者の首藤猛熊も参加、いずれも在籍のまま「熊本評論」の発行に参画し、熊本評論社で起居を共にした。松尾は生活の本拠を豊水の自宅に置いていたが「気の向いた時、田舎から出て二晩も三晩も邪魔になつて居る」（第一号「社たより」）と自己紹介している。これは「熊本評論」が半月刊であったことと、松尾養禽場の経営、『九州家禽雑誌』の編集・発行の事業をかかえていたからであって、松尾は新美、松岡と共に編集、執筆に精力的に参加した。六月は創刊の準備、第三号を発行した七月は新美の病気、第五号を発行した八月からは新美の裁判、一〇月二日には新美入獄といった状態で松尾は評論社に泊り込むことが多かった。

松尾が熊本評論社近くの古城堀端町に住居を構えたのは「熊本評論」も一二号を数えた一九〇七（明治四〇）年末であった。一三号の「社たより」に「一二月五日　晴天　松尾宅の熊本に引越すに就て松尾田村両名は打連れて高瀬に至る。午後一時松尾の引越し道具来る。此夜首藤新美両名は新なる松尾宅に留守し、宮崎兄と松岡は在社」「同六日晴天　松尾の一家挙て引移り来る、田村も共に帰社す……」とある。

松尾が熊本市に転居して「熊本評論」の経営と編集・発行に全力を注ぐ生活態勢をとるに至る前、「熊本評論」は一号、二号、四号と立て続けての筆禍事件で、編集の中心にあった新美が一〇月二日、入獄した。松尾は豊水の家を留守にして熊本中心の生活を送らざるを得なかった。しかも、この時期、社会主義運動の分派抗争は深化していた。八月二五日、片山潜、西川光二郎、田添鉄二らは「社会主義同志会」、幸徳秋水、堺利彦らは「金曜会」をそれぞれ結成した。この状況について松尾は「無政府に進む良し最も良し」とした直接行動派支持の認識を示し、「熊本評論」（第八号・明治四〇年一〇月五日）紙上で「日本社会党の分派」と題して次のように述べた。

「東京に於ける日本社会党の重なる連中が近頃二派に分れ一は議会政策を唯一の主張とし一は総同盟罷工を当然の方法とし議会派は社会新聞に依り罷工派は大阪平民新聞に依り而して今の模様にては勢ひ一は国家に近より一は無政府に走りつつある如き観あり、無政府に進む良し最も良し、併しながら社会主義が国家に近着いては言語道断なり、尤も社会新聞には吾人の最も尊敬せる西川氏の居られることなれば万々斯る退軍のある筈なけれど余りに実行を重ずる結果或は国家に近寄らざる可からざるの恐れなきにあらず、一番の奮進あらんを希ふ次第なり……」

このあと、一一月一日、新美の出獄を迎えた松尾が、一一月三日には病気療養のため土佐・中村町（現四万十市）に帰郷旅行途中の幸徳秋水を迎えて森近運平らによって開かれた大阪の茶話会に参加していることは注目すべきであろう。『社会主義者沿革』によると、その際の記念写真には幸徳、森近、松尾のほか荒畑勝三（寒村）や「大逆事件」に連座した岡本潁太郎、三浦安太郎、武田九平、小松丑松ら二六人が並んでいる。松尾がこの集まりに参加したことは「熊本評論」紙上には全く触れられていない。ただ「社たより」（第一一号）の一一月九日の項に「帰村中なりしノヘ出社、大分別府に入湯中の幸徳秋水君より来状あり、社会新聞と平民新聞との関係につき話しはづむ、田村、松尾、新美三人の間に一つ幸徳君を訪ねようとの議起る」とある。松尾は大阪で幸徳をはじめ先にあげた直接行動派の社会主義者と交流して豊水の家に帰宅した。

先に触れたように松尾は直接行動派への明確な傾斜を示し、それは「熊本評論」の編集にも反映していたが、第一一号（明治四〇年一一月二〇日）は一面に幸徳秋水の「九州青年と語る」を掲げ、一一月一六日には紀州の大石禄亭が来熊した。「熊本評論」第一〇号（一一月五日）、第一二号（一二月五日）より第一八号（明治四一年一月二〇日）まで、この年アムステルダムで開催された万国無政府党大会の詳報を連載した。第一二号（明治四〇年一二月五日）で松尾は「心よく去就を決せしめよ（再び社会党の分派に就て）」で「社会新聞」を厳しく批判した。「熊本評論」紙上には堺利彦「革命家は英雄豪傑に非ず」、大石禄亭「国体論」、大杉栄「非軍備主義運動」、幸徳秋水「土佐中村より」などが登場する。松尾の熊本転居は、まさにこのような状況下に行なわれたのである。松尾の心境と決意のほどがうかがわれる。

「熊本評論」紙上での松尾の署名記事は少なく、どの記事を松尾のものと特定することも極めて困難で、その内容の検討は容易でないが、筆禍を蒙り松岡悌三入獄の原因となった「新兵諸君を送る」（第一二号）は松尾の筆によることは「大逆事件」における松岡の検事取調書であきらかである。比較的長文のものに「貧乏の解決」がある。これは人力車夫問題の発生を契機に開催された一九〇八（明治四一）年二月一二日の熊本評論社演説会における松尾の演説要旨であるが、「熊本評論」第一七号、第一八号に掲載された。臨監の警官の干渉を受けながら人力車夫を主体とする聴衆向けに行なった大衆的啓蒙演説であった。また、松尾は三月一三日には福岡県三池郡渡瀬町での社会主義演説会では

「社会主義と小作人」と題して演説した。同年四月一一日の熊本評論社主催「社会主義講演」は松尾、新美共に登壇冒頭中止、解散を命ぜられ、のち治安警察法違反で起訴、控訴無罪となった。また、同年六月二一日の「熊本評論」創刊一周年を記念した演説会では松尾は「吾人の運動方法」と題して総同盟罷工について語ったが、これも途中で中止を命ぜられた。

六月二二日、東京神田の錦輝館で行なわれた山口義三出獄歓迎会での、いわゆる赤旗事件の発生は「熊本評論」の活動にも大きな衝撃を与えた。第二六号（七月五日）で東京からの竹内善朔「廿二日の無政府党の活動」、三木生「官憲と同志の大衝突」、岡野活石「東京便り」の諸通信を報じ、次号の第二七号（七月二〇日）は第一面トップで同事件に関する入獄者救援の「寄附金募集」を訴えた。このため発行兼編集人の松尾は新聞紙条例違反（刑事被告人救護、秩序壊乱）で軽禁固一月、罰金四〇円、ついで第二八号の「同志諸君に訴ふ」（刑事被告人救護）、「本紙告発せらる」（秩序壊乱）、「爆裂弾」（同上）、「広島より」（同上）で罰金八〇円に処され、「熊本評論」は発行禁止を命ぜられた。いずれも控訴したが、第二七号の記事に関しては取下げにより九月二一日確定、第二八号に関しては一〇月一〇日確定した。

新美のあとを受けて発行兼編集人となった松岡悌三が一月一三日の判決で「新兵諸君を送る」が軽禁固一月に処されたため第一五号（一月二〇日）から松尾が発行兼編集人を続けていたが、先の判決のため終刊号は古庄友祐であった。「熊本評論」終刊号（第三一号・明治四一年九月二〇日）は「社告」で「熊本評論社は解散せず、依然として同志間万般の事務に任じます、更らに近々或方面に向つて発展の準備もあれば、必ず倍旧の御文通を希望致します」と活動の継続を告知した上で、「現今の政府の下では迚も評論体の機関紙の発行は出来難けれど、せめて同志者の連絡を持続せん為めに、極めて軽便な通信用の機関紙を出したいと思つて居ます」と予告した。

しかし、控訴を取下げたため九月二五日頃には熊本監獄に下獄した。軽禁固一月の刑期を終って出獄した松尾は、一一月には新たな活動計画の確立や「熊本評論」の資金調達にからむ志賀連の不正事件処理問題などで上京した。松尾の予審調書（第一回）によると、東京滞在は二〇日ほどであるが、この間一一月二三日および二五日の二度、平民社に幸徳秋水を訪ねた。二三日には宮崎民蔵と同伴し、偶然、大石誠之助らも同席した。この二度にわたる幸徳訪問が、のちの「大逆事件」で重大な意味を持って来る。

さきに述べたように「熊本評論」終刊号は同志間の軽便な通信用の機関紙発行計画を発表していたが、新美卯一郎の予審調書(第一回)によると、松尾の幸徳訪問の際もこのことが話題になり、松尾は無政府主義者の通信機関とも言える出版物を熊本で発行することを幸徳に約した模様である。

かくして一九〇九(明治四二)年三月一〇日、『平民評論』第一号を発行した。松尾は「発刊の辞」で「吾人は本紙を社会革命に志せる人々の通信機関として発行する」として、その使命を「革命の門番」と位置づけた。「通信機関」としながらも「熊本評論」の体裁を引継ぎ、五段組八頁建てであった。

「発刊の辞」では明確な宣言、綱領を明らかにしなかったが、松尾は「此の玄関番」の中で「此の玄関番！何れ死を社会万生の為めに賭したる無政(ママ)主義者の手に依つて創刊せられたることを忘却せざらんことを要す」とその性格を鮮明にしている。「熊本評論」が発禁となったあと、直接行動派は機関紙を持たなかったので『平民評論』の創刊となったのであるが、この点で「熊本評論」がただ「自由」を標榜して創刊されたのとは性格を異にした。松尾は幸徳訪問後、帰郷した時には「一層其信念ヲ堅クシ激烈ノ主張ヲシテ居」たと言う(新美予審調書)。熊本市古城堀端町一一九番地の自宅に「平民評論社」の看板をかかげて発行所とし、発行兼編集人は飛松與次郎、印刷人は松尾自身がなった。『平民評論』創刊の知らせは直接行動派の熱烈な歓迎を受けたが、第一号はたちまち押収、発禁とされた。飛松與次郎は「熊本の梁山泊」や「大逆犯人は甦る」の中で『平民評論』は発送前に全部押収されてしまったかのように記述しているため、この説が一般に流布されているが、実際は相当数が発送・配布され、あるいは、ひそかに隠されていたのである。『自由思想』第一号に掲載された平民評論社の広告文中には「其の一号も諸君に配布し得たるは僅かに三百部余にて他の千二百部は配布前に悉く押収せられました、即ち印刷所より引出す処を十余名の警官の為めに包囲せられ遂に押収せられました」とある。「大逆事件」で家宅捜索による押収物件の中に『平民評論』が含まれ、広瀬莞爾、吉田勝蔵、奥村一馬、田村次夫宅の各一部のみか一ヵ所で三一七部が押収されている。『平民評論』第一号の発売頒布停止、仮差押、同一主旨事項記載停止処分は三月一三日であったのである。

『平民評論』第一号は新聞条例違反に問われ、第一審で発行兼編集人の飛松は罰金六〇円、印刷人の松尾は無罪の判決であったが、検事控訴で第二審の長崎控訴院は七月三日、原判決を取消して飛松に禁固八月・罰金一〇〇円、松尾に禁固一年、罰金一五〇円の判決を下した。上告したが一〇月二一日、棄却された。この間、八月頃には松尾一家は熊本市古城堀端町から故郷の豊水村川島に引越した。これより先、一月には熊本評論社の電話も売り払い、やがて新町一丁目の同社も引払い、今また熊本評論社に替って人の出入りの多かった松尾の家がなくなったので、彼らは熊本市の拠点を失った。松尾、飛松共に一一月一七日には熊本市手取本町六四番地の熊本監獄に入監した。

翌一九一〇年五月二五日、宮下太吉らの拘引、六月一日、幸徳秋水の逮捕に始まった「大逆事件」の検挙の中で松尾は服役中の熊本監獄から七月二〇日頃、東京監獄に移送された。

新美卯一郎（にいみ ういちろう）（一八七九―一九一一）

一八七九（明治一二）年一月一二日、熊本県託麻郡大江村（のち明治二二年の町村合併により飽託郡大江村大字大江、現熊本市大江一丁目）七五四番地で父・十五郎（一八五〇―一九〇六）、母・トナ（一八六〇―一九四三）の間に五男二女の長男として生れた。「大逆事件」により一九一一（明治四四）年一月二四日午前八時五五分刑死。筆名・江滸。

新美卯一郎の生れ育った旧大江村は畑作中心の純農村地帯で一〇〇戸、人口五一六人（明治一三年二月現在）の小村であったが、同じく畑作中心の渡鹿村、士族屋敷中心の新屋敷町と隣接し、阿蘇に源を発し熊本平野を貫流する白川をへだてて子飼の渡によって熊本城下町と連なっていた。主要産物は大豆、小豆、裸麦、小麦、粟、陸稲、蕎麦、小黍、菜種、甘藷、芋、南瓜、茄子、葉藍、大根などで、全て畑作物である。村内には水車一〇基が稼働していたが、白川の流れと渡鹿堰で取水し、村内を貫流する白川水系最大の水利施設・大井手の流れを利用したものであった。大井手は下流で順次一の井手、二の井手、三の井手に分岐し、現在も熊本市街を通って熊本市南部に広がる水田地帯六二七ヘクタールを潤している。慶長年間、加藤清正の築造にかかると伝えられる。

新美の生家は大井手や白川の水流を利用した水車業を営み、穀物商を兼ねた。叔父・巳之太郎も新屋敷町で手広く穀物商を営んだ。新美の生家を「貧しい水車業者」などとしている文章があるが、新美が生れ育った頃は決して貧困ではなかった。一八六八（明治元）年に耕地の一部が士族宅地に編入（新屋敷町）、渡鹿村内に所有した一部耕地が一八九九（明治三二）年、陸軍練兵場用地に買収されるなど耕地が少なくなりはしたが、なお耕地や宅地を保有し、水車業も雇人二人を入れて盛業中であった。のちには大井手端から白川左岸、子飼の渡しの上手（同村川鶴）に住宅、水車、牛小屋などを新築した。白川の水車業について新美一喜は「昔は子飼周辺で水車を持っている家はかなり大きかった。白川に水車場を作るのは大がかりな工事だった。川を掘る、堰（堤防）を作るなど大変な事業で資金が要った」と指摘している。しかるに新美が在京中の一九〇〇（明治三三）年七月一六日、熊本市を白川大洪水が襲った。子飼の仮橋はもとより白川にかかる明午、安政、長六の三大橋を流失し、川鶴一帯が最も甚だしい水害を蒙った。白川端の新美の住宅、水車、貯蔵された米穀類のことごとくが流失した。新美の生家は経済的苦況に陥ったが、耕地などを整理した金などで、再び大井手端に住居と水車を新築して水車業と穀物商を継続した（この家も一九五三＝昭和二八＝年六月二六日の熊本大水害、通称六・二六大水害で流失した）。新美の生家が決定的に経済破綻に陥るのは後述するように日露戦争後であった。

新美卯一郎は公立鹿品小学校尋常小学科を経て熊本高等小学校を卒業した。この間、子飼町の護念寺の漢学塾に漢学を学んだ。小学校時代の友人に志賀連（「熊本評論」社友）、佐々木徳母（前同・道元の兄）らがいる。一八九四（明治二七）年四月、熊本県尋常中学済々黌入学、同年九月末「目的変更」のため退学して同年一〇月には緯武黌に入学、一八九六年、九州学院武科海軍部に転校した。一八九七年四月同校退学、以後自宅学習ののち一八九八（明治三一）年一月、熊本県尋常中学済々黌三年級に入学、このとき松尾卯一太は四年級であった。しかし、四年級に進んだ新美は同年九月、「商船学校」へ入学のため同校を退学して上京し、神田航海学校に入った。水野公寿「『熊本評論』周辺の青年たち」によると新美が済々黌を退学して入校した緯武黌は陸海軍学校入学志願者のための予備校で、新美が在学中の一八九五年三月には九州学院に合併され同学院附属緯武黌となり、翌年転校した九州学院武科海軍部も九州学院の廃校によって退学、済々黌三年級に編入したと思われる。熊本三大河川の一つ白川端で育ち、常に水に親しみ、踏水流水泳に秀でていた新美が海上生活に進むことを希望していたことは理解できる。熊本地裁における武富済検事の取調書によると新美は「明治三一年の頃、二十歳のとき上京し、神田航海学校に入り翌年商船学校（高船学校―高等商船学校か＝筆者註）の入試を受けたが眼病のため不合格、そこで青山学院に入学し、又高等商業学校の試験を受け落第、早稲田専門学校政治科に入学していたが明治三三年故郷の家が流されたため一時帰郷」したと陳述している。

一九〇〇（明治三三）年の熊本大水害に関連して飛松與次郎の「熊本の梁山泊」、「大逆犯人は甦る」や一部文章で新美卯一郎が父・十五郎、弟・勝三郎と共に白川の泥流の中を家と共に流され、父は溺死、卯一郎、勝三郎兄弟は九死に一生を得たという〝神話〟が述べられているが、事実は卯一郎は東京にあって勉学中、屋根にしがみついて家と共に狂奔する白川の流れに押し流されたのは父・十五郎、弟・勝三郎、雇人の熊太郎、平吉であった。いずれも途中で泳いで助かった。このことは、筆者の取材に答えた弟・勝三郎、妹・ノブの証言でも明らかであり、戸籍によると父・十五郎は一九〇六（明治三九）年二月二六日、五六歳で病死した。なお、飛松が「母親には幼少の頃死別れて一人の弟と共に父親に養育（そだて）られ」としているのも著しく事実と異なる。母・トナは一九四三（昭和一八）年、八四歳まで生存した。卯一郎の弟妹は二男・武一郎、三男・勝三郎、四男・直八、長女・ノブ、五男・修一郎、二女・ナヲがいる。

生家の水害で一時帰郷した卯一郎は再度上京したが、生家の経済環境の激変で就職の道を選んだ。前記検事取調書によると、「再び上京、建国新聞に入社（事務）、次で日東新聞記者（一面記事編集）……三、四ヵ月後に日東という雑誌に執筆……脚気になり横浜の友人本田典太郎方に二、三ヵ月寄食、次に長崎の友人麻生武亀方に転地療養し、同地の鎮西日報に入り二面担当記者となり、日露戦争の風雲急で帰郷、明治三七年一月から小山雄太郎主管の政友会機関紙熊本毎日新聞社に入り同年二月五日動員令で補充兵として対馬要塞で従軍、一年七、八ヵ月で復員、勲八等瑞宝章、熊本毎日社に入り明治四〇年春「トク」をめとる」と陳述している。

長崎の「鎮西日報」は一八七四（明治七）年二月、九州で最初に創刊された中立系の新聞である。新美は一九〇三（明治三六）年末まで「鎮西日報」に在社し、翌〇四年一月には「熊本毎日新聞」に入社した。「鎮西日報」（明治三六年七月二四日）の「鎮西社告」によると主筆に田添鉄二、編集長に上田桔梗、「其他敏腕なる記者数名を増聘して今後の紙面活動の原動力たらしむべく」と告げている。新美が「鎮西日報」在社中の主筆・田添鉄二、編集長・上田桔梗は共に熊本県の出身者であった。新美が編集を担当したとされる二面の社説欄では田添鉄二が精力的で多面的な論評を展開し、新美も署名記事「日露問題と長崎諸新聞」などを発表したりしていた。しかるに一二月一日付「鎮西日報」は「社告」で「本社は今回社の事業を刷新拡張し社長以下編輯局、庶務等社員の大更迭を行ひ」と発表した。この人事大更迭こそ新美が長崎を去って郷里の「熊本毎日新聞」に入社し、田添もまた翌年三月には『経済進化論』の原稿を携えて上京するに至る原因であったろう。

新美が記者として入社した「熊本毎日新聞」は国権党の機関紙「九州日日新聞」に対抗する政友会の機関紙であった。自由民権派の「海西日報」―「九州自由新聞」―「九州新聞」―「熊本毎日新聞」の系譜を辿り、「熊本毎日新聞」と改題したのは一九〇三（明治三六）年一月であった。主筆は同紙の前身「九州新聞」社会部長の中村露華。社長・小山雄太郎。病身の小山を支えて経営に当ったのは広瀬莞爾、林田寧熊、安野三郎であった。

一九〇四（明治三七）年一月に入社した新美は入社早々から一面トップに連載した「県下有志諸君に与ふ」「膨張的大和民族」（上・下）の連載などが残されている。精力的論陣を張ったと思われるが、入社一ヵ月にして日露開戦を前に応召した。前述の検事取調書では「二月五日動員令で補充兵として対馬要塞で従軍」と述べているが、復員、復職直後の「熊本毎日新聞」(一九〇五年一一月三日)に掲載された「嗚呼涙」の一節では「二月六日午前五時—今日の雲行きを見る為めに、平生朝寝坊の僕も白露を踏んで熊本毎日新聞社に迄急ひだ、戸を出づ折しも赤札の大命は余の韋中に落ちた……」と記している。「今日の雲行き」とは言うまでもなく日露間の雲行きである。卯一郎は満二五歳の誕生日を迎えたばかりであった。二月七日付の「熊本毎日新聞」は二面論説欄に新美の署名論説「開戦か開戦か」を掲げている。応召直前の文章である。この時点で紙上の文章を見る限りにおいて新美は開戦論支持者であり、そして松尾卯一太は非戦論支持者であった。しかし、前記「嗚呼涙」の中で出征、復員の心境をつぎのように率直に述べている。

「(時局切迫の中で)気早やの老壮は伝来の宝刀を叩て時来ぬと叫び、磨師は笑顔に豊年を祝し始め、兵籍にある江湉君は血眼になった。されど英雄は喜怒哀楽を顔に出さぬてふ、東洋的教育を受けたる吾れは、悠々英雄を学んで一竿の力を駆りて頻りに風雪を叱咤した。天は妙音に感応してか彼をして自ら剣に杖つき征途に登るべく命じぬ。

(中略=召集令状を受けて)舌頭直ちに生死一如論を説きて快哉を叫びぬ、因に殉ずる身快に違わじ、而かも胸中一片の憂さはなかりしか。

人に不幸を好む者はあらじ。死は不幸の極にして死に行く旅が何で嬉しかる可き。家の戸に立ちて愛子を送る父母の情、これが永劫の別れぞと思へば深かき恐愁の君、腸千断とは此の時ぞ。余の始めて味ひ得し語なるよ。今日の好天気も何日かは曇りて住み馴れし山河も呆として定かならず。露か将た涙か。

吾れは此の悲しみを后に征途に登りしを天公運を廻らして、凱旋の裡中の人となり万歳声裡に再び故山に接し、温かき父母の温情に包まる。感慨果して如何。

唯涙—立つも涙—帰るも涙、涙は一年有半の吾なりしよ」

長崎県対馬の浅茅湾に臨む竹敷要塞（現対馬市）で要塞重砲連隊の一兵士として軍役についた新美は大陸に出兵していた第六師団の凱旋に先だって復員した。復員当時、生家の経済状態も安定し、熊本市郊外大江村大江の自宅から熊本毎日新聞社（熊本市塩屋町）に通勤した。彼は次席記者として精力的に執筆し、復職直後の一一月だけでも「嗚呼涙」「我観宗教」（一一月三日）、「社会は戦場なり」（一一月一〇日）、「学校と家庭」（一一月一二日）、「北清に遊べ」（一一月一八日）などの署名記事を数少ない現存紙の中から見出すことができる。しかし、熊本毎日新聞社は日露戦争による電報料、戦地特派員などの経費増、発行部数の減少などのために経営難に陥っていった。

一九〇六（明治三九）年一月二〇日、新美は豊水村川島に松尾卯一太を訪ねて、その夜は泊った。新美の復員後三ヵ月後のことである。「大逆事件」で証拠物として押収された松尾の妻・静枝（倭久）の日記一月二〇日の項は「在宿中川文治郎参リ、新美卯一郎参リ、新美ハ泊ル。中川ハ寺ノ様参リ泊ル」とある。中川文治郎は別項「松尾卯一太」で登場する中川斎の父で、当時、南関実業補習学校長で、川島小学校長時代、松尾の屋敷内の建物に住み、松尾の家族と親交のあった人。寺は川島の妙光寺であろう。新美、松尾の交遊は両人の在京中に始まるが、旧交を温めたこの時の新美の松尾宅訪問は、その後の熊本における新美・松尾の親交と「熊本評論」創刊に至る経緯の中で重要な意味を持っている。詳細は「熊本社会運動史における「熊本評論」」に記したので省くが、この時の訪問以後、特に同年五月の松尾宅訪問では「熊本評論」創刊の具体的プランを練っている。

この時期、すでに松尾は平民社の流れを汲む社会主義者であったが、新美はもとより社会主義思想に一定の理解は持っていたであろうが、松尾の明快な社会主義思想とは異なったものがあった。

当時の新美の思想、政治主張については、現存する「熊本毎日新聞」が極くわずかであるため十分な解明はできない。ただ彼の考え方の一端を知ることができるものとして、「社会の帰趨と経済界の趨勢」（一九〇七年一月一日）、「英雄と我れ」（同上）がある。これらの論説は日露戦直前直後の対外経済進出必要論とはいささか趣を異にする。

「社会の帰趨と経済界の趨勢」では「彼の教育家の教え宗教家の叫びが、余りに一方面のみ観察して全局を知らざる落度である。宗教家は思へり、精神上の安心を与へざる可からずと。教育家は希へり、清き理想に生活せしめざる可からずと。而して人は如何にして呼吸しつつあるかの問題を忘れたるが如し」と宗教家、教育者が民衆の生活に目を向けていないことを批判した上で、「吾人素より主義の為に猛進せざる可からざるを知る。而かもそは遂に社会救済（「精神界に活動し、仏神に安住する宗教家が、声を極め筆を弄して人類と社会の救済に勉め、日々夜々営々として安心を説く……」＝筆者註）の道ではない。先ず腹を肥せよ。然る後ち汝ぢの肥えたる腹を叩て汝の道に進めとは、実に是れ社会救済の最要義である。自殺が一大罪悪なると共に、完き生存を続くるは吾が天に負う所の第一義ならずや」とする。

国際間の戦争については、「回顧すれば個人の腕力の競走は遂に今日の如き国家の競走となり、日露の惨況を呈し、桑港に於ける種族的圧迫とすらなった。所謂漸次に共同的に進みし現社会は、更らに其の勢の大を加へて世界史上に如何なる波乱を起すであらうか。人種競走であらうか。宗教戦争であるか。否な、斯の如きは宇宙の大より見れば、小なる戦争、小なる競走である。吾れ等は之等の小競走を避けて、世界に於ける人類は相和合し、和協力して、人類の敵たる他族種か、或は宇宙と戦はねばならぬ時代が来るであらうと思ふ。かくして人類社会は共同生存の意義を全ふし、平和の光りは地上に輝くに至らん」。しかしながら「かくの如く人類にして共通の敵を有しながら、尚且つ両国相争ひ、同胞相競ふは甚だ奇怪なる現象である」。これは「野蛮時代の遺風の酔ひ未だ醒めず、此の奇怪なる現象を夢みるのである。醒めよ、覚よ。平和の世界に立てるにあらずや。然り有明の月は坐して見るにも係らず、迷へる人は無理にも山頂に至らんとするのである。嗚呼競走てふ荊を分けて、戦争てふ惨害を敢てして」、しかし「人類の競争が一歩一歩局を終めつつある」のであって、やがて永遠の世界平和がおとずれるであろう。これが新美の「戦争と平和論」であった。

経済問題においては「大資本の資力を以て小資本を圧倒する道具」としてのトラストは、ますます独占を進め、「独占的事業が利益多きことは明白」で、さらに官業は「此の利益を国家に納めて民人の租税を軽からしめんとするの意思」であるが、独占集中は「若し夫れ何方面に於てでも事業の一統を為し得たならば、之を移して官業となすことは一挙手一投足の労に過ぎぬ。換言すれば社会の複雑なる事業の資本が、統一せられ集中せらるゝのは、やがて之れが官業に移るの端である」と予測する。しかして「世には鉄道の国有にすら反対するものありしと雖も、そは趨勢の終るを知らざる痴言にして、根本義に於て反対すべき議論は一もないのである。而し吾人は官業を以て最進歩したものと目しはしない。官の利益する所となり租税を軽くするのみなれば、相変らず富者の利多くして細民の得る所少し。故に吾れ等の理想の極致はまだ遥である」と述べ、「兎も角も社会の帰職(ママ)と経済界の趨勢は相合致して、吾輩の理想に近ずきつつあるのは明である。多望なる哉」と結論している。

「英雄と我れ」では、「教育の大精神は労働にありと、労働は真面目なり、吾等人類の責めなり、吾等の責めたる真面目なる労働は千古に不易なり。教育の根底に然ざる可からざるは明なるに係らず、今人往々にして労働を避け、袖手千金を欲す。さなきだに現時の不自然なる階級に阿諛し、自己本来の面目を失する者少なからず」と論じた上で立身出世主義教育を厳しく論難したのち、「抑も教育は普遍性の者なり、特別の者にあらず。其の精神は必らずや東西に普く万古に徹せざる可からず。尽く貴族たらしめ尽く英雄たらしめんとするは誤れる教育法にして、人は飽くまでも人たらざる可からずとの精神こそ、真個に教育の大精神なれ、此の思想が教育の大精神なると共に、吾等は常に根底に於て常に此の思想を持せざる可からず」と論じている。

政友会機関紙「熊本毎日新聞」次席記者としての論説であるため制約された下での執筆であろうが、これら一連の宗教、平和、経済、教育観によって新美のおおよその思想的傾向を推量することはできよう。

「熊本評論」紙面から見ると天賦人権的自由・平等を思想的源流とし、自由民権運動の系譜に連なる反権力的な強烈な〝自由〟の追及と社会主義であった。この〝自由〟こそ松尾と新美との共通項であったことを意味する。しかし、新美・松尾の一九〇六年一月の「熊本評論」創刊計画を支持して資金提供を約束した熊本毎日新聞社の広瀬莞爾が新美に向って「合議政体大に可なり」と語った背景には新美・松尾の思想の相違性という認識があったからであろう。

新美の生家に一九〇〇(明治三三)年七月の大水害についで再び不運が訪れたのは新美が熊本毎日新聞社に復職して

数ヵ月後の一九〇六（明治三九）年二月末であった。二月二六日、父・十五郎が死没した。戸籍簿によると祖父・惣兵衛死没（明治二九年一一月三〇日）後、理由は明らかでないが父・十五郎は廃嫡（明治三〇年二月願済）し、二月一二日、卯一郎が遺跡相続している。しかし、十五郎が家業の中心であることに変りはなかった。大水害で流失した家屋と水車を大江の大井手に再建し、水車業、穀物売買業ともに軌道に乗り、日露戦下には第六師団御用達として軍用米を納入していたが、第六師団に動員下令され米の需要は急増し、加えて一九〇四年八月末には米価が急騰して利益を上げた。一家の生活は安定していた。この父・十五郎の死の直後、三月三日には卯一郎の四歳年下の武一郎（明治一六年一月生）が死亡した。あとには長男・卯一郎のほか母・トナ（四六歳）の下に三男・勝三郎（一九歳）、四男・直八（一五歳）、長女・ノブ（一一歳）、五男・修一郎（七歳）、次女・ナヲ（三歳）が残された。家業は母・トナの肩にかかり、勝三郎が助けることとなった。だが、三月中旬、第六師団は復員し、米の需要は激減した。その上価格は暴落して新美一家の家業を圧迫した。卯一郎の妹・越智（旧姓新美）ノブは「日露戦争の終結やなにやでまた失敗を重ねましたものですから……。日露戦争が終った時は何年分かのお米が戦地に行っていたそうですもんね。それが戦地から内地にもどってきたそうです。戦争は二年ですみましたから、グッと米の価が下ったそうです。一俵でどれだけか下ったそうです。その時分、勝三郎が軍隊納めしよったらしいです。それで大分損したらしいです」と語った（筆者編『熊本評論』関係資料⑴」）。こうした事情がもととなって事業を失敗し、新美一家が窮迫してゆく原因となった。同年五月、新美が「熊本毎日新聞」在社のまま松尾との間で練られた新聞発刊計画の実現を急ぎ、かつ強い期待を抱いたのは政治的言論活動への意欲と共に右のような一家の事情と、経営不振の「熊本毎日新聞」記者としての経済的な生活不安定から脱却して、いささかでも家計を助けたいとする心情も働いていたのではなかろうか。

新美一家は生計をたてるために卯一郎の世話で鹿児島市で熊本産の醤油販売を計画した。熊本産醤油は質、量共に盛名を馳せ、他県への移出や清・韓両国にも輸出される程であった。母・トナと勝三郎が鹿児島市に移住した。末っ子のナヲ（三歳）は母が伴い、直八、ノブ、修一郎の三人の幼い弟妹は卯一郎が大江の生家に同居して母・トナと勝三郎の鹿児島での生活が安定するまで面倒を見ることとなった。

このころの卯一郎をノブは「ただもう本当によくしてくれたのは記憶しています。……『正月を迎えるから何でも好きなものを一つずつ言いなさい。買ってあげる』と言って、いろいろ買ってくれたことが強く想い出に残っています。兄自身もおおごとして暮らしていってるというのにですねー。卯一郎兄貴のことを思うとやはり、今にもって胸が痛いほどに思います。兄貴は殺されるようなことはしていないと思います」と回顧（一九七五年）した。

独身の新美は幼い三人の弟妹の面倒を見ながらの新聞記者生活を余儀なくされた。このことが五月に練られた「熊本評論」創刊計画を遅らせる決定的要因となったであろう。加えて同年九月の松尾の母の死があった。鹿児島での生活が何とか軌道に乗り、三人の弟妹を母が引取ったのは一九〇七年前半であった。こののちようやく「熊本評論」創刊準備に着手することができた。

新美は同年一二月初旬、鹿児島市新町下町の家族を訪ねている。一家の生活問題を相談し、また鹿児島の社会主義者四、五人とも会談し、「熊本評論」の発展のための協力を取りつけている。この時、新美は熊本評論社に手紙を送っているが、彼の思想的傾向の一端を示す注目すべき重要な内容を含んでいる。すなわち「鹿児島はまだ侍のきるゝ所にて士族ならではもの言へぬ様な土地柄とて吾党平民主義の味方は少かろうと思ひしに社会主義の志士数名を訪問し会見したがその思想はなか〳〵に健全で決して国家社会党に欺まさるゝ様なことは之れ無く吾党意を強くするに足り候」と述べている。

新美は土地復権同志会員であった。しかし、この点のみが一般に強調され、絲屋寿雄は「土地復権同志会の会員であったにとどまり」（傍点引用者）と評価している。「熊本評論」第二七号（一九〇八年七月二〇日）の「社たより」でも坂本清馬との意見の違いについて、「新美は無政府主義者にあらずして、自然物均享の土地復権会員だ」と特に強調して記されている。もっとも、この「社たより」については新美によると坂本が土地復権同志会のことを罵倒したので、表だって反論しなかったが不快に感じ坂本とは打ち解けなかったので、そのことから強い反発を感じて敢て土地復権会員を強調した記事となったようである。新美自身も大逆事件予審訊問（第一回）調書によると、「被告ハ無政府共産主義者ナルヤ」との訊問に対して、「否私ハ土地復権ノ主義ハ懐抱シテ居リマスケレドモ無政府共産主義者デハアリマセヌ」、あるいは「私ハ今日迄曾テ無政府共産主義ノ観念ヲ持ッタコトハアリマセヌ」と明確に答えている。

こうしたことから新美の思想が土地復権主義で終始一貫していたかの如く見られがちであった。しかし、先にあげた鹿児島からの新美書簡のニュアンスはいささか異なっているのである。新美は第四回の予審訊問では、「左様デス私ハ其様ナ新聞ニ従事シテ居タカラ遂ニ不知不識其渦中ニ入ッテ其説ニ感染シマシタ併シナガラ本来土地復権会員デアッタカラ時ニ冷熱ノアッタト云フ事ハ御認メ願イタイノデス」と陳述し、またひろく知られている幸徳秋水からの返書に関連して、手紙をもらって無政府共産の思想になったのかとの訊問に対して、「其手紙ヲ受取ッタ当時ハ左様ナ思想ニハナラナカッタノデスガ熊本評論廃刊前後ニハ其様ナ思想ニ傾キマシタ」と述べている。

『平民評論』の発行前後の新美は、松尾らの無政府主義思想に同調していた訳ではない。松尾も土地復権同志会員たる新美は「私共トハ主義ガ違イマス」と断言しており、無政府主義の立場を明確に掲げた『平民評論』同人への参加も断っている。佐々木道元を編集人に推薦したが、道元の兄・佐々木徳母などの反対で実現しなかった模様で、次いで飛松に相談して編集兼発行人になってもらった。新美は武富検事の訊問に対して、「松尾ハ平民評論ヲ発行スル事トナリマシタガ私ハ松尾ト主義ヲ異ニシテ居リマスカラ全然之ニハ無関係デアリマシタ」と答えている。

ただ新美には松尾に対する深い友情があり、また深刻な生活問題があった。当時、新美は古城堀端町の松尾方に同居していた。『平民評論』廃刊後も八月頃まで松尾の家に寄食していたが、松尾一家が松尾の入獄を前に豊水村川島の生家に引揚げたのち、新美は「九州日報」に入社、久留米支局勤務となったが警察が尾行をつけるというので辞して熊本に帰り、黒龍会の『西南記伝』の仕事に従い、内縁の妻・金子トクの実家、熊本市郊外の飽託郡本荘村白川端（現熊本市中央区本荘町）の金子佑三次方に一時寄食、その後は友人の扶助や入質などで細々と暮した。この頃の生活は新美の獄中書簡からうかがうことができる。「生活状態は思う通りにならず、幾度か小なる店を出さんとして蹉き、心にもなき浪人生活は……」（金子徳子宛）、「去年の夏は諸兄の御心添えにて一小店の主人公とならんとして、平和なる、多幸なる家庭を夢みて、その準備も略整いたるに、災は不測の辺に起りて、予は牢獄に拉せられたのである」（田村次夫、古川元次郎宛）。

一九一〇（明治四三）年八月四日午前〇時四〇分、新美に対する勾留状が執行され、熊本監獄に勾留された。翌八月五日付、熊本監獄から古川元次郎にあてた書簡で新美は「昨夜突然勾留状に接して入監した。併し未決だから書信には制限がない。で諸君も時々は書面を出して呉れ玉え。愚妻のことは君に頼むより外に道がない。否な安心が出来ない故に、お気の毒千万だが宜敷万事お頼み致します。今度のことは僕にとりては真に意外にして、こんな馬鹿らしいことはない……」と書き送っている。

新美卯一郎の遺骨引取りには諸説があるが、実際には熊本市新屋敷町傘二番地の叔父・新美巳之太郎の養子・三郎が、一月二八日、上京して相良寅雄を訪ね、同道して堺利彦方で遺骨を受取り、相良宅で一泊して翌二九日に東京を発ち、三一日午後七時四〇分、熊本駅に着いた。駅前には新美を敬愛する人力車夫多数が待っていた。「人力車夫組合の人たちが大勢出迎えに来たそうです。みんな涙を流しておがんで下さった。そして白木の箱を持っていた父に『どうぞ車に乗って下さい』と言った」（筆者編『熊本評論』関係資料「新美一喜聞き書」）。固辞する新美三郎を無理に乗せて車夫は新屋敷まで送って、どうしても車賃を受けとらなかった。

飽託郡大江村一本松の新美家の墓地に叔父・巳之太郎、いとこの三郎・美喜夫妻、金子トクらの手で葬られた。当初、木の墓標は新美三郎が建てたが、一九二一（大正一〇）年一月、金子トクの拠金で再建された。現在は熊本市営立田墓地の新美家累代の墓に移設されているが、その際も妹・ノブの主張でかたわらに卯一郎の墓標は残された。

佐々木道元（ささきどうげん）（一八八九―一九一六）

熊本市西坪井町七番地で即生寺（西本願寺派）の次男として生まれた。兄は徳母。一八九九（明治三二）年、壺川尋常小学校を卒業して熊本高等小学校に学び三年修了で一九〇二年四月、熊本県立中学済々黌に入学した。五年生の二学期まで学んで一九〇八（明治四一）年一二月一四日、「家事之都合」で退学している。佐々木は「大逆事件」の検事尋問に対しては、「成績不良で卒業の見込みがないので」と供述している。しかし『平民評論』（明治四二年三月一〇日）は、「個人消息欄」で「佐々木道元氏　嚢に熊本県立済々（ママ）中学を追はれたる同氏は目下私宅に引籠り読書修養に余念なし」と報じている。『平民評論』は「追はれたる」と表現している。

「熊本評論」第二〇号の「社たより」に一九〇八年三月二五日、「午前に中学の学生三名来社あり」とある。あるいはこの頃の事かもしれぬが、実は佐々木の予審調書によると済々黌在学中の一九〇八（明治四一）年五月頃、熊本評論社を訪問し、新美から社会主義の研究を勧められ、その際「新紀元」を借りた頃から以後しばしば熊本評論社を訪問し、松尾卯一太、坂本清馬らと交際したと供述している。「熊本評論」の発禁後は一層松尾方などへの出入りの回数も増し、特に松尾の影響を強く受けていた。弟の徳信も済々黌に在学しており、一九〇九年春には卒業している。「家事の都合」は考えられない。

済々黌を退学すると、「私宅に引籠り読書修養に余念なし」どころか松尾宅などへの出入りも公然かつ頻頻となった。官憲によって抜すい筆写された松尾静枝の日記によってだけでも、『平民評論』発刊を前にして一月一八日夜、二一日夜、二月一二日、一三日と続いており、松尾宅のみならず熊本評論社にも訪れて、帳簿整理などの実務を手伝っている。いよいよ『平民評論』の発刊の運びとなると、同紙「社たより」によれば二月二四日「佐々木君は各方面への通知状を書き……」「夜行に間に合うようにと県外同志への通知状六百七拾通を発送」。二五日「佐々木君が通知状の記入をやること前日の如し」、二六日「夜市内及郡部の旧評論の購読者八百余名に通知状を出す」、三月一日「佐々木君来る」といった調子で、松尾の『平民評論』に積極的に参加していたのである。

『平民評論』発禁後も松尾宅に出入りし、また坂本清馬が佐々木の家を訪れ、坂本と同道して入獄を前に豊水村川島に引揚げた松尾を訪問したりもした。

このような動きが、のちに「大逆事件」に連座する結果となるのである。

一九一〇（明治四三）年七月三〇日、家宅捜索を受け、三〇日を皮切りに八月一日、二日、四日と武富済検事に検事取調書をとられ、四日午後一一時、勾留状を執行され、熊本監獄に収監された。武富検事の取調べは峻烈をきわめ、弁護人・今村力三郎の『公判摘要』によると、佐々木はその模様をつぎのように公判廷で申し立てている。

「武富ガオ前ハ嘘バカリ申立ル若シ真実ヲ言ハザレバ東京監獄ニ打込ムト恐喝サレ其上二八日東京カラ松尾ノ検事ニ申立タ電報ガ来タ、松尾ハオ前ガ皇室ヲ転覆シタラ愉快ダラウ云々ト難詰セラレ検事ハ天皇ノ代理ダ検事ヲ欺クハ天皇ヲ欺クト同一ナリト叱ラレ其上考ヘ出ス迄此室ニ居レト一夜ヲ予審廷ニ明サレタリ
夜明頃武富又来リ思出シタカト言ハレ結局松尾ガ言フ通リ宜シクム升（ございます）ト言ヒシニ検事モ人情ガアル云云ト言ハレヌ、一両日シテ呼出サレ武富検事ガ東京監獄ヘ送ル手続ヲシタリ、オ前ノ申立ハ曖昧ダ松尾ヤ坂本ノ事ヲ問ハレ其後書記ガ調書ヲ持来リ革命動乱天皇弑逆ハ愉快ダラウト書キアリ夫レニ署名セシメラレタリ」（絲屋寿雄『大逆事件』による）

かかる経過で佐々木の七月三〇日から始まる検事取調書の内容は塗り替えられて架空の事件が検事取調書とともに五回に及ぶ予審調書によって作られていった。佐々木は八月二〇日、東京監獄に勾留された。

佐々木に関する資料は極めて少なく、多くは官憲や判事の作成した書類である。獄中における佐々木道元の心情はどのようなものであったか。判決直前の獄中からの手紙を紹介しておく。「九州日日新聞」に掲載されたものである。

「判決当日に着した陰謀者の手紙／母上からだを御大事に
逆徒幸徳秋水外廿三名の社会主義者が十八日死刑の宣告を受けたることは昨紙所報の如し此の廿三名の中に熊

本県人四名あり其中の一人なる市内西坪井町七番地即生寺佐々木道元(一三)が留守宅の模様は昨紙最終版に記載し置きしが社員が同家を訪問せる際道元より母益子に宛てたる左の如き書面到着したり

△何れ膝下に於て／申上ぐべし

母上様其後如何あらせられますか、何事も御変りなき事とは遥察致します者の、久しく〲御文に接し申さず、いとゞ案ぜられ申候、去月廿六日、及び本月七日兄上様宛、及び母上様宛に差上げし愚状御落手の御事と察し奉り候、先便兄上様宛に差上げました通、豚児らの事件も愈々近日中に御判決がある筈です、豚児は今、只前途を運命に任せつゝ日夜称名念仏に消光致しつゝ来るべき御判決を待って居るのです、何れ此手紙、御着手の頃には必ず決着致すべしと愚考致し居り申侯、詳しき事情を申上度きは山々に候へど、何分限りある紙面、而かも未だ判決前の事に候へば此に認め申さず候間悪しからず御思召の程呉れ〲も願上候、何事も思ふ様に文にては尽し難く候、只今慕しき故郷の有様は如何に候や、不破様や其他の諸友人皆健在の事と信じます、家に於ては例年の通、御説教中の御事と察し奉ります。憮無御多忙中の御事と信じます、豚児は只今、無聊の身に候へは念仏三昧の傍今日明日明後日の家の事とも懐ひ遣りつゝ消光致し居り候、身体は其後相変り申さず、是れ偏に佛陀の加護と信じ申候、母上様に於ても今暫時の事ですから何卒〲過度の御心労之なき様御保養専一に願ひ上候、獄窓の下唯々案ぜらるゝ者は母上様の御健康の御事に候、各臘(ママ)十二月中、母上様の御手紙に「念仏三昧に日を送り只今は胸が嘆くなった」と仰せられ候、豚児は此の御言葉を承はり真に嬉しく感じ入り申候、親鸞上人の御言葉に『過世の悲願聞きぬれば我等は生死の凡夫かな有漏の穢身は変らねど、心は浄土に住み遊ぶ……恋しくば南無阿弥陀仏称ふべく我も六文字の中にこそあれ……』と仰せられ候、只今母上様の御心胸、真に嬉しく存じ奉り候、豚児も只今法然上人全集拝見終りましたが無限の大智を感得致しましたのです、母上様と共に嬉びたく存じ候も、限りある紙面の事に候はば認むる能はざる事は実に残念の至りです、然し今、暫時の事ですから何れ膝下に於て申上ぐべしと心算致し居候、早や近日中、何れにか決着致しますから返へす〲も御老体御保養専一に豚児の事御心配なき様願ひ上候、信道にも宜しく、何卒御候柄、体軀の健康を第一に左様御伝言願上げ候、先便母上様の御金銭の必要なきやの仰せに候らひしに最近々の事にて決着すべき事に候へば不必要に候、返へす〲も今暫時の事ですから御体を大切に

（十六日、東京牛込区市ヶ谷、佐々木道元、母上様）

右の書面中に「何れ膝下に於て申上ぐべしと心算致し候」とあるは自ら無罪を信じ居りし者か一時気安めの為に言へりし者か判らざるも母益子は最初より我子の無罪を信じ居たる事とて予ねて気丈な女なれども死刑の判決を聞きて流石に失望の淵に沈み居たり」（筆者編『熊本評論』関係資料）

死刑の宣告ののち翌日特赦によって減刑、無期懲役となり千葉監獄に収監されたが、新聞報道（「九州日日新聞」明治四四年二月七日）によると一度自殺を図った。一九一六（大正五）年七月二五日、肺結核で獄死。遺骨は熊本市西坪井町の即生寺境内の「即生寺之墓」に納められている。

飛松與次郎（とびまつよじろう）（一八八九―一九五三）

一九一一（明治四四）年一月一八日、大審院で死刑の判決を受けた飛松與次郎は、翌一九日夜、東京監獄の木名瀬典獄から無期懲役に減刑されたことを知らされた。木名瀬典獄は「特典ヲ以テ死刑囚飛松與次郎ヲ無期懲役ニ減刑ス　奉勅　内閣総理大臣桂太郎」と読み上げ、飛松に手渡した。秋田監獄（のち秋田刑務所と名称変更）で服役した飛松は一九二五（大正一四）年五月一〇日、仮出獄を許され、一九四八（昭和二三）年六月二六日に復権した。特赦状には「明治四十四年一月十八日大審院言渡　皇室危害罪　無期懲役　飛松與次郎　特赦せられる　昭和二十三年六月二十六日　法務総裁　鈴木義男」とある。

戸籍上では一八八九（明治二二）年二月二六日、熊本県鹿本郡広見村（現山鹿市）大字四丁八七三番地で常三郎とハツの間に三人兄弟の末弟として生まれた。長兄は角次（のち廣海と改名）、次兄・彦太郎である。しかし、飛松自身の書き残したものでは一月二一日生れ、父は飛松甚次、母はシノで姉・千代、甥の時雄、姪の浪子がいる。また、「一人の異母兄、二人の異父兄があったそうであるが、私の物心つく頃には既に他家へ養子にやられたり別家したりして居た」と記し、また戸籍上の次兄・彦太郎を従兄とも記している。彦太郎は一八八八（明治二一）年二月四日生れで、與次郎とは満一年ちがいである。戸籍面での父・常三郎は大正元年死亡であるが、飛松は「父の甚次は大正九年の七月二十八日他界してゐました」と述べ、「私の入獄後家が不幸続きで、余り多くもなかった家畑もすっかり人手に渡って、行先短い母は兄の家に引取られて狭い世間を送っているということです」と記している。仮出獄した飛松は秋田まで出迎えた甥の時雄に伴われて母と同居している兄の家に帰った。この母はシノであり、兄の家とは広見村（現山鹿市）大字四丁字四丁原一七七三番地の猿渡光次郎宅である。光次郎はシノの実子で飛松の言う異父兄の一人であり、甥の時雄は光次郎の子、また姉の千代は甚次とシノの間に出来た娘で、姪の波子は千代の娘である。

飛松與次郎が『平民評論』発禁事件直後に飛松甚次にあてた手紙の写が大逆事件記録『証拠物写』の中に収載されている。ここでも甚次を「父上様」と呼んでいる。仮出獄直後に撮影した新聞写真には與次郎と並んで立つ女性について写真説明で母の「シノ子」とある（「九州新聞」所載「大逆事件から甦生して」）。

與次郎関係の除籍謄本、学籍簿および與次郎が残した文章のうち「大逆事件から甦生して」（筆者編『熊本評論』関係資料」＝『近代熊本』第二一号）に採録されたもの、および「大逆犯人は甦る―飛松與次郎自伝」（『祖国』第二巻第五号）と照合してみて家族、親族関係の著しい違いは謎であった。筆者は、與次郎と尋常小学校時代からの友人で與次郎出獄後は広見村役場でも同勤した古川才蔵（明治二四年生れ、飛松の一年下級）を訪ねた。古川によると與次郎の実の父母は戸籍通り飛松常三郎とハツ。竹細工をしていた。與次郎は飛松甚次に育てられ、甚次は畳職人だったとのことであった。その後の調査で甚次の妻はシノ。双方先妻、先夫の男の子供があったが、それぞれ独立し、甚次とシノの間に娘の千代があり、與次郎は乳児又は幼児の頃から甚次、シノの子として養育されたらしい。だが、與次郎の本籍は実父・常三郎と同籍の広見村（現山鹿市）大字四丁八七三番地であり、養子縁組などの記載はない。また、住所は同村大字四丁字仲間一三〇九番地の養父・甚次の住居になっている。甚次と常三郎は兄弟であったのであろう。與次郎が千代を姉と呼び、年子の実兄・彦太郎を従兄と呼んだのも首肯できる。與次郎にとっての父母は甚次、シノにちがいなかったのである。この養母について與次郎は後年獄中で「私が特に謹慎して居るのは、この母あればこそであります。一日も早く改悛の実をあげ釈放の身となり故郷へかへり老先短き母に安心してこの世を終らせたいからであります。母は私にとって唯一の力であります」と書いている。

飛松與次郎は一八九六（明治二九）年四月、四丁尋常小学校入学、一九〇〇年三月に卒業して広見村ほか一六ヵ村組合立広見高等小学校に進み、一九〇四（明治三七）年三月に卒業した。小学校時代の飛松について高等小学校で同級だった古川建基は「飛松は才気煥発の明るい少年で、よく勉強していた」と言い、一年下級の友人・古川才蔵は「秀才型で文学少年肌の男で筆が立った」と語ったが、飛松自身『自伝』の中で「小学校に於ける私の成績は、大抵三番と下らぬ程度の出来栄えであった。文章の好きな、多少は文才のある、恐らくは神経質な少年で私はあったらう」と述べている。飛松に強い影響を与えたのは教師の石井繁美と岳間村（現山鹿市）出身の友人・吉永一次であった。飛松が初めて社会主義文献を手にして感銘を受けたのは高等小学校卒業の時、吉永一次が貸し与えた幸徳秋水の『社会主義神髄』であった。

飛松は卒業後一年間、家業を手伝ったのち、高等小学校時代の旧師の世話で鹿本郡役所により准訓導心得に採用され、同郡来民町（現山鹿市）の来民尋常小学校、のち米野岳村（現山鹿市）の合里尋常小学校に転勤、再び来民尋常小学校で教鞭をとった。小学教師時代の飛松について宮本謙吾は「教師としての飛松は児童を教えること極めて熱心で、その教授ぶりも異色であったので生徒の評判はよかった」（「大逆事件と肥後人」）と述べている。しかし、『自伝』によると高等小学校を卒業後、中学校に進学したかったが家計の都合で断念し、家業を手伝いながら「暇を盗んでは書物を読んだり文筆を弄んだりして居た」飛松は、代用教員生活に入っても「小品文などをものして其処此処の新聞雑誌に投稿」する文学青年で、彼のあこがれはあくまで文筆で生きることにあった。「生涯教員をして送らうといふやうな考はなく、機を見て何処かの新聞雑誌の記者となって身を立てたいと思って居た」のであった。

代用教員生活を送っていた飛松は、一九〇七（明治四〇）年五月に創刊された「熊本評論」の「第一号からの愛読者としてずっと終刊まで購読をつづけた」（「大逆犯人は甦る」）と述べているが、先に触れた友人の吉永一次から「熊本評論」を紹介されて購読したらしい。「熊本評論」に飛松の名前が登場するのは第一八号（明治四一年三月五日）の「評論社たより」だけである。二月二三日の項に「午後五時半頃一七号出来上る、惣掛りにて発送の仕度す、偶来合居たる山鹿の同志飛松君も加勢さる……」とある。飛松は「此の新聞がまだ自由主義の色彩を保って居る時分に、私は一夜「熊本評論」社を訪問し、松尾卯一太や新美卯一郎らと会談し、互に意気投合するところがあった」（『自伝』）と述べているが、この飛松の初の熊本評論社訪問が、「評論社たより」にある一九〇八年二月二三日とは考え難い。飛松が「避暑に行く途中評論社に立寄り」、松尾が初めて面接したのはおそらく前年夏のことであろう。松尾によるとそれ以前に飛松は一、二度松尾に手紙を出していたらしい。友人・古川才蔵は「玉名の人と文通していた」と語ったが、おそらく松尾のことであろう。

飛松は「機を見て何処かの新聞雑誌の記者となって身を立てたい」と文筆の仕事に強くひかれていた。もとより社会主義思想への共鳴もあったが、この文筆で身を立てたいという夢こそ、比較的安定していた代用教員生活＝「此の当時は七円（再度の来民尋常小学校時代は九円に昇給していたらしい＝筆者）の月俸でも、生活費の外に書物を一、二冊を買う位の余裕は割り出すことが出来た」＝をなげうって『平民評論』記者となる決断をする動機であった。

「大逆事件」の取調べに当っては飛松は平民評論社入社を「文学新聞ト思ッテ入社シタモノデアリマス」と供述しているが、新美卯一郎は無政府主義者の通信機関である『平民評論』の発行兼編集人に飛松がなったことについて「其レハ私ヨリ話シテ居リマスカラ承知シテ平民評論社ニ入リタルモノデアリマス」と明言している。飛松自身も後年、

『自伝』（一九三〇年）の中で一九〇九年二月、「新美卯一郎が突然来民小学校の教員室に私を訪ね来り、『熊本評論』の後身として『平民評論』といふのを発行発刊するから、その編集人兼発行人たるべく勧説を試みた。かねて新聞記者たらんとするの志望を有って居た訳であるから、快く入社を承諾し、その三月一日愈々代用教員の生活に別れを告げて熊本に出で、平民評論社の人となったのである……年来の宿志が叶って文筆人としての新しい生活に入るのだといふ素朴な悦びに胸湧かせつつ、如何にいそ〳〵と早春の福岡街道を熊本へと急いだ私であったらう」（傍点引用者）と述べているところでも明らかなように「熊本評論」の熱心な読者であった飛松は『平民評論』の性格を充分認識した上で文筆世界に身を置く夢の実現に欣然として入社したものであった。

飛松は新聞編集などの経験があろうはずはなかった。発行兼編集人の肩書きは新聞紙条例に基く形式上の名儀人であったが、同条例による責任は負わねばならない。

松尾卯一太による無政府主義者の通信機関としての『平民評論』の創刊にあたって松尾の盟友・新美卯一郎は「其レハ宜シカラン而シ自分ハ加盟スルコトハ出来ヌト申シマシタ処、松尾ハ自分一人テハ出来兼ネル旨申シマシタカラ私ニ於テ飛松與次郎ニ相談シ同人ヲ編輯人兼発行人トシテ昨年三月平民評論ヲ発行スルニ至リマシタ」と武富済検事に供述している。新美が断り、当時頻繁に松尾宅に出入りしていた佐々木道元も兄の徳母や家族の強い反対と説得で発行兼編集人就任の依頼を断ったのち松尾に新聞記者就職のあっ旋を手紙で強く依頼していた飛松に相談することとなったもののようである。

飛松は『平民評論』紙上の入社の辞「同志諸君へ」の中で、

「同志諸君、僕は今まで小学教員てふ、至つて不自由な、生活を送つて居たものである、小学教員にして若し片言たりとも正義自由を叫ばんか、夫れこそ直ぐに当路の御目玉を頂戴して、路頭に迷はねばならぬ、社会主義に関する書籍を読むさへ又然りで其不自由束縛は実に血あり涙あるものゝ憤慨に堪へぬ所である」とした上で「一日も早く此の苦境を脱して自由の児とならん」と希望を託して、「本社の松尾兄に書を寄せて幾度となく僕の衷情を訴へた、其外先輩諸君に計つた事も甚だ尠くない、所が今度平民評論が新装勇ましく、打つて出ると言ふので新美兄は遥々鹿北の地に車を飛ばして、社意の在る所を語り僕に来社すべきを命じた。アア当時僕の喜悦は果して如何であつたらう、到底筆舌にては尽し得ない程であつた」と記し、「赤旗の下に討死するの光栄を負はん事を痛切に感ずるのである」と決意を述べている。

しかし、一九〇九（明治四二）年三月一〇日付で発行された『平民評論』創刊第一号がたちまち発行禁止、押収された。憧れの記者となり文筆で身を立てようと「山鹿の山奥から欣々として」平民評論社に入社した飛松の夢は無惨にも打ち砕かれた。飛松は動揺し、教員を辞めて平民評論社に入社したことを後悔した。飛松には社会主義理論学習の蓄積も少なく言論闘争の実践の経験もなかったが、「熊本評論」の読者であった彼は発行兼編集人としての新美卯一郎、松岡悌三、松尾卯一太の入獄、社会主義者の投獄を知っていた。飛松の動揺は激しく、この飛松の態度を松尾や新美は厳しく批判した。

一九〇九年八月、坂本清馬は松尾を訪ねるべく佐々木道元の家に立寄った。坂本は自伝の中で、

「ここで情勢をきくと、松尾卯一太は今、田舎に帰っているということがわかった。熊本で出した『平民評論』がひっかかって、飛松與次郎がつかまったが、名儀は自分だが実際の発行人は松尾であると言った為、一緒に捕えられて禁固の判決を受け、控訴中だという話だった。飛松は松尾の所にいるらしかった。そこで翌日、佐々木と一緒に松尾の家に行った。高瀬という駅で汽車を降りて十丁ぐらいの所だった。飛松という男にも、この時はじめて会った。会ってみて、これは信用のできない男だと思った。松尾にチラシの原稿を見せて、これは飛松には見せないでくれと言い、飛松には警戒しなくてはいかん、運動の話などをしないように注意した」（『大逆事件を生きる』）

と述べている。坂本は生涯、飛松に対する極めて激しい不信感を抱いていたが、実は此の時点では松尾らも飛松に「変節漢」的行動のあった事は知っていた。

『平民評論』の新聞紙条例違反で四月一七日、第一審（熊本地裁）で飛松は罰金六〇円、松尾は無罪の判決を受けたが、検事控訴で七月三日、第二審の長崎控訴院は原判決を取消して松尾卯一太に禁固一年、罰金一五〇円、飛松與次郎は禁固八月、罰金一〇〇円の判決を下したので直ちに上告した。

上告後、松尾は入獄に備えて平民評論社を置いた熊本市古城堀端町一一九番地の家を引払い、家族と共に玉名郡豊水村川島の郷里に帰った。生計の道を失った飛松は松尾の家に寄食した。この間に坂本清馬を知ったのであった。わずかに第一号が発行されたに過ぎなかった『平民評論』に飛松や佐々木道元がかかわりを持ち、坂本が飛松と面識を持ち、一ヵ月余のわずかな日々を松尾宅で同居したことが、フレームアップによる大逆事件連座という彼らの運命を左右した。

同年一〇月二一日、上告棄却。松尾と飛松は一一月一七日、熊本監獄に入監した。一九一〇年七月一五日、飛松は禁固八月の刑期を終えた。しかるに罰金一〇〇円を納める余裕がなく二ヵ月の労役服役中の七月末、「大逆事件」の取調べが開始された。飛松は武富済検事、沢井重蔵検事の取調べをうけた。取調べの模様を戦後、飛松が坂本清馬にあてた手紙の中で次のように述べている。

検「四十二年三月入社してからどんな事をいふたか、主義に関することを云った事はないか」

私「熊本評論の読者名簿によって、読者を訪問して意見の交換でもやってはどうか、平民評論記者といふ名刺でも拵へて……と云うたことはあります」

と云ったら、検事は

「熊本評論の読者名簿によって決死の士を募集せよと云ったろう」

と云ふ

私「決死の士など云うたことはありません」

検「決死の士とは云はなかったろうが、そんな意味で云ったろう」

と云ってにらみつけた。私は既に新聞紙条例違犯（ママ）で禁固八ヶ月罰金百円といふ苛酷な刑をうけている。また検事の感情を害するようなことを言っては、どんな無理なことをされるかも知れないと恐怖があったのと、検事は原告であるから威喝もすれば叱りもする位のことは今では知って居るものの、その時は恐しいのが一杯でなるべく感情を害せぬようにと思って、何とも云はずに頭をたれた。検事はノートに記した（坂本清馬自伝『大逆事件に生きる』）。

また、起訴後の予審判事の取調べも飛松の手記によると以下のようである。

「決死の士を募集せよといったことはありません」

と答えると

「決死の士とはいわなかっただろうが、そんな意味でいっただろう」

といって私を睨みつけた。検事と同じ態度である。私はここが犯罪となり、この一言が首の飛びどころであるとは知らず、余り抗弁して判事の感情を害しては、またどんな苛酷なことをされるかも知れぬと思って、黙ってしまい、それ以上強く立入って抗弁もしなかった。今から思えば私が余りに弱かった。意気地がなかったのである（「幸徳事件〝私は無罪だ〟」＝『毎日情報』）。

飛松は坂本にあてた手紙の中で当時の態度を自ら反省して「今から思へば僕が余りに柔弱で意気地がなかった。検事〔調〕や予審でもただハイ〱で一言たりとも検事の言を否認することがなかった。それも前の新聞条例違犯（ママ）で禁固八ヶ月罰金百円という重刑を受けてゐたので、余り検事や刑事に抗弁しては却って心証を悪く見られ、又々どんな重罪を科せらるゝか知れんといふ恐ろしく感じたのもわるかった……」（前掲『大逆事件を生きる』）と書き送っている。

飛松は権力に弱かった。世間知らずで未熟な文学青年の飛松に限らず、同様の佐々木道元、夫を獄中に送り、年老いた舅と幼い二人の子供を抱える年若い主婦の松尾静枝も検事のおどしに屈した。しかし、強く非難されるべきは彼らの弱さに乗じて検事、予審判事の意図のままに作り上げられた「検事聴取書」「予審調書」によって「大逆事件」のフレームアップを行なった権力である。

大審院における死刑判決の翌朝、飛松は故郷の養父母に「思ったことさえない犯罪ですから、実に意外な判決でした。御両親様の御驚きさこそと察します。而し宣告をうけた以上はどうすることもできません。静に執行の日を待つより外に仕方がありません」と書き、これまでの不孝をわびた上で「罪なくして罪をうけて死に行くのですから、五年十年或は何十年の後には必ず無実の罪であったということがわかってくると思います。私はこう思って安心して死刑に服しますから一切心配せずにして下さい」（前出「幸徳事件〝私は無罪だ〟」）と書き送った。

両親には、このような手紙を出したが「唯茫然と房内に坐りつくした。いひやうのない不安と、寂寥とがひたくと心を浸し、死の恐怖といったものが漸く頭の隅々にはびこり始めた」（前出「大逆犯人は甦る」）のが真情であった。この夜、無期懲役に減刑が伝えられた。

一九二五（大正一四）年五月一〇日、仮出獄を許されて秋田刑務所を出獄するとき、獄中で書きためた感想録その他小説、随筆、詩歌などの草稿を容れた風呂敷包を小脇にかかえて刑務所の門を出た。

飛松の『出獄日記』（前出「大逆事件から甦生して」）によると同月一七日、一五年ぶりに故郷の土を踏んだ。彼が獄中生活を送っていた間に交通事情も大きく変っていた。植木—山鹿間にも鉄道（私鉄鹿本鉄道）ができ汽車が走り、山鹿からは飛松の故郷・広見村を通って熊本・福岡の県境、小栗峠の山麓にある岩野村岩野まで乗合自動車が運行していた。まるまる「大正」を獄中で過した「明治」の青年・飛松は、出獄の喜びと社会の変化への驚きの交錯した気持を「自動車は予にとって生まれて初めてであった。早くもあり面白くもあったが油の臭いと埃が立ったのがいやだ……」と語っている。

與次郎は七八歳の老母・シノが同居している四丁原の兄・猿渡光次郎宅に寄寓して、ひたすら獄中で損った健康の回復に努める静養の日々を送ったが、仮出獄書に認印をもらうため定期的に警察に出頭し、また同一県内の熊本市への旅行ですら「仮出獄者旅券」の交付を受けなければならない生活であった。

飛松が帰郷して二〇日程経った六月六日、猿渡光次郎宅を「九州新聞」社会部記者・豊福一喜が訪れ、飛松に面接を求めた。豊福は「大逆事件から甦生して」と題して飛松の「出獄日記」「獄中感想録」など引用しながら六月八日から六回にわたって会見記を連載した。飛松を訪ねた時、「許されて月一回の故郷への便りも今では積り積って二百余通に達し獄中で認めた『感想録』『余の夢』『豊水の宿』其の他小説、詩、歌等の草稿は積んで山をなす」状況であった。

豊福がインタビュー記事「大逆事件から甦生して」（無署名であったが一九二九年、「大逆犯人の懺悔」と改題して豊福一喜著『熊本夜話』に再録された）を連載したのに続いて「九州新聞」は同六月一九日より二五日まで七回にわたって飛松の「豊水の宿り」、八月三〇日から九月四目まで六回、「熊本の梁山泊」、九月五日からは「一木燐水」を七回連載した。「九州新聞」への掲載は豊福の配慮であったろう。一九三〇（昭和五）年、雑誌『祖国』に掲載された飛松の「大逆犯人は甦る—飛松與次郎自伝」も、これらをベースとして記述されている。

「九州新聞」で飛松の記事を見て同情を寄せた下益城郡隈庄小学校・渡辺尚広校長の紹介で、著名な社会事業家・塘林虎五郎の経営する肥後慈恵会で働くこととなり、働きながら病院に通っていたが健康状態か思わしくなく職を辞して来民町の旧友・野口真次宅に三ヵ月程寄寓して通院、療養生活を送っていたが「鹿本毎日新聞」が一九二六（大正一五）年八月一日から発行されることを知り、同社に入社した。しかし、資金上の都合で発行計画は中断されたので已む無く退社した。また、同町の五条勧の庇護を受けたりした。

病気軽快後、郷里に帰り、ようやく二人で暮すことができるようになった母・シノは、一五年間待ち続けた飛松の無事な顔を見てからわずか一年数ヵ月、一九二六（大正一五）年秋に病没した。飛松は再び兄の家に同居していたが、一九二七年七月、広見村役場書記に採用された。のち川辺村（現山鹿市）役場書記として働いた。

役場勤務のかたわら地方紙に「独星」のペンネームで小品文を投稿したり、地元小新聞に「筑界の名所古跡」や「鹿本教育界の解剖」などの連載ものを書いたりしていたが、この頃の飛松について広見村役場で同勤だった古川才蔵は「役場に勤めても仮出獄だったので一週間も勤めに出ると警察に届けねばならないといった生活だった。役場（広見村）には五、六年ほど勤めた。酒、煙草はたしなまず、自分の方から人に話しかけることは少なく、あまり人づきあいはなかった」と語った。

仮出獄直後の五月一八日の日記に「定めて故郷の人人は予を蛇蝎の如く忌み嫌ふであろう。とそれのみ思いわずらってゐたのに、人々は愛と情をもって予を迎えて呉れた。旧師、旧友、隣朋、知人、または十五年前の教え子までが温かい心をもって予をいたわって呉れた（中略）。予は美しい故郷の自然と美しい故郷の人々の心に衷心感謝せねばならぬ」と書き記した飛松であったが、役場時代の飛松は「村の人たちの中には恐ろしがっている人もいた。いや恐ろしいというより、なるべく接触しない方がいいといった空気があった。自然親類も段々遠のいてゆくといった風であった」という。この頃は飛松は兄の家を出て村役場の建物の中に住みこんでいた。

鹿本郡米野岳村（現山鹿市）大字岩原出身の旧姓・星子カズエ（一九六九年死去）との間に一子・景史をもうけた（一九六七年死去）。戦後は山鹿町（現市）でカサ張りなどの仕事をほそぼそ続ける生活の中で地元の小新聞「肥後日日新聞」に連載ものを書いたりしていたが、坂本清馬に手紙で「僕も十月十五日（昭和二六年＝引用者）までに家賃が八千円滞って居たから調停裁判をした。立退かねばならぬが家がないからまだここに居る。又六百円滞った。衣服は夏も冬も一枚ぎり…」と訴えるほどの極貧のうちに一九五三（昭和二八）年九月一〇日、鹿本郡山鹿町（現山鹿市）大字山鹿一三三二番地で死没した。遺骨は妻・カズエの連れ子、高田エミ子によって近年まで熊本県山鹿市内の寺院の納骨堂に納められていたが、現在は所在不明（現在、山鹿市山鹿七九、本澄寺の納骨堂に納められている＝編集者）。

松岡悌三（まつおかていぞう）（一八八三—一九三二）
首藤猛熊（すどうたけくま）（生没年不詳）

松岡悌三は熊本県八代郡高田村（現八代市）字奈良木九〇番地の本籍地で一八八三（明治一六）年六月、松岡長寛

の三男として生まれた。のち伊吹姓となる。号は藻川、生家の近くを流れる流藻川からとったものであろう。幸徳秋水が「獄中の友」と題した文章で「日本平民新聞」第一八号（明治四一年二月二〇日）に「熊本で入獄した松岡悌三君は、僕は未見の人だけれど、故松岡悟（荒村）君の従弟だそうだ……」と書いているため一般に〝荒村のいとこ〟と誤解されているが、親族ではあるがいとこではない。荒村（悟）の松岡家は分家中では最も古い家柄で初代・松岡蔵人以来一二代目であったが、悌三は松岡本家筋にあたり松岡大学以来三〇代目であった。松岡家の遠祖は川辺左大臣・藤原魚名に発し、祖先・松岡大学亮長明は征西大将軍・懐良親王に随って西下して肥後八代に入り、高田御所を守り平山城に拠って奮戦した。以下、子孫は連綿として高田村に土着し、八代地方きっての旧家である。

父・長寛は一八七九（明治一二）年、初の県会議員選挙に当選し、一八八九年には高田村長に就任、一八九〇年には改進党から立候補して再度県議に当選した。いとこで義兄（悌三の姉といとこ同士結婚）の松岡長康も県議、村長などをつとめたあと、台湾に渡り台湾総督府雲林支庁長ののち台中県書記官、帰国して一八九八（明治三一）年、第五回総選挙で代議士（自由党）、第六回でも当選し憲政党に属した。また「九州新聞」初代社長をつとめ、編集局には主筆・小泉策太郎（三申）を始め沖江左やのち「熊本評論」にかかわりの深い広瀬莞爾、中村露華などの記者を擁していた。

悌三の長兄・富雄は徳富蘇峰の大江義塾を経て札幌農学校に学び、熊本県議一期をつとめ、新渡戸稲造に従って台湾に渡り帝国製糖会社、新聞社を経営した。この帝国製糖支配人には松岡荒村（悟）の長兄・大太郎を招いた。

このような松岡一門に育った悌三は一八九七（明治三〇）年三月、八代南部高等小学校を卒業して同年四月一〇日、熊本県尋常中学済々黌に入学、一八九九（明治三二）年三月、二学年を修業した。済々黌八代分黌が一八九八年、県立第一中学校として独立（のち県立八代中学校）したため同校に転入し、一九〇二年、八代中学第一回生として卒業した。このあと早稲田大学へ進む。荒村（悟）より四歳年下であった悌三は荒村を「郷里第一の逸材と敬慕しており、八代中学卒業後荒村の後を追うて早稲田大学高等予科に学んだ」（天野茂『松岡荒村』）という。

早稲田を出た松岡悌三は一九〇五（明治三八）年ごろ「熊本毎日新聞」に記者として入社した。「熊本毎日新聞」は、義兄（いとこ）の代議士・松岡長康が初代社長をつとめた「九州新聞」の後継紙で小山雄太郎が経営する政友会の機関新聞であった。経営陣には「九州新聞」の論説記者で弁護士の広瀬莞爾、主筆には「九州新聞」社会部長・中村露華がいた。松岡悌三は二、三面を担当した。日露戦争が終った一九〇五年一一月には次席記者・新美卯一郎が復職して活動を始め、一九〇七（明治四〇）年には首藤猛熊、社会主義者の松隈勇、野波鎮人なども記者として入社した。対抗紙の国権党機関新聞「九州日日新聞」、池松常雄らの「九州実業新聞」（一九〇六年二月創刊）と競合して編集局は活気に満ちていたが、熊本毎日新聞社の経営は「明治三十七、八年の日露の大戦役が始まったので、巨額の電報料や戦地特派員の費用に益々打撃を蒙らざるを得なかった」（九州新聞「熊本に於ける新聞の回顧」）と語る経営者の回顧談に明らかなように、破局寸前の経営危機に陥っていた。賃金の遅欠配で一〇〇余名の社員の生活も不安定であった。

松岡は新美卯一郎に誘われて「熊本評論」の創刊に参画し、同人として名を連ねた。新美が編集兼発行人、松岡が印刷人となっての創刊であったが、内実は「編輯は江滸と藻川と丿乀（べつぼつ）之に任じ事務発送一切は田村が当ることになって居る」という実態であった。まもなく同人に首藤猛熊も参加した。熊本市新町一丁目の熊本評論社に新美、田村次夫と共に合宿し、日刊「熊本毎日新聞」に記者として在籍のまま「熊本評論」の取材、編集に従う兼務生活であった。

「熊本評論」は周到に計画された編集企画のもとに創刊された。その創刊号から松岡は強烈な社会正義とヒューマニズムに溢れ、しかも綿密な調査をもとにした出色のルポルタージュ「汽車長屋」の連載を署名入りで開始した。

「汽車長屋」は「社会の圧迫によりて孤立する能はざる、彼等憐むべき貧者、世の辛惨に泣ける彼等窮民は遂に裏町の一隅に汽車長屋なる一部落を造った。汽車長屋と云う語既に彼等窮民を嘲ったる語である。……」と冒頭に述べて、地方都市の底辺で喘ぐ貧民の生活実態を紹介し、「社会組織が目茶苦茶だ」と憤り、「書くも憂し書かぬも憂し彼等下層民の状態は遂にその真相を尽さゞる筆の拙さを限（きわ）む。只余は世に一掬同情の涙ありて彼等悲惨なる境遇より脱せしめんと力（つと）め顧る者の世に多からん事を望む」と結んでいる。

「熊本評論」は第一号から「公開状」、および「当世紳士内証日誌」を連載して政財官教育など各界の知名人を俎上にのせて厳しく批判し、大きな反響を呼んだ。松岡は「内証日誌」で筆をふるった。

井島義雄、高木第四郎への「公開状」と「当世紳士内証日誌・第六師団長西島助義日記の写」が誹毀罪と官吏侮罪に問われ、発行兼編集人・新美卯一郎は両件につきそれぞれ重禁固一ヵ月、罰金五円に処せられ入獄した。このため松岡悌三が発行兼編集人、首藤猛熊が印刷人となった。首藤は「熊本毎日新聞」の三面担当記者で新美のさそいで同人となった人である。

しかるに第一二号の「新兵諸君を送る」が新聞紙条例違反に問われた。無署名記事であるが実は松尾卯一太が執筆したものである。このため発行兼編集人の松岡は軽禁固一ヵ月に処され、一九〇八（明治四一）年一月二一日に下獄し、二月二〇日早朝、出獄した。発行兼編集人に松尾卯一太、印刷人は新美卯一郎に交替した。松岡入獄の間、首藤は「本社の演説会」なる署名記事を掲載している。

出獄後、松岡は松尾卯一太の過激な直接行動論に批判的で、自らを純正社会主義（議会政策派）と位置づけていた。「熊本毎日新聞」幹部の忠告もあって熊本評論社を退社し、「熊本毎日新聞」記者に専念することとなり、首藤猛熊も行を共にした。三月六日、二人は合宿していた熊本評論社を引払い、熊本市塩屋町の三笠屋に下宿した。

熊本毎日新聞社の経営は益々悪化し、「熊本中央新聞」と紙名変更して再出発を策したが、一九〇九（明治四二）年一月、遂に廃刊、池田泰親の「九州実業新聞」に吸収された。熊本実業会系紙として一時飛躍的に部数を増大させた同紙も経営不振に陥り、一九一〇年一月から政友会熊本県支部の経営に移り、同年八月、「九州新聞」と改題して、経営も健全化し、「九州日日新聞」のライバル紙として二大新聞時代を迎えた。

松岡は「大逆事件」に際し一九一〇年八月五日、沢井重義検事の取調べを受けた。のち、伊吹テルヨと結婚して伊吹姓を名乗り、製糖会社、新聞社を経営する兄・富雄を頼って台湾に渡った。一九三二（昭和七）年三月二二日、台中州台中市明治町一丁目一番地で病死した。

松尾倭久（まつおしずえ）**〔静枝〕**（一八八六—一九二一）

「大逆事件」で刑死した松尾卯一太の妻。父、肥後細川藩宇土支藩の藩医・佐々木学と母・タケの三男一女のひとり娘として一八八六（明治一九）年一月二一日生。本籍は熊本県宇土郡宇土町二六九（現宇土市）（のち宇土町大字宇土六一七）、父・学は朝鮮釜山で医師、長兄・正は朝鮮李太王の妃・閔妃を殺害したクーデター事件「閔妃事件」の連座者、次兄・常人は松尾卯一太と済々黌で共に学び東京遊学中も親交した。このような常人と卯一太との関係で兄・常人の紹介により倭久と松尾卯一太の縁組が成立した。通称・静枝。戸籍上の倭久は倭文（しづ）の戸籍簿筆者の誤記ではないかとも思われる。中学済々黌と並ぶ名門校の尚絅女学校卒。一九〇三（明治三六）年春、卒業と同時に卯一太と結婚し（婚姻届は静枝の懐妊が確認された後と思われる一九〇四年一月八日）、奚司郎（一九〇四年九月一〇日生）、同太郎（一九〇五年一一月二四日生）の二児をもうけた。

結婚当時、中地主の松尾の家の家業はそうめん製造業であったが、夫・卯一太は大規模様式養鶏を始めて事業は着実に発展し、静枝が長男を懐妊していた頃には『九州家禽雑誌』を発行して養鶏指導者としても広く知られ、両親が中心となって雇人を雇って経営するそうめん業、卯一太が雇人を使って経営する養鶏業と、家業は活気に満ち順風満帆であった。一九〇四（明治三七）年九月に生れた長男には養鶏事業の発展に意欲を燃やす卯一太によって奚司郎と名付けられた。翌年一一月には次男・同太郎が生れた。

地方の徳望家、素封家の長男としての夫・卯一太は一面では社会主義運動の熱烈な支持者でもあり、社会主義を語る彼のまわりには同調者グループも形成されていた。

地主、資産家の長男に嫁した静枝を取り巻く環境が急激に変り始めたのは一九〇六年の姑・津保の死と夫が中心となった「熊本評論」の創刊であった。静枝はようやく二〇歳になったばかりであった。卯一太は「熊本評論」の発行と編集に熱情を傾け、川島の家を留守にして熊本評論社に寝泊りすることが多くなった。一九〇七年末には遂に月刊で続けた『九州家禽雑誌』の廃刊まで決意して家業は雇人にまかせ、母なきあとの一家を挙げて熊本評論社近くの熊本市古城堀端町の借家に移転し、卯一太は「熊本評論」に全力を傾注する。人の出入りの激しい慌しい日々の中での育児と家事の毎日が続いたが、特段に家計が逼迫したわけではなかった。

明治社会主義運動の分裂にあたっては卯一太は明らかに直接行動派への道を選んだ。「熊本評論」は新美につづいて松岡が筆禍事件で入獄し、ついに発禁、夫・卯一太も獄中の人となった。さらに『平民評論』で再度入獄したが、この頃の静枝の心情は一九〇九（明治四二）年一二月二九日の彼女の日記の一節に端的に表われている。

「本年は不作の為め何れの町も人気悪しく人の行ききは数ふる程なりき、只多きは物もらう人の類でした。政府富者の圧制ニ反逆スル行はずして、人並の奇麗なる体をもちながら一家二家と物を求めてあるく人のいくじなさを実に残念に思ひました」

静枝は丹念に日記を書き残したようである。『大逆事件記録・証拠物写』には家宅捜索で押収されたとみられる日記のうち一九〇五（明治三八）年以降の分について官憲が証拠物として注目した部分のみを抜すいした写が残されている。

発禁判決により「熊本評論」は一九〇八（明治四一）年九月二〇日付第三一号で終刊号を出したが、「社告」で「熊本評論は終刊しても、熊本評論社は解散せず、依然として同志間万般の事務に任じます、更らに近々或方面に向つて発展の準備もあれば、必らず倍旧の御文通を希望致します」「現今の政府の下では迚も評論体の機関紙の発行は出来難けれど、せめて同志者の聯絡を持続せん為めに、極めて軽便な通信用の機関紙を出したいと思つています」と予告した。九月末下獄した松尾卯一太の留守中も熊本評論社は新町の社屋もそのまま残し、新美卯一郎、田村次夫によって維持されていた。出獄した卯一太は新たな計画に備え、志賀連の失態のあと整理などのこともあって上京した。この時、二回にわたって幸徳秋水を訪ねた。このことが大逆事件フレームアップに強引に利用されることとなるのであるが、古城堀端の松尾宅は人の出入りも一層激しくなり卯一太を囲んで再び活気が漲った。この頃の家庭の生活は一九〇九（明治四二）年の静枝の日記を見ると、

「二月十八日　晴天　今日ハ暖カクテ実ニ春ノ心持チガシタ、宮崎氏（民蔵＝引用者註）ノ病気モヨホド快方ニ趣イタ。今日ハ医師モ診察ニコナカツタ。師範校ノ中川氏（斎＝前同）来ラル。夕食ニハ稲荷ズシヲシタ、今日ノハ良ク出来タ。田村氏（次夫＝前同）モ見エタ、都合六人食卓ニ付イタ。食後中川氏帰舎、八時半頃佐々木氏（道元＝前同）来訪、九時半頃新美氏帰社、十時頃佐々木氏、田村氏帰ラル、後ハ良人ト宮崎氏ト何カヒソ〳〵話ヲシテ居ラレタガ一時頃寝ニツカレタ」

「二月十九日　雨天　暖イ　今日ハ小止ミナシニ降リシキル。此頃ハ宮崎氏病気ノ為〆人ノ出入ガ日々繁シ。今日ハ宮崎氏ノ喀血モヤムダ。朝ヨリ田村、新美両氏来ラル、暫クシテ両人共ニ帰ラル。吉田氏（勝蔵＝前同）来訪、午后両人並ニ志賀氏（連＝前同）来訪、田村氏ノ世話デ電話（熊本評論社備付け＝前同）ヲ売ツテ金ガ手ニ入ツタノデ大鯛ヲ買ツタ、料理ハ吉田氏ニ依頼シタ、飯ノ用意トトノツテ一同食卓ニ付ク。同太郎ハ□□ト軍談シバイニ行ク。食後、吉田、志賀両氏帰ラル。後ハ田村、新美、宮崎三氏ト夫四人シテ種々ト話ガ賑ツタ。十時頃新美氏帰社。田村氏ハ十一時頃迄話シテ帰ラレタ。十二時頃同太郎目醒テ帰ツテ来タ。茶ヲ呑ンデ寝ニ付ク時ハ早ヤ一時少シ前デアツタ」

静枝の日常は右のような生活であったが、熊本評論社を引き払って『平民評論』の創刊準備が進む中で平民評論社の看板が松尾の自宅にかけられる頃ともなれば一層繁忙になったであろう。

『平民評論』が新聞紙条例違反に問われ、夫・卯一太は控訴審で禁固一年、罰金一五〇円の判決を受け上告棄却、一九〇九（明治四二）年一一月一七日、熊本監獄に入監した。一家は同年夏、卯一太の入獄前に古城堀端の家から豊水

村川島（現玉名市）の松尾の生家に移った。ここでは坂本清馬が一時滞在した。松尾の家は絶えず警官に監視されていた。卯一太入獄中の翌一九一〇年五月末から大逆事件検挙が開始され、六月には幸徳秋水逮捕が報道された。留守宅の静枝のもとにも宮崎民蔵から事態の成行を案ずる手紙が寄せられた。朝鮮に居留中の卯一太の弟・久雄からは老父と二人の子供をかかえて留守を守る静枝の身を案じ、「何ぞ留守中姉上様方へ御異状無之かりしか案じ居申候」と憂うる言葉のあとに、「爾後は層一層厳重の取締決行致さるべき事と存じ申候間御如才もあるまじけれどより以上の御注意あり不穏当の御招（カ）憂なき様兄上にも姉上にも切に……」と自重を要望している。

しかるに七月二〇日、卯一太は熊本監獄から東京監獄に移送され、静枝は夫の消息さえ知らされないまま、突然、七月三〇日、熊本区裁判所に呼出しを受け留置された。家は家宅捜索を受け、静枝が丹念に書き記した数年分の日記や書籍、書類、手紙類がことごとく押収された。静枝は五日間勾留され、その間、沢井重蔵検事、武富済検事によって、極めて峻厳な尋問を受けた。舅・又彦も勾留されて沢井重蔵検事、秀島雄次郎検事、武富済検事による尋問を受けた。松尾の友人で同志の豊水村の奥村一馬や吉田勝蔵も検事の取調べを受けたが、このほかに中川斎や雇人、隣人なども取調官の取調べを受けた。師範を卒業して高瀬小学校で教師をしていた中川は「三、四歳の頃から弟のように卯一太から可愛がられていたし、名前は知らぬが松尾の家には主義者も集って来ていたし、私も主義者と誤解されて大分取調べられました」（筆者編『熊本評論』関係資料」）と語った。

静枝は検事の厳しい取調べにより心にもない供述を強いられ、一方的な検事聴取書作成の経過を夫にあてた八月一二日付の手紙で、「何の事件よりしての御取りしらべかぞんじ申さねど両人ともお取りしらべにあいなり候。平素愚なる私の事とて御存じ通り主義の話しとても只一度も聞きし事なく存ぜず、始めは事実の儘を知らぬと述べ居しも、あまり長きに渡り、愛児の事老父様の御事を思ひ、これには変へられずと思ひ、心の許さざりしも遂に答にまかせ知りたる如く返事致しおきたる事も候。若し東京に於て御取りしらべにあひ給ひて此事を聞き給ひなば、定めしいつわり深き愚なる女よと心中に独りせめ給う事で有ろうと御察し致し心苦敷思い候へ共御老父様二子を思ひかかる愚なる心も出で……」と書き送った。

勾留されて時には厳しく威嚇し、時には懐柔するがごとく進められたであろう検事取調べの時、静枝は二四歳、同じく勾留された舅・又彦は六四歳、長男・奚司郎は小学一年になったばかりで、次男・同太郎は四歳八ヵ月であった。坂本清馬によると、「松尾静枝ノ熊本警察署又ハ裁判所ニ於テ其取調ヲ受ケタル際彼女ノ次男〔同―抹消〕太郎（生年四、五歳許ニシテ尚ホ乳房ヲ離レザリキ）烈シク泣キ叫ビタリト云フ事ヲ法廷ニ於テ聞キ及ビタリ」（『坂本清馬自伝・大逆事件を生きる』）という。坂本は「遂ニ半バ（或ハ全ク）強制的ニ而カモ瞢々然裡ニ盲印ヲ押サシメラレタルニハ非サル耶（参照略＝引用者）。是ノ故ニ静枝ノ聴取書ハ其最モ重大ナル節ニ於テ誤謬ノ記録多カラン換言スレバ真実静枝ノ言葉ニ非ザル陳述多カラン」と述べている。

検事取調べにおける真実に反する供述について卯一太に詫び、許しを乞うているが、「十一月必ず御出獄有らるゝ事を一重に祈り居申候」と刑法第七三条の罪〝大逆事件〟の事の重大さまでは認識していなかったのであろう。しかし、この苛烈な検事取調べで年若い幼な児の母・静枝が「心の許さざりしも遂に答にまかせ知りたる如く返事しおきたる事」は飛松與次郎、佐々木道元、志賀連らの一連の聴取書、調書においても同様であるが、共に大逆事件フレームアップを意図して作成されたことは疑いの余地がない。静枝と又彦は参考人として東京地裁での予審判事・原田鑛の尋問を受けた。

卯一太は獄中から年若い妻を励まし、家政のことなどにも心を配った手紙を送っているが、死刑判決後の一九一一（明治四四）年一月二一日、「罪なきに刑せらるるが、御身よ恨みる(ママ)こと勿れ、咎むること勿れ」「死体は貰えるかどうか分らぬ。貰えるなら骨にして送ろう。葬式するには及ばぬ。針箱の引出しにでもしまっておけ」と書き送った。

葬儀は中川斎によると、「私は二十五歳でした。葬式の時は川島にいましたが、警察が来ており、読経も弔辞もなく、一切人を寄せつけず、家の者以外は焼香も出来ませんでした。私もそばに寄り付けず野辺の送りも途中からひそかに見送っただけでした。墓もしばらくは木の標木が建っているだけでした」（筆者編『熊本評論』関係資料）という状況であった。刑死後、松尾の家を訪れた新聞記者に静枝は「今回の陰謀には少しも関係はありません。この巻添を食ったのです」と憤りをもらしたという。

堺利彦は大逆事件犠牲者の遺家族を訪問する旅に出た。一九一一（明治四四）年三月三一日、東京を出発して四月一一日から一三日まで熊本に滞在した。五月八日、帰京して売文社で報告会を開いた。警視庁スパイは報告の中で堺は松尾遺族の訪問について、「熊本ニ於テ松尾卯一太ノ未亡人ヲ訪問セシ際、其席ニ在リタル弟某ハ、余ニ対シ自分ハ親戚ノ勧メニ依リ、義姉倭久ト結婚スベク今回朝鮮ヨリ帰国セシモノナリ。然ルニ義姉ハ他ノ男ト密通シ居レリトノ噂アリ。実ニ不快ニ堪ヘズ云々ト語レリ。又未亡人モ、斯ル浅慮ノ人物ト配偶セズト主張シ、親戚等モ其ノ処置ニ苦シミ居レリ。未亡人ハ同地ニ於テ美人ノ聞ヘアリ。且意思頗ル強ク時ニ或ハ卯一太ノ恨ヲ霽ラサンコトヲ口ニシ、警察方面其ノ他同婦人ヲ知ル者ハ管野スガノ後継者ヲ以テ見シ居レリト云フ。東京ニ招キテ相当ノ教育ヲ施サバ、管野位ノ人物ニナルハ疑ナシ」と語ったということを神崎清が『革命伝説』の中で紹介している。〝大逆犯人〟の美人の妻が尾行巡査と情交があるという噂はかなり広まっていたらしく玉名高等小学校で卯一太の二年上級であった大江駿太郎も「卯一太は牢獄に入っとって妻はベッピンだったのでいさぎゅーよーなか噂のありよったたい」（山下信哉「松尾卯一太とその周辺」）と語り、宮本謙吾は「率直に云うと卯一太の妻倭久さんは職務上で松尾の家に出入りしていた刑事巡査と情交関係があり」（「大逆事件と肥後人」）と断定している。しかし、噂はあくまで噂に過ぎず、真実は不明である。右のような事情の介在からであろうか、静枝は戸籍によると一九一一（明治四四）年七月三一日、熊本県宇土郡宇土町六一七番地の兄・佐々木常人の戸籍に次男・同太郎を伴って復籍した。特別要視察人として官憲の監視下で高瀬八日町（現玉名市）に半年ほど居住したのち、兄を頼って尾行巡査つきで朝鮮の釜山に渡り幼稚園の保母となった。静枝は大阪で同太郎と同居中の一九二一（大正一〇）年、三五歳で哀れにも苛酷な生涯を閉じた。

同太郎は三越に勤めたのち中国東北部（満州）へ軍属として渡り、三〇歳で病死、長男・奚司郎は高瀬町岩崎原（現玉名市）で祖父と共に暮したが祖父・又彦が一九一六（大正五）年二月に死去したあと、釜山の親戚・檜垣をたよって渡鮮、台湾、満州と移り戦後帰国し、熊本県玉名市で没した。

松隈（まつくま）　勇（いさむ）（一八八六―不詳）

熊本県玉名郡長洲町一六六五番地の本籍で一八八六（明治一九）年五月七日、父・松隈勇次郎、母・ミトの間に生れた。遠舟、天剣と号した。

松隈の家は代々玉名郡荒尾手永長洲村（町）に住む豪農で、金納郷士出身の士族であった。一七七七（安永六）年、陸右衛門が寸志差上によって無苗御郡代直触、一七八三（天明三）年、一領一疋となって以来、松隈姓を名乗り、代々一領一疋を世襲、三代の亀之允は寸志によって諸役人段、歩御小姓に進席している。松隈勇の祖父・久之允（のち久吾）も寸志で諸役人段に進席して明治維新を迎えた豪農であった。

松隈勇は熊本県立済々黌高等学校に残されている学籍簿によると、玉名郡西高等小学校を卒業して一九〇一（明治三四）年四月、熊本県中学済々黌（のち熊本県立中学済々黌と改称）入学、同年八月三一日、家事都合により退学となっているが、真の退学理由やその後の経歴が明らかでない。官憲の調査報告では県立熊本工業学校に入学し二学年で退学したとしている（『社会主義者・無政府主義者人物研究史料』）。

九州伝道行商旅行中の小田頼造は熊本県下に入った一九〇五（明治三八）年四月二四日夕方、長洲町に着き松隈勇を訪ねて泊った。小田は日記の中で松隈を〝同志〟と呼んでいる。松隈は小田の伝道行商に積極的に協力して翌日は中島田鶴雄と共に三人で長洲町を伝道行商、夜は談話会を開いた。雨天にかかわらず二三人が会し、後に三、四名の婦人も参加した。小田は松隈宅に三泊した。

この小田の伝道行商と談話会を契機として松隈らによって社会主義者グループ「民声倶楽部」が組織された。松隈を中心に三井謙吾（磯月）、中島田鶴雄（天花子・薫月）、守屋武夫（秋香）、宮本正三（霞山）、島崎三郎（孤星）のほか倉岡恒蔵、田島寿一郎らが結集し、官憲の干渉にもかかわらず毎月の研究会を続け、一九〇六年二月二五日には社会主義学術演説会を開き三〇〇人余の聴衆を前に六人の会員が演説した。同年五月一五日には社会主義街頭演説会を開くなど活発な活動を展開した。この間に同年四月には松隈勇、守屋武夫の二人が「久留米新聞」の記者となり長洲を離れたので活動の中心からはずれたが民声倶楽部の活動は続いた。

このころ松隈らの長洲における活動と同じ玉名郡内に住む松尾卯一太らのグループとの間に交流はあったのであろうか？　長洲の動きは「光」に通信されているので当然、松尾らは知っていたであろう。明らかにする資料は未発見である。ただ松隈が「久留米新聞」に入社直後の同年五月、新聞創刊計画に関する松尾と新美の打合せの中に松隈の名が登場する。五月三〇日付松尾宛の新美の手紙の文言中に「松隈氏の方未だ渉らず是れ又御待ちを乞ふ」とある。「熊本評論」が創刊された一九〇七年六月には官憲の記録に誤りがなければ、松隈は「熊本毎日新聞」の記者になっていた。創刊号は松隈にも配られた。第二号に長洲松隈遠舟の署名の「愈々熊本評論が盛装して出まして、喜ばしく読みました、挿画にありし阿蘇の噴火よりも激しき諸君の健筆は、定めし自由を束縛する総ての者を焼き尽すならん」の一文が掲載されている。

当然のことながら松尾卯一太の存在を知っていたであろう。先にあげた新美の松尾宛書簡で明らかなように新美との交流もあったであろうが、松隈が熊本毎日新聞社入社当時は新美は同紙の次席記者であり、『熊本評論』同人の田村次夫も在社し、松岡悌三、首藤猛熊も同僚であった。このような松隈が彼らと交流があったとしても不思議はない。一九〇七年一二月二四日夜には熊本評論社を訪ねている。「熊本評論」の紙面が直接行動派への傾斜を示しつつあった新年特集の第一四号（一九〇七年一月一日）には「革命と新年」と題した詩を寄稿している。しかし、それ以上の深いかかわりを示す資料はない。松隈はキリスト教徒であった。松隈は「久留米新聞」、「朝鮮時報」（釜山）、「熊本毎日新聞」、「九州中央新聞」（熊本）、「九州実業新聞」（熊本）、「九州毎日新聞」（久留米）を転々としたのち、一九一〇年、「九州日報」（福岡）に入社して漸く定着した。福岡県の著名な社会主義者・横田宗次郎と特に親しく、官憲は「社会主義者横田宗次郎ノ親友ニシテ一挙手一動横田ト行動ヲ共ニスルノ状アリ」と報告している。また、同じ記者仲間の社会主義者・大森三郎、阿部長太郎、森繁と親しく交流した。このため「要視察人」として九州毎日新聞社在社中の一九〇八（明治四一）年八月一八日乙号編入、「九州日報」入社後の一九一四（大正三）年三月三〇日甲号に編入された。

志賀　連（しが　むらじ）（一八七八―一九二四）

一八七八（明治一一）年一二月一五日生。志賀親長の長男。戸籍簿によると一九〇七（明治四〇）年、父の死による家督相続ののち本籍を熊本市山崎町三一番地より飽託郡花園村（現熊本市花園町）一四一番地に転籍している。

一九〇三（明治三六）年八月一五―一七日、片山潜、西川光二郎ら社会主義協会の一行が遊説のため来熊した。西川は「社会主義遊説日記」の中で志賀について「志賀君先づ立て茶話会開会の趣旨を述べ、次に松崎君立て演説を始め、凡そ二十分ばかりも立ちしかと思ふ所へ警部森某、乗り込み来りて又々解散を命ず……」「熊本市の有志は社会主義協会の支部を設立することに決し牧田忠蔵、志賀連の二君を委員に選べり」と記している。しかし志賀が委員に選ばれた社会主義協会熊本支部の構成メンバーや活動内容を知る資料は未発掘である。翌年の正月には『社会主義』に年賀状を寄せている。

新美卯一郎とは小学校時代からの友人であった。「熊本評論」は志賀を〝社友〟として扱っている。人力車夫問題を契機として開かれた熊本評論社演説会では「矛盾せる社会」の演題で壇上にたった。その模様は首藤猛熊の記事によると次のようであった。

「之又拍手に迎えられ沈痛、凱切の雄弁もて現代の社会状態が如何に矛盾せるかより説き起し、之を救ふて平等なる幸福を得んと欲せば、諸君は是非共吾が社会主義に来らざる可らず、とて社会主義の根本義に入り以て現代社会制度を根本より打破せざる可らずと結論し予は尚ほ大に腹案ありしも情極って語を絶すとて壇を下る」

志賀は熊本評論社にしばしば出入りし、新美、松尾らと深く親交した。一九〇八年七月、赤旗事件の突発で坂本清馬が上京した際、志賀連は坂本に同行した。志賀は熊本評論社の資金調達に関する要務を松尾卯一太から託されての上京であった。遅れて八月には新美卯一郎も上京した。

赤旗事件の第一回公判（八月一五日）には新美と共に傍聴した。「熊本評論」第二九号の「赤旗事件公判筆記」の末尾に「此の日幸徳秋水、坂本克水君等新聞記者席にあり、場外には百余人の群衆溢れたり、評論社の新美君、志賀君、清国同志、在京一般同志、何れも朝来より来廷せり」と記述されている。

宮崎民蔵に伴われて新美卯一郎が幸徳秋水を訪ねた。新美はこの他にも在京中に守田有秋、堺タメ子、大杉ヤス子ら関係者を訪問しているが、志賀連が同行したか否かは不明である。

志賀は新美が帰熊したあとも東京に残った。しかし、志賀は松尾、新美らの同志的信頼を裏切った。志賀の行為についで坂本清馬は次のように記している。

……同年（一九〇九年=引用者註）六、七月頃熊本出発私ハ志賀連ト同伴ニテ帰京セリ同年志賀連ハ帰国シタルガ私ハ彼ガ何時帰国シタルヤ知ラザリシ也即チ後ニ松尾卯一太出京シテ連ガ其ノ宿泊シ居リタル麹町区飯田橋六丁目下宿業小林某ノ宅ヲ食逃セリト云フ事ヲ耳ニシタル迄ハ彼ガ帰国セシ事ヲ知ラザリシナリ志賀連ハ彼ガ出京中松尾卯一太ニ対シテ一種ノ委託品詐取委託金消費等ノ行為アリタルガ為メニ松尾ヨリ甚シク譴責セラレタリ同年一二月頃（ト記憶セリ）志賀連書ヲ裁シテ曰ク余ハ松尾等ノ迫害（即チ前記ノ詐取的行為ニ対シテ）ニ耐ヘ得ザレバ再ビ出京スル考也請フ君余ノ為メニ計レヨ（取意）ト当時私ハ志賀連ノ行為ヲ悪ミ居リタレバ彼ニ対シテハ一片ノ葉書ダモ与ヘズシテ彼ノ来翰ヲ松尾ノ方ヘ回送セリ……」（『坂本清馬自伝・大逆事件を生きる』）

松尾は熊本評論社の活動資金調達のために松尾家の家宝にも類する物品を東京で現金に換えるべく、この要務を志賀に託して上京させたが、志賀が使い込んだといわれている。このため同年一一月、松尾は在京中の志賀の行為の後始末のため上京し、運命の幸徳宅訪問となったのである。

しかし、志賀は依然として熊本評論社や松尾宅に出入りしている。

「大逆事件」では志賀連は七月三〇日、家宅捜索、押収、同日菅野善三郎検事、のち臼杵九郎検事により尋問、また東京地裁で原田鑛予審判事に証人として尋問された。一九二四（大正一三）年一〇月五日、板橋の東京市養育院で孤独のうちに死没。妻子はなかった。

「熊本評論」関係者の経歴等について

御参考までに以下の諸点をお知らせします。

1　「熊本評論社」の旧社屋の写真が手元にあります。一九四七年、「熊本日日新聞」に「車夫騒動」（「熊本評論」と熊本人力車夫同盟会の闘い）を連載するため取材中に発見したもので、現在では個人の住宅、最近改築していますが、発見当時は旧い形で残っていました。その際撮影したものです。当地では熊本近代史研究会で発表しましたので研究者の間では広く知られるようになりました。

2　松尾に関して『大逆事件アルバム』（一九五二年四月刊、明治文献）では「（熊本の済々黌中学校）四年を修業、明治三七、八年頃より社会主義に関心を持ったというが、宮崎民蔵の土地復権運動のことであろう」（八七ページ）と記述され、こうした見地から『日本社会運動人名辞典』（一九七三年三月刊、青木書店）でも「熊本市の中学済々黌四年を修了。一九〇四年宮崎民蔵の土地復権同志会の運動に関心を持つようになり」（五一三ページ）と記述されています。

しかし、調査によると明治三二年五月一一日、五年生で依願退校しています。したがって五年中退とすべきでしょう。

また、「平民新聞」「直言」「光」の読者であったことも明らか（拙稿「熊本評論関係資料」『近代熊本』第二〇号、第二一号）、かつ小田頼造の九州伝道行商でも一部、行を共にしています。土地復権運動に関心があったかなかったかは別として、この時期の松尾と社会主義とのかかわりが重視されるべきです。『社会運動人名辞典』の「訂正および補遺」では指摘しておきました。

3　新美卯一郎の経歴についてですが、『大逆事件アルバム』では「済々黌三年修業、東京にでて……」（八八ページ）とありますが、四年生になった明治三一年九月八日、商船学校入学を目標に退学しています。したがって「四年中退」とすべきでしょう。

また「新美の思想は終始、宮崎民蔵の土地復権主義者であったとみられ」とあるのも終始を強調していいのか疑問も残ります。『社会運動人名辞典』でも、「済々黌三年を終了」となっています。『大逆事件アルバム』と同一筆者だからでしょう。

4　佐々木道元の経歴、『大逆事件アルバム』の「済々黌五年二学級」は「二学期」の誤植でしょう。明治四一年一二月一四日「家事都合」で退学となっていますが、「平民評論」には「佐々木道元氏、嚢に熊本県立済々中学を追われる」とありますので、卒業直前のことでもあり、弟の徳信は卒業していますので「家事都合」は疑問です。追われたのでしょう。いわゆる「自主退学」処分ではないかと考えられます。

5　飛松与次郎ですが、『大逆事件アルバム』では「郷里で小学校を卒業して」とありますが（『社会運動人名辞典』初刷も同様）、四丁尋常小学校から広見高等小学校に学んでいます。従って「高等小学校を卒業して」が正しいでしょう。『大逆事件アルバム』では「当座のつもりで文学新聞ぐらいに思って、松尾の平民評論社にはいり」、また『社会運動人名辞典』でも「文学新聞ぐらいに思って」とあります。これも『人名辞典』の方は「訂正および補遺」で指摘しておきましたが、飛松は「熊本評論」の読者であっただけでなく同社に出入りしています。その飛松が「熊本評論」の後身「平民評論」を「文学新聞ぐらいに思って」入社するはずがありません。このことは「平民評論」創刊号の飛松署名の「同志諸君」の一文を見ただけでも明らかです。

四人の墓

四人とは言うまでもなく、松尾卯一太、新美卯一郎、飛松与次郎、佐々木道元の四人である。

【松尾卯一太】 初めて卯一太の墓を訪れたのは確か一九五六年の初夏であった。墓は現玉名市川島（旧玉名郡豊水村川島）にある。目じるしは白い壁の塀に囲まれた、戦前、県下有数の大地主・廣瀬家の広大な屋敷である。道を隔てた広い空き地が松尾の旧居跡である。松尾家の墓は廣瀬の邸宅の裏手にあたる小さな天満宮の近くであった。墓地は綺麗に清掃され、卯一太の墓には花が供えてあった。五〇年代末に訪れた時も同様であった。

この時、気が付いたが松尾の家系は代々肥後藩一領一疋（のちには諸役人段本席に進席）で惣庄屋・代官兼帯などを勤めてきた家柄であるにもかかわらず、墓地には卯一太の祖父・又之允（諸役人段本席、荒尾手永、内田手永、小田手永、中村手永惣庄屋・代官兼帯。慶応四年＝一八六八年没）以降の墓碑しかない。

いささかの疑問を抱いて調べてみると、又之允の後を相続した二男・又左衛門（初め秀次郎―又左衛門―改め又彦）の代、明治元（一八六八）年一二月に小田手永に居住替を許され、又之允出生地の川島に居住を移し、墓地も居宅近くに定めたのであった。それまでは、松尾の先祖・杉原伯耆守氏里（信州嶋田郡・松尾城主）が小岱氏に武将として仕え、天正元（一五七三）年以来、代々荒尾に居住を定めていたが、養子・多助（諸役人段本席、小田手永、中富手永惣庄

松尾卯一太の墓
（『大逆事件アルバム』より）

屋・代官兼帯）の代になり天明元（一七八一）年、坂下手永河崎村に居住替を許された。これは多助の生地で土地を所有していたためであった。前述のように、居所は又之允の没後、後を継いだ又左衛門によって小田手永川島村に移った。

その後の調査で「松尾家元祖の墳」を荒尾市原万田倉懸で発見した。碑面右横に「文久三癸亥年・松尾又之允善明誌」とあるので、又之允が荒尾手永惣庄屋在勤中に建てたことが知られる。堂々とした墓碑で、周囲は綺麗に清掃されていた。しかるに、川島の松尾の墓地は、その後訪れた時には夏草に覆われ、どこに卯一太の墓があるかも判らぬ状態であった。ひときわ大きい廣瀬家（松尾又之允の生家）の墓所のみは整然としていた。刑死した卯一太に対する大地主・廣瀬家の憎悪は今なお続いているようである。どうして雑草に覆われるようになったのか？　近くに住む老婦人の家を訪れて聞いてみると、以前は旧豊水村に住み、松尾一家の人望を慕う婦人会や老人会が清掃していたが、卯一太の刑死後離散した松尾一家を知る人も今では少なく、次第に墓を守ってやる人が無くなってしまったということであった。

その日は同行した妻や義妹夫妻、甥姪の手を借りて、何とか雑草を除去したが、素手では完全にというまでにはゆかなかった。「今度来る時には鎌を持って来なければ無理だナ」と話し合ったことであった。さきの老婦人の家は、かつて坂本清馬が卯一太の家に滞在したのち清馬と駆け落ちを試みた娘の生家であった。老婦人は「他所の人に墓掃除をしてもらうようでは川島の恥。老人会の人々と話し合って盆、暮の墓掃除くらいするようにしませんと……」と独りごちた。その後、玉名地区労で講演をする機会が幾度かあって、二度ほど同地の労働者に卯一太のこと、墓地の清掃のことなどを訴えた。しかし、数年後、西尾治郎平、酒井一（龍谷大学）、猪飼隆明（熊本大学）などの諸氏に要望されて案内した時も墓地は荒れていた。

もはや明治は、はるかに遠くなってしまったのである。ましてや〝大逆事件〟連座者の墓ともなれば。同行者のたっての希望で廣瀬家の門をたたいたが、応対に出た当代の夫人はけんもほろろであった。

本稿を記しながら数年前、日本社会文学会秋期大会で信州・松本地方を旅して宮下太吉の記念室が明科町の公民館内に設けられていたことを想起した。筆者は帰熊後、熊本近代史研究会「会報」第二二一号（一九八九年一二月）に「松本・安曇野の文化風土」と題して明科の宮下太吉記念室に触れながら「松本駅に向かう帰途のバスの中で能本での状況に思いを巡らしていた。一九六一年夏、熊本日日新聞連載の企画『熊本人物鉱脈』（一九六三年五月二〇日単行本で出版）中に田添鉄二、松岡荒村を取り上げることは認められたものの大逆事件連座者松尾、新美らの執筆は終に採用されなかったこと、……一九七二年七月一六日〜八月三一日まで熊日紙上に掲載した「車夫騒動」で松尾や新美など『熊本評論』は漸く熊本で市民権を得始めたと言える有様であった」と述べた。もとより、まだ完全な市民権を得たとは言えない。

［注］肥後藩の惣庄屋は行政区画であった各手永（平均して三〇ヵ村、大きい手永は七六ヵ村。最大石高二万七〇〇〇石以上）を統轄した地方（ぢかた）役人。知行二〇石から一五〇石。在御家人。自分苗字御免。一八七〇（明治三）年七月の郡制改革で惣庄屋は解任、同年八月には庄屋役も廃止、手永は郷に、在御家人は郷士と改称。

（一九九〇・一・五）

【新美卯一郎】一九五五年秋、熊本に帰郷した私は翌五六年、熊本市大江町渡鹿の旧友の家を訪ねた。旧友との再会の喜びを分かちあうことはもとよりであるが、父祖以来この地に住み着いている友人か、その母親に新美卯一郎の旧居と墓を探すための協力を得たい目的があった。

墓の所在は明らかにならなかったが、卯一郎の旧居は即座に分かった。卯一郎の弟（三男）・勝三郎氏一家が旧居跡に住んでいるというのである。勝三郎氏の住まいは友人宅の家の前の道を隔てて流れる加藤清正時代に掘削されたといわれる大井手（熊本市を貫流する白川から取水した用水路の本流）の岸辺にあった。

岸辺と言うより川敷と言ったほうが適切かも知れない。

井出端の道路際から見下ろすと、有り合わせの材料で造ったと思える貧相なバラック小屋があった。新美勝三郎氏の住まいである。

私は足元に注意しながら川原に降りてその家の前に立って声を掛けた。白髪気味の老人で、一人の大柄な男性が出てきた。長い暮らしの辛苦を刻み込んだ顔のように映った。

来意を告げると、立ち話しながら卯一郎について語ってくれた。卯一郎の刑死は母や妹と共に鹿児島で知ったと言う。新美卯一郎の墓地の所在と道順を教えてくれた。その共同墓地は卯一郎の旧居のすぐ近くで、友人の家の裏手にあたる白川縁に近いところにあった。

当時の地名は大江町川鶴の一本松である。

見慣れた仏教形式の墓石群に混じって十字架をかたどったキリスト教徒の墓も数基あった。やっとの思いで新美卯一郎の墓を探しあててカメラに納めた。あとで『日本談義』の昭和三〇年一一月号（六〇号）掲載の宮本謙吾「大逆事件と肥後人」で数年前に荒木精之氏が神風連関係者の墓捜し中、偶然発見していたことを知ったが、当時の私としてはやっと探し当てて初めて新美の墓の前に佇んだとき激した心を抑えることが出来なかった……。

新美家の墓は幾つかあったが、卯一郎の墓碑は正面からみると左に傾いていた。

再び友人の家を訪れ、新美卯一郎の墓がみつかった旨を告げ、話を聞くと新美家の墓のある一本松の墓地一帯は熊本で「六・二六大水害」と呼ばれるすさまじい豪雨と大洪水に見舞われ、火山灰を含んだ濁流が多くの墓石を横倒し、泥土に埋もれた。その復旧ののち傾いたのだろう。大井手端の新美の家もこの時の洪水で跡形もなく押し流されてしまったとのことであった。そのために資力のない勝三郎氏は、いまだにバラックの仮住まいを余儀なくされているということであった。

思えば新美の家は白川の氾濫で一九〇〇（明治三三）年七月と一九五三（昭和二八）年六月との二度にわたって流失し、家計に甚大な被害を与えたのであった。

一九〇〇年の洪水は死者一四名・家屋流失四七戸・全壊八四戸の被害を県下にもたらし、白川川岸に新築間もない新美十五郎（新美卯一郎の父）の水車場、住居は穀物類とともに悉く流失した。第六師団工兵隊の救援で家族を無事避難させた後、濁流の中に孤立した家に残っていた十五郎、勝三郎と二人の雇人は白川の怒濤に矢のように押し流されながら屋根にしがみついて救助を求めていたが、十五郎の決断と叱咤で荒れ狂う濁流に飛び込み、四人とも自力で川岸に辿り着き奇跡的に助かった。

一九五三年の六・二六大水害はその比ではなかった。県下は一八八九（明治二二）年、熊本測候所開設以来初めてという記録的豪雨に見舞われ、菊池、白川水系を中心に各地の河川が氾濫し、交通、通信も途絶して熊本市を中心に未曽有の被害をもたらした。死者四九八名、行方不明三九名、家屋の全壊流失二九〇〇戸、被災者三八万名に及んだ。

泥水は熊本市の中心街にも押し寄せ、市の大半は水深二、三mの泥海と化した。わけても新美卯一郎の墓のある大江町大江の川鶴地区の被害は大きかった。白川岸は幅二〇〇mにわたってえぐり取られ、家屋二〇〇戸が濁流で押し流された。

幸い卯一郎の墓のある一本松墓地は、幾らか高いところに位置していたので流れる泥水で押し倒されるなどの被害はあったものの流出はまぬかれた。

新美卯一郎の墓
（『大逆事件アルバム』より）

なお、先に触れたように卯一郎の旧居もこの洪水で押し流されてしまったが、座敷に掲げてあった卯一郎自筆の鉛筆書きの自画像も家と共に流失してしまったとのことである。

墓には「新美卯一郎之墓」と刻まれ、「明治四十四年一月二十四日歿　行年三十二歳」「大正十年一月再建　母トナ妻ト子」とあった。新美一喜氏（卯一郎の刑死後、堺利彦から遺骨を受け取り熊本に持ち帰った卯一郎の従姉妹婿・三郎の三男）に教えられて卯一郎の妹・越智ノブさんを訪ねたおりお聞きしたところでは、墓は卯一郎の内縁の妻だった金子トクが卯一郎の母の了解を得て建立したとのことであった。「ト子」とは言うまでもなくトクである（トクは再婚することはなかった）。

その際、迂闊にも墓碑に刻まれた「大正十年一月再建」の事情を直接卯一郎の妹ノブさんから聞き忘れた。しかし、堺利彦宅から卯一郎の遺骨を熊本の自宅に運んだ新美三郎の長男・大蔵氏および三男・一喜氏に話をうかがったところでは叔父・巳之太郎、いとこの三郎・美喜夫妻、金子トクらの手で飽託郡一本松の新美家の墓地に葬られた。当初は木の墓標で一喜は父・三郎に伴われてよく墓参したことを記憶していた。のち、金子トクの拠金で一九二一年一月、石塔が建立されたとのことであった。

その後、一本松墓地は熊本市の都市計画で姿を消し、新美家の墓は立田山斜面の市営の小峰墓地に改葬されている。勝三郎の長男・美徳氏によって立派な「新美家の墓」と記した墓碑が建てられ（一九六三年三月）、卯一郎の遺骨も此処に合葬された。しかし、越智ノブさんの強い希望で一本松墓地にあった新美卯一郎の墓碑のみは移されて「新美家の墓」の傍らに保存されている。

（一九九〇・五・五）

〈お知らせ〉熊本市小峯墓地にある新美卯一郎墓石が墓地の都合で移動しました。今までは新美家の墓の横に東に面して建っていましたが裏側に西に面して建っています。

【飛松与次郎】 四人の墓のうち飛松与次郎の墓もしくは遺骨の所在が、どうしても発見できなかった。まず、熊本県鹿本郡鹿北町の四丁地区から始めた。与次郎が生まれ、育った故郷であり、本籍地でもあった。しかし、ここでは古老に聞いても墓地を探しても手掛かりは得られなかった。

与次郎の本籍地・鹿本郡広見村は明治二二年の町村合併に伴い四丁村と芋生村が合併して生まれた村であるが、与次郎が生まれた明治二二年頃の四丁の人口は七一三人程で明治八（一八七五）年調べの『郡村誌』と大きな変化のない（一〇〇戸・六九六人、田一〇二町、畑一〇九町）寒村であった。そんな山村地域でも手掛かりが得られなかったのである。町役場で飛松の除籍謄本を貰い、念のため町教育委員会に出向いた。幸い社会教育の係員が私の名前を知っていて種々協力してもらったが分からなかった。ただ、町では町史編纂の事業を進めており、その編集委員の一人である古川干城氏を紹介してもらった。

古川氏を訪ねてみると、氏は幼時は四丁に住み与次郎とは幼なじみで、尋常小学校も同じで、広見村役場（現在は岩野・岳間村と合併して鹿北町）時代には同僚だったということであった。いろいろと貴重な話を聞かせて頂き、その後の与次郎の調査に多くの手掛かりを得たが、墓の所在は依然不明であった。

飛松　与次郎
（『大逆事件アルバム』より）

古川氏の話からの示唆で、再び役場で別の与次郎の除籍簿を捜して貰い謄本を貰った。新たに取った謄本を見ると与次郎は昭和一八年一〇月、山鹿町に転籍していた。与次郎の死没地である。教えられて山鹿市役所に西川氏を訪れた。教育委員会の森川恒臣氏が種々調べているらしいから詳しいのではないかとの事で、さっそく教育次長の森川氏から貴重な時間を割いてもらって、いろいろの情報を得た。森川氏は鹿北町出身であった。

未亡人の飛松カズエさんが市内にいるが、現在、市民病院に入院中だと言う。ただ、ここでも与次郎の墓は分からなかったが、家族の住所・地番を教えて貰った。

二度目の調査で住居を探した。与次郎の死没地とは異なっている。山鹿市大字中七四〇と先に森川氏から教えられていた。探すのに随分、時間が掛かったが市営の栗林住宅の七ブロックにあった。留守だった。近所の人に聞くと名古屋に行っているとのことであった。後の調査で分かったことであるが、与次郎との間にできた長男の景史（昭和四二年七月二二日死亡）のもとに行っていたらしい。当時としては行き先がつかめず、糸が切れた感じであった。

一九七〇年の夏頃であったろうか、飛松与次郎の鹿北町の除籍謄本に記載されていた転籍先の山鹿町（現在は山鹿市）大字山鹿一三三二番地の本籍で戸籍簿および住民票から飛松カズエ氏について山鹿市の知人に調べてもらった。前年一一月八日、山鹿市大字山鹿一五四〇番地で死亡しているとの返事が返ってきた。飛松与次郎の除籍簿は「全員除籍につき昭和四拾四年拾壱月八日本戸籍消除」となっていた。

一九七三年一月一四日付の「熊本日日新聞」朝刊は第二社会面トップで飛松与次郎所有のスクラップブック発見を写真入りで大きく報じた。

鹿本郡鹿北町森林組合事務所のほご書類箱から見つかったと言うのである。スクラップブックには「大正一五年一月、所有者鹿本郡広見村大字四丁、飛松与次郎」の署名があると報じていた。同年五月、鹿北町森林組合を訪れ、組合長の野中徹氏にお会いしてスクラップブックを見せてもらった。内容は与次郎が仮出獄後書いて新聞に掲載された文章を主とした関連記事であった。与次郎を知る上での貴重な資料であった。今なお発見されていない小新聞の切り抜きなどもあり、出獄後の社会的関心の在り方をしり得た。

ただ、どういうわけか目次にはあるが欠落した部分がある。「大逆事件から甦生して」他三点である。これらの記事はのちに阿蘇郡小国町北里の「北里図書館」で発見した「九州新聞」などで補うことができた。北里図書館は戦後閉館されたままになっていた国際的に著名な北里柴三郎の寄贈によって設立された図書館で、同博士の生家と隣接している。

余談であるが戦前の熊本県下には各郡に図書館があり、教育会館と併設され、教育会が管理していた。これらの施設は戦後、県教員組合に移管されたが、戦後の荒廃のなかで各郡とも図書類は散逸してしまった。幸い北里図書館は教育会の管理下にはなかった。小国の鄙びた北里にあって敗戦とともに閉館していたので蔵書類の散逸も免れていた。町教育委員会の同意をえて近くの北里氏（近世初頭以来、歴代総庄屋の家柄を誇る小国郷の名家）から鍵を借りて書庫の二階に上がって驚いた。政友会系の熊本、福岡、大分の新聞が製本もされないまま日付順に山積みされていた。熊本日日新聞（「九州日日新聞」と「九州新聞」の戦時統合）資料部にも大分合同新聞社にも両県の県立図書館にもない日付の揃った新聞であった。

さて、鹿北町森林組合長の野中氏は飛松の親類筋に当たる人であった。しかも、仮釈放の与次郎を村役場職員に受け入れた当時の村長は、野中氏の父親・野中（飛松）伝次郎であった。この時の鹿北町調査を機会に再び古川氏を訪問して与次郎の戸籍と文章や書簡類に表れる親類の違いを解明する手掛かりを得た。また、与次郎の広見小学校時代の学籍簿のコピーなども鹿北小学校で入手したが、組合立の高等小学校の方は随分古く解散していて書類の所在などは不明であった。

だが、飛松与次郎の墓の所在は依然として分からなかった。彼の境涯からして墓はないのだろうと諦めていた時、意外な機会で遺骨の所在が明らかになった。

一九八一年三月、西尾次郎平、酒井一両氏が来熊し、請われて熊本市内（熊本評論社社屋跡。新美卯一郎関係・佐々木道元関係など）、県南部（松岡荒村など）、県北部の玉名市（松尾卯一太関係）および山鹿市（飛松関係）などを案内した。

飛松関係では井上栄次県議（熊本市）の紹介で地元選出の古閑一夫県議（元山鹿市長）にお世話になった。誠意に満ちたおもてなしであった。古閑氏宅を訪れると客間には与次郎が襖に書いた書（与次郎は大きい書が得意で旧広見村、旧川辺村、山鹿町などの旧家に多く残っていたと言う）などが置かれていた。古閑氏の父・辰喜氏（川辺村村長・県議）こそ飛松与次郎の広見村役場吏員、のち川辺村吏員に斡旋したその人であった。極貧の与次郎に衣類を与えたり何かと面倒を見ていた（辰喜の長女・古閑信子氏談）と言う。県北部の政友会の重鎮で野中広見村長もその系列下にいた。

「使いをやっていますので間もなく来ましょう」と古閑氏が言った。やってきたのは高田エミ子さんであった。与次郎が星子カズエと結婚した時の連れ子で、婚姻して星子から高田に姓が変わっていたが、未亡人であった。先に栗林住宅を訪ねた時、高田エミ子の表札があったことを思い出した。その時も留守で、つぎに訪ねたときには住人が変わっていた。移転先が分からなかった。

意外にも古閑県議の自宅近くの山鹿市大字鍋田二一〇六番地に住んでいた。独り住まいであった。話しているうちに飛松与次郎の遺骨はエミ子さんの手で山鹿市内の関山堂本澄寺の高田家の納骨室に妻・マツエの遺骨と共に納めていることが分かった。同行者と共に本澄寺に向かい、与次郎の遺骨にむかい頭を垂れて慰霊することができた。しかし、後に同寺を訪れた時には与次郎の遺骨はなかった。寺に聞くとエミ子さんが持ち出したらしい。今日なお行方はわからない（現在、本澄寺にある—編者）。

一九八八年八月、水資源関連の視察で菊地市の菊地渓谷（一般には菊地水源の名で親しまれている）を訪れた時のことである。

清流沿いの山道をあるいていると山際の道の傍らに何やら碑が建っていた。同行者は県の係員を先頭に歩を進め碑などかえりみる者は一人もいなかった。私はいくらか気になって碑に近づいた。当地（旧水源村）の「新四国八十八ヶ所」の由来を説明した碑のようであり、歴史的関心を失いかけながら碑面の文字に目を走らせている内、「飛松廣海」の名前を発見した。私は暫し碑の前に佇んだ。飛松廣海は与次郎の長兄の名前である。除籍簿で旧名「角次」を「広海」に改名（大正六年六月許可）していることと菊地郡水源村に戸籍を移していることはすぐ思い浮かべた。

だが、除籍謄本をとった当時としては、それがどんな事情に基づくものか解明するまでには到らなかった。偶然見つけた碑の説明板によると廣海は水源村永山の網立寺の住職で昭和のはじめ頃、新四国八八ヵ所を建立して住民に普及したとあった。飛松廣海は出家していたのである。恐らく出家に際し、角次から廣海に改名の許可をうけたのではあるまいか。真言宗である。

鹿本郡広見村からの転籍先は調べてみると菊地郡水源村大字原四二六九番地の一で網立寺の所在地と一致した。水源村は現在では菊池市となっているが旧水源村は菊地市の土地面積の七七％を占める山地と渓谷地帯で多くは原生林に覆われている。この地に新四国八八ヵ所を建立することは難事であったに違いない。飛松廣海住職の苦労が偲ばれる。

念のため網立寺に電話をしてみたが、ここでも飛松与次郎の遺骨の行方はわからなかった。

（一九九二・一・五）

【佐々木道元】 一九五〇年代の終わり頃であったか。私は熊本県立濟々黌高等学校を訪れた。大逆事件に連座した熊本の四人のうち飛松与次郎を除く松尾、新美、佐々木の三人が濟々黌に学び、また「熊本評論」の関係者のうち松岡悌三、古庄友祐、志賀連らや松尾の妻・倭久（通称は静枝）の兄・佐々木常人も濟々黌に学んでいたからである。

当時（熊本県尋常中学濟々黌）の学籍簿が残されていないかと思っての濟々黌訪問であった。某事務長に来意を告げ、学籍簿が保存されていないか調査を依頼した。しかし、回答は「その様なものなどは存在しない」という素っ気ないものであった。いったん私の前から姿を消した彼の返事があまりにも早かったので、多分ろくろく調べないで回答したのではないかと誠意を疑いつつも同校を辞するほかなかった。

濟々黌は明治期の熊本県下における中等教育の中心的存在であり、かつ現在でも県下で最も長い伝統を誇っている。しかも、学籍簿は永年保存で何らかの事故か廃校にでもならないかぎり一般的には残っているものである。

手掛かりを得ないままに諦めていたが、果たせるかな一九七九年になって保存されていた濟々黌の学籍簿による二つの報告が発表された。

一つは〝松尾卯一太の濟々黌時代の成績表〟（山下信哉「松尾卯一太とその周辺」『石人』二四〇号）であり、いま一つは七九年当時、濟々黌高校に歴史担当の社会科教師として勤務していた熊本近代史研究会の水野公寿氏の「濟々黌に学んだ初期社会主義者たち」（『歩み』三号）で「史料は各年度の『生徒名簿』（学籍簿）である」として、松尾、新美、佐々木、松岡、古庄、志賀その他の濟々黌在校期の学籍について発表した（この文章は後に『熊本評論』周辺の青年たち」『近代熊本』二一号、一九八一年一二月の論文にも収録された）。

佐々木道元は熊本市西坪井町七番地（現熊本市壺川一丁目一〇番三号）の即生寺の次男として明治二二（一八八九）年二月一〇日に生まれた。大日本帝国憲法が公布された年である。大正五（一九一六）年七月二五日、千葉監獄で獄死した。兄は徳母。弟は徳信、信道。即生寺を数度訪れた。最初は一九五〇年代の中頃であったか？

即生寺は、明治一四（一八八一）年に出版された『熊本区誌』によると「東西十間余　南北十七間余　面積三畝二十五歩　真宗同上（筆者注＝「東派山城国本願寺ノ末派ナリ」）本区ノ艮（筆者注＝コン・うしとら、東北の方角）西坪井町ニアリ　慶長年中僧道空開基創建ス明治十年同上（筆者注＝西南戦争の年、「兵燹ニ罹リ焼燼仮宇設立アリ」）」との記述が見られる。

一九五〇年代末は大正・昭和期の社会運動の調査研究と執筆に追われる日々だったが、一九六〇年代に入って確か大逆事件再審請求が行なわれた頃であった。再度、佐々木道元が生まれ、育ち、眠る即生寺を訪れた。境内にはいるとすぐ左側に「即生寺之墓」がある。道元はここに眠っている。前回は気付かなかったが、この墓は新しいなと思った。家人は留守であった。即生寺は慶長年間の開基であり、慶長といえば肥後は加藤清正の所領であり、近世初期であるから決して新しいとも言えない。歴代住職の墓があるかと探したが、発見できなかった。墓地など寺域が狭すぎると、漠然と感じつつ帰宅した。

三度目に、道元の墓に詣でたいという希望で同行者数人を予告もなしに案内したところ、幸い坊守さんがご在宅であった。話をきくと同寺の脇を流れる坪井川の改修工事で寺域を削られたということであった。しかも、東本願寺派ではなく浄土真宗西本願寺派と語られた。

その後、機会があって現住職の徳明氏（道元の甥、末弟・信道の子）に聞くと、昭和九年の坪井川改修工事で墓地が削られ、その後に「即生寺之墓」が出来たので、墓碑には昭和一四年一一月建立の旨が刻まれているという。

しかも、即生寺は以前西本願寺派であったが、今では単立であるとのことであった。

水野公寿の濟々黌の生徒名簿（学籍簿）に基づく調査報告によると、佐々木道元は、

明治三二年三月　壺川尋常小学校卒業

明治三五年三月　熊本高等小学校卒業

明治三五年四月　熊本県立中学濟々黌入学

明治四一年三月　同四年終了

明治四一年一二月一四日「家事之都合」で退学

となっている。

問題は二つある。

①熊本高等小学校三年から濟々黌に入学した道元は、進級が二年遅れて弟・徳信と二年生から同学年となっている。

②卒業を間近に控えた五年生の明治四一年一二月に退学している。退学の理由は「家事之都合」となっている。しかし弟・徳信はそのまま在学して卒業している。「平民評論」は、道元が同校を「追われたる」と記述している。この年、熊本評論社に出入りし寄稿したりしていた尾前正行も熊本師範学校を追われた。

道元に関するこの間の事情は、『大逆事件と『熊本評論』』で触れたところである。

熊本に生まれ育った作家・徳永直は、青年期の大正中期を文学青年としてだけではなく、熊本や島原などでの労働運動を中心とする社会主義運動に身を投じていた。その徳永直の作品に佐々木道元および兄の徳母または明らかに徳母とおぼしき人物の名前が登場する。

「黎明期」および「黒い輪」である。労働者作家・徳永直の作品に登場する人物の名は、彼の多くの作品が自伝的要

素を持っているため、たとえ無名の人物であっても歴史的には特定の人物を比定できることが多い。もっとも小説であり、当然フィクションもあることに留意することは必要であるが……。

一九六〇年代始めに二度目の即生寺訪問の時には、必要があって当時所在が確認されていた「九州日日新聞」「九州新聞」の記事をすでに調べていた。これらの新聞記事の中から佐々木道元の手紙にかかわる「判決当日に着した陰謀者の手紙／母上からだを御大事に」（「九州日日新聞」明治四四年一月二〇日、熊本城顕彰会蔵。熊本近代史研究会の「熊本評論」輪読会を契機に請われて『近代熊本』二〇号に『熊本評論』関係資料」として発表）のみでなく道元に関する他紙の記事と共に長兄・徳母に関する大正期の動きについての記事も知ることができた。

徳母も濟々黌に籍を置いたことがあるが、彼は初期社会主義に深い関心を寄せ、「熊本評論」にももとよりかかわっている。大逆事件当時はたまたまシャムに行っていたため、取調べを免れたというのが、遺族の間の言伝えのようである。神崎清によって発表された大逆事件の『証拠物写』にあげられている佐々木道元関連の目録を見ても徳母の蔵書と考えられるものが多い。道元に思想的影響を与えたのは兄・徳母であったろうし、徳母の蔵書類の一部を耽読したであろうことは容易に推論される。

徳永直は、「黎明期」の中で、

友人の米村が「君に見せるものがある……」

便所から戻ってきて、痩せ裸を海老のやうに屈げて、私の横にもぐりこみながら米村がささやいた――。

「これはネ。ほら幸徳秋水達の『平民新聞』の切抜だよ、俺それあの×××の一味だった佐々木道元氏の弟から借りてきたんだ――。写したらちゃンと、送りかえしてくれなきァ困るぜ」

「改造」の間から、殆ど赤茶けた、小さい新聞の切れッぱし……。クロポトキンの「青年に訴ふ」があらはれた――。

また「黒い輪」では、

先輩に当たる友人・内村の手紙に触れて「あるときの手紙には、短歌会のかえり加久田茂雄などと上通町の喫茶水谷でコーヒーのんでいたら、同じ歌の会にきていた先輩で佐々木頼母という寺の住職が、「君たちロシヤ革命知っとるか」ときいた。加久田が「そんなもん知らん」と答えたら、「教えてやるから寺にこい」と言った。面白い坊主だと思ったが、この坊さん、獄死した佐々木道元の弟だそうだなどと書いてあった。」

文中の米村（「黎明期」）、内村（「黒い輪」）は、実在したアナーキストの米村鉄三であり、加久田は角田時雄であろう。なお、徳永の著書『あぶら照り』に収録されている「白い道」に登場する小野も米村鉄三であろう。

引用した徳永直の二作品に佐々木道元の名前が出てくるが、彼の弟の佐々木頼母は兄の徳母であろう。

東南アジア方面で民族運動に関わったという説があり大陸浪人的側面も感じられるが、「熊本評論」の時代の徳母は初期社会主義に強い親近感を持っていた。しかし、松尾卯一太が明確に幸徳派の無政府主義を掲げて創刊した「熊本評論」の後継紙「平民評論」社に道元が同人として正式に加わることには反対している。

新聞資料によると、大正期には熊本県下で普通選挙運動に奔走している。

大逆事件熊本組の首領ではないかと目された佐々木徳母もまた「即生寺之墓」に道元とともに合祀されている。

熊本における研究動向

熊本で近・現代史の研究にかかわる人々が所属する地元の主な団体は熊本史学会（会誌『熊本史学』）、熊本近代史研究会（会誌『近代熊本』・月刊「会報」）、熊本歴史科学研究会（「会報」）、家族史研究会（会誌『女性史研究』）などである。とりわけ活発なのは一九六〇（昭和三五）年一月に発足以来、毎月の研究例会を一度も欠かすことなく継続し、会員が多くの研究成果をあげて来た熊本近代史研究会であると言えよう。同会員の研究は単に熊本の近・現代地方史にとどまらず、全体史、東アジアの近・現代史研究に及んでいる。

初期社会主義研究（対象となるわが国の「初期社会主義」の範疇は必ずしも明らかにされていないが）にかかわる当地の最近の研究動向＝主として上田穣一・岡本宏編著『大逆事件と『熊本評論』』（三一書房、一九八六年一〇月）発刊前後以降の時期について紹介する。

当地で「熊本評論」の調査研究と内容紹介の先駆的役割を果たしたのは宮本謙吾（「大逆事件と肥後人」『日本談義』一九五四年―五五年、一三回連載）と圭室諦成（熊本県史料集成『明治の熊本』一九五七年他）であったが、熊本近代史研究会は発足当初から「熊本評論」および「平民評論」をとりあげ、上田穣一が報告にあたり、『熊本県史』第三巻「黎明期の労働問題と労働者運動」（一九五八年）につづいて、『熊本史学』第四三号（一九七四年二月）に『熊本評論』と人力車夫同盟会について」を発表した。その後「初期社会主義研究の視点」(「会報」一〇六号、一九七八年四月)、「初期社会主義と『熊本評論』」(「会報」一〇七号、一九七八年五月)の上田の報告につづいて、熊本近代史研究会は一九七八年六月から七九年九月まで約一年半にわたって「熊本評論」皆読研究会を重ねた。この間に上田穣一は「新美卯一郎『社会の帰趨と経済界の趨勢』」(「会報」一一一号、一九七八年一〇月)、「『熊本評論』の歴史的背景」(「会報」一一七号、一九七九年四月)を報告し、つづいて上田は「『熊本評論』と労働問題」(「会報」一二三号、七九年一一月)、「新美卯一郎『愛国の説』」(「会報」一二四号、同年一二月)を、犬童信義が『熊本評論』と農業、農民問題」(前同)を報告した。

「熊本評論」皆読研究会の成果を一層、実りあるものとするために、上田穣一編・解題『熊本評論』関係資料」が『近代熊本』第二〇号(一九七九年一一月)、第二一号(一九八一年一二月)に発表された。熊本県玉名郡豊水村(現玉名市)の松尾卯一太の家で寝食を共にしていた中川斉、新美卯一郎の実弟・勝三郎、実妹・越智ノブ、従弟・新美一喜の聞き書、新美の長崎「鎮西日報」「熊本毎日新聞」記者時代の諸論稿、出獄後の飛松与次郎の著述や諸資料その他の未発表資料などがこの資料集によって公開された。

また、皆読会の成果として『近代熊本』第二一号(「熊本評論」小特集)には新藤東洋男『熊本評論』にみる自由民権論の継承と社会主義の展開」、水野公寿「『熊本評論』周辺の青年たち」および研究会員有志の共同作業による『熊本評論』人物索引」が発表された。新藤論文は「熊本評論」における「自由」の問題を論じ、田丸太郎「地方における初期社会主義」(『歴史評論』第九七号、一九五八年)が初期「熊本評論」を土地復権同志会の機関紙的性格と位置づけたことに対する批判を行ないつつ、「熊本評論」は「自由民権論の継承の上に立って、直接行動派の社会主義論と連携しての発行」とし「社会主義によっての『自由』の獲得であった」と論じた。田丸説については、同論文が発表されたのち、上田穣一は一九六〇年八月の月例研究会の報告(「熊本における明治期の社会主義運動—『熊本評論』を中心として—」)で批判的問題提起を行ない「単純に紙面の執筆者だけで時期区分を行なうことには同意できない。『熊本評論』における『自由』の問題は、自由民権運動の『自由』の思想的継承発展であることに異論はないが、のちの直接行動論への傾斜との関連もあり、慎重な検討が必要である」とした。その後、多くの研究会員が田丸説に批判的意見を表明していた。しかし、新藤論文に対しても岡本宏は「『熊本評論』の『自由』の検討」（「会報」一六〇号、一九八三年三月）で「当初から直接行動派との結合で発足したと受けとられる表現には疑問がある」とした上で、「多様な進歩的立場を『自由』ということで統合したものといえよう。そこに初期『評論』の『自由』の抽象性があると思われる」と述べている。

岡本宏は『新・熊本の歴史』7（熊本日日新聞社、一九八一年）に「『熊本評論』にみる社会主義」、田中浩編著『近代日本ジャーナリズムの政治機能』（御茶の水書房、一九八二年）に「『熊本評論』についての序論的考察」を書き、月例研究会で「『熊本評論』と大逆事件」（「会報」一七七号、一九八四年一〇月）、「大逆事件の新美卯一郎予審訊問調書」（「会報」一九五号、一九八六年五月）を報告した。

前出の水野公寿「『熊本評論』周辺の青年たち」はロシア・ソヴィエト研究者として知られる黒田乙吉、熊本師範学校の青年たち、五校生、中学済々黌、済々黌に学んだ初期社会主義者たちについての研究を発表したものであった。さらに、熊本師範学校を追放された「熊本評論」準同人の「尾前翠村の生涯と文学について」（「会報」一八八号、一九八五年一〇月）を報告した。また、堤克彦は「熊本評論社の周辺人―古庄友祐と守田有秋」（「会報」一八九号、一九八五年一一月）を報告している。

家族史研究会の会誌『女性史研究』第一一集（一九八〇年一二月）は『熊本評論』の女たち」を特集し、原雪江『熊本評論』をめぐって」、石原通子「木村駒子」、犬童美子「松尾静枝・金子トクへの手紙」、石原通子「守田有秋『九州の婦人よ』をよむ(1)」を掲載した。なお、石原通子の守田有秋「『九州の婦人よ』をよむ」の続稿は『女性史研究』第一三集（一九八一年一二月）に掲載された。

雑誌『暗河』第四〇号（暗河の会、一九八六年一月）、第四一号（一九八六年七月）に吉田隆喜「九州における初期社会主義運動㈠㈡」が発表された。初期社会主義関係紙誌の既刊の復刻版の記事を九州に焦点をあててまとめたものである。

×××

「大逆事件と『熊本評論』」刊行直後に発行された『熊本法学』第四九号（熊本大学法学部、一九八六年一一月）に岡本宏「大逆事件熊本関係者考」が発表された。本稿は「判決の当否の検討に力点」がおかれたもので、一では判決「理由」と判決「証拠説明」の検討、二で予審調書などによる検討、三は獄中被告の心情と結末から成っている。

一九八七年一月には上村希美雄「宮崎民蔵と二人の在米社会主義者」（「会報」二〇〇号記念特集）の論稿が発表された。同稿は在米社会主義者である野上啓之助と金子喜一の研究である。また、岡本宏は田中浩編『近代日本のジャーナリスト』に「幸徳秋水、堺利彦」を書いた。

岡本宏『日本社会主義史研究』（熊本大学法学会選書、成文堂刊、一九八八年一二月）は著者が二〇年間にわたって研究、発表して来た日本社会主義に関する諸論文（「共産党と労農派の無産政党論」はあらたに書き改められている）を明治、大正、昭和期の各時期に区分して編案されている。第Ⅰ部の明治期は、第一章「明治社会主義の国家意識（階級国家論への接近、平民社と国家意識、社会主義の分裂と国家意識）」、第二章「明治社会主義ジャーナリスト」（社会主義ジャーナリズムの創始者―幸徳秋水・堺利彦、権威と権力に抗した明治自由人⑴―石川三四郎、同上⑵―大石誠之助）、第三章「大逆事件熊本関係者考」から構成されており、第Ⅱ部の国家論とともに従来、研究者の間でも十分には検討されていなかった初期社会主義者の国家意識に焦点を合わせていることは注目される。第Ⅱ部の大正期は山川均を中心に、マルクス主義国家論の受容と適用、山川均の国際認識と外交批判、社会主義ジャーナリズムの展開の各章から成っている。第Ⅲ部の昭和期は、昭和初期社会運動、共産党と労農派の無産政党論、満洲事変と無産政党について述べている。

石原通子『「熊本評論」の女』（家族史研究会、一九八九年七月）も女性史に関する諸論文の中から、既に発表した「熊本評論」について書いた三つの論文を集めて一冊としたものである。本書は「木村駒子・『熊本評論』の女」「新しい女の敵・新真婦人会の女たち」「守田有秋『九州の婦人よ』・堺利彦との対比」「二〇世紀初め（明治末年）の女たちのために・あとがきによせて」の四篇となっている。

前出の田中浩編『近代日本のジャーナリスト』では岡本宏が「無産運動とジャーナリスト」「山川均」「石川三四郎」を書き、さきに熊本近代史研究会で「東京帝大新人会と熊本」（「会報」一八七号、一九八五年九月）を報告した上田穣一が「学生運動」を書いた。東京帝国大学新人会と早稲田大学建設者同盟の諸誌を対象に、主として赤松克麿と田所輝明に関する論稿である。いずれも初期社会主義研究の範疇に属するか否かは別として上田穣一はアナーキストの「米村鉄三について―大正中期の熊本社会運動」（「会報」二〇一号、一九八九年一二月）、「熊本における大正期の社会運動(1)」（「会報」二〇〇号記念特集、一九八七年一月）の論稿を発表している。本稿は「はじめに」で大逆事件の熊本県下に及ぼした影響に触れると共に、〝冬の時代〟に社会主義の火種を絶やすことなく保ち続けた「九州新聞」の池田貞記、「九州日日新聞」の廣田家森らジャーナリストや年若い青年の小山勝清らの存在を取り上げた上で、従来、あまり明らかでなかった青年社会主義者グループの動きを検討しつつ「労働者懇話会」「熊本印刷技友会」「労働団」の活動から「新人会熊本支部」の結成までが論述されている。

また、上田穣一は『熊本県教組運動史』（熊本県教員組合刊、一九八七年六月）に「戦前の教育と教員運動」を書いている。

以上、この数年来の熊本における研究動向について、あらましを述べた。

熊本県魚貫炭坑の暴動
―明治四二（一九〇九）年―

いわゆる「納屋制度」のもとで、劣悪な労働条件と奴隷的無権利状態におかれた、明治期の炭坑労働者は、しばしば、自然発生的な争議や暴動をひきおこしたことは、周知の通りである。熊本県天草郡牛深村の魚貫炭抗でも、明治四二（一九〇九）年一月、坑夫の暴動が起こり、一〇〇〇名余が参加したとされているが、その詳細は明らかにされていない。

ここに紹介する資料は、この魚貫炭坑の暴動に関する当時の新聞記事（「九州日日新聞」）である。

魚貫地区の無煙炭は極めて良質のものであることで知られている（七六〇〇カロリー＝純炭）。天保年間（一八二九〜四三）に発見されたといわれ、明治二〇年代以後企業化され、明治三八年頃より大正期にかけて最盛期を迎えた（『熊本県史』）。炭質が高く評価され、海軍の艦船用として採用されたためであるが、「掘るも手堀、運ぶも人馬に依存するという原始的経営」（端田津留生著『田中覚蔵伝』、昭和二九年）が長く続いた。現在でも魚貫炭坑は特殊な坑内条件のため機械化が著しく遅れており、一人当り採炭量も月二五トン前後といわれる。

「九州日日新聞」の明治四二年一月二六日、二八日の記事によると、暴動のおきた日本練炭株式会社魚貫炭坑第一坑

天草における無煙炭の出炭量

年　度	出炭量（単位斤）	年　度	出炭量（単位斤）
明治35.	93028637	明治41.	157420407
明治36.	81924419	明治42.	93112400
明治37.	69011963	明治43.	71886473
明治38.	64879608	明治44.	74288840
明治39.	96286666	明治45.（元）	113997840
明治40.	120873252	大正　2.	116938128

（各年次「県統計書」より作成）

熊本県坑山就業人員

明治35.	661人
36.	640
37.	663
38.	201
39.	1021
40.	1187
41.	1020

は、魚貫村字鳶の巣に在り、賃金の遅払が直接の原因となった自然発生的な暴動である。労働者の参加範囲は明らかでないが、紙面では、一〇〇〇名余が参加したかのような記事にもかかわらず、暴動は鳶の巣坑にとどまり、その参加数も八〇～六〇名余ではないかと読みとれる。他の資料によっても、当時の天草全部の炭坑（稼働鉱区二八＝明治四二末）における労働者数は五〇〇名以下であり、一〇〇〇名余の参加とあるのは、明らかに誇張であろう。

◎魚貫炭坑の暴動

△千余名で事務所を破壊す

廿四日午後八時天草郡牛深魚貫炭坑にて千余名の坑夫が突然暴動を起し事務所を破壊したる椿事ありたり暴動は翌日に至るも止ず熊本署よりは応援の為め本日警官数名当地に出張したり（廿五日牛深発電）

—明治四二年一月二六日—

◎魚貫炭坑の暴動（詳報）

△近来の大椿事

二六日　特派員報

天草郡魚貫村字鳶の巣第一炭坑夫千余名が去二十三日坑務主任との間に行違を生じ暴動を起したることは之を報ぜしが今其の顚末を左に詳報せん。

△抜刀で闖入　去る十一日鳶の巣第一炭坑夫三名が泥酔して事務所に来り乱暴せしより第一坑主任大分県産れ佐々木克次郎が之を制したる為め第一坑納屋頭小崎助造（三六）が我が納屋坑夫に対し苛酷の取扱をなせし如く誤解し翌十二日日本刀を提げて第一炭坑事務所内に闖入し主任佐々木克次郎の左頭部を斬り尋いで長崎市中馬米小松民吉（一七）が過日同坑職長佐賀市六座町鬼塚磯吉（五〇）を虐待せしとて去る十八日磯吉が入浴する際鳶口を横腹に打ち込みたるなど本月初旬来坑内何となく不穏の情を呈するに至りたり。

△賃金決算の手違ひ　されば佐々木主任は一方其の傷の療養を加ふると同時に他の事務員をして坑夫らの懐柔に努めさせし甲斐ありて無事なりしが去る二十一日は恰かも旧暦大晦日のこととて事務所よりは坑夫等に対し労銀を決算する筈なりしに如何なる手違にや同炭坑は日本練炭会社の鉱業部なるにも拘ず事務員は坑夫八十余名に対し僅かに金五拾円を投げ出して之れにて済まし呉れよと嘆願し何れ長崎支店より着金を待つて支払ふべしとの交渉を受けしも坑夫等は遂に其の交渉を容れず五拾円は其の儘手も付けず事務員に返戻しなし――の中にも芽出度く迎年して事務所員間にも回礼し温き交情の結ばれる模様なるより事務所にても陰かに喜びゐたり。

△清酒一斗二升　然るに旧正月二日は例年仕事初め日にて毎年就業祝として事務所より第一炭坑納屋に千の字一挺寄贈する例なるに本年に限り労金を充分支払はざるがうへ僅かに清酒一斗二升を贈りて他に何の挨拶をもなさざりしより不満を懐ける坑夫等は寄つてたかつて其の樽を蹴り散らしたる跡にて坑夫は拠金酒を鱈腹飲んだ揚句各自に好い機嫌となり誰云ふとなく「今年の事務所の取扱は何んだ!!吾々を虐待する了見に違いないのだ」と云へば納屋に在りた

る坑夫等十余名は手を拍つて喝采し或一名は「さあ今から事務所を叩き壊すぞ」と下知したり。

△鬨を作つて突喊　その声を聞くや第一坑の納屋に住める無妻坑夫六十余名は手に手に鶴嘴、鳶口等の得物を携さへ一挙事務所を破壊せんと午後三時過ぎ納屋前の空地に隊を整へ鬨を作して突喊し来りたるより三名の事務員は之を見て胆を潰し咄嗟の間に重要書類を取纏めて辛くも避難し得たるが其の後にて坑夫は携へたる得物を以て事務所二棟及び器具を跡形もなく破壊して同所を引揚げ尚ほ第二次には事務所より一丁余も隔りたる会計主任田中豊吉郎方へ乱入せしも田中が留守なりしより是れ亦手当り次第に戸障子鉄瓶等に至るまで其形を存せざるまで破壊し第三次には今回の暴挙に加担せざりし納屋頭吉田只次郎方へ闖入し是れまた戸障子及器物を毀棄したる上当の敵只次郎が留守なりし故同人の妻お何（三〇）を片息になるまで殴打して一同鯨波を揚げて第一炭坑に引上げ尚勢に乗じて自己の起臥する納屋一棟を修繕を施す余地なきまで破壊し勢益々猛烈を極めたり。

△一時は鎮静　魚貫駐在山中巡査は牛深署に急電を発し援助を乞ひたるより山本署長は早速部下八名を率ゐて現地に出張し必死となりて之が鎮圧に努める甲斐ありて辛く同夜十時に至り稍々鎮静に帰せしも一時は恰かも鼎が沸くが如く騒擾を来し其の附近の商家は何時狂徒の襲来を受くるやも知れずと万一を慮りて堅く戸を閉して警戒せり。

△尚不穏の模様　出張の山本署長は必死となり部下を督励して暴徒の鎮圧に全力を濺ぎし結果前記の如く一先づ鎮静に帰せしも不穏の情報到る—以下数字不明—り飛来し再挙の恐れあるより熊本県警察所天草支部—ママ—及び宇土松橋の三署に打電し援助を乞ひたるにより楯石本渡警察署長は廿四日部下二十八名熊本署よりは佐村内尾両刑事三角署よりは西村部長松橋署よりは草野部長天草支部よりは松岡判事一松検事今村有馬両書記現地に出張し一方首謀者を検挙すると同時にまた暴徒の鎮圧中なり。

△暴徒の首謀者　廿四日報第一炭坑夫たる長崎市高野平郷六十二番地渡辺長太郎（二〇）同市稲田町百二十一番地中村義一（二八）同市引地町二十一番地泉辰五郎（一九）三名は今回の首謀者は自分等なりと名乗り牛深署に自首し出でたり。

—明治四二年一月二八日—

◎牛深暴動鎮静（牛深電報二七日）

天草郡魚貫村鳶巣炭坑坑夫の暴動は鎮静に帰したり坑夫の破壊せるは事務所一棟、納屋三棟にして此の損害額約五百円に及びたるが昨日正午より暴動の主謀者小崎助造以下六拾名を召致し松岡判事、一松検事、楯石本渡警察署長担当して徹宵予審を開き目下尋問中の坑夫は右尋問の為め操業せざるも他の坑夫は就業しつつあり坑内の警戒は今尚ほ厳重なり日本鉱炭会社（ママ）より石川支配人出張し調停中なるが該事件につき出張せる官憲は明日迄一応取調を終り二十九日引上ぐる筈なり

田添鉄二

キリスト教社会主義者の機関紙として有名な「新紀元」の創刊（明治三八年）は、熊本出身の二人のキリスト者である徳富蘆花と田添鉄二の積極的な後援によってささえられた。

明治のキリスト教は多数の初期社会主義者を生み、明治の熊本は数多くの著名なキリスト者を生んだ。陽明学＝実学的教養を媒介として入信した初期キリスト教徒の一群――熊本バンドが、とりわけ著名である。彼らは、人に先んじて当時の最も先進的な思想を受け入れ、その中心的指導者となったが、のちには、多くが、あるいは積極的に、あるいは抱き合わされて体制の側に身をすりよせた。

明治社会主義史上に不滅の足跡を残した田添鉄二が、キリストの福音に触れたのは、熊本英学校から文学精舎に転じたのちと伝えられる。明治二〇年代（一八八七―九六）、あたかも日本キリスト教史上の「暗い谷間」に際会したころである。福音を信じた田添は「目が見ず、耳がまだ聞かず、人の心に思い浮かびもしなかった」（コリント人への手紙二章五節）新しい世界を見いだした。人格の自由と尊厳に対する自覚が、田添の全生涯を貫く一本の赤い糸となった。キリスト教的人道主義と正義感が彼の魂をとらえた。それは当時の日本では、前近代的、特殊日本的意識と対峙する進歩思想であった。後年、田添が反戦平和論、議会政策的社会主義を高くかざして反体制の側に身を置くに至った苦難のみちゆきは、まさに彼が福音を信じたときに始まるといえよう。明治三〇（一八九七）年八月、米国に渡りシカゴ大学で社会学を研究した。

近代の形成に苦もんする日本をあとにした田添が、まさに二〇世紀を迎えんとする合衆国で目にしたものは、現代資本主義社会の苦悩であり、キリスト教の変質であった。そして、彼の魂をゆさぶったのは「新しい人格の意識にめざめた平民労働者階級」のたくましく、新しい道徳であり、論理であった。田添は烈々たるキリスト教社会主義者として明治三三（一九〇〇）年暮れに帰国した。

彼の多彩な社会活動は、日露開戦直後の三七（一九〇四）年三月、長崎の「鎮西日報」主筆の職を辞して上京したときに始まる。当時の東京では、花岡山頂の結盟者の一員、海老名弾正がその牧する本郷教会で、戦勝祈とう会を開き、忠君愛国を説教していた。大多数の教会指導者が戦争を正当化することばを聖書の中に捜し求めていた。後年、日本社会主義史上に指導者としてその名をとどめる多数の青年が、信仰の裏切りと幻滅を味わい、棄教者となった。田添はこの一連の事態の中に「土の薄い石地に落ちた」種、「いばらの地に落ちた」種（マタイによる福音書十三章五、六、七節）を見た。すでに、在米中に現代宗教の変質を知った田添にとっては、いまさらに驚くことではなかった。彼は上京するやただちに「社会主義協会」に入会し、平民社の演説会に弁士として参加するなど反戦運動の一翼をになって社会主義的実践に入った。

同年一〇月に刊行した『経済進化論』は、現代の矛盾と実態を鋭くあばいた。その資本主義社会批判は、今日から見ると種々の弱点を内包してはいるが、キリスト教的人道主義と正義感にささえられた格調高い著述であり、明治社会主義文献史上の重要著作であった。平民文庫の一冊として出版された同書は、平民社同人の伝道行商によって広く普及し、愛読された。「新紀元」「光」に精力的に執筆してその活動をささえ、また、「日本社会党」の創立に際しては、評議員として執行部に選出され、綱領の作成に参画するなど、すでに胸を侵された病身をおして活躍した。

明治四〇（一九〇七）年一月に創刊された日刊「平民新聞」紙上で、幸徳秋水の直接行動論と対決するにおよんで、田添鉄二の巨姿は日本社会主義史上に不滅の光芒を放って登場する。「議会政策論」と日本社会党第二回大会における雄渾な議会政策擁護論の展開は、明治社会主義史上の白眉であり、田添の社会主義論が当時の最高水準に到達していることを示すものであった。儒学的教養を基盤とし、自由民権をへて社会主義に到達した幸徳と「近代」への思想的回心をふまえた田添の社会主義とは異質のものがあった。田添は幸徳の直接行動論の基底をなすものが無政府主義であることを見てとり、自己の社会主義論を対置して田添なきあと数年を出ないうちに「大逆事件」を引き起こした性急な現実遊離の観念論を鋭く批判した。死後出版された『近世社会主義史』もまた日本人によって初めてなされた社会主義史としてきわめて注目すべき重要な著作であり、彼の新たな前進が見られる。もとより、田添の議会政策的社会主義論にも国家論を欠くなどの諸欠陥を指摘することができるが、今日なおくみとるべき幾多の教訓を包蔵した日本社会運動史上の遺産であろう。

のちに片山潜らと、「社会新聞」によって理論的中心となって活躍した。その風ぼうと人格のゆえに「日本のキリスト」とよばれ、あわせてその卓越した理論のゆえに「日本社会党の首領」と敬慕されつつ明治四一年三月一九日、わずか三三年の短い生涯をおえた。彼の同志・片山はもとより論敵・幸徳秋水をふくむ当時のあらゆる社会主義者が、田添の人格をたたえ、愛惜した。

田添鉄二（たぞえ・てつじ）明治八（一八七五）年七月二四日生まれ。飽託郡天明村（現熊本市）出身。米国に留学、ベーカー大学に入学、シカゴ大学に移る。帰国後、「長崎絵入新聞」、「鎮西日報」主筆。妻・幸枝と英語塾を経営。キリスト教徒、社会主義者で議会政策派の指導者。明治四一（一九〇八）年三月一九日没。三三歳。

「国歌としての『君が代』」と松岡荒村

はじめに

標題の評論を発表したのは郷土出身の社会主義詩人・松岡悟（荒村）である。発表は一九〇四（明治三七）年四月、あたかも日露開戦で日本中が湧き返っているさ中であった。社会主義協会機関誌『社会主義』（片山潜主幹）の同年四月号に掲載された「国歌としての『君が代』」（掲載されていない―編者）は、「君が代」が国民の国歌として適当のものなるか、否かに検討を加える立場から論じたもので、君主主義と非芸術性を指摘し、歌詞、歌曲のいずれの面からも国歌として不適切だと厳しく批判し「嗚呼速かにわれらをして新なる生命ある歌に接しせしめよ」と結論している。荒村は『君が代』は「あまりに君主々義にして今一歩をあやまれば吾幾億の同胞をして永久尚且君は君主なりてふ頑迷なる観点に迷惑せしむるの非運に到らむかを恐る」と天皇制下に、このような国歌によって民衆を戦争に駆りたてゆく日本の将来を鋭く予見している。

言論の抑圧と歴史的制約の下での文章で、かつ現代文を読みなれた読者には多少なじまない点もあろうが、「君が代」批判として、現代に生きる評論として、浪漫的革命詩人・松岡荒村の「国歌としての『君が代』」の全文を紹介する。

国歌としての『君が代』

国歌は必ずしもなかる可らざるものなるか、余は今それを論ずるにあらず。国民同調の歌をうたふて而して同調の心事を表白するのよろこびは、吾人こゝろよく其善美なるを賛す、されど、もしこれを否定するものありとするも、余は其人を強いてまでも、這般の消息を論ふべき煩を敢てする程の論客にてもあらざるなり。

問題はそれにあらず、日本は已に国歌として『君が代』といへる一曲をもてり、而して此『君が代』の曲が、果して一国家の国歌として適当のものなるか、否かを観ぜんとするにあるなり。国歌は即ち単に国土の歌にもあらず又は国民の歌にもあらず、さればとて決して主権者のみを讃美称揚す可き音頭にてもあらざるなり、国民の元気、国民の理想、国民の精神、国民の信念が凝って一団の霊趣となり、此霊趣が活躍の思想となり詩となり歌となって即ち一国家を代表す可き国歌となる。

然るが故に国民のいやしくも此歌をきくや、夫れ自身の琴線をたゝかるゝなり、おのが胸中を歌はるゝなり、同情なり同感なり同調なり同曲なり、豈に心ゆくまで我この胸を歌はざらむや、嗚呼誰れかそれ歌はざらむや。

吾人をして君が代の歌に於て、八調一越調といへる珍らしき曲譜が、いかにも一種の哀調を帯びたるの感あるを以て、楽譜すでに国民楽として甚不適当なるものなる事を語らしむる勿れ。日本人はこの譜にあらざれば一種森厳の感を起す事能はざるものなりと論ずるものあるを奈何にせむ。われもしこれを論ぜんと欲せば余は此論題に於て頗る長文の批評をなさゞる可らざるに苦しむ。されど、余をして諸君に唯一事を問はしめよ。

もし夫れ晩秋水やせて、野も山も空も万物粛条たるの時、伊勢に旅して薄暮外宮の深林に此歌をうたへ、深厳の気は我を拿へ、四境の老木の為めに一種の趣きをそへて、遂には唯何事の在しますかは知らねども恭けなさに涙こぼるゝの境に迄も行かずんば止まざる可し、この点に於ては、余と雖も殆ど諸君と同感なり、されど、霞立つ青春の野に、勇ましき汗馬に鞭つゝ、真一文字に乗り切るが如き天地堂々の陽気に於て、此楽譜は果して吾人に何等の感を起さしむるや、こは楽譜上より君が代を観ぜんとするものゝ、必ず一考を煩さゞるの点なり。

然りと雖、まづ何よりも厳密なる観察を要するものは其歌詞なり、此歌詞の国歌としての適否は、やがて全体の君が代なるものゝ適否を判ずる最後の断案となるべきを信ず。

今、吾人君が代なるものゝ歌を見るに

君が代は千代にやちよにさゞれ石の
いはほとなりて苔のむすまで

といふ極単純なる卅一文字の御国風（みくにぶり）なり、国歌なるが故に誠に卅一文字の調を取りたりといふ、誠に優に懐きを見る、而て御歌詞は既に万人の知れる如く、今古集賀の部によみ人しらずとある

わが君は千代にましませさゝれ石の
いはほとなりてこけのむすまで

といへる歌の上二句を現今の如く『君が代は千代に八千代に』と改作して直に是れを用ゐたるなり。

まづつらつら此一首の歌を考ふるに何れの方面より解し来るも、何れも是れ　天皇の御代を永久（とこしなへ）にと祈りたるなり、天皇の御代といふも固より其治世の全体を意味するといはゞ唯それまでの事なれど、苟くも国歌の性質なるものが、己に一国の心情を吐露するものなる以上は、其歌ふところや、決して偏す可きものにあらず単に皇室を歌はず、啻に民衆を歌はず、優に如上の各件を超越して、而して堂々たる一国の精神を発露すべきなり、此点に於て『君が代』の曲は、あまりに君主々義にして今一歩をあやまれば吾幾億の同胞をして永久尚且君は即ち国歌なりて頑迷なる観念に迷惑せしむるの悲運に到らむかを恐る。

次に、上第三句より下二句に至る歌の意味に就て味ひ来れ、冒頭に於て、君が代は千代に八千代にと極めて陽気に御目出度歌ひ出だす歌の、こゝに至りて何ぞ夫れ淋しくして陰気なるや、さゞれ石といふ己に吾人をして豊穣なる瑞穂の国を想はしめず、却って地は痩せ砂礫のみ多きを思はしむるなり、然かも其土が荒（すさ）み荒みて、いはほとなりて苔の蒸すまでの如きに至っては益々陰気に益々鬱陶しく、道は木の葉に埋もれて谷間の岩に苔なめらかなる一種寂寞凄

愴の感を起さゞるを得ざらしむ、もとよりさゞれ石の巌となりて其巌山にこけのむすまでに長かれと云いたる比喩は多少の面白味を含むと雖、しかも猶多大の稚気を脱するを得ずして却ってあまりに小細工に失したる観なきにあらず、殊のこの永久を歌はむとするに当り唯一個死物に過ぎざる冷たき石をとり来って陰気なるこけに終らしめたるに到っては、吾人はあまりに其霊活の気なきに驚かざるを得ざるなり、永久を歌はむとする、何ぞ其材量に乏しからむや、大空もあれば日月もあり、松柏の枝を折らざるもあれば長風の万里に嘯くもあり、激流あり奔湍あり、無窮なる国運と剛健なる民心を歌はむとするに何にを苦しんで彼の冷き一小砂礫をおもひ出し、苔なめらかなる太古の巌をかり来るの要あらむや、是を彼のマルセイユの歌に比す、何ぞ夫れ平凡なる、而して堂々たる英国歌の栄光に比しては殆んど顔色なからむとするなり、更に進みて昔イスラエルの民族がエホバに向ってさゝげたる永久の想をうかゞへ、もろもろの天は神の栄光を現はし、地は其御手の業をしめす、此日ことばをかの日に伝え、此夜ちしきをかの世に送る、かたらず云はず其声きこえざるに、其ひゞきは全地に洽くそのことばは地の果にまで及ぶ……日は新郎(にひむこ)がいはひの殿をいづるが如く、ますらをがきそひ走るをよろこぶに似たりその出立つや天の涯よりし、その運り行くや天のはてに到る、ものとしてその和照(やわらぎ)をかうぶらざるなし、と絶叫するにあらずや、宏大も、悠久も、剛健も勇気も洩らすなきまでに現はされ其材料に於ても、我の一小砂礫に比したるに似ずして、彼れは大人の宏大をとり、永久不尽の想に於ても何ぞ其言ひまわしの巧なるや、其他ますらをといひ日輪といひ天のはて地の極みと歌ふが如き、一篇の詩想の頗る旺なるを見るなり、これ等の教訓に比して我君が代のまことに小細工に過ぎざるは最早論ずるまでもなく、徒らに小事に齷齪として、もったいぶり儀式ばり、何等真率の信念なくして、唯軽々に国歌といふものゝ一形式を造作したるに過ぎざるを悲しむ、特に其古今集賀の部に之を借りたるを、おもふ時に敢て其陳腐なるを厭ふと云にあらねど、苟くも一国の国歌を編まむずる時に徒らに古人の糟粕を嘗むるにあらずんば能はざりしかをおもへば、嗚呼東海の詩国日本のため、いとゞ其人あらざるの淋しさを感ぜざるを得ざるなり。

斯の如く、日本現今の国歌君が代の曲は其楽譜に於て已に哀調、歌詞に到っては頗る寂寞陰鬱を極めたるもの、これを以て各個が其憂愁を慰めむ時はあらむ、されど一国の精神を腹一杯に歌はむとする者には甚だ物足らぬ心地せらるゝを如何にせむ、吾人は今一歩宏大深遠なる者を求めてやまざるなり。

君見ずや、世に忠君を説き愛国を叫ぶ者の声の中、我日本程其強大なるものはあらじ、上に一天万乗の君を戴き、下は生命を鴻毛に比するの勇士ありとや、まこと果して民衆にかくの如きの精神溢れたらむには一篇の国歌の、かくも淋しき姿となり現はるゝとは、まこと怪しき極みとやいはまし、嗚呼国賊に酷たる愛国者よ、国家に忠なる上下億兆の人々よ、卿等の心に根底ありや、卿等の信念に基礎ありや、然らば真率に其生命の声をあげよ、遠大の希望と絶高の理想と而して百年動かざるの信念の奥を叩いて、何ぞ金石の響を発せんとはせざる、区々として蠢々として一個淋しき石を歌ふて、これ国家なりとなすのあはれさは到底吾人の堪え得るところにあらざるなり、歌はば須らく雄大に、弾ぜばすべからく絶美絶妙に、而して吾人が満腔の精神を洩らすなく九天にまでも到らしめよ、嗚呼速かにわれらをして新なる生命ある歌に接せしめよ。（三十七年四月、原文は全段落行頭一字を下げていない。）

松岡荒村について

荒村の生涯については天野茂『松岡荒村―埋れた明治の青春』に詳しいが簡単に家柄・略歴を述べると、一八七九（明治一二）年五月八日、熊本県八代郡高田村豊原（ぶいばら）（現八代市平山新町）に松岡喜三、キワの五男として生れた。松岡本家は元八代市長の故・松岡明氏（社会党）が広く県民に知られているが、祖先は南北朝時代に懐良親王に従って西下し、平山城を築いて奮戦した松岡大学亮長明であり、遠祖は川辺川左大臣・藤原魚名という名門で、荒村の父・喜三の松岡家は分家中最も古い家柄。父・喜三は明治維新までは細川藩の八代郡代付、郡横目、また櫨楮見廻役などに任じた郷士。キワは高田焼窯元で知られる上野（あがの）家の出。いずれも八代地方の著名な家柄である。

荒村は八代郡南部高等小学校を卒業後、京都・同志社中学校に学び、同志社高等学校文科二年を卒えた。京都時代は足尾鉱毒の件で活躍し、濃飛育児院に赴任すると孤児救済に奔走、一九〇三（明治三六）年春には同志社時代の恩師・安部磯雄の後を追って早稲田大学に学び、直ちに社会主義協会に参加して鉱毒問題、車夫問題で得意の雄弁をふるい、学内では白柳秀湖、山口狐剣らと早稲田社会学会を創設し、早稲田文学会に参加した。

荒村は同志社時代から北村透谷に私淑し、師・安部磯雄の影響を強く受けたが、浪漫主義、キリスト教的人道主義から社会主義へと歩を進めた。東京時代の荒村は社会主義協会の機関誌『社会主義』誌上に荒村のペンネームで「三つの声」「月けぶる上野の歌」などの詩および評論「山上憶良が貧窮問答の歌を読む」などに代表される社会主義的諸作品を発表して創作と実践面で活動したが、この頃すでに胸を病み一九〇四（明治三七）年二月からは葉山・一色海岸に転地療養する身となった。日露戦争の開戦で徴兵検査の帰郷受験を命ぜられ、病身をおしての帰郷前に筆を執ったのが「国歌としての『君が代』」であり、さらに「雑木山」において軍国主義風潮とその下(ママ)文学の堕落を論じた。病身をおしての旅行で帰郷したものの病臥し、いまや旅順攻略戦が始まろうとする一九〇四（明治三七）年七月二三日死去。満二五歳二ヵ月であった。

一周忌にあたる翌年七月二日、友人の白柳秀湖、山口狐剣、江口紫明の編纂で遺稿七六篇などを収載した『荒村遺稿』が刊行されたが、同月一〇日発禁。「国歌としての『君が代』」の一文が発禁理由とされている。戦後、荒村没後六〇周年に復刻された。

今いましらの春やこむ ―熊本の社会主義者―

大正七（一九一八）年夏、一道三府三二県、一〇〇〇万人以上が参加した未曽有の人民闘争に発展した〝米騒動〟は熊本県下では、軍隊が出動した万田炭鉱をはじめ、日本窒素鏡工場・日本セメント八代工場・日本窒素水俣工場・岩屋銅山の労働者の大闘争となった。明治一〇（一八七七）年、全県下にわたり、五万人を越える農民が参加した農民闘争以来の大人民闘争である。翌大正八年、日本窒素の労働者は再び闘争に立ち上った。新らしい時代の胎動である。

一九二〇年代（大正九―昭和四）から三〇年代初めにかけて熊本県下の社会主義者とその運動は、さまざまの問題をはらみながらも前進した。こうした動きの基底をなすものは、いうまでもなく一九世紀末以来の社会主義の諸運動にあった。〝明治〟と〝大正〟は連続し、〝大正〟と〝昭和〟は「改元」にかかわりなく連続しているのである。しかし、二〇世紀初頭―明治末から三〇年代始めにかけては幾つかの時代的特徴を持っている。

新らしい世紀は安部磯雄・片山潜・幸徳秋水・西川光二郎・木下尚江・河上清らの「社会民主党」―わが国で初めて結成された社会主義政党の宣言で幕を開けた（明治三四〈一九〇一〉年五月一八日結成、二〇日禁止）。

〝弁士中止〟

南国の強い日差しが街並みの瓦を焼き、走り去る人力車の後に砂ほこりが上る。

車立場の前に人だかりがした。

明治三六（一九〇三）年八月一五日のことである。

興業ものの宣伝をする街廻り（東西屋）が〝社会主義演説会〟の開催を告げるビラを背と胸に下げて街々を触れ歩いた。

会場は熊本市内安巳町通の三年坂教会である。

四月、京都無隣庵では山県有朋・伊藤博文・桂太郎ら明治政府の主脳が対ロシヤ策を協議し、頭山満らの「対外硬同志会」はやがて「対露同志会」と改称した直後だった。「ロシヤ撃つべし」という主戦論が次第に全国土を覆っていったが、「萬朝報」に拠る幸徳秋水、内村鑑三、堺利彦らが非戦論の論陣を張っていた。

同夜は地元の牧田忠蔵が演壇に立って開会を宣した。せまい会場は人いきれで蒸し暑かったが、扇子の音も止んでどっと拍手が湧いた。弁士席には社会主義協会の幹事・片山潜、西川光次郎を始め松崎源吉、吉野省一らが並んだ。会場を睥睨していた臨監席の警部は、殊更、肩をいからせるようにサーベルの柄頭を押さえて壇上の牧田を注視した。聴衆の間には草場町教会（日本組合基督教会）の牧師・高橋鷹蔵や会場の三年坂教会（日本メソジスト熊本教会）を牧する値賀虎之介の顔も見られた。

東京の明治社会主義者が街頭に出て初めて演説会を開いたのは二年前の明治三四（一九〇一）年一二月二日、神田青年会館で開催した「社会主義学術大演説会」である。熊本での試みはもとよりこの日が初めてであった。七月一一日、高松市の演説会を皮切りに、四国・九州遊説に旅立った片山・西川を中心とする社会主義協会の遊説隊が来熊したのである。

この度の四国・九州遊説は、さきに行なった東北、関西遊説と異なって、当初から警察が尾行と干渉を繰り返し、弁士の演説に中止を命ぜられることも度々であった。

「警視庁より各地へ打ちし電報のキヽメにや神戸に着くや否や巡公の来訪を受けたるが、当市に於ても探偵、吾等に就き切りの有様なり、御苦労千万、迷惑至極！」と高松から西川が報じている。社会主義運動が小グループの研究や啓蒙から大衆的宣伝活動の段階に入ると、これに対する政府の圧迫が強まり、この年の四月三日、上野公園で挙行を計画された社会主義労働者観桜会の禁止を手始めに弾圧が強化されて来た。それは相次ぐ新聞の発禁、赤旗事件の大弾圧、そして〝大逆事件〟へとエスカレートする前触れであった。遊説は香川・愛媛・広島・山口および九州各県（門司・中津・福岡・佐賀・久留米・大牟田・熊本・長崎・鹿児島・都城・宮崎・妻・佐土原・高鍋・延岡の順）で一一県二一ヵ所二六会場で演説会が行なわれたが、熊本の警察が最も強硬に干渉した。

熊本市の演説会を特に大々的に成功させるために福岡に着いた一行は、松崎源吉を一週間も前に派遣して準備に当らせた。しかし、会場として借りた東雲座が一方的に解約を申し出て、あとは朝日座・敷島座・忘吾会舍と次々に四度までも契約は一方的に破約された。警察と一部市会議員の妨害によるものであった。

大牟田の演説会を無事終った一行は一五日午前九時には熊本に到着したが、会場のメドさえたたず、演説会開催を断念して長崎に向うことを協議しなければならぬ有様であった。

さいわい旅宿を訪れた草葉町教会の牧師・高橋鷹蔵が、窮余の策としてキリスト教会堂を借り入れることをすすめた。「ドンナ所にても一度は開会する方よし」というので高橋の斡旋でようやく三年坂教会を会場に確保し、大急ぎでビラを書き東西屋（街廻り）を頼んで開会に漕ぎつけた次第であった。

だが、緊張の面持ちで演壇にたった牧田忠蔵が開会の辞の中で「世人は社会主義を知らずに恐れる、之は間違うて居るから、兎に角、研究せなくては如何云々」と語っただけで臨監席の警官はやおら立ち上ると、治安警察法第八条違反を理由に解散を命じた。

『国民の友』と『六合雑誌』

この頃、東京では八代郡高田村（現八代市平山新町）出身の松岡悟（荒村）が社会主義協会の会員として活躍していた。荒村は『社会主義』に寄稿した「三つの声」でこうした官憲の横暴を憤って、

「社会主義只やせ犬
墓原に吐ゆるが如く
黄金の城の何をこしゃくな
中止解散我意のままなり」

と痛烈に批判し、さらに次のように歌って励ます。

立てよ楼下に枯れし骨
起きよ斃れし貧の民
岩のはざまの若草も
今いましらの春や来む

歌へその時大ごえに
新らしき世のあり様を
愛と平和と平等を
われらの無限に笑まむ

松岡荒村自身もその後九州から帰京した西川光次郎と共に一一月一日＝社会主義協会演説会、一一月一四日＝車夫問題演説会の壇上に上ったが、共に中止を命ぜられた。

荒村は明治一二（一八七九）年五月八日生まれ。八代南部高等小学校から同志社、早稲田大学に学ぶ。数え年一七歳の春、郷里・高田村を発って上洛以来七年間を学んだ当時の同志社では社長並びに校長として熊本バンド出身の郷土の大先輩・小崎弘道、横井時雄、下村孝太郎があり、荒村はのちに社会主義協会を指導し、初期社会主義に深甚の影響を与えた同志社中学副校長・安部磯雄に直接師事し、熊本バンド出身でのちに早稲田大学教授となる浮田和民（教務主任）、熊本英学校で教鞭をとり奥村事件に際して県当局の干渉に屈せず決然として対決、熊本英学校を去った柏木義円（宗教主任）の外、湯浅吉郎、本多精一らの秀れた教師に学んだ。

後年、白柳秀湖は荒村が同志社の学窓で「深く革命の泉を掬めり」と述べているが、当時の同志社の雰囲気は荒村より一年先輩の山川均によると「そのころの同志社の生徒の間には、なんといっても大先輩の徳富蘇峰が圧倒的に人気があった。私の級友もたいていは蘇峰の愛読者だった。―中略―蘇峰の主宰した『国民の友』や、やや後になっては、これを同志社出身の竹越三叉の『世界の日本』、それから『六合雑誌』などは多くの上級生の間で読まれたが、これらの雑誌にのる進歩的な政治上の意見や、外国の労働運動や社会党についての記事は、私たちに大きな影響を与えている」という。

『六合雑誌』の小崎弘道、『国民の友』の徳富蘇峰も共に熊本バンドの出身であるが、小崎弘道の「近世社会党ノ原因ヲ論ス」（『六合雑誌』第七号＝一八八一年）はカール・マルクスを日本に紹介した最初の論文である。『六合雑誌』は社会主義の必要を説き、貧富の懸隔の打破を訴え、週刊「平民新聞」の創刊までの一時期、あたかも社会主義運動の機関紙の役割を果したといえる。社会主義運動はもとよりわが国の思想界に大きな影響を与えた。また、蘇峰の『国民の友』は急進的自由主義を基底に据えた綜合雑誌であったが、「平民的運動と新現象」「労働者の声」という二論文は労働者の団結権、スト権を主張し、労働組合の必要と組織方向を論じた先駆的な重要文献である。『国民の友』もまた初期社会主義とその運動に数々の大きな足跡を残している。

〝狂人何ぞ多からざる〟

荒村は明治三二（一八九九）年前後にはキリスト者として洛陽教会の事業に参加したが、同志社時代に彼の直面した最大の事件は足尾鉱毒事件とその被害民救援活動であった。

上益城郡津森村杉堂（現上益城郡益城町）の矢島忠左衛門の娘として生まれ、肥後実学党の矢島直方・順子（竹崎）・久子（徳富）・ツセ子（横井）らを兄姉にもつキリスト教矯風会の矢島楫子や潮田千勢子は田中正造翁の案内で渡良瀬川の鉱毒地を巡り、鉱毒救済婦人会を設立、各地で演説会を開き救援募金を行なうなど大いに奮闘した。安部磯雄・内村鑑三らに率いられる東部の大学学生一〇〇〇余人も大挙して鉱毒地を視察し、学生鉱毒救援会を組織して各処で街頭演説会を開いた。

京都ではまず荒村の属する洛陽教会が立った。明治三五（一九〇二）年一月二五日、荒村は「足尾鉱毒問題（噫狂人田中正造翁）」の大熱弁を振った。「嗚呼明治の昏睡せる時代、柳も濁流滔々たる時代、不狂児何ぞ多くして狂人何ぞ多からざる」「嗚呼明治の御代、何ぞしかく冷酷極まれるや、狂人出でずんば蒼生を如何せん。われ狂人田中正造のため、恩を九天に鳴謝する所以のものここに存す」と叫んだ（『荒村遺稿』）。

西川文子は「この日（二月七日＝引用者注）の会の司会者と思われる、背の低い瘠けこけた沈痛の面貌ではあるが、まだ書生ッぽらしい小倉袴に黒木綿の紋付羽織を着た杉野良という青年だった。――中略――沈痛な青年は沈痛なすきとおるようなしかも朗らかな、聴衆の一人でも魅せずにはやまぬという音声で語りだした。いな語るというよりは叫びだした。いな叫ぶというよりは赤子の母に訴えるが如く、厳父の子に命ずるが如く、天下無告の民のために彼自身が泣いた。〈赤子を抱いて含ませる乳房は毒である。かの地に鳥もいない、たまたま浮いている死魚は毒である。野菜は毒に枯れ、食するに食もない。〉彼の演説は詩であり、文学であり、讃美歌である。満場の人々は芳醇な酒に酔えるが如く、誰もが思わず財布の底をはたいてしまった」（『事実小説愛の恵み』）と記している。〝杉野良〟は松岡悟（荒村）である。この演説会が志知文子（のち松岡荒村の没後再婚して西川）と荒村との熱烈な恋愛となり結婚となる二人のめぐり会いであった。

足尾鉱毒事件で、京阪神地区の救援演説に奔走した木下尚江は「此時京都に一団の青年あり。幹施最も力め、余等一行として望外の好成績を得せしめたり。中に一人の尤も機鋭敏活なるものあり、音吐朗々、談論風発し而して俊秀の気眉宇の間に動くを見たり。之を松岡悟君となす」（「余は如何にして君を知りたる乎」）と述べている。「かよわき者のために一身を犠牲にし尽さざるべからず」（山口孤剣『松岡君に哭す』）と荒村はキリスト教ヒューマニズムの信念と狂熱から東奔西走した。再び知友・白柳秀湖に荒村を語らせよう。

「君鉱毒事件を耳にするや憤然として蹶起し、独渡良瀬の河畔に沿い、白葦黄茅の中に、幾多の窮民が皇天に号哭して、奸吏の非道を怨嗟するの声を聴き、義憤心頭に発し、西都に帰るや、忽ちにして沈痛非壮の弁は、其舌端より弄溢して懸河悲瀑の勢を以て関西人士の肺腑を衝き、麻痺昏酔せる彼等の良心を喚起し、茲に初めて東西両都の青年が互に呼応して、正義人道の声を揚ぐるの端緒を闢けり。」

荒村は明治三五（一九〇二）年、同志社高等学部文科学校二年を修了して濃飛育児院、翌年、早稲田大学に無試験編入（このときの保証人は安部磯雄である）、ここで社会主義協会に入会し、革命的浪漫主義を格調高く歌い上げた数々の詩と評論を発表する。六月から、詩「三つの声」、九月からは評論「山上憶良が貧窮問答の歌を読む」を『社会主義』誌上に発表し、社会主義演説会に積極的に参加し、その朗々たる美声は聴衆を魅了した。早稲田文学会（白柳秀湖）、早稲田社会学会（社会主義賛成者のみを会員とする。五〇余名）を創立する。安部磯雄はもとより社会主義遊説で来熊した片山潜、西川光二郎、松崎源吉らキリスト教社会主義者と親交したが、この頃すでに荒村は胸を病んでいた。

熊本の社会主義演説会の成功を片山らは九州遊説の中でも特に重視したと見られるところがあるが、その背景にはこれまで述べたような熊本関係者の全国的な役割と、それにもかかわらず、熊本の動きは弱かったこととも関連しているのではないかと思われる。農民問題においても、東京では海外視察から帰国した荒尾出身の宮崎民蔵が明治三五

（一九〇二）年四月、土地復権同志会を結成して土地均享主義に基く運動を開始していた。一方、大井憲太郎らが組織した小作条例期成同盟会の熊本支部は既に消滅していた。

〝都会が人生に負うところの使命〟

さて、一五日夜の三年坂教会の演説会（明治三六年八月）は開会の辞も終らぬうちに理不尽にも解散を命ぜられたが、一六日夜、草場町教会に会場を移して再度、演説会を開催することとした。しかし、警察当局は届出を受理したにもかかわらず、今度は開会前に解散を命じて遂に演説会を圧殺した。そこで西川光二郎らは直ちに〝有志茶話会〟の開催を告げる張紙を教会の門前にかかげた。三〇人余りが集まり、せまい会場に満ちた。

飽田郡花園村（現熊本市）の志賀連が開会の辞を述べ、社会主義協会の松崎源吉が演説を始めて二〇分ほどもたった頃、森警部が会場に乗り込んで来て、またもや〝解散〟を命じた。西川は「解散との声を聞くや何れも警察の無法を憤り居し折からとて一同一時に騒ぎ出し手を拍くやら足ぶみをするやら、一時は仲々の騒ぎなりし」と述べている。度重なる干渉にたまりかねての抗議であった。これより先、同日昼、二〇人ほどが集って〝有志茶話会〟を開き、この時は干渉なしに各々一場の演説を行なっている。かくして、熊本初の社会主義演説会は官憲の干渉で圧殺されたが、この時期の社会主義演説会は重要な意義をもっていた。それは明治社会主義の形成にとって演説会の果した役割が大きかったからである。熊本遊説の成果は、これを機に「社会主義協会熊本支部」を設立することが決議され、牧田忠蔵・志賀連が委員に選ばれたことである。支部員のメンバーを知ることは出来ないが、委員に選ばれた志賀連は熊本市山崎町に生まれた。のちに『熊本評論』と深いかかわりを持ち（〝社友〟とある）、明治四一（一九〇八）年二月一二日の熊本評論社主催の演説会では、熊本市新町忘吾会舎の屋内外に押しよせた大聴衆を前に「矛盾せる社会」と題して社会主義を説いた。明治四一（一九〇八）年の「赤旗事件」に際しては新美卯一郎と共に傍聴に上京し、また「大逆事件」関係資料によると熊本評論社の資金作りに奔走している。

八月一七日午後四時、片山らは次の予定地・長崎に向った。長崎で西川はアメリカ留学から帰国して「鎮西日報」主筆をしていた田添鉄二を訪ねている。尾池義男の紹介であった。田添は飽田郡中緑村美登里（現熊本市）の出身。

西川の『四国九州遊説日誌』「長崎より」には「当地の五新聞の吾等に与へくれし同情厚意は長く忘るゝ能はざる所なり」とある。ここに言う五新聞とは「鎮西日報」「東洋日の出」「長崎新報」「九州日の出」「絵入長崎」の五紙であろう。「鎮西日報」は熊本の「白川新聞」（のち「熊本新聞」と改題）に先だつこと六ヵ月、明治七年二月に創刊された九州で最も古い伝統を持つ新聞であった。まだ社会主義者とは言えないが、『経済進化論』を執筆しつつあった烈々たる社会改革思想の持主、クリスチャン田添が西川らの社会主義遊説に好意を示したのはうなずける。

長崎における西川の田添訪問は、今度は田添が東京で平民新聞社に西川を訪ねることによって再会することとなるのである。田添は翌年春、『経済進化論』をひっ下げて上京し、平民社に投じ「平民文庫」の一冊として出版する。西川は「君は一家を挙げて東京に移住し来り、一日余を平民社楼上に訪へり、爾来君は常に余等を援けて演説に文章に、大に主義の為めに盡されたりき」と述べているが、かくて田添は日本社会主義史上に巨歩を印すこととなる。

性急で観念的な幸徳秋水の直接行動論に自己の社会主義論を対置して、その理論的指導者となる。議会政策派の機関紙「社会新聞」で行動を共にする片山潜が、この長崎遊説で田添と会っているか否かは明らかでない。当時の田添は「鎮西日報」主筆として従横に筆を振るっていた。西川・片山らが長崎に着いた明治三六（一九〇三）年八月一八日の「鎮西日報」を開くと「空気、水、都会」と題する論説を掲げている。

「それ都会が人生に負う所の使命は、其住する蒼生をして、ことぐく安全なる立場と健康なる境遇とを与えるにあり。他言せば人は都会のために生まれたるにあらずして都会は人のためにつくられたるなり」として都市公害と環境衛生上の具体的対策を説いている。他の論説でも都市における文化施設の重要性を説く。正に〝先見の明〟といえよう。鋭い洞察力をもって批判的に摂取した国際的知識に裏打ちされて構築される所論が展開されている。政治的にも、社会的にも一地方新聞という制約された条件の中にあっても、田添の社会主義者としての短い生涯にわたってその全理論活動を貫いた具体的データに基く冷静な事実分析と認識、雄大で綜合的な構想力を持った理論的特質をこの「鎮西日報」時代にすでに見出すことができる。

一年にも満たぬごく短期間の「鎮西日報」の主筆時代に、「新聞紙に対する吾人平生の理想」と題する秀れた新聞論をひっ下げて登場する。民衆の立場と利益を一貫して追及する民主主義者、進歩的社会改革主義者・田添の中には、その卓越した理論のゆえに「日本社会党の首領」と敬慕された後年の社会主義者・田添の原像を見出すことができる。

平民社維持金

田添が在職中の「鎮西日報」紙上に〝江滸〟というペンネームの記者が登場する。〝江滸〟とは川のほとりを意味するが、託麻郡大江村の白川河畔の水車業者の子として生まれた新美卯一郎が愛用し、「熊本毎日新聞」『熊本評論』紙上に用いたペンネームである。ちなみに「貧之な水車小屋に生まれ」としたものがあるが、新美の生誕時には必ずしも〝貧乏〟とは言えない。白川の大水害と日露戦争終結の変動が経済的打撃を与えた。「大逆事件」に連座して刑死した新美は、東京から明治三四（一九〇〇）年に帰郷の後、「鎮西日報」記者となり、のち「熊本毎日新聞」記者に転じたといわれる。果してこの「鎮西日報」の〝江滸〟は新美であろうか。新美の「熊本毎日新聞」入社の日時が判っていないので（明治三七（一九〇四）年には対島から「熊本毎日新聞」に通信を寄せている）明らかに出来ないが、検討の余地がある。

少年時代から済々黌—上京して同宿—『熊本評論』—刑死とその短い人生の多くの時間を共にした新美卯一郎と同年の松尾卯一太は、この社会主義協会の九州遊説の頃、何を考えどう暮していただろうか。早稲田を中退した松尾がいつ帰郷したかを確証するものはまだ発見できない。金冠、金靴、金の耳飾りなどの目を見張る装身具と銀象眼の銘の入った剣の出土で著名となった江田船山古墳をはじめ、沿岸各地に形成された古代文化を生み、肥沃な玉名平野を貫流する菊池川の河口、玉名郡豊水村川島（現玉名市）の郷里に松尾が帰ったのは、妻・倭久（シズエ）との結婚などから推定すると明治三五、六年であろう。

当時としては規模の大きい米国種を輸入した養鶏業を営み、たちまちの内に全九州の養鶏家にその名を知られ、『九州家禽雑誌』を主宰した。この雑誌の発行届によると創刊は明治三七（一九〇四）年四月一日である。同年八月七日付の週刊「平民新聞」に、松尾が〈平民社維持金〉二〇〇〇円募集にいち早く応じて金三円を送っていることが報ぜられている。平民社維持金の寄附者は金額と共にその氏名が「平民新聞」紙上に公表されることは紙上で予告されていた。当然、松尾はそのことを承知した上で直ちに送金していることに注目したい。このことは松尾の社会主義思想形成の時期を知る上で重要である。

なお、この平民社維持金寄附者の中には、熊本関係者として、鹿本郡岩野村（現山鹿市鹿北町）出身の熊本郵便局員・野中誠之、人吉の池尻豊吉および徳富盧花の名前が見える。翌三八年には松尾と共に同村の吉田勝蔵、池尻、植田清之助がいる。野中は議会政策派として活動し、のち渡米して片山と行を共にしアメリカ共産党日本人支部に属し、のちソ連に渡った。

松尾の家に同居していた郷土史家・故中川斉氏によると、松尾は「平民新聞」創刊号（明治三六年一一月一五日）から読んでいたということである。

炭坑夫の虐待

片山ら社会主義協会の九州遊説隊一行は九月五日夜、無事東京に帰った。この間、各地の支持者の援助で「殆んど無銭にて此の遠征を成功」させた。

片山潜は帰京後、「四国・九州遊説雑感」を九月一八日付の『社会主義』に寄稿した。片山はこの中で、〝炭坑夫の虐待！〟について語っている。九州の炭坑では「男女は無論子供も坑中に労働せり」と驚きの声を上げる。幼児を背負って坑内で働く婦人の悲惨な生活を報じているが坑内の婦女労働については、明治三二（一八九九）年、八歳の頃から筑豊の山々で働いた山本作兵衛の絵と文に詳しい。三池炭鉱が女子坑内夫の入坑を廃止にしたのは昭和五（一九三〇）年九日三〇日、全国的には翌年一二月である。もとより人権擁護の理由からではない。不況下の炭坑の経営合理化が主な原因であった。

片山らが遊説のため大牟田町（現市）に着いたのは八月一三日である。『三池鉱業所沿革史』によると、その前月一八日から二〇日にかけて労働者のストライキが起きている。おそらく熊本県下の初の労働者のストライキであろう。万田坑である。賃金値上げ（一函一五銭）・条件の悪い切羽の増額・検炭所の前引きの改正、設備改善・油代の他坑並価額などを要求して坑内夫がストライキを行なった。要求は不貫徹におわり主謀者など六人が解雇されるという事件があった。この三池炭鉱は西川によると三池六坑（宮の浦、大浦、七浦、勝立、宮の原、万田）の坑内夫は〝自由労働者〟七～八〇〇〇人、囚人八二四～五人が働いていたという。片山によると「三井の三池炭坑は大牟田監獄の罪人を使役する故に其影響として残余の労働賃金は非常に安く、彼等自由坑夫の生活の下等にして憐れなるは言語に絶したり。三井の三池炭坑は実に危険極まる炭坑にして―中略―坑夫の口より聞くに一坑にて平均十日に一人位は死亡し、怪我の如きに至りては殆んど其数を知らざる程なりと」という状態であった。もっとも西川は「彼等の中より（三池六坑の〝自由労働者〟と囚人労働者＝引用者）平均日に二人半若しくは三人づつ死人出でつつありとのことなり」と報じている。この様な劣悪な労働条件の下でストライキが闘われたのであったが不貫徹におわった。万田坑では、日刊「平民新聞」の報道によると明治四〇（一九〇七）年中を通して再び賃金値上要求のための示威およびストライキ計画など不穏な動きがあった。大正七（一九一八）年の「米騒動」時における万田坑労働者の大暴動は、劣悪苛酷な労働条件に対する蓄積された不満が、高物価と全国にわたる人民各界の闘争を契機として爆発したものであった。

〝国歌としての「君が代」〟

明治三六（一九〇三）年一一月一日、松岡悟（荒村）は病身を押して芝区兼房町玉翁亭の社会主義協会演説会の演壇に立った。弁士の中には西川や松崎らもいた。続いて一四日の下谷区で『車夫問題演説会』、ともに〝中止〟を命ぜられたが、一二月に入って一日『社会主義車夫問題演説会』、九日「極悪の潮流」・一七日「帝国主義と学生」・一九日、車夫問題・二〇日「片山潜渡米送別」・二三日、車夫問題と精力的に動き、明けて翌一月一六日「鉄工組合新年会」・二月一二日には本郷教会の『社会主義基督教演説会』で「予言者の見識」と題して演説した。

「猛は始めの間こそ発熱すると、大事にそっとして休んでいましたが、どうせ何も出来ような身体を大切にしてみたところで仕方がない、使って死ぬのも、何もしないで長生きしているのも結局同じことだ、と悟ってからは、構わず勉強もする、原稿もかく、演説会に出席して夜おそく帰ることさえある。血気と勇気とに充ち満ちた胸は、希望や功名に燃え立ちもする筈、猛はまだ二十五の青年でした」（西川文子『二十才の春』）

「猛」はいうまでもなく荒村である。

同志社以来の友人・木村夢弓（熊本市唐人町出身）は『荒村遺稿』の中で記している。

「荒村晩年に社会主義を唱へ早稲田大学社会学会の大綱を把る、吾れ想ふ彼れが社会主義は世の所謂経済的社会主義にあらずで寧ら強ひて名けなば詩的社会主義と称することを当れりとせん、彼れが憧るる所はキリストの愛の国、プラトンオの理想の邦、更に芸術の花のとことはに芬る人文の極地に外ならざるなり、彼れはその理想実現の為めには何ものをも惶れざる一箇無名の天才なりき」と。

この間に病魔は一段と荒村の身体を蝕んでいった。翌一三日には、ついに周囲の強いすすめで葉山に転地療養する身となった。

「葉山から帰って来ても学校を休む日が多く、朝十時に起きて、御飯をすましてまた寝込んだりしていました―

以下略」（『二十才の春』）

燃え尽きようとする生命の焔を自ら搔立てて〝革命的浪漫詩人〟荒村は、こういった日日の間に「希伯来詩の想源第一」「同第二」「もの種の歌」「乱調」「国歌としての『君が代』」を脱稿する。

荒村は「国家としての『君が代』」で、この歌詞が「国歌は即国土の歌にもあらず、さればとて決して主権者のみを讃美称揚すべき音頭にもあらざるなり。国民の元気・国民の理想・国民の精神・国民の信念が凝って一団の霊趣となり、この霊趣が活躍の思想となり詩となり歌となって即ち一国家を代表すべき国歌となる」と国歌の理想を解し、「「君が代」の曲はあまりにも君主主義にして、今一歩をあやまれば、わが幾億の同胞をして永久尚且君は即ち国家なりてふ頑迷なる観念に迷惑せしむるの非運に到らむかを恐る」と国歌批判を通して天皇制を批判し、鋭い歴史的洞察力をしめした。さらに軍国主義的愛国思想を批判している。時は明治三七（一九〇四）年四月、日露戦争開戦後である。

内村鑑三が「「君が代」は国歌ではない。是は天子の徳を讃えるための歌である。国家とは其平民の心を歌うものでなくてはならない」（「萬朝報」昭和三〇年）と鋭くかつ明快に指摘し〝平民の心の歌〟を求めているのに対し、荒村は〝国民〟の歌を求める。ここに荒村の中にある健康なナショナリズムと社会主義理論の未成熟さを見るが、「君が代」批判を通じて鋭く天皇制国家体制に批判的目をむけている詩人の澄んだ瞳を感じさせる。

五月、徴兵検査受験のため血を吐きながら帰郷を強いられ、郷里・高田村（現八代市）で二五年二ヵ月の余りにも短い、正義感と情熱を凝縮させ、燃焼し尽した生涯を終えた。

荒村が信ずるキリストの教えは「愛と平和と平等」であった。だが、日本キリスト教界では、大多数の教会指導者が日露戦争を正当化することばを聖書の中に捜し求め、神の教え示すところとして忠君愛国を説教していた。後年、日本社会主義史上に指導者として名をとどめる多数の青年が、信仰の裏切りと幻滅を感じ、棄教した。最後までキリストの愛を信じてはいたが、荒村は晩年一般の教会に行くことを好まなかったという。田添の晩年もまた同様であった。

非戦論

明治三六（一九〇三）年八月九日、頭山らの「対露同志会」は東京・神田の錦輝館で大会を開き「露国の不撤兵に対して日本は勇往邁進せざるべからず…」という大会決議案を採択し、政府に対外硬を迫った。さらに一一月五日には桂首相、伊藤博文に「警告書」を送るなど世論を「ロシヤ撃つべし」の〝主戦論〟へ強引にひきずっていった。かつて『国民の友』で社会主義の啓蒙に多くの足跡を残した徳富蘇峰が主宰する「国民新聞」は早くから「挙国一致の聖戦」を主張していた。新聞、雑誌の世論造出で国民は熱狂的な戦争熱に駆りたてられ、急激に〝主戦論〟は沸騰した。

こうした中で「萬朝報」（黒岩涙香）・「東京毎日新聞」（島田三郎）は〝非戦論〟を主張し、『六合雑誌』もキリスト教的立場から〝非戦論〟を主張した。とりわけ「萬朝報」には幸徳秋水・堺利彦・内村鑑三・河上清・斯波貞吉などがいて積極的論陣を張っていた。しかし、一〇月頃になると〝非戦論〟は世論の圧迫による経営難と日露開戦は必至の状況となり、主戦論に転じた。一〇月八日夜、幸徳・堺の二人は、たまたま開かれていた社会主義協会主催の「社会主義者反戦大会」の席上で「萬朝報退社の決意」を明らかにし、一二日の「萬朝報」紙上に「退社の辞」をかかげて決然と袂を分った。内村鑑三もまた翌一三日に萬朝報社を去った。

幸徳と堺は「社会主義協会」や加藤時次郎・小島龍太郎らの援助と協力によって「平民社」をおこした。

「平民新聞」（週刊）第一号は一一月一五日に創刊された。いままで、社会主義運動の中心となって来た「社会主義協会」の活動は、社会主義思想の研究と普及が中心であり、たかだか社会主義茶話会や地方遊説などの啓蒙活動の域を越えることはできなかった。「平民新聞」の創刊によって社会主義者は政府と真正面から対決した。わが国の社会主義運動の本格的スタートであった。「平民社」に結集した人々は神を信ずる者も信じない者も、ひとしく日露戦争に対して〝非戦論〟の立場を堅持し、社会主義の普及活動に勇敢な闘争を続けた。「ロシヤ撃つべし」の〝主戦論〟で沸き立つ中で決行された「平民新聞」の創刊は日本社会主義史上の時代を画する出来事であった。

田添鉄二が『経済進化論』を平民社の「平民文庫」の一冊として出版したのは日露戦争たけなわの明治三七（一九

〇四）年一〇月一日であった。

堺利彦は「田添君は今後吾人と共に大いに社会主義運動を為すべき事を明言したので、吾人は君に対して多くの希望を有している」（『平民新聞』）と記しているように、田添は一〇月一六日、平民社楼上でおこなわれた「社会主義研究会」での「雄弁なる事実」の講演を皮切りに一一月二日「家康の治道は明治の治道」（弁士中止）、一一月一五日の演説会は「膏血に対する報酬」（演説会解散で不能）…。以後、田添はたびたび社会主義演説会に参加し、堺らとの交流を深める中でその理論を深めた。田添は、かつて「鎮西学院」の弁論大会で今にもって語り伝えられるほどの雄弁をもって鳴らした。翌三八（一九〇五）年一月一三日「十年後の議会」を語ったが、二月一三日「東京市の社会化」、四月三日「学生の堕落と社会化」はいずれも官憲の干渉で実施できなかった。平民社の非戦活動は、しばしば弾圧にあった。大陸では旅順をめぐる攻防で多数の兵士の血が流されていた。

「平民新聞」の影響は全国に波及し、社会主義思想は主として知識層を中心に拡がっていった。

桂内閣の相つぐ弾圧によって「平民新聞」は、たびたび発行禁止、罰金、投獄、印刷機没収などによって次第に苦しい立場に追いこまれ、そのための財政難によって発行が困難となった。ついに明治三八（一九〇五）年一月二九日付、第六四号をもって自ら廃刊せざるをえなくなった。

そのあとを受けて「平民新聞」の身替りとして白柳秀湖や原霞外が発行していた『直言』が月刊雑誌から週刊新聞となって社会主義運動の中央機関紙の役割を果した。平民社は「平民新聞」を失ったが「平民文庫」の発行所として、また「直言」の一手大売捌所として活動を続けた。

長州談話会

「直言」に掲載された「同志の運動」の欄を見ると全国各地方で社会主義グループが活動を強め運動が拡大している状況を知ることが出来る。「社会主義書箱」と大書した赤い箱車をひいて平民社の小田頼造が肥後の地を踏んだ頃、小田を迎える熊本県の状況もまた著しく変化していた。

荒尾から水俣まで県下を縦断した社会主義伝道行商で小田が玉名郡長洲町の松隈勇の家を訪れたのは明治三八（一九〇五）年四月二四日の夕刻であった。

翌二五日、小田頼造は中島田鶴雄・松隈と三人で町内で社会主義書籍の販売を行なった。同夜、松隈宅で小談話会が開かれた。「会するもの二十余名、中には若い婦人も見えた。探偵は戸の側で聞いて居た」（『九州伝道行商日記』）と小田は書き送っている。松隈の筆になるこの時の模様が「長州談話会（肥後）」の見出しで「直言」明治三八年五月一四日付に載っている。

「小田頼造君が来られたので、二十四日に談話会を開いた。当夜は雨天であったが二十三名程集りました。後に三四名の婦人も見へました。八時半に開会、中島天花子の紹介で小田君は其の講話を始め、「社会主義者で無い者は堕落者と云って宜い」と結論しました。後ち同君は二三の質問に対して明瞭なる解答を与えられ、雑話の後閉会したのは十一時過ぎでありました（松隈）」

この談話会はのちに長州を中心とした社会主義者グループ『有明倶楽部』として結実する。片山ら「社会主義協会」の遊説から、わずか二年を満たぬ年月の間に社会主義の洗礼は広く県下に及んだ。各地で種は芽ぶこうとしていた。ようやく県下の社会主義運動は、やがて迎える曙を前にして暁暗の中に微かな光が見出されて来たのである。

三、大正期の社会運動

熊本における大正期の社会運動

はじめに

明治末期の「大逆事件」は、わが国の社会主義運動にきびしい〝冬の時代〟をもたらし、低くたれこめた鉛色の雲が暗く日本全土を覆った。

熊本はこの事件に四人の連座者を出した。直接連座した四人（松尾卯一太、新美卯一郎＝死刑・飛松與次郎、佐々木道元＝死刑判決後無期懲役に減刑）とその家族にとどまらず、「熊本評論」「平民評論」にかかわりを持った人々に対する家宅捜索や尋問が広範囲にわたって行なわれ「熊本評論」の読者名簿、日記、手帳、アドレス名簿、書簡や新聞、雑誌、書籍類など多数が押収されたばかりでなく取調べは友人、知人、かつての職場の上司や同僚、近隣の人々にまで及んだ。「大逆事件」の嵐の中でもとりわけ熊本県下には集中豪雨となって襲いかかり、深い傷跡を残した。

官憲は県下の社会主義者の数を「熊本評論」発行禁止直前の明治四一（一九〇八）年七月末現在で七人、「平民評論」発禁後の明治四二（一九〇九）年七月末ですら一五人とみなしていた。しかるに「大逆事件」後の明治四四（一九一一）年六月末には特別に〝視察〟を要する注意人物としてリストアップした県下の人数は六六人（社会主義者二八人、準社会主義者三八人[1]に上った。この急激な増加を示す数字は、明らかに「大逆事件」関連の広範な捜査の結果によるものであった。もっとも、この数字の中には従来より社会主義者以外の土地復権同士会の活動家など多様な反体制的人物を含んでいた。

これら全国で一九七五人（社会主義者九九四人、準社会主義者九八一人）の中には、堺利彦、大杉栄らに代表されるように、日本全土を覆う黒い影の下で微かで秘かな活動によって初期社会主義の火種を絶やすことなく保ち続けた一群の人々があった。堺は売文社に拠って同志の結集の場と生活維持を図り、やがて大杉栄と荒畑寒村は「せめて文芸や思想上の抽象的な問題を論ずる雑誌を発行して、同志が再起する中心[2]」を作る目的で大正元（一九一二）年一〇月、雑誌『近代思想』を発刊し、堺はのちに『新社会』と改題する『へちまの花』を売文社より大正三（一九一四）年一月に創刊した。

県下においても「九州新聞」の池田貞記（朔風）や「九州日日新聞」の廣田家森らジャーナリストの動きがあった。彼らの言論活動は第一次世界大戦下の、自由とデモクラシー思想の風潮の中で活発化した。「九州新聞」の編集長兼論説委員を務める「特別要視察人」の池田について官憲の以下のような報告がある。

「以前ハ時トシテ同新聞ニ主義的記事ヲ掲載スルヲ見ルコトアルニ過キサリシカ近年ニ至リ漸次該思想ノ向上ヲ来シ之カ記事ヲ掲グルコト尠カラサルノミナラス時ニ公会ノ席上ニ於テモ主義的臭味ヲ有スル演説ヲ試ミタルコトアリ殊ニ大正三年七月欧洲戦乱勃発ニ次テ同八月二十三日日独国交ノ断絶ヲ見ルニ至リシ当時ヨリ主義ニ関スル記事ヲ執筆スルコト愈々頻繁ヲ極メ或ハ主義者ノ主張ト戦争トノ関係ヲ説キ或ハ海外主義者ノ状況ヲ紹介シ又ハ其ノ非戦運動ヲ賞揚シ其ノ他内外ニ於ケル各種ノ時事問題ヲ捉ヘテ主義的批判ヲ加フル等婉曲ナル筆鋒ヲ以テ主義ヲ唱道鼓吹シツヽアリ[3]」

池田は戦争と平和、国際情勢、政治、経済、社会主義、国内の労働問題など多方面にわたって筆をふるったが、「米騒動」が起きるわずか数ヵ月前の紙面に「中産階級のみならず今の社会の生活状態は一方に非常なる成金の金銭を費消する事宛(ママ)も撒くが如きなるに反し他方に於ては物価暴騰で普通の御飯が食えずお粥を啜って辛くも露命を繋いでゐるといふ有様……」として『へちまの花』を改題した『新社会』誌を「この『新社会』という雑誌は読む人が世間を憚かってゐる様な状態だったから従ってこの貧窮同行の歌も見る人は極く少部分の人であったと思ふ。今これを繰り返し味って見ると頗る痛切なものがある」として安成二郎が一般から募集した貧乏の歌「貧窮同行」を紹介したりした。

この時期、小山勝清など年若い青年の新しい動きが始まり、また竹田宇平などの動きが生まれた。

大正六（一九一七）年の一〇月革命、翌七年の「米騒動」は労働者や農民、勤労者の自然発生的なたたかい、階級闘争の大きな高揚への転機をもたらした。自由とデモクラシー思想の高まりを背景に争議と民衆運動の組織化、組織の多様化の時代を迎え、社会主義運動の復活と労農学生運動などとの結合の中で社会主義思想の波がうねり始め、時代をつき動かしはじめた。

「大逆事件」以後「米騒動」に至る時期については別稿で触れることとし、本稿では以下およそ「米騒動」後から大正一二（一九二三）年二月の「熊本自由青年連盟」（「熊本青年学生連盟」）の結成までの時期について採り上げることとする。

〈注〉

（1）『社会主義者沿革』第一、第二、第三による。この数字は県外居住者を含まず、本県に本籍を有する外国居住者もしくは在留する者を含む。

（2）「『近代思想』が全国に散在する同志を糾合するために役立ったことは「多少の寄与」どころではなかった」堺利彦『日本社会運動史』

（3）『社会主義者沿革』

I

大正八（一九一九）年は労働組合の組織運動が画期的進展を見せ、労働争議は飛躍的な記録をつくった年であるが、県下においても日本窒素鏡、日本窒素水俣、日本セメント八代、三井三池の労働者が組織的にたたかった。

「米騒動」期に賃上げなどを要求してストライキ闘争で激しくたたかい、賃上闘争に勝利した日本窒素鏡工場の労働者は警察当局に召喚された者延三〇〇人に及び、内四八人が騒擾首魁、同卒先助勢、同附和随行、窃盗罪などで起訴、予審で二人が免訴され四六人が公判に付された。公判では最高懲役五年から最低懲役六月を求刑されたが、判決では八人が無罪となったものの卒先助勢、助勢、附和随行、窃盗などで懲役二年から一年および一〇、九、八、六、四各月や罰金五〇円までの刑に処された。(1)

こうした厳しい弾圧直後の大正八（一九一九）年三月には早くも鏡工場の労働者は友愛会員の影響下で労働時間の延長に対して三六〇人がサボでたたかい日給五銭の賃上げを獲得した。七月初めには同工場カーバイト係の労働者が賃上げ要求によって夏季二割五分値上げ、米一升四五銭で妥結した。七月末から八月一〇日にかけて水俣工場においても友愛会と連携しながら手当の本給くり入れと三〇銭賃上げを要求して七五〇人が争議に参加し、五銭の値上げを認めさせた。

日本セメント八代工場でも樽製造部の職工四二人は七月初め一割賃上げ要求に対して解雇を以て威圧する会社側に全員ストライキで反撃して要求を貫徹し、つづいて鉄工部職工三九人が七月末から賃上げを要求していたが、ストライキを行ない、全員誓約書に連署し全権委員を決めてたたかった。(2)

全国的にはストライキをはじめとする大規模な労働争議の高まりの中で友愛会は「大日本労働総同盟友愛会」と改称し、労使協調的労働組合運動から転回し始め、左右中間の諸労働組合が次々に創立された。

この年の三月以来、友愛会と連携しつつ労働時間の延長反対や賃上げ要求などでたたかって来た日本窒素肥料の鏡、水俣両工場の労働者は一〇月に入ると賃上げと共に従来の一〇時間労働制を三交替八時間労働制に変更するよう要求して立ち上った。

当時の県下の労働時間の状況は、県警察部工場係によると、万田炭坑、天草の各炭坑および煙草専売熊本支局を除く工場法を適用される一一八工場（男女工一万四八七人）について見ると鐘紡の女工の昼夜交替一二時間制、製糸工場にあっては一〇時間ないし一四時間、男工中心の日本セメント八代工場や九州製紙は昼夜交替一二時間労働制であり、八時間労働制採用の工場名は挙げられていない。福岡県下ですら工場法適用事業場で八時間制を実施しているのは一件にすぎない状況であった。(3)

「九州新聞」（大正八年一〇月二二日）は、

「日本窒素肥料株式会社鏡工場にては過日職工聯名にて同社最高幹部に対し三交代八時間制を採用せられ度きこと、一人平均一円宛の増給を断行され度きことの二条件を提出し十八日の如きは製錐部職工は殆んど怠業の状態を続行せるが同日夕刻に至り本月二十一日より三交代八時間制を実行すること、賃金増額に付ては暫時回答期限を延期すべきこと等を発表したり」

と同月一八日までの鏡工場労働者のたたかいと八時間労働制要求の採用を報じているが、その後、水俣工場についても「九州日日新聞」（同月二五日）が八時間労働制の採用と賃上げ要求の妥結を報じている。同記事によると、

「熊本県芦北郡水俣町日本窒素肥料工場にては過日来職工側より賃金値上を要求し工場の一部にては怠業を行ひ居たるが会社側にては職工二千五百全部及傭い、準社員に対し十月二十一日より八時間労働制度の実施を行ふに至れり、新制度規則は従前の午前七時より午後五時半までの十時間制度を変更し二十四時間を三交代として日

勤者は午前八時より午後四時四十五分迄とし内四十五分間は服務準備及び中食時間に宛て正味八時間の労働法をとり就業中は全く喫煙を禁じ三交代者は五日目毎に就業時を転換する制度にて就業時間変更と同時に賃金の増給を行ひ職工は最低一日四銭より三十五銭内外、社員は最低月十円内外の増給をなし定期昇給を繰上ぐる事となし又同町新地に病院を建築中なるが簡易食堂にては一食十一銭より十五銭にて食事をなし得るといふ」(4)

としている。新聞の記事から見ると鏡工場、水俣工場の全労働者が参加し、かつ統一的な要求でたたかわれた点は日窒両工場労働者の戦前のたたかいの中でも特に注目を要するたたかいであったが、先に述べたように県の内外を問わず八時間労働制の採用が著しく遅れ、わずかな工場、事業場に例が見られるに過ぎなかった状況下での日窒労働者の実働八時間労働制要求闘争の勝利は画期的なものであったと言えよう。(5)

米騒動では万田坑採炭夫を中心とする暴動となり、軍隊と警察によって鎮圧された三井三池のある熊本県玉名郡を含む大牟田周辺は、約三万人の労働者を擁していた。大浦、七浦、勝立、宮原、宮浦、万田炭坑の一万七九〇〇余および三井三池鉱業所附属製作所の一六五〇余名、人夫二〇〇、四ツ山竪坑一九八名、染料工場一六二六名、港務所一二四〇、その他二二〇〇名、亜鉛工場一四〇〇余名、電化工場一三四〇名、鐘ケ渕紡績大牟田工場一五九八名であった。(6)

この三井王国にも米騒動後、新しい動きが始った。大正八(一九一九)年八月一日、三池製作所職工一〇一〇余人は五割賃上げを要求、同日宮浦坑の坑夫六一〇人は補給金の本給引き直し、二交代労働を三交代にせよと要求(妥結)、続いて九月一日、石炭仲仕六〇〇人は賃金二割値上げを要求して貫徹した。しかるに九月八日に至り鹿児島県与論島出身労働者が差別待遇に不満を爆発させて自然発生的に立ち上がり、一時逮捕者を出したが犠牲者を出すことなく二割賃上げを実現させた。一一月五日、七浦坑運送夫三五人がスト、同一三日、一四日には三池製作所二〇〇〇人が賃上げ要求でサボ。同月二〇日〜二三日宮浦坑で賃上げストに五八〇人が参加(妥結)。同二五日には三池製練所の労働者二〇四人が待遇改善要求、一二月六日〜一二日にかけて三池鉱業所運転手が待遇改善要求をしてたたかうなどの諸争議がくりかえされた。

三井三池の労働者の中には大正八（一九一九）年に入って労働組合結成の気運が高まりつつあった。『日本労働年鑑』（一九二〇年版）は「十月下旬勝立炭坑夫は組合を組織したと伝へられ、製作所にも組合成立の議熟したと伝へられた。友愛会支部の設立に奔走する職工等多数あり」とし、また西岡竹次郎や早稲田大学、明治大学の学生らを中心とする一一月三〇日の青年改造連盟主催の社会改造宣伝演説会にあたっては「席上、労働組合設立の動議に千数百名の聴衆は熱心に賛意を表し、十二月七日第二回演説会に組合は成立せられなかったが熱心に迎へられた、十二月六日鈴木友愛会理事長は支部発会式を挙げんとしたが三井側の常軌を逸した干渉の為め流会に終った。しかし決して労働者は組合設立の希望を捨てたとは考えられない」と述べている。鈴木友愛会理事長は支部結成のため一二月三日夜、大牟田着、四日夜、演説会を開催する予定であったが「三井、各炭坑は坑夫の出入を一切禁じ、門に材木を打ち付け、鉄条を引き廻らしたりし、且内部に於いて友愛会員並に入会希望者に対し、極端なる圧迫を加え解雇か退会を迫った。各関係工場職工に対しても概ね此の有様であった」。

こうした三井の「常軌を逸した干渉」と労使協調を目的とする会社組合としての共愛組合結成（大正九年三月）などの労務対策にもかかわらず「朝日新聞」が「三井経営の三池炭坑職工約三万人は工働会・友愛会の二労働団に分属せるが三井側にては兎角友愛会員を疎んずる為め三井側と同会員とは暗々裡に確執を持続せるが此程友愛会幹事賀川豊彦氏が同市に労働問題演説会を開きし結果会員激増する一方工働会員中にも友愛会との提携を利とする傾向あり、工働会は会員三千名の有力団体なれば提携実現せば三井側に対し一大勢力を築くべく……」（大正九年五月三〇日）[(7)]と述べているように、大正九年五月二〇日には友愛会大牟田支部が設立され、[(8)]三井三池の労働者のエネルギーは大正一三（一九二四）年には「三池争議」と呼ばれる大争議をたたかうのである。

内務省の調査によると、大正八年の労働争議件数は二三八八件、そのうちスト・サボなどの実力行使をともなうもの四九七件、参加人員は六万三一三七人に上った。

〈注〉

（1）「九州新聞」大正七年一一月二九日、「九州日日新聞」大正七年一一月二九日

（2）「九州新聞」大正八年七月六日、同七月八日、同八月五日

（3）「九州新聞」大正八年一〇月八日。同記事は荒木熊本県工場官補談として窒素肥料鏡工場、水俣工場について「矢張り十二時間で…」としているが、「九州日日新聞」同年一〇月二五日は水俣工場について「従前の午前七時より午後五時半までの十時間制度」としている。

（4）青木虹二『日本労働運動史年表（明治・大正編）』は内務省『労働争議の概況』を拠り所として一〇月一四日、日本窒素会社鏡工場の全職工一九七五人が参加。「原因、要求その他」について「賃上、八時間労働制要求、サボ（二割で妥協）」としているにとどまる。

（5）大正八年七月一一日、鉄道院は八時間労働制の採用を発表。九月二九日、住友経営の工場で八時間制実施。一〇月三日、川崎造船で実施。

（6）『日本労働年鑑』第一集、一九二〇年版

（7）田中惣五郎『資料大正社会運動史』上

（8）刊行委員会編『福岡無産運動史』

Ⅱ

労働争議のみならず全国的には農民運動、他の民衆運動も次第に高まり、小作争議も年々増加し、大正一〇年には飛躍的に増大するのであるが、県下においては大正一一年に至って急激な増加を示した。大正七年三月の人吉水力電気会社の電燈料問題は、電力不足で電圧が低下し平常でさえ一六燭光程度の送電が渇水期の大正七年一一月から翌年二月までは一燭光程度に低下し、三月に入っても五燭光程度で日常生活に不便を来しているにもかかわらず料金の値引きを認めないため批判演説会・需要者大会となり、人吉町会の決議・抗議申し入れへと発展したものであった。会社側はこの人吉町会の抗議で二・三月分を一割引きとする旨を回答したものの町民は納得せず三月二〇日、人吉町民

大会となった。人吉水力電気会社に対する電燈需要者の憤激が高まり、参集者は開会前から会場の永楽座の場外に溢れ、形勢不穏として人吉警察署は署長以下が出動して警戒にあたった。大会は九項目を決議し、一二人の実行委員を選び演説会に移り、八人の弁士が演壇に立ったが、「九州日日新聞」、「九州新聞」の両紙記者も壇上に立った。人吉水力電気は大正二（一九一三）年の創立であるが、水力不相応の一五〇キロWの設備を据えつけ、約三〇〇〇燈の電力供給能力にもかかわらず設置電燈を増設して九〇〇〇燈に送電して不当に利益をあげているため、こうした事態を招いたといわれる。会社側は四月分を三割引きとする旨を声明した。

大正八（一九一九）年七月二六日の「九州日日新聞」は「津森村民百八十余名／結束して城山銅山へ」と二段抜き見出しで報じ、翌二七日の「九州新聞」も「大挙城山銅山に迫る／津森村鉱毒問題火の手を挙ぐ」と報じた。七月二四日午前六時、上益城郡津森村（現益城町）の上陣、下陣、三竹の農民一八〇余人が手に手に鎌、鉈、大鎌、唐鍬、その他の獲物を携えて同村城山山麓の専光寺境内に集合し、城山銅山に押し掛ける直前に察知した御船警察署木山分署長・神鷹熊彦警部以下の鎮撫で集団的暴力行為は避けられたというものであった。

津森農民の決起は城山銅山の鉱毒が原因であった。城山銅山は金山鉱山とも呼ばれ、大正四（一九一五）年、堀鉱業株式会社に経営が移ってから生産体制を拡張し、道路の開削、鉄道馬車の敷設によるケーブル起点までの搬出、発電所の建設などを行なって生産量を増大させた。しかし、事件の起きた三ヵ月前から採鉱を停止しており、新たに日本窒素肥料鏡工場と提携して再開態勢に入っていた。城山銅山は上述の様に急速に増産をすすめる中で金山川が合流する木山川のアユが絶滅するなど銅の鉱毒は昭和初年にまで及んだ。当然水田にも鉱毒による被害を与えていた。大正七年産米は県下では平年作に比べて約一二万石の増、八年産米も「天候適順」で「成育佳良」と予想された（実収は平年作に比べて一四万石増収）。しかるに近年来五七町余歩にわたって鉱毒被害が甚しく、調査の結果は損害金額六〇〇〇余円と判明したが、その半額を銅山側に要求することとし、七年七月上旬から三〇数回にわたって交渉したが銅山側はなんらの確答を行なわず、一切の被害補償を行なわないまま一年を経過した。ところが、八年の稲作状態を見ると前年以上の被害状態であることは明らかであった。かくして光専寺境内の集合となったものであった。農民は前夜各集落に集合の際「銅山に殺到なす前に四斗樽清酒の鏡を割り下陣部落の鶏卵を全部買い上げ、之を飲食し勢いを付けて押寄せ而して先頭に神谷会計を殴りし者には十円の懸賞を付け尚人命を落せし者には一千円を貢ぐ事とし且つ入獄者の家族に対しては扶助料を渡す」(「九州新聞」)と協議するほどの決意の上で決起したという。事態の激化にあわてた官憲と銅山側は遂に農民の要求を全面的に受け入れて解決した。

Ⅲ

大正八(一九一九)年八月一日、熊本市公会堂で「熊本印刷技友会」が発会式を挙げた。熊本市内外の三〇余の工場の印刷職工を結集して組織したもので、新聞社から町工場にいたる印刷職工約四〇〇人近くを対象にしていたが、休日を利用して午前一〇時から開会した発会式には二百数十人が参加した。(1)

印刷労働者はわが国労働運動において先進的一翼を構成していたが、大正八年に入って急速に組織化が進み、争議も激化した。争議数は八月一日の「熊本印刷技友会」の結成までに、この年二六件(2)に達し、同年中には五一件(3)に上った。この中には東京の新聞一六社の「革新会」のゼネストに見られるように一争議に多数の事業所の労働者が合同して参加する例が幾つもあるので参加事業数は争議数をさらに上回る。米騒動期に手痛い弾圧を受けた印刷工組合「信友会」は目ざましい活動で組織を拡大し、多くの争議に関与した。「熊本印刷技友会」の結成も、こうした全国的な印刷労働者の動きの一翼とみられよう。七月だけでも「信友会」を中心とする二〇件(4)の争議が起こり、「熊本印刷技友会」(以下「技友会」と略称)の発会を報じた八月二日の「九州日日新聞」は東京各新聞社の印刷工を組織した「革進会」の争議を報道している。「技友会」発会式当日の八月一日には福岡市の印刷工で組織する「福博印刷技工共済会」

が各印刷所に日給四割増給、八時間労働、毎月一日と一五日の公休を要求し、長崎市の重誠舎印刷所は三割賃上げを要求してストに入っていた。

徳永直は自筆年譜[5]で大正九（一九二〇）年の項に「熊本印刷労働組合創立に参加」としており、多くの年譜も大正九年の項で「再び九州日日新聞社の文撰工になる。熊本印刷労働組合創立に参加[6]」としている。また「一つの歴史」では彼自身を〝小川五平〟として主人公に登場させているが、この小説の中で「それで五平は大正九年（一九二〇）郷里の熊本市で、印刷工組合がつくられたとき参加したことを語った」と述べているが「技友会」こそ熊本県下で最初の印刷工の組織であった。名称の「技友会」も当時の印刷労働者の組織が「欧友会」の後身・活版印刷工組合「信友会」、新聞社印刷工組合の「革進会」（新聞印刷工組合「正進会」の前身）、広島の印刷工組合「角友会」、博文館印刷工の「大進会」、東京凸版印刷の「友愛会」、福岡市の印刷工の「福博印刷技工共済会」（のちに「福博印刷技工組合」）、松山市印刷工の「交友会」などの名称を持つのと同一傾向である。「技友会」解体後に熊本における印刷工の横断的組織として生まれた「熊本印刷工組合」（印刷工連合加盟）は大正一四（一九二五）年の結成である。こう見て来ると徳永が結成に参加した「熊本印刷労働組合」は大正八（一九一九）年八月結成の、この「技友会」と見てほぼ間違いない。

徳永自身、前出の「一つの歴史」の中で、「その組合は職長や兄弟子たちが中心のギルド的なものであったが、とにかく労働組合ではあった」と述べているが、「技友会」の規約は以下の通りである。

一　本会は経営者側と連絡を取りて相協力し求職其他一身上に関し斡旋の労を執ること
二　会員各自、品性の向上を図り技術の研磨熟達を図ること
三　本会員たる者は共同一致の精神を涵養し兼て各自の業務に勉励すること
四　本会員にして永年勤続者又は特別勤勉者と認むる者は経営者と協議の上総会に於て之を表彰すること
五　会員にして死亡其他不時の災厄等の場合は委員会の決議に依り補助すること

など。[7]

「九州日日新聞」は会結成の目的を「組合組織によって円満なる印刷技術の発達を図ろうという意味」とし、規約は「頗る円満なるもの」と紹介しているが、規約は表面的には印刷職工の技術向上と互助組合的な組織である。この意味で徳永は「職長や兄弟子たちが中心のギルド的なもの」と表現したのであろう。結成に至る主導権は県下最大の印刷工を擁する九州日日新聞社の職長層に握られていたようで、むしろ九州日日新聞社がバックアップしていたとみられるふしがある。記事の取扱いも「九州日日新聞」が積極的に扱い「九州新聞」が消極的である。祝電、祝辞も県警察部保安課の祝電と「九州日日新聞」の緒方記者の祝辞である。その意味では全国的な労働運動の情勢とりわけ印刷労働者の組織化の進行と争議の激化に対応して先手を打つ意図があったのではないか。「役員は各工場主を賛助員とする事又委員は各工場より一名宛選出する事」となっている。

しかしながら、当日の発会式の内容を見ると、祝電披露など会の運行にあたったのは浜村国弘であり、特に注目されるのは「民族の末路」と題する記念演説を行なったのは米村鉄三であったことである。印刷工・浜村は発起人の一人であった可能性があるが、彼は徳永直らと共にすでに組織されていた進歩的青年グループの一員であり、その青年印刷工を中心とするグループのリーダー格が米村であったが、熊本煙草専売支局の一職工で同年、熊本電気見習工だった徳永、印刷工の角田時雄、同西村進らと「労働問題演説会」を計画して熊本警察署に検束取調べを受けた事件の中心人物であった。その事件から間もない時、米村が「技友会」の〝会友〟と紹介されて発会式で演説を行なったのである。徳永は「先輩の印刷工たちにくっついて組合を作って」（「一つの歴史」）と述べているが、明らかに彼らのグループが「技友会」の結成に一定の役割を果していることは明らかである。

ささやかではあったが次第に強まり始めた青年労働者を中心とする自覚的運動の広がりに対する工場主側の会社組合的意図はともあれ、「技友会」の結成は印刷工の横断的組織を確立したことになり、それ自体画期的なことであり、しかもその組織内には経営者側の思わくを乗り越えて前進する力を内包していた。時代の潮流は、その力を加速させた。「技友会」が結成されると「たえず東京の印刷工の団体から『信友会』や『正進会』の影響が流れこんできた」と徳永は「一つの歴史」の中で書いている。一時は一〇〇〇人を越す会員を擁した活版工の組合「信友会」は米騒動期の弾圧で組合員も半減したが、大正八（一九一九）年に入って闘争を強化する中で組織を拡大し、同年一〇月ごろには組合員一五〇〇人を数えるに至り、ますます活動を強めていった。一方、大正八年に結成された新聞製版工で組織された「革進会」は七月、八時間労働制と最低賃金制を要求したゼネスト失敗で壊滅したが、一二月「正進会」を結成して各労働組合や社会主義者たちと交流しながら前進し、「信友会」との提携の中でアナーキズムの影響を強くした。「技友会」が結成されたので信友会機関紙「信友」、翌大正九（一九二〇）年四月に創刊した正進会機関紙「正進」を始めとする諸情報が流入するのは当然であり、その他の諸団体の情報や「社会主義同盟」の創立もまた影響を与えたにちがいない。それはまた当時の中央における状況を反映して様々のイデオロギーの流入をも意味した。

徳永直は自筆年譜[8]の中で大正九年に「第五高等学校にきた賀川豊彦をまねいて、市公会堂で『労働問題演説会』をひらいた。米村と私が十分か五分ずつしゃべった。はじめてで、途中で立往生すると、第五高等学校の生徒たちが、応援してくれたのがうれしくて、いまもおぼえている」と書いている。賀川豊彦は九州巡講中、熊本市三年坂教会で五月一六日夜、「社会改造の精神的動機」と題して講演した。翌日は鹿児島に向う予定であったが日程が延びて一日の空白を生じたため急ぎ予定を変更して、一七日昼間は熊本医専と第五高等学校生徒を対象に講演を行なった。「技友会」と「職工有志団」は「労働総同盟友愛会」理事としての賀川を招いてその夜、熊本市公会堂で「労働問題講演会」を開くこととし、両団体が主催した。急突に決まった講演会であったので「少し準備が手後れた為広告ビラなどが行き渡らず街々の辻などには主催者側たる職工諸君が八方に馳け廻ってやっと五時過ぎ二百枚程のビラを張り了せた程だった」[9]が定刻の午後七時頃には労働者、サラリーマンに学生などを加えて約六〇〇人の聴衆が集り廊下にまであふれた。

講演会は角田時雄が「司会者あいさつ」、米村鉄三が「開会の辞」、徳永直が「労働の権利」と題し、賀川豊彦が「労働組合論」の演題で講演した。六〇〇人の聴衆を前に演壇に立った青年労働者の顔ぶれを見ると「技友会」が角田、徳永、「職工有志団」が米村ということになるが、この「労働問題講演会」の開催に推進力となり、熱情を湧かせたのが、彼ら「労働者懇話会」のグループであったことが明らかとなる。「労働者懇話会」については、この講演会から間もなく角田が「新人会」に報じている。[10] しかし、「技友会」が「労働問題講演会」を「職工有志団」と共同主催したことは、結成当初の意図からより明確に変質し始めたことも示していると言えよう。

「技友会」は大正一〇（一九二一）年一〇月一日投票の熊本市会議員選挙にあたっては、「熊本労正会」「熊本労働有志会」と共に「熊本労働団」を結成して第一区で林靖夫を推して奮闘した。歌誌『非歌人』の主宰者でもある林は「力持つ人の尊き真心のあふれんとするに我立候補す」とうたった。「力持つ人」は言うまでもなく労働者である。「労働有志会」顧問・林靖夫（弁護士）を推薦するにあたって「熊本労働団」は「労働者の叫び！」と題したアピールの中で「我々の現在の境遇は何んだ!! 夫れ！ 自由、権利、凡ては資本家（有産階級）に依て正に束縛されて居るではないか」と呼びかけ、次の政策を発表した。

労働者の市会に対する要求[11]

一　公設市場は物価調節の機関でなければならない
一　簡易食堂の設置を早くして呉れねば我々は弁当もろくろくとる事も出来ない
一　我々は安価住宅の施設をして呉れねば住宅に困って居る
一　託児所を早く設置して呉れねば我々の家内は働く事が出来ない
一　今後の大熊本を工業地となし我々の就職所を増して呉れねば生活の不安をかんずる
一　夫れ電車が架る車天（夫カ）は減らねばならぬ労働者は益々増て来る、どうするのだ
一　幸い我々は来る可き市会議員選挙に我等の真の代表者を出して凡ての解決をつけてもらはねばならぬ

市政に対するこれらの要求は林靖夫の指導があったであろうが、労働者の立場に立って明確であった。

「労働団」から推された林は「此度は私当市の市会議員選挙につきまして、熊本労働団から、候補者として御推薦を受けました。虐げられたる人々の味方でありたいと言うのは私のかねてからの志望でありましたから、不肖をも顧み

ず喜んでお受けした次第であります」として、「第一に私は飽く迄言論を以て戦います。第二に私は公明正大に選挙の費用を公開致します」と理想選挙を表明して選挙費用の予算を公表した。「労働団」は林のこの決意に応えて単に投票を呼びかけるに止らず、「我々は我が真の代表者の為御互に費用自弁のつもりで働こうではありませんか」「志ある人は早く来て加勢して下さい」と訴え、「労働団」が主催する演説会開催を告げるチラシでも「どなたも来て下さい。労働者の叫びは真にこれであります。特に労働者諸君よ、早く来て加勢をして下さい。いろいろお話し合いしようではありませんか」と呼びかけた。

「労働団」には前記の三団体に加えて「専売局職工有志団」「熊本人力車夫組合」が新たに参加して五団体で構成した。

林は明確に労働団の立場に立って「私は政党には何んの関係もなく御推薦者の真の代表者たらんとして奮闘して居ります。貴君方はこれ迄虐げられ、圧えつけられたあなた方の歴史を残念とは思いませんか！　私は、中流、無産階級及び一般市民のために議政壇場に立ちて萬丈の気焔をあげるつもりです」と訴えた。労働団は総力を林に結集し、林と「労働団」は一体であった。文字通り「終日の労働に疲れ切った身を以て、夜も寝ずに各自手弁当で」林の家の庭にテントを張って選挙本部として奮戦した。選挙長・川端秀蔵（専売職工）、選挙参謀・深町糸夫（印刷工）、ともに菜ッ葉服を着た労働者であった。

従来の市会議員選挙では想像もしなかった「労働団」の出現とその行動力。〝手弁当〟の選挙運動参加。この労働者の代表を任じて立候補した〝地盤もカバン〟もない林の奮戦は憲政・政友両党の候補に衝撃を与えた。林を新聞は「労働候補」と呼び、林と「労働団」の活躍は市民の話題をさらった。他選挙区でも「労働団」の推薦を熱望する候補が憲政・政友の両党に出現し、ある選挙区では偽の〝労働団〟を作って選挙に利用する候補すらあらわれた。「労働問題にこの不肖の身を捧げたいと思っている」「労資協調の態度にはなりたくない」とまで言明せざるを得ない政友会候補者も出てきた。熊本県下におけるかつて経験しなかった異例の選挙状況が生まれた。

「労働団」は「政党の何れにも関係はありません。政党に関係して熊本労働団と称するものあるも、わが熊本労働団とは何等の関係もありません」と緊急声明を発表せざるを得ない状況であった。「労働団」は選挙終盤では林に影響のない二区で二人、三区で一人、四区で一人の候補者に、新聞の推薦広告に「労働団」名義を許したが積極的運動は行なわず、ただ第三区の平野竜起にある程度の応援をしたにとどまった。

「労働団」も林も選挙運動は未経験であったが金権候補を相手に〝理想選挙〟の旗を掲げ、選挙運動費用の予算を公開して演説会とビラ作戦による言論戦に徹した。選挙区は熊本市中心部、最大の選挙区で、しかも激戦区の第一区であった。憲政・政友両党候補の挾撃にあい、両陣営から集中砲火を浴びて切り崩しを受けた。「労働団」の献身的奮闘にもかかわらず選挙の結果はわずか一五票の差で敗れた。市議会は憲政一〇、政友九、中立四の勢力分野となったが「労働団」の推薦を取り付けた二人の候補(三区、四区)と労働者の側に立つことを盛んに宣伝し、「労働団」の「労働者の市会に対する要求」を公約に取り込んだ候補一人(四区)の三人が当選した。普選の要求が高まり、普選の実現は止め得ない情勢の中でいまや労働者の力は無視し得ないものと認識を深めさせた。ちなみに、林は次回の大正一四(一九二五)年の熊本市会議員選挙では政治研究会熊本支部ほか印刷労働者などを中心とする無産者団体に推され、みごと雪辱して市会議員に当選した。

〈注〉

(1)「九州日日新聞」大正八年八月二日
(2)(3)(4) 青木虹二『日本労働運動史年表(明治・大正編)』による
(5)(8)『現代日本文学全集』七七、筑摩書房版(昭和三二年)
(6) 浦西和彦『徳永直』「年譜」
(7)「九州日日新聞」大正八年八月二日
(9)「九州日日新聞」大正九年五月一九日
(10) 新人会機関誌『先駆』大正九年八月号
(11) 選挙に際して配布した「熊本労働団」のビラ

Ⅳ

ロシア革命、米騒動ののち大正一二(一九二三)年の関東大震災で多数の無産運動家、思想家などが帰熊した頃までの県下の社会運動について残された資料は極めて乏しい。

それ故に大正一一年に上京するまで熊本で活動した経験を持つ徳永直の書き残した自筆年譜[1]や「故米村鉄三について」[2]、新人会機関誌『同胞』への投稿[3]、角田時雄の『先駆』への投稿[4]、高野貞三の「熊本最初の労働問題演説会」[5]「熊本自由青年連盟」[6]、赤松克麿「筑紫走の旅」[7]、第五高等学校の『龍南』などは、いずれも貴重な資料の一部である。これらの資料のみならず小説ではあるが徳永直の一連の私小説的作品、「黎明期」「母の産地」「海の上」「白い道」「黒い輪」「二つの歴史」「悪党になれぬ男」「妻よねむれ」なども、創作であるがゆえに当然、フィクションもあるが、随所に散りばめられている〝歴史的事実〟もまた貴重である。

とはいえ、正しくは「熊本印刷技友会」であるのに、徳永直自筆年譜は「熊本印刷労働組合」とし、小説の中では「印刷工組合」としており、しかも結成の時期を年譜でも小説でも大正九(一九二〇)年としている。正しくは大正八年八月一日であることは前章で述べた通りである。徳永関係の各種年譜を含めて、この時期の熊本に於ける社会運動に関する叙述は厳密な資料的検討が必要であろう。例えば、徳永関係の年譜、年表においては大正九(一九二〇)年の項に「再び九州日日新聞の文選工になる」としているが、上述の「熊本印刷技友会」の創立に参加したとすれば大正八年にふたたび九州日日新聞社の文選工になったことになる。徳永の年譜や作品の中では「労働問題演説会」の計画で大正八年に熊本電気会社第一発電所を馘首されるのであるが、同年、九州日日新聞社の文選工になったのであろう。でなければ「熊本印刷技友会」の創立には参加できない。

また、新人会熊本支部の結成にしても、「翌十年、学生たちで新人会熊本支部がつくられたとき私らも参加した」[8]と記しているが、新人会機関誌『先駆』『同胞』などを見る限りでは、熊本支部の責任者は専売職工・米村鉄三であり、結成は大正九（一九二〇）年一〇月一日である。しかも第五高等学校龍南会の機関誌『龍南』によると松延七郎、後藤寿雄らが学生社研「RF会」（のち「社会思想研究会」と改称）を結成したのは大正一一年五月であった。新人会熊本支部の発会式は「熊本の新人会支部が発展して一〇月一日に発会式を挙げるというので門田武雄君が出席しました」と『同胞』大正九年一〇月号に記されている。[9] 新人会機関誌にまで目を配っている浦西和彦の徳永直年譜[10]は「一〇月一日、新人会熊本支部発会式を計画したが、当日、九州日日新聞社が火事になったため、演説会は見合わせられた」と記述している。『同胞』一一月号の「同志談林」欄に投じた徳永の一文が日時を記していないための誤解であろう。九州日日新聞社屋の火災は一〇月三日である。

〈注〉

（1）『現代日本文学全集』七七、筑摩書房版（昭和三二年）
（2）『日本談義』昭和一五年一〇月号
（3）『同胞』一九二〇年一一月号「同誌談林」欄
（4）『先駆』大正九年八月号「心と心」欄
（5）『日本談義』昭和四二年九月号
（6）『日本談義』昭和二八年一二月号
（7）『同胞』大正一〇年三月号
（8）『同胞』では「米村徳三」となっている
（9）『同胞』大正九年一〇月号
（10）浦和和彦『徳永直』「年譜」

米村鉄三について

―大正中期の熊本の社会運動―

1．大正期の熊本における社会運動の展開

明治末期の〝大逆事件〟は、わが国の社会運動に甚大な打撃を与え、いわゆる「冬の時代」をもたらしたが、四人の〝大逆事件〟連座者を出した熊本にとって、とりわけ深刻な傷あとを残した。

しかし、全国的にも言える事であるが〝大逆事件〟以後ロシア革命、米騒動に至る大正前期の苛酷な「冬」の中にあっても社会主義の灯を守り、伝える努力は続けられた。熊本においても米騒動に至るこれらのかすかな動きとして官憲の報告では大正六（一九一七）年五月一日現在で、特別要視察人二人、準特別要視察人一六人、計一八人の県内居住者がいる。これらの〝視察人〟の動向は、ほとんど明らかにする資料がないが、池田貞記らの動きがある。

ロシア革命、米騒動以後、わが国の社会運動は大きく変ることは周知の通りである。従って、それ以前を大正前期とするなら、以後を大正後期と区分することが出来よう。

熊本県下においても米騒動以後、労働運動が激化し、社会運動は組織的発展をした。大正後半から昭和初年にかけて質的にも、量的にも発展するのであるが、この時期の県下の社会運動の状況を検討してみると、大正一二（一九二三）年九月の関東大震災を境として前と後では組織的運動の展開に特徴的な差異があることが判る。もとより、これら

の時期的特徴は社会主義同盟の結成とアナ・ボルの対立の表面化、暁民共産党、全国水平社、日本農民組合、日本共産党の創立、学生連合会の結成などに象徴される震災前からの全国的動向、社会運動の高まりを背景としているのであるが、大震災により県出身の社会主義者、労働運動の活動家などの帰熊（一時的帰郷を含めて）による影響が見逃せない。これは、すでに存在した「労働団」「五高社会思想研究会」「熊本自由青年連盟」（「熊本学生青年連盟」）の活動を基盤とし、加えて大震災直後に結成された「熊本水平社」の青年とも連携した「熊本無産者同盟」の結成となり、以後の無産運動、労働組合運動の起点となった（県南においては小山勝清、小山竜二、種池撰一らの活動と郡築争議の激化）。

こうした点では大正後半の熊本における社会運動は、ほぼ大震災を境にして二つの時期に区分できる。仮に中期、後期と呼べば、首題の米村鉄三の活動の時期は中期ということになる。

2. 米村鉄三に関する資料

熊本社会運動の大正中期で重要な役割を果した米村鉄三に関する資料は極めて乏しい。米村鉄三の名前が最初に出る資料は新人会機関誌『同胞』第六号（大正一〇年三月号）であるが、これは〝米村徳三〟となっている。「新人会熊本支部」の代表者である。以下、米村についての資料をあげると、

A.「筑紫路の旅」赤松克麿＝『同胞』第六号・大正一〇年三月

B.「上富士前から」＝『ナロオド』大正一〇年八月号

C.「故米村鉄三について」徳永直＝『日本談義』昭和一五年一〇月号

D.「熊本最初の労働問題演説会」高野貞三＝『日本談義』昭和四二年九月号

E.「熊本自由青年聯盟」高野貞三＝『日本談義』昭和二八年一二月号

F. 徳永直年譜（自筆）＝『現代日本文学全集』七七・筑摩書房版・昭和三二年七月などがある。

これらのうち、ある程度まとまったものとしては徳永直「故米村鉄三について」にすぎない。しかしながら、徳永

は彼自身が主人公として登場する熊本時代を描いた数多くの私小説的作品を書いている。この中で米村についてしばしば触れている。中村青史は「大正期熊本の文学的状況―高群逸枝と徳永直―」(『方位』創刊号・一九八〇年九月)の中で「米村と覚しき人物が登場する徳永の作品」として「黎明期」(一九三四年四月)、「女の産地」(一九三五年一一月)、「海の上」(一九四〇年一一月)、「白い道」(一九四七年一二月)、「黒い輪」(一九五七年四月)をあげている。これらの諸作品の中に登場する「米村と覚しき人」(「黎明期」では米村鉄三の本名ででてくる。「女の産地」では米村、他は日置、小野鉄二郎など)は資料的にも検討に値する。が、しかし私小説的もしくは自伝的であっても、あくまで創作であるので無批判に〝資料〟として史的事実の中に取り込むわけにはゆくまい。充分な検証が必要なことは言うまでもない。徳永自身の筆によるものを含む徳永直年譜にすら重要な点で史的事実との違いがあるほどである。

3. 米村鉄三の生い立ち

徳永の自筆年譜によると米村は三歳年長とあるので明治二九(一八九六)年頃の生れであろう(高野貞三は大正一二年一月、帰郷した米村とあっているが、その時、米村を二五歳としている=「熊本自由青年聯盟」)。また、徳永は昭和一五年に書いた「故米村鉄三について」の冒頭で「米村鉄三氏が亡くなってから八九年経つ」と述べているので昭和六・七年頃死没したのであろう。筆者は戸籍簿未調査である。

徳永によると熊本煙草専売局葉選工時代(大正六・七年)に同じ工場で葉選工として働く米村と知り合ったが、米村はのち印刷工(文選)となり、上京して時事新報社の文選工となった。しかし、「自分の氏からさき知つている限りでは、煙草職工以前にも雑多な仕事をしてゐる。熊本郵便局の配達夫やら、商店の小僧やら等。氏は小学校(何小学校だか忘れた)と、それ以上に熊本図書館に学んでゐる」(「故米村鉄三について」)と述べている。

また、小説「黒い輪」では「内村(米村=筆者註)も志を立てて失敗し、自殺しかけた男であつた。熊本市の下通町で小商人だつた彼の父は借財と四人の子供をのこして死んだ。彼の姉は借財のために二本木遊郭の女郎に売られ、末弟は他人の家にやられ、長男の彼は小学校だけで郵便配達夫になつたが、独学で中等学校の検定試験を取り、教員になることで一家を再興しようと志をたてた。／彼はもともと十貫目（三十七キロ）をこえたことがないという貧弱な体格であるが、今一歩というところで肋膜炎をやり一年あまりも寝こんでしまい、ある日寝床から這い出して肥後守（ナイフ）を研ぎ咽喉を突いたのだつた」と書いている。

また、「白い道」では「小野（小野鉄次郎―米村＝筆者註）は三吉（青井三吉―徳永＝筆者註）より三つ年上で郵便配達夫、煙草職工、中年から文選工になつた男で、小学校三年までで、図書館で独学し……」と書いている。

姉が〝女郎〟に売られたことについては「黎明期」の中にも出ている。

上記の作品の中に出て来る米村の経歴は、「故米村鉄三について」の内容と一致するので事実として捉えてもよかろう。

4．米村鉄三の性格・人柄

米村は「痩せて小柄な男であつた。ひどい胃病持ちで、ときどきけいれんに襲はれた」（「故米村鉄三について」）という。さらに徳永は「小さい皺だらけな黄びた顔であつた。猫背で、ひどい内股であるくくせがある。掌が大きく、よく指をポキポキと鳴らせながら、あふのき加減に微笑しながら近寄つてくる。鼻筋に大きな黒子があつて、細いきれながい眼が、皺の間から光つている。茶つぽい瞳だつたがやさしかつた。……」とも描写している。

米村の性格と人柄についての徳永の米村観を紹介すると、つぎのようである。

「物事をたくらんだり、派をつくつたり、統率したり、そんなことはできない性格だつたと思う」（同前・以下同）と語り「氏ほどの人間的人間、独特で、性格的で、而かも普遍的である人物を、外に知らない。米村鉄三という人間そのものが、実に文学それ自体であり、思想それ自体だつたと自分は感じている」とも言う。「いつも貧乏貧乏して、身も心も裸で人の心にぢかにふれてゆく男であつた。なによりもえらい人間がきらいであつた。出世する人間は悪人だと考えるやうであつた。有名がきらひ、金持ちがきらひであつた。氏は後年アナーキスト的団体に所属してゐたが、それは思想が氏をひきいれたといふよりも、氏の人間性が逆にそれをひつぱつたとも云える」という一文に米村の性格を浮き彫りにしている。徳永の小説に登場する米村もまた、正にこのような青年である。

熊本時代の徳永は米村から文学的、思想的に啓発され、大きな影響を受けた。米村は大正一一（一九二二）年に上京し、徳永も同年上京する。東京でも連絡があったらしいが大正一三年以後、相互の音信を絶っている。米村は時事新報社にあってアナ系の「正進会」の活動家で、徳永はボル系の組合活動家の道を歩んでいた。「大正八年から同十三年までの氏と自分との関係は親友だつたといふことができよう」としながらも音信を絶った理由は、上述の思想的、組織的立場の相違のみではなかった。徳永は「氏といふ人間と、自分といふ人間と、それから当時の時代を説明することなしには明らかにすることができぬ」と述べている。

〈追記〉

例会報告においては、米村とロシア革命・米騒動・大逆事件―クロポトキンの「青年に訴う」（「平民新聞」）、文学活動・印刷技友会・新人会熊本支部・五高社会思想研究会、その他の社会運動などに触れたが、これらの諸点については「熊本近代史研究会会報」二〇〇号（記念特集号）の拙稿「熊本における大正期の社会運動」を参照されたい。

地方都市における一九二〇年代前半の労働運動の展開

―熊本市電争議を中心に―

一九七六年は、熊本市電争議五〇周年にあたる。

一九二〇年代なかばにおきた熊本市電争議は、大正デモクラシーの思潮が社会各階層に拡まり、各種の社会運動が全国的に急速に高揚している中で、工業的発展のおくれた地方都市における社会主義運動と労働組合運動の組織的結集の一つの到達点を示している。

熊本市電が営業を開始してわずか一年七ヵ月ののち、第二期工事計画の市議会上提直前におきたこのストライキ闘争をともなう労働争議は、熊本市当局はもとより県下各階層に深い衝撃をあたえ、九州の労働運動にも影響をあたえた。

米騒動を背景として、日本窒素鏡工場、岩屋銅山、日本セメント八代工場、三井万田坑、日本窒素水俣工場などで労働者の経済闘争が激烈にたたかわれたのち、県下の労働者、農民をはじめ進歩的、民主主義的諸運動と組織は急速に発展した。熊本市内でも、労働者、青年・学生、市民、未解放部落民の解放を目ざす組織と運動が急速に成長し、これらの中に社会主義の思想的影響がひろまった。こうした時期に、熊本市電争議がおきたのであった。

熊本市電争議は、解雇反対と待遇改善を要求するたたかいであった。直接の契機は、車掌・永村徳次郎に対する辞職勧告――解雇通告に端を発したものであったが、彼は熊本市電「修養会」、熊本合同労働組合市電分会に属する指導的な人物であった。争議は自然発生的なものではなく、劣悪な労働条件の改善と労働組合組織の公認を目指す「修養会」、熊本合同労働組合市電分会を中心とした組織的な活動の結果であった。

熊本市電労働者のたたかいは、地域の民主主義的諸組織や活動家との密接な連携のもとで、これらに支持され、援助されただけではなく、西日本、とりわけ労働運動先進地の福岡県下の労働組合と活動家の強い関心と援助があった。

警察の全力をあげた干渉と、これと結んだ市当局の巧妙卑劣な攻撃によって、また一面においては、同地域の労働運動の未熟さと力量の不足もあって争議は惨敗した。

とはいえ、熊本市における初めての組織的で大衆的な労働者のたたかいであり、戦前における同地方の極めて注目すべきたたかいの一つである。このたたかいの中から、秀れた労働運動の指導者を生み、かつその後の諸運動と組織の発展に大きな影響を残した。

一九三九（昭和一四）年発行の『熊本市政五十年史』では〝市電争議と其余瀾顛末〟[1]の一項を設けて八頁にわたって争議経過が記述されているが、太平洋戦後の一九五六（昭和三一）年発行の『熊本市電三十年史』では、〝市長更迭と電車罷業〟[2]で一〇数行、六六（昭和四一）年発行の『熊本市政七十年史』[3]でも二〇数行を費しているにすぎない。この中でもっとも詳しい『熊本市政五十年史』の記述も一面性と不正確な内容を含み、正しく伝えてはいないが、熊本市電五〇周年にちなむ一九七四年の新聞各紙の「市電史」の特集などの諸記述では、熊本市電争議はついに取り上げられなかった。

今や熊本市電争議は、無視され、忘却されて埋没されようとしている。

さきに『熊本県史』の〝戦前の労働運動[4]〟でとり上げたが、極度に制約されたスペースのため詳細に触れる余裕がなかった。上述の理由から、本稿では、争議の原因、経過、当時の地域的な運動の展開などに記述の重点をおいて考察したい。

1

㈠一九一八年の米騒動ののち全国的には労働運動を中心とする諸運動が急速に組織され発展しはじめたが、熊本地方でも、日本窒素鏡工場（熊本県八代郡）で、米騒動の翌一九年三月一一日、友愛会の指導下に三六〇人の労働者が、労働時間の延長にサボタージュでたたかい、日給五銭の値上げを実現させ、七月一日にはカーバイド係の労働者が、夏季手当二割五分増を要求して米一升・四五銭で妥結した。さらに、七月末から八月一〇日にかけて日本窒素水俣工場（熊本県芦北郡）の労働者七五〇人が、同じく友愛会の指導の下で、手当の本給繰入れと三〇銭の賃上げを要求してたたかった。さらに一〇月に入ると、日本窒素鏡工場では、全労働者一九七五人が賃上げと八時間労働制を要求してたたかい、二割賃上げを獲得した。

三池でも、八月から一一月にかけて、機械製作工場・宮浦坑・石炭仲仕・製錬所などの労働者が賃上げなどを要求して次々にたたかい、与論島出身の坑夫、仲仕約一〇〇〇人は賃上げと差別待遇撤廃を要求して激しくたたかった。

㈡熊本市では、米騒動ののち、九州日日新聞社の印刷工を中心とする文学サークル『ささやき』（回覧雑誌）などに結集した労働者——米村鉄三・角田時雄・徳永直らの社会主義青年グループ「労働者懇談会」が生まれ、新人会などの影響を強くうけながら活動を始めた。

一九一九年には、これら青年労働者は「労働問題演説会」を計画したが官憲の手きびしい干渉をうけ、彼らは検挙され、徳永はようやく得た発電所職工の仕事を失った。しかし、翌二〇年には、彼ら印刷労働者は、メーデーを祝う集りをもち、おりから第五高等学校を訪れた賀川豊彦を迎えて「労働問題講演会」を開催し、徳永ら青年労働者も演壇にたって、労働者の自覚と団結を訴えるなど次第に組織的力量をつけ、社会主義青年労働者グループは「熊本労働団」を結成した。米村・徳永・角田・深川武・木原稔・大村宇八郎・浜村国弘など印刷労働者が中心となって活動した。同年一〇月には、職制層を含めた熊本市各新聞社の印刷工を中心に全ての印刷工を対象とした「技工会」が結成され、当初は職長層がイニシャチブをとっていたが、(5)正信会、信友会、労働組合同盟会などの影響が流入するようになり、これらの影響をうけて職長層と一般工員との対立が生じ、またアナ・ボルの対立も生れて分裂、解体同然となっていった。熊本専売支局では川端秀蔵らが、「光働会」を組織して、友愛会のち大日本労働総同盟友愛会と連携をもった。

一九二一年一月一五日には、新人会熊本支部の名で徳永、浜村らがカール・ローザーデーを記念する「新人会講演会並にカール・ローザー追悼会」を計画して官憲の干渉で禁止されたが、このころには、熊本労働団の青年労働者たちは第五高等学校の生徒らとも接触し、ボルシェビズムの影響がひろがっていた。

熊本労働団は、同年一一月七日には、前衛社の高橋貞樹を迎えて「ロシヤ革命五周年記念講演会」を成功させ、二二年二月二三日の「普選即行大会」には、期成会（佐々木徳茂ら）、各新聞社と共に主催者として名をつらね、浜村国弘・川崎秀蔵・角田時雄らが演壇にたつほどになり、しばしば演説会なども催すようになった。

二三年始めには、第五高等学校の社会思想研究会に属する生徒と青年社会主義者グループとが一緒になって「熊本自由青年連盟」*が結成され、機関紙「黎明」を発行し、「七日会」を組織するなど活発な活動を始めた。

＊結成は二月または三月といわれ明確ではないが、学生＝村上敦・鶴和夫・後藤寿夫・坂本彦太郎・松延七郎・橋本省三・田中栄太郎・池田考・吉満三次郎・野口義博ら、労働者＝末吉一二・高野貞三・小山寛二・種池撰一らであったが、後藤尋夫はこの直後卒業し、松本惣一郎らが入学したが、名称は結成に参加した高野貞三氏によると「熊本自由青年連盟」、松本惣一郎氏の記憶によると「熊本青年学生連盟」である。本稿では、一応「自由青年連盟」としたが、正確な名称は今後の調査をまちたい。

㈢一九一〇年代のおわりから二〇年代はじめの「熊本労働団」と第五高等学校における「FR会」の誕生は、新しい時代の到来を鮮やかに印象づける出来ごとであった。一九二〇年代の熊本地方の社会主義運動の発展とその中におけるマルクス主義の影響の増大に果した役割は大きい。

一九〇七年六月に創刊され、四名の大逆事件連座者を出した『熊本評論』と五高生、師範学校生、中学済々黌生徒などの知識青年とのかかわりなど社会主義運動に参加する学生が見られないわけではないが、学生自体が、マルクス主義を指導理念としてひとつのまとまった組織をもって行動を始めた点で一九二二年五月の「FR会」の結成と〝飢えたロシヤを救え〟運動の展開にはじまる活動は画期的な事がらであった。熱情的な活動で学生の中に影響がひろがり、組織が拡大し、学校内だけでなく熊本労働団の労働者などとの交流を通じてマルクス主義の理論的、思想的影響を及ぼした。

一一月七日に結成された学生連合会（FS）は、二三年一月に結成された高等学校連盟に参加し、全国的な連絡をもちつつ、学校当局にも公認され、「社会思想研究会」と改称した。熊本市薬園町に合宿して、指導部をおき、末吉一二ら社会主義青年グループと共に「熊本自由青年連盟」や「七日会」を組織して、熊本地方の各種社会運動と組織にマルクス主義の影響をひろめ、アナーキズムの克服に主要な役割を果した。

熊本自由青年連盟は、約一万部の機関紙を発行し、五高社研の主要な活動の一つであった。二四年には、古賀二男、渡辺武らが指導の中心となり、多数の学生が県下の主要な農村地帯を遊説して農村青年との交流をはかった。

田中正文ら活動的な学生は、労働者と共に二四年のメーデーには、初めて街頭に出て示威と演説に参加した。社研は、一〇〇名をこえる組織となった。一〇月には「五高政治研究会」の創立を計画したが不許可となり、一二月二日、全国の高等学校にさきがけて「社会思想研究会」は解散を命ぜられたが、三日には暴圧反対のアピールを出してたたかいつつ、非公認で活動を続けた。二五年には、九州学生連合会の中でも最大の組織人員を誇っていた。二五年一二月、福岡高等学校事件に対する抗議文には二九〇余名の署名を集め、富安、磯貝ほか二名が停学七日、署名者全員が学校長訓戒処分をうけるなどの事件があったが、学校の内外でひるまず運動を強化し、校内では学生自治を要求する「龍南会」改革運動をすすめ、校外では〝実践活動〟を極度に警戒する学校当局と警察の監視の目をくぐって、作業服や絣の着物姿で職場労働者に対する働きかけを強め、労働者教育のチューターとして合同労組、印刷労組などの活動に協力し、極秘裡に国鉄労働者、熊本市電労働者に対する組織活動にもあたり、八代・郡築村の小作争議の支援活動にも参加したりしていた。

㈣一九二三年五月一日、水平社九州大会が開かれ、九州における部落解放運動が盛り上りを見せ始めた五月二一日、熊本県選出代議士・島本信二の福岡県飯塚町における差別発言糾弾のたたかいが、熊本県下の水平社運動の発展をうながす上で大きな契機となった。

六月三日、八代・蛭子座で「島本代議士失言問題報告演説会」が開かれ、一〇月一四日には第一回熊本水平社大会が開かれて県の本部組織が確立した。翌年三月一五日には第二回大会を開いて組織の整備がすすみ、第三回九州大会ののち、五月一六日には熊本水平社青年同盟が五〇〇余人の青年を集めて結成され、社会主義的影響をうけて、階級闘争の方向を明らかにした綱領をかかげ、活発に活動を始めた。水平社内部に社会主義の影響がひろまったことは、熊本地方のその後の諸運動の発展に重大な役割を果すこととなった。

㈤一九二三年九月一日の関東大震災は、政治的経済的な種々の影響をあたえたが、社会主義運動にも大きな影響があった。

熊本駅には、着のみ着のままの二〇〇〇人を越える人々がたどりつき、社会問題となったが、これらの帰郷者の群の中には、辻山繁・中田大八（哲）・村上峯雄・田代倫・浦田武雄・木部正行らがいた。ややおくれて磨井豊喜らが、また川内唯彦など多数の社会主義・労働運動の活動家が在熊の諸勢力と合流したため、熊本地域の社会運動は一層活気を帯び、組織も急速に確立し、発展を見せた。

一方、郡築小作争議（八代郡郡築村）が、日本農民組合の指導のもとで激化し、労働者、学生、水平社運動の活動家が連帯を表明して活動し、反動勢力とたたかい、県下はもとより全国的に大きな反響をよんだ。

北九州鉄工組合と熊本地方の労働者との組織的な連携が確立し、二三年一〇月には、浅原健三らが来熊して北九州鉄工組合主催の労働問題講演会を八代、熊本で開いた。一〇月二三日の熊本市公会堂の会場には、労働者はもとより学生、婦人の姿も多数見られ、聴衆は八〇〇人をこえた。高野・角田・木部・浜村・牧野賢治など講演会開催に奮闘した地元の労働者が熱弁をふるい、会場は熱気がみなぎり、中止解散を命じた警官と聴衆が衝突して多数の検束者を出したほどであった。一九二四年には、きわめて行動的な「熊本無産者同盟」や「熊本印刷工組合」「北九州鉄工組合熊本支部」「熊本合同労働組合」「労働者教育協会」「熊本借家人同盟」などが組織され、熊本市を中心とする諸運動のひろがりは新しい段階をむかえた。文化運動の分野でも末吉らの『十字街』、美濃部長行らの『よな』が創刊され、小田島良種、井上縫三郎らが短歌サークルなどの中でも活動した。

一〇月一八日、厳重な官憲の警戒の網の目をくぐって、熊本市出水町の美濃部長行の家で九州各地の共産主義者が集って会合を開き、熊本市に本部をおく「九州無産者同盟」（青年共産党）が極秘裡に結成された。中田哲・末吉一二・浦田武雄・大谷源・田中定・田中正文（稔男）・村尾薩男・川内唯彦など三〇数名の労働者、農民、学生が結成に参加して、九州の主要地域で活発な組織活動に従った。二五年に検挙され、治安維持法違反で多くが検挙され、組織は破壊されたが、この組織は、内部では「青年共産党」とよび、同年三月に解党を決議した日本共産党の再建を目指すものであったといわれる(6)。

二五年秋、水平社青年同盟に結集した未解放部落の青年活動家と他の労働者などの青年活動家は合流して「全日本無産青年同盟熊本支部」を結成して社会主義運動の先頭にたち、松原三男・岩野猛・岩尾家貞・竹中英太郎・中島辰夫など数多くの活動家が生まれ、清住はる枝・宮村浅枝などの婦人活動家が登場した。

全日本無産青年同盟、総同盟の分裂と日本労働組合評議会の結成、「無産者新聞」の創刊などにつづいて二六年の京大事件、共同印刷ストがおこり、全日本鉄道従業員組合、労働農民党結成の動きなどが熊本地方にもそれぞれ大きな影響を及ぼした。

全国印刷工連合会の結成に参加して活動して来た熊本印刷工組合は、九州日日新聞、九州新聞、大熊本新聞、稲本報徳社、大同印刷、宮家印刷、白石印刷など熊本市内のほとんどの印刷工場に分会をもち、横断的な組織を確立していた。総同盟の分裂ののち、アナーキズムの影響から脱却して日本労働組合評議会加盟を指向し、二六年一月には全国労働組合自由連合不参加を決議し、「熊本印刷労働組合」と改称した。評議会の方針に基き、総同盟九州連合会に加入して革命的反対派として刷新運動を目指したが、二五年末、総同盟は九州連合会を解体したので、総同盟加盟・熊本印刷労働組合を称していた。熊本印刷労働組合の自由連合不参加は、この地域のアナーキズムの凋落を決定的なものとした。アナーキストは、林博・山田尚種・猪古勝・工藤日露時など『黒潮』に拠る小グループとなり影響力を失った。

熊本合同労働組合（九州合同労働組合熊本支部）は総同盟九州連合会に属し、総同盟の分裂後は革命的反対派に属した。熊本市内の小企業などに分会をもち、組合員も五〇〇名余に達していた。末吉一二が委員長であった。大正五年に友愛会鏡支部が組織された。伝統をもつ日本窒素鏡工場をはじめ日本窒素水俣工場、三井三池の坑山などで分裂後も総同盟は一定の影響力をもち、熊本市内では川端秀蔵らが社会民主主義者として活動していた。

熊本機関区では、羽山・近藤・高木などの労働者が中心となって現業委員会で活動し、のち全日本鉄道労働組合に属した。

以上見てきたように「熊本労働団」、五高の「社会思想研究会」、「熊本水平社」が一九二〇年代前半の熊本地方の社会運動の発展にとって重要な意義をもち、熊本市内の労働運動の先駆的役割は印刷労働者がになったが、二四年以降労働組合の活動が活発化した。

2

一九一〇年代の熊本市内の主要な交通機関は軽便鉄道と人力車であった。

二二年七月、熊本市議会は電車市営を議決し、熊本市は電車部を設け、初代部長に第一助役・松尾寛を任命した。二四年五月には市電乗務員を公募し、二三〇名余の応募者の中から学力試験と体格検査で一二〇名を選抜して、口頭試験による第二次試験を経て一〇〇名を運転手・車掌見習生として採用した。見習生は、現業員養成所で四〇日間の教習を受けたのち本採用試験に合格した九三名（運転手五一名、車掌四二名）が正式辞令を交付された。二四年三月一日、一五台の運行で営業を開始し、三ヵ月後には三台を増車して一六台を平常運転し、その後さらに増車を続けた。創業一周年にあたる二五年八月中の乗車人員は七六万一三二六人、乗車賃収入四万四七二三円二銭であった。市当局は電車経営の順調な発展により、市中心部から上熊本駅方面を結ぶ第二期路線延長を計画し、市議会上提の準備をすすめた。

二五年、熊本合同労働組合が結成されると市電乗務員となっていた織畠直行・松村早苗・中村清喜ら無産青年同盟員が内部で、末吉一二・永村徳次郎および五高社研の富安三次郎・松本惣一郎らが外部から働きかけて合同労働組合市電分会を秘密裡に組織し、これを母体として、組織を秘匿するため「修養会」という名称でより大衆的な労働組合組織に多くの労働者を結集し、織畠が会長に選ばれたのち永村徳次郎も車掌就職に成功して組織は強化された。劣悪な労働条件と監督のしめつけに対する労働者の不満がくすぶっていた。修養会はこれらの不満を組織していった。二五年末ごろには修養会は監督の横暴に公然と反撃を始めたので労働者と職制層との対立が強まり、監督は思うままにはふるまうことが出来なくなった。劣悪な労働条件に対するサボ気分が強まり、一月の始めには、故意に発車をおくらせるなどの行動がおきた。

労働者は拘束一〇時間労働、長い日は一二時間労働で、出勤時間は午前五時、五時半、午後二時、三時出勤に分れ、一〇日に一日の公休であったが、病気その他どのような理由であれ一日でも勤務を休むと公休日出勤を強要された。賃金は日給一円に売上歩合給が加算され、売上歩合給は月に八円ないし一三円程度であったので、月収は平均四〇円に満たなかった。車掌は熊本駅―呉服町停留場の間で、およそ八〇人から一〇〇人程度の車内改鋏をしなければならなかった。諸種の労働条件は、のちにみる労働者の要求によって明らかである。

労働者の不満の増大に対処するため二六年二月の市会に、市当局はごく僅かの増給を提案して可決した。このころから、待遇改善を要求するサボタージュ、ストライキの気運がもり上っていた。

二月二八日、永村徳次郎は、九州各地の市街電車の労働条件の例を上げて、扶養家族手当の支給その他の待遇改善を要求した。

高田英夫運輸課長が、これらの要求を朝礼の席上で拒否すると共に、扶養家族手当の要求に対して「貧乏人の子沢山云々」の暴言を吐いたことから紛糾し、永村は労働者にむかって高田運輸課長の労働者に対する悔辱を批判し、かつ訴えた。高田運輸課長は永村に対して即刻辞表を提出するよう要求し、事実上の解雇通告で報いた。

修養会の指導者は、五高社研、合同労組と協議し、永村の解雇反対などでたち上るよう呼びかけることを決定し、熊本合同労組と共に直ちに熊本市内の各友誼団体はもとより九州各地の労働組合に支援をよびかけ、修養会は公然と活動を開始した。

午後五時ごろから、労働者は乗務を放棄して市電運輸事務所近くの代継神社境内に続々集合し始め、午後九時頃には六〇名に達した。浄行寺・水前寺系統ともに乗務員が不足し、四分間隔の運転は、ついに一五分間隔になってしまい、遂に一〇時過ぎには運行車輛を大幅に減車し、市電当局は監督や運輸課職員の非常召集をおこなって辛うじて終電までの運行を確保した。

雨の振る中を、労働者はいちおう、五高社研の合宿に移ったが、最終電車を待って三月一日一時すぎ、熊本市迎町の円光寺に争議団本部を設けて集合し、炊き出しを行なって集会を続けた。合同労組・印刷労組・無産者同盟・政治研究会熊本支部・五高社研など熊本市内の民主主義的団体の代表が駆けつけ、援助と指導助言を与えた。おりからの冷雨の中で、非常召集された警官隊と対峙しながら集会を続け、永村徳次郎の解雇撤回など一六項目の要求をまとめた。川内唯彦、末吉一二、永村徳次郎らが主な指導的役割を果し、磨井豊喜ら争議経験の豊かな人々が助言し、労働者は籠城体制に入った。

要求事項

一、永村君の辞職勧告取消

二、出勤から退勤までの時間（賃金＝上田）を支給すること
三、売上制度の廃止
四、勤務時間変更の件
五、時間外勤務に関する件
時間外勤務増歩合は一時間に対し一日の収入の八分の一
六、陸海軍簡閲点呼、徴兵検査、演習召集、伝染病予防法*による交通遮断のため欠勤日数に日給全額支給
七、業務上により生じたる罰金に対して二分の一補助
八、遅刻一〇分を容認すること
九、欠勤に関らず一〇日に一回公休日を与ふること
一〇、三ヶ月皆勤者に対して慰労休暇を与ふること
一一、共済会規約を労資の代表を出して作製すること
一二、衛生設備を完備すること
一三、詰所の椅子をシート張りにすること
一四、手袋を支給すること
一五、靴代一二円を支給すること
一六　本要求を提出に当り犠牲者を出さぬこと

大正一五年三月一日

市電従業員一同

交渉委員には、織畠直行・吉田政治・松村早苗・松永太の四名を選んだ。

午前三時、警察は解散を命じたが、午前九時再度集合し、同日朝、市当局に要求書を出した。

要求は実質的賃上げの要求と共に、労働者の日常的不満を反映させている。要求書の作製が、大衆討議による集約であったことを示し、労働者の盛り上りを感じさせるものがある。

＊第六項の伝染予防法云々については若干の説明が必要であろう。熊本市では前年の一一月頃より腸チフスが流行し、爆発的に罹病者が増加していた。熊本市に始まって県下各地に拡がったが、二六年一月に入っても益々猛威をふるい、患者を収容する施設すら不足し、一月中旬には二〇〇名以上の患者が未収容のまま放置され、また新収容患者も伝染病院敷地内に急造された二棟のバラックに収容する有様で、福岡県久留米、佐賀県などから看護婦の応援があったが、なお医師、看護婦共に不足し、多い日には一日七〇名近い新患者が発生した。市電争議開始の二月二八日現在、熊本市内のみで、一・二月の患者発生八一四名を数え、一家ことごとく死没する家庭も生じ、市民は腸チフス禍におびえていた。

3

市当局は、監督、監督補、同代務一七名と電気課工員七名を臨時乗務させたが、前日、公休などで休んでいてこの日出勤した労働者一〇数名も争議団の呼びかけに応じてストライキに合流したため、スト不参加者は荒尾励運転手ほか一五名にすぎず、計四〇名で一三台を運行した。このため乗務者は交替休憩も制限され、連続運行をよぎなくされ極度の疲労におちいった。

争議団のよびかけ工作をおそれて、不参加労働者一六名の詰所外外出も禁止し、各車輛には警官を同乗させて警戒に当り、同夜は全員を運輸課事務所の建物内に仮泊させるといった罐詰作戦に出たため睡眠時間も三、四時間となり、過労のため翌日の運行が危ぶまれる状態であった。

一日夜、県立工業学校機械科の生徒二〇名を始め高等工業学校、私鉄などに応援を求めた。県立工業学校は七名の応援に応じたため、翌二日より車庫内で訓練を開始した。

一方、辛島熊本市長、松尾電車部長（第二助役）、高田運輸課長らは、一日午後四時に召集された市会緊急参事会・電車委員会の協議会に臨み、前後策を協議した。

協議会は一六項目の要求を検討したが、

(イ)あくまで強硬な態度を持すべし

(ロ)この際一部の条件を認容して早急に解決すべし

とする硬軟二論がでて午後七時半ようやく結論を出して条件をつけて市当局の交渉にゆだねて散会した。

市当局は一六項目の要求のうち、永村の辞職勧告を撤回し、争議の犠牲者を出さないことの二項目の要求は受け入れる。他の要求についても妥当なものもあるが、争議の結果、労働者の要求を認めるということになると不都合なので、ストライキをやめ、争議団を解散することを前提として適宜考慮するという公式態度を表明した。

適宜考慮の内容は、

第三項　売上制度の廃止

第八項　遅刻一〇分を認容すること

第九項　欠勤にかかわらず一〇日に一回公休日を与ふること

第一四項　手袋を支給すること

以上四項目はあくまで拒否する。売上制度の廃止は賃金体系の根本にかかわり、手袋の使用は危険防止上許さない。第五項＝時間外勤務増歩合、第六項＝陸海軍点呼等の日給支給、第一〇項目＝三ヵ月皆勤者に対する慰労休暇、第一二項＝衛生設備、第一三項＝詰所の椅子などについては要求通り実施する。ただし、争議団の要求をうけ入れるということではなく、市当局のイニシャチブで適宜実施するというものであった。

争議団本部には、市会の論議は要求の相当部分を受け入れる意向であるという情報がもたらされた。同日夕刻、争議団代表四名は市電当局と会見し、一六項目の要求についての提案説明を求められた。この説明を聞いた上で、市当局は、調停を申し出た大熊本新聞記者・角田時雄に仲介を依頼した。角田は争議団本部を訪ねて顔見知りの幹部らに、市当局の意向を伝え、当局幹部の言明を信頼して妥結するよう折衝した。

争議団は、

(1)修養会を承認すること

(2)本日の欠勤は出勤扱いとし日給を支給すること

(3)荒尾励運転手を罷免すること[7]

の三項目を妥結条件とすることを角田を通じて非公式に市当局に申し入れた。市当局は、(1)(2)は現時点で争議解決の条件として争議団が要求することではなく、争議解決後、当局において恩情的に処理することであり、(3)の荒尾運転手の罷免要求は、今回の争議で犠牲者を出さないという趣旨に反するとして強硬な態度を示した。

争議団は、当局幹部を信頼せよという角田の説得に対して強硬派と妥協派に分れて激論のすえ、前記三項目の要求は撤回するが、一六項目の要求は、市当局と直接交渉の上、適宜処理することとして交渉委員六名を選んで全権を委任した。

二日午前〇時すぎ、熊本市水道町の運輸事務所で深夜の団体交渉のテーブルが用意された。

市側は、松尾寛二電車部長・鶴田運蔵総務課長・高田英夫運輸課長、争議団側は織畠直行・吉田政治・松村早苗・松永太・野田辰雄・鳥飼政喜の六名であった。双方の代表は、交渉妥結を予想していたが、団体交渉の席には警察側から上井北署長・立山南署長および高斐警部（北署）・川良警部（南署）・小山高等主任が立会った。争議団代表は、交渉は市当局と争議団の二者で行ない第三者を介入させないことを要求して警察官の退去を要求した。しかし、市当局は警察官の立会に固執したので、争議団は、警察の同席をゆるすなら、争議団側にも応援団体代表数名の同席を要求した。市当局はこの要求を拒否したので、警察立会の上での交渉は、労働者側にとって一方的に不利になるとして、一応本部に引揚げて検討する旨を宣言して席をたち、交渉は細目の検討に入ることなく決裂した。

熊本市内の民主的諸団体が争議団を支援し、一日には、福岡県下の大牟田・八幡・若松・久留米などからも労働運動活動家が行動を共にしていた。

市電労働者（乗務員）の総数は一〇五名で、うち三名は応召中、スト不参加者は一六名であった。工業的発展のおくれた熊本市における組織労働者の力量は、量的にも弱く、戦闘的ではあったが、合同労組は約五〇〇名、印刷労組は約三〇〇名にすぎなかった。闘争経験も未熟ではあったが、あげて市電争議に取り組んだ民主的諸組織の支援もあって、交渉の決裂によって争議は長期化するものとみられていた。

市当局は交渉を続ける一方、従業員家族に働きかけて争議団の切崩し工作をすすめ、スキャップを雇入れて電車運転回数の回復に全力を注ぐ方針であると記者団に表明した。熊本高等工業学校の生徒、熊本軌道、菊池軌道からも数名の応援申し出があり、在郷軍人会熊本分会も動き始め、市会議員の中にも強硬意見の持ち主が動いていた。

争議団は、家族に手をのばした切り崩しを防ぐため円光寺の本部にたてこもり、ピケットを張って一切の面会を断り、警官隊と対峙した。

4

熊本南・北両警察署は二八日夜、市電労働者の動きを知ると、全署員を非常召集して、南・北署長、高等主任の陣頭指揮のもとに警戒体制をとり、争議団本部のある円光寺近くの南署迎町派出所に、川良警部、津留警部補以下の取締本部を設け、争議団本部をとり囲んで徹宵で警戒にあたり、一日午前三時、警官隊は集会中の労働者に解散を命じた。いったん解散した労働者は、本格的籠城体制を整えて午前九時再び集会し、円光寺にたてこもった。警官隊は多数で円光寺を包囲して労働者とにらみ合いの状態を続ける一方、運行中の市電には正・私服二、三名の警官を乗務させ、乗務員詰所、主要停留所などの要所にも警官を配置し、争議団および応援団体によるスト不参加労働者に対する働きかけに備えた。

二日午前一時、警察官の立会を拒否して争議団交渉委員が運輸事務所外に退出したのを待ち受けて突然警官隊が襲いかかった。交渉委員・松村早苗だけが、たくみに警官の追跡を逃れて市内を貫流する白川の流れを渡って争議団本部に急報した。他の交渉委員五名はその場で検束されて北署に留置された。警察当局は、同日午前七時までに争議団の指導や応援にあたっている川内唯彦、末吉一二、永野千里、高野貞三、山下栄吉、県外からかけつけた工藤祐蔵、松尾勝、福山政敏、六車蚊などの指導者を行政執行法を適用して検束し、指導者の一斉検束を知って、争議団本部に詰めていた磨井豊吉と共に弁護士・市会議員の林靖夫に応援依頼に行く途中の五高生・木元栄、松本惣一郎を検束し、争議団本部に連絡に行く途中の五高生・富安三次郎を同行、また争議団指導者・永村徳次郎、続又男、中村清喜をはじめ奥田春雄、堺清、福島明蔵、木村嘉市、島本藤七らを検束するという大弾圧を加えた。

争議団の指導体制を検束で一挙につぶす一方、熊本市内各駅に警官をはりこませて市外からの応援者・指導者の到着を防ぎ、九州各県警察に連絡して監視した。二日午前一〇時三〇分、南署・川良警部のひきいる警官隊は争議団本部の円光寺を襲って解散を命じ、唯一人残った労働争議指導の経験者・磨井豊喜（印刷労働組合委員長）の逮捕を企った。(8)

指導者を失った争議団は、春竹町の楠本ノブエ方に本部をおいて集合し、前後策を講じようとしたが午前一一時三〇分、再び警官が襲って解散の追いうちをかけた。熊本医大社研の学生などが奔走したが、集合場所を失った争議団は熊本水平社幹部の援助で、熊本水平社本部員・末永時行宅と春竹駅前・松永専三宅に分散して集合し、熊本水平社本部内に争議団本部を置いた。

このような弾圧による事態の変化の中で、市当局は高圧的姿勢を示し、市会議員で弁護士の林靖夫らの労働者側に立つ調停、斡旋を拒否して無条件復帰を要求し、二日午後三時、市会議員協議会を開いて経過を報告し、

「この際、罷業現業員に対しては、絶対に懐柔手段などをさけ、断呼たる決意の下に解決されんことを望む」

という強硬決議をとりつけた。労働者側にたって調停しようとした政友会所属市会議員・林靖夫はこの議員協議会の

論議に参加する機会を奪われたといわれる。この決議は、就労中の労働者、監督などの動揺を圧え、スト参加労働者とその家族の動揺をねらって圧力をかけることにねらいがあった。

この間、さきに検束された争議団の境清、島本藤七、木村嘉市が、警察当局の干渉で脱落し、二日夕刻までには計一八名が職場復帰を申し出たり、家庭にかえったりして争議団から脱落した。

5

こうした情勢の中で、九州タイムス社長・牧野務（狂風）が角田時雄（天山）と共に調停に乗り出し、南・北両警察署長、松尾電車部長、市会参事会員・平野竜起を加えた打ち合せを行なった上で、逮捕留置中の争議団交渉委員との接渉にあたった。織畠ら争議団代表は、警察当局に身柄を拘留されて、争議団や実質的な闘争指導者との連絡は絶たれ、情況も分らないまま、調停者を通じて交渉するという異常な事態の中で闘わねばならなかった。

市当局は、永村の解雇撤回、争議による犠牲者を出さないこと。復帰後に、労働者の要求事項のうち、靴代一二円の支給など七項目の要求実現を企ることをふくみとしながらも、公式には、あくまで、要求の白紙撤回、無条件復帰を要求した。拘留中の代表者は、右条件の完全履行の保証を求め、争議団の合意を条件とする妥結なら認めるという態度に出た。これらの警察における交渉情況の詳細は明らかでないが、牧野・角田の要請で、警察当局は、織畠ら北署留置中の代表五名のみを釈放して、牧野・角田が同行して争議団本部に送ることを認めた。妥結と争議体制の解除は、争議団代表と争議団員との合意の成立がなければ不可能であったからである。永村ら他の争議団指導者および実質上の指導者・川内唯彦や応援者は拘留されたまま、五名の代表のみが牧野・角田に同行されて争議団の会議に臨んだ。争議団は牧野・角田らの無条件一任に反対し、市当局に対する不信をも表面化した。強力に支持してきた諸団体に対する争議団の道義的責任の上からも、調停者一任は出来ないという強硬意見が支配した。

水平社県本部執行委員末永時行・宮村又八および熊本労働団代表・川端秀蔵と個人の資格で松村九州男・富田茂・宮村範蔵らの仲介の結果、争議団は調停者との交渉を末永に一任した。これらの協議には経験の豊かな指導者は一人も出席しないままであった。末永と角田・牧野との交渉の結果、末永は、争議団に対する市当局の約束の実行に、調停者が責任をもって当ることを条件に、調停者を信頼して白紙一任することとした。調停者は、市当局との間に了解*が成立していることを強調した。

*市当局の了解事項は、

第一項　永村の解雇撤回
第一六項　争議の犠牲者を出さない
第六項　陸海軍簡閲点呼等のための欠勤に日給支給
第七項　業務上より生じた罰金に補助
第一〇項　三ヶ月皆勤者に慰労休暇
第一一項　共済会の設立
第一二項　衛生設備
第一三項　詰所椅子
第一五項　靴代一二円の支給
以上の諸要求が実現するようにする。ただし、無条件復帰を公式解決とする。

三日午前二時、運輸事務所で争議団と市当局との間に妥結が成立した。争議団は三日は休息し、四日より就労することとなった。市側は、松尾電車部長・鶴田総務課長・高田運輸課長・山田工務課長ほか、争議団は織畠・松永・吉田・続、調停者・角田、牧野、調停仲介者として、水平社代表・末永、宮村（又）、労働団代表・川端、個人の資格で宮村（繁）・富田・松村が同席し、警察側より上井（北）署長・立山（南）署長・甲斐警部（北）・小山高等主任（北）

が立会いした。

同日午前九時には争議団は熊本市春竹町の水平社県本部で解散式を行なって解散してしまった。争議団が計画した市内デモ行進は警察の干渉で実現しなかったが、拘留中の者の釈放を待って、翌四日午前七時から熊本市公会堂で「市電争議報告演説会」を行なうこととした。しかし、実質的に争議を指導してきた人たちが留置場から釈放されたときは、争議団は解散してしまっていたのである。

初めてのストライキをたたかった労働者は、この結果を「勝利」と確信していた。

6

三月四日、永村を含む全員が復帰して市電運行は平常に復したが、その日から監督を中心とする職制層の動きが始まり、荒尾運転手を中心とするスト不参加者の動きもあわただしかった。五日、監督、監督補、同見習一七名は、争議指導者の処分を要求し、容れられない時は集団辞職すると辞表を提出した。監督や荒尾運転手がスト不参加労働者と中途で脱落して職場に復帰した労働者に働きかけて、一八名の辞表をまとめて荒尾が西園寺益人監督の手元に届けた。

辞表は提出したが、問題解決まで平常通り勤務して当局の処置を待つ。修養会幹部を処分するか、自分たちの辞職を認めるか、いずれか一方の処置を要求するというものであった。

彼らの主張は、「争議団が高田運輸課長に対して復帰後、一言のあいさつも述べないのみか、中にはあいさつはおろか、極めて不遜にして、恰も嘲笑するかのごとき態度をとった者さえあり……監督及残留者に対してはあざけるが如き態度で接し、勝ち誇った者のようで、態度、行動傲慢にして極めて圧迫脅威を加える」というにあった。

こうした動きに対して病臥中の松尾電車部長は「充分な成案」を持っていた。また、織畠・永村ら修養会幹部は、これらの動きに関連として牧野を通じて高田運輸課長に会見を申し込んだが、会見を拒否された。高田は監督らの主張に口裏を合せたように、争議団を非難した。そして、今回の争議収拾には、自分は全く関与していない、松尾部長と直接交渉する以外にないが、松尾部長は病臥中であるとつけ加えた。こうした攻撃に対して、争議団は市当局の攻撃の意図と内容に対処するため、牧野・角田両調停者に対して、あらためて了解事項である争議解決条件に関して市当局の文書による覚書を要求した。しかるに両調停人は、即座にこれを拒否して「争議がすでに解決した以上、調停者としての責任は当然解除されたと思う……今回、監督及残留者の辞表は双方の意見を聞けば、今回の罷業が直接原因でなく、既に昨年来よりの感情問題であることを説明されたるをもって、これに対する責任者に市当局は適宜なる裁量をなすべきものであると認める」という声明書を出して今後、一切手を引くと表明した。

こうした事態に対して八日、川端秀蔵らは、「犠牲者を出さない」という方針で市会議員などに働きかけを始め、熊本水平社は八日夜、執行委員会を開いて友誼団体として争議団に全面協力する方針を確認し、「残留者側では復帰者の態度が傲慢不遜といっているが、罷業者の一部にまで辞表を提出させるよう働きかけている」と辞表提出集団と市当局の行動を暴露非難した。市当局は、市会議員協議会を開いて「市の交通機関に支障を及ぼさない範囲において断呼たる処置をとるよう当局に一任」の議決をとりつけたのち、市当局は、このような対立は昨年来からのことで、何も争議の結果おこった事ではないことを強調し、争議は「一端は解決したものであるから、争議とは別箇の問題として処置する。したがって今後もし馘首者を出すとしても争議当時の首謀者としてではなく……争議とは何等関係なしに廓清を強行する」という既定の方針を明らかにした。辞表提出者たちは各方面に、自分たちの主張を訴えて廻って、市当局と表裏一体となって行動した。

争議団の解散と同時に、非劣巧妙な攻撃が進められた。一〇〇名に満たない労働者に対する一七名の職制と一部脱落者を使った攻撃であり、うしろからは官憲と保守的市議会によって支えられ、保守政党の機関紙としての地方新聞による世論操作を伴った一方的攻勢であった。市当局は、一一日には、解雇者一二名のリストを決定し、一方、ストに参加しなかった労働者（残留組）に対しては臨時昇給と特別手当、中途復帰者に対しては特別手当の支給を決定し、一二日には解雇リストを発表し、直ちに辞令を渡すと共に、解雇手当日給一五日分（一五円）、永村徳次郎に対しては採用後の日が浅いことを理由に解雇手当も支給しないと通告し、解雇理由は「市の都合により」と発表した。採用時の契約書の「市の都合により何時でも解職することか出来る」という条項を盾にとった。

解雇者は〔運転手〕織畠直行、吉田政治、松永太、続又男、鳥飼政喜、西村美盛、〔車掌〕永村徳次郎、松村早苗、中村清喜、金森重喜、〔運転手兼車掌〕野田辰雄、〔車掌兼運転手〕岩下進で、すべて闘争の中心となって来た労働者のみであり、争議に対する処罰と同時に修養会を一挙に破壊することをねらったものであった。

7

解雇された労働者は直ちに解雇反対闘争にたち上り、印刷労組の応援で、大量のビラを用意して、熊本駅前、浄行寺、水前寺の各終点などで監督などの厳しい監視下におかれた市電労働者に働きかけ、市当局に対しては解雇手当の受取りを拒否して復職要求を続け、プラカードやビラで市民に訴えた。合同労組はもとより各団体も応援にたち上り、名古屋交通労働組合、防長合同労働組合をはじめ九州各地の労働組合からも多数の活動家が応援に来熊した。「熊本市電被馘首者同盟」を組織し、家族も弁当持参で市長宅前に座りこむなどの闘争に参加した。

一五日、熊本市鷲町の正徳寺で開いた「市電争議真相報告演説会」を皮切りに市内各所で連夜、演説会を開いた。多数の警官隊の警戒の中で開かれた一五日の正徳寺の演説での弁士と演題は以下の通りであった。

開会の辞……松村早苗（市電・合同労組）
没落過程の資本主義……光沢勝男
横暴なる市電当局……小田島良種（無産青年同盟）
争議真相報告……松永太（市電・合同労組）

争議真相報告……永村徳次郎（市電・合同労組）
弾圧搾取……永野千里（合同労組・無産青年同盟）
交通労働争議に就いて……松原永次郎（名古屋中央交通労組）
今日の争議に就いて……川内唯彦
労働者の生存権……磨井豊喜（印刷労組）
堅氷を破りて……高野貞三（政治研究会）
闘争により解放え……山中章
没落期の資本主義……中沢
閉会の辞……松村早苗
＊光沢・山中・中沢については未調査で経歴・所属など不明

警察当局は、警察犯処罰令を適用して被馘首者同盟の労働者を次々に検束して、弾圧を加えた。争議開始以来、この時期における全国的な警察力による干渉の嵐の中でも、とりわけ強圧的な干渉を加えたといえる。

被解雇者と応援者の必死の奮闘にもかかわらず、市電労働者は弾圧に対して再び闘争に立ち上る力量に欠けていた。市当局は、市電第二期工事問題をひかえて苦慮していたが、「被馘首者が自発的に同盟を解いたのち、時期を見て善良者のみ復職させるというのなら考慮の余地がある」などとすでに使い古した常套手段を再び持ち出して切り崩しにかかった。労働者の経済生活も窮迫していた。

二六日、熊本借家人同盟主事・東益太郎のとりなしで、さきの争議調停者・牧野務、角田時雄が被解雇者に金一封を贈って、「被馘首者同盟」は二六日、熊本水平社、熊本合同労働組合、大牟田合同労働組合、無産青年同盟（九州）、日本工夫組合、防長合同労働組合、熊本印刷労働組合などの代表者および牧野・角田・東らが列席して解散式をおこない、熊本市公会堂で「解散経過報告演説会」を開いて熊本市電争議は一ヵ月で終結し、修養会は惨敗した。
なお、第五高等学校では、八日、富安・松本・木元の三生徒が退校させられ、社研メンバーを中心とする交渉にも譲歩しなかった。

8

熊本市電争議は以上のような経過を辿ったが、永村徳次郎は、このあとまもなく末吉一二の後任者として熊本合同労働組合の委員長となって評議会傘下の労働組合運動の発展につとめ、日本共産党の方針にもとづいて、労働農民党熊本支部の委員長として活動するなど、熊本地方の社会主義運動と労働運動の指導者として活躍した。永村は、熊本市坪井郵便局のたたかいで解雇されたのち、屋台曳きなどをしながら熊本自由青年同盟、無産青年同盟、合同労働組合などの諸活動をつづけたのち、熊本市電車掌となって、市電労働者のたたかいを通じて優れた指導者として成長していった。日本共産党に入党した永村は二八年の「三・一五」で官憲の追及を受け、のち福岡市で活動中に逮捕され、治安維持法違反で実刑四年に処され長崎県諫早刑務所に服役したが、官憲のテロが原因で健康を害し、出獄後は廃人同様となって熊本市内坪井の自宅で、三八年一一月一三日死去した。今なお永村を知る全ての人々から敬愛されている。

永村と共に解雇された松村早苗らも熊本地方社会運動の活動家として奮闘し、またこの市電闘争を闘った人々の中には、その後、優れた指導者として社会運動の各分野で活躍した人々の名前を見出すことができる。

熊本市電争議は、熊本地方の二〇年代後半以降の労働者のたたかいに多くの教訓と影響を残したが、同地方のあらゆる社会主義、民主主義勢力が統一してたたかったものであった。この争議ののち、市電労働者の労働条件は若干改善されたが、市電労働者が、惨敗の痛手から立ち直って再び組織的な動きを見せ始めるのは、三〇年代に入ってからであった。

註

（1）大眉一未著『熊本市政五十年史』九州中央新聞社出版部　四一一―四一八頁
（2）下田曲水編『熊本市電三十年史』熊本市交通局　二四―二五頁
（3）後藤是山編『熊本市政七十年史』熊本市役所　二七八―二七九頁
（4）拙稿『熊本県史』第四巻　熊本県　四二一―四二二頁
（5）技工会は、印刷工の職能者団体的なものであった。九州日日新聞社の活版部・不破部長のイニシャチブで組織され、池上某が会長で親睦活動などが主な任務で出発した。
（6）中田哲氏・林靖夫氏談
（7）二月二八日、修養会幹部らの労働者に対する呼びかけに対して、いち早く運転課に通報、ストライキ破りのために動いたために争議団の憤激をかっていた。
（8）磨井は北署高等課の田島の目を逃れて脱出し、無産者同盟員、合同労組員の中島辰夫の家にアジトをかまえて、争議団と連絡をとった。連絡員には無産者新聞支局長の小山田良種があたった。

本稿の執筆には、「九州日日新聞」、「九州新聞」、『日本談議』『龍南』『徳永直遺稿集、一つの歴史』などのほか数多くの人々のきき書なども参照したが、いちいち上げなかった。きき書については裏付けにつとめ、正確を期したが、正確さの判らないものについては引用を保留した。

熊本県下の水平社結成と運動

熊本県水平社結成前の社会運動

全国的に波及した一九一八（大正七）年の米騒動ののち、労働者を中心とする民衆の諸運動は全国的な高まりを見せ、組織的な発展の方向を示した。

化学労働者のたたかい

熊本県下でも米騒動期に激しくたたかった日本窒素鏡工場の労働者は、厳しい弾圧の直後にもかかわらず、翌一九年三月には労働時間の延長に反対して、三六〇人がサボタージュでたたかい、日給五銭の値上げを実現させた。このたたかいは、当時唯一の全国的労働者の組織である友愛会の影響下のたたかいであったが、七月一日には同工場カーバイト係の労働者が賃上げ要求でたち上がり、夏季手当二割五分増、米一升四五銭で妥結した。水俣工場においても友愛会と連携しながら手当の本給くり入れと三〇銭の賃上げを要求して二三〇〇人の職工中七五〇人が争議に参加した（五銭値上げで妥結）。

こうした日窒労働者のたたかいの盛り上がりは、ついに同年一〇月に入ると鏡、水俣両工場の全労働者の賃上げと八時間労働制の要求となり、一部職場のサボタージュ戦術によるたたかいとなり、従来の一〇時間労働から実働八時間労働の実施（一〇月二一日より実施）と二割の賃上げを獲得するという組織的なたたかいへと発展した。

また、日本セメント八代工場でも七月、樽製造係の労働者全員が一割の賃上げを要求してストライキでたたかって要求を貫徹し、鉄工部の労働者も五割の賃上げを要求してストでたたかった。

三池労働者のたたかい

米騒動では暴動化して軍隊と警察による武力行使で鎮圧された三池では、翌年八月から一一月にかけて機械製作工場・宮浦坑・石炭仲仕・製錬所などの労働者が賃上げなどを要求して次々にたたかった。

とりわけ与論島（鹿児島県）出身の沖仲仕約一〇〇〇人の賃上げ闘争は〝差別〟に対するたたかいとして重要であった。

当時の「九州日日新聞」（九月一一日）は

　　与論長屋人夫罷業事件

　　　四ッ山に殺気満つ

　　　　女子供まで団結して

　　　　　『罰するなら一緒に罰せよ』

　と叫ぶ―殆んど手の着けやうなし

という見出しで、そのたたかいの激しさを報道している。

三池の労働者の間では労働組合結成の気運が高まり、鈴木文治友愛会理事長は大牟田で演説会を開催し、支部発足を計画したが、三井の「常軌を逸した干渉」にあった。『労働年鑑』一九二〇年版によると「三井、各炭坑は坑夫の出入を一切禁じ、門に材木を打ち付け、鉄条を引き廻したりし、且内部に於いて友愛会員並に入会希望者に対し、極端なる圧迫を加え解雇か脱退かを迫った。各関係工場職工に対しても概ね此の有様であった」と記述されている。

こうした苛烈な三井の労務対策にもかかわらず、ついに一九二四年の万田炭坑と三井三池製作所を中心とする、いわゆる「三池争議」と呼ばれる大闘争となるのである。

「熊本労働団」の活躍

熊本市では、すでに一群の社会主義者が存在したが、米村鉄三ら青年労働者の動きが次第に活発になってきた。新人会の強い影響を受けた社会主義青年グループで「労働者懇談会」を組織し、一九一九年には、かれらは「労働問題演説会」を計画したが、米村鉄三・徳永直・角田時雄ら中心人物が検束されて計画は圧殺された。しかし、翌二〇年には、おりから第五高等学校を訪れた賀川豊彦を迎えて「労働問題講演会」を開催し、徳永ら青年社会主義者グループも演壇にたって聴衆に労働者の自覚と団結を訴えた。彼らは次第に組織的力量を蓄え、「新人会熊本支部」「熊本労働団」を結成した。青年印刷労働者が中心であり、米村・徳永・角田・浜村国弘・大村宇八郎・深川武・木原稔などが中心であった。彼らはその後、熊本市における大正期の社会主義的諸運動の中心となって活躍した。「新人会熊本支部」は二一年一月一五日には「新人会学術講演会並びにカール・ローザー追悼会」を計画したが、官憲の干渉で挫折した。

「熊本労働団」は同年一一月七日には前衛社の高橋貞樹を迎えて「ロシヤ革命五周年記念講演会」を成功させ、二二年二月の「普選即行大会」には同期成会（佐々木・徳田ら）と共に名をつらねて浜村国弘・川端秀蔵らが演壇に立ち、熊本市会議員選挙では候補者を推して活躍し、しばしば演説会や借家の家賃問題で市民運動をおこすなど影響力を強めた。

「印刷技友会」の結成

さきに述べたように印刷労働者の階級的自覚が強まるなかで、二〇年八月には「熊本印刷技友会」（注）が結成された。同結成総会は不破某（「九州日日」）を発起人代表とし、浜村が祝電紹介、米村が「民族の末路」と題して演説するなど社会主義青年グループが活躍し、規約上の性格は表面、微温的なものであったが、熊本市内の印刷工約四〇〇人を網羅し、中央の正信会・信友会・労働組合同盟会などの影響が流入して労働組合的性格を強めた。印刷労働者の間に社会主義的影響が強まり、職長層と一般工員との対立が深まり、職長層のイニシャチブが失われ、のちには解体同然となったが二四年には「熊本印刷工組合」が本格的労働組合として結成され、のち「熊本印刷労働組合」となり大正末期から昭和初期にかけて熊本地方の労働運動の中核的存在として活躍した。

（注）筆者は今までの各種記述の中で「技工会」とし、結成も一〇月としていたが、調査の結果、正確には「印刷技友会」で結成も八月であることが判明したので訂正しておく。

たち上がる農民

一九年七月二四日未明、上益城郡津森村の上陣・下陣・三竹の農民一八〇余人は手に手に鉈や大鎌などの武器を携えて専光寺境内に集合した。城山銅山に押しかけようというのである。この農民の要求は同銅山の鉱毒によって同村五七町歩余の水稲被害に対する補償要求で、一七年以来交渉が続けられていたものであった。この闘いで生命を失った者には一〇〇〇円、入獄者の家族には生活補償をすることを申し合わせるなど並々ならぬ決意の上での決起であった。事態の激化にあわてた官憲、同鉱山側は遂に農民の要求をいれて妥結した。

小作争議も年をおって多くなり、一九二二年には熊本市春竹町の小作人は小作料の永久減をかちとった。かくて一九二四年の八代郡築村の小作争議、いわゆる「郡築争議」とよばれる大闘争が展開されることとなり、同争議は日本農民組合の指導の下に闘われた。

「五高社研」の誕生

一九二二年五月、第五高等学校に学生自身の自主的な社会科学の研究団体「ＦＲ会」が生まれた。〝飢えたロシヤを救え〟運動で校内の広い支持を得て組織は拡大し、学生連合会や高等学校連盟に参加して全国組織と連絡をもち、学校当局にも公認されて「社会思想研究会」と改称した。熊本労働団の労働者とも交流し、〝実践活動〟を極度に警戒する学校当局や官憲の監視の目をくぐって活動し、職場労働者と協力し、あるいは郡築小作争議や熊本市電ストの支援などの活動を展開した。一九二四年には田中正文ら活動的な学生は熊本県下初のメーデー示威に参加し、同年一二月には学校当局より解散を命ぜられたが、非公認で活動を続け、熊本地方の社会運動に組織的にも思想的にも深い影響を与えた。

熊本県水平社の結成とその活動

一九二二年三月三日の全国水平社の結成は全国の未解放部落大衆に深甚の影響を与え、その後のわが国の部落解放運動の本格的展開の契機となった。筑豊および福岡を中心として周到な準備を進めて来た全九州水平社は一九二三年の第二回全国大会ののち、五月一日、福岡市で全九州の各地より二〇〇〇人を集めて結成された。この日以後、九州各地における水平社結成の努力が進められ、併せて、いわれなき差別に対する糾弾闘争が激化したことは周知の通りである。

〝嶋本事件〟おこる

嶋本事件はこのような状況の中でおきた。一九二二年五月二一日、政友会福岡県連主催の飯塚の政談演説会の席上における熊本県選出の政友会所属代議士・嶋本信二の差別発言に端を発した。野党の憲政会を激しく批判する中で普選問題に触れ「仮に普通選挙法を実施すればエタや非人も選挙権をもつ」ことになるから反対であると述べた差別事件である。

この嶋本事件で活躍した全九州水平社の松本吉之助の回想がある。

「すでに嶋本代議士は事の重大なるを周知してか、自動車にて冷水峠の険を越えて姿をくらましたのでありま す。我々はあくまで嶋本を探すべく県連本部は別働隊を組織し、熊本県水平社と歩調を合わせ、八代市八代劇場で松本（義）、中嶋、花山、米田氏等が嶋本代議士糾弾演説会の第一声を放ち、熊本県下にその真相を訴へ多大なる感銘を与えました。一方熊本市春竹の宮村又八（後に衆議院当選）氏を隊長とする嶋本特別捜査隊は捨身の戦法で徹底的に捜索して遂に熊本市研屋旅館の奥深く潜んでいるのを突きとめて、嶋本を事件発生地飯塚市に連行しました。頑迷なる嶋本信二も観念したのか、差別の事実を素直に認め深くわびると共に自筆の謝罪状を提出しました」（『福岡県無産運動史』）

この謝罪文は「大阪毎日」、「大阪朝日」、「福岡日日新聞」などに四日間にわたって掲載されたが、自筆の原文は今も保管されているといわれる。

陳　謝

去る二十一日嘉穂郡飯塚町筑豊劇場に於ける拙者の演説中最も慎むべき言語を無意義に失言し、即時之を気付くと共に陳謝して訂正したるは事実なるも、因襲打破を標榜する自分にして自ら因襲的言語を発したるは如何にも不覚の至りにて陳謝止まざる所に候、但此の失言の為に平素諸君に理解を持せんことを欲する拙者の心術までも誤解せらるるが如き事あらんか是畢生の憾なるに付、此点十分の諒解を与へられんことを希ふ次第にて、茲に失言の陳謝をなし、併に将来の御諒解を希望致し候也。

大正十二年五月二十八日

代議士　嶋　本　信　二

水平社御中

松本吉之助の回想中に出てくる八代の演説会は、八代劇場というのはおそらく記憶違いで、当時の新聞報道によると八代市の「八代蛭子座」で六月三日に開催された「嶋本代議士失言問題報告演説会」である。八代市は嶋本信二の地元であった。

演説会には花山清、松本義教、藤岡正右衛門、米田富、中島鉄五郎、要名本（よなもと）丹五郎ら一五人が派遣された。

この嶋本事件は熊本県下の水平社結成の運動を進める契機となった。

熊本県水平社第一回大会

かくて熊本県水平社結成の組織活動が強化された。大会は同年七月一八日に挙行されたが、当初の計画では同月五日、自動車二台で熊本市内外にビラ約一万枚をまき、六日午前一〇時から熊本市公会堂で大会を開く予定であったが、おり悪しく暴風雨・洪水のため延期し、一八日の大会となったものであった。会場は熊本市新市街の肥後相撲館。当日は荊冠旗を揚げた自動車が市内を馳せ、午前一一時開会。定刻までに約二〇〇〇人が集まった。

開会挨拶を宮村庄平、経過報告を要名本（よなもと）丹五郎がおこなったのち座長に富岡茂を選出した。直ちに県本部役員の選挙を行なった。

執行委員長　宮村庄平

執行委員　清住直喜・鈴木田金吾・鈴木田金蔵・宮村又八・坂田小一

全国水平社本部からは米田富・西光万吉が特派されたが、綱領・宣言・決議文の朗読可決と祝電（一〇通）の披露ののち演説がおこなわれた。

米村嘉一郎・宮村又八の演説ののち、嘉穂郡代表の野田某、九州婦人水平社代表の高岡との子、福岡県婦人水平社代表・高岡かね子、全国婦人水平社代表・藤開しづえの各婦人代表が、つぎつぎと演壇に立ったのち、全国水平社本部の米田富・西光万吉に続いて菊池の丸山・坂本ほかが飛入り演説、会場は熱気が漲った。

「九州新聞」(七月二〇日)は、

うら若い婦人も加りて
交々焔の叫び
弁ずる人も聞く人も
緊張し切った相撲館
熊本県水平社大会

という見出しで、綱領・宣言・決議文の全文と共に三段抜きの写真をそえて大会の模様を報道した。

郡・地区の結成と差別糾弾闘争

一九二三年七月一八日の県水平社の結成後は熊本市、菊池郡、玉名郡などを始め各地の郡・地区で水平社結成が進んだが、資料によると春竹東部・南部・西部、菊池東部・菊池、玉名、鹿本水平社、その他の組織を知ることができる。菊池水平社は九月二日、隈府町の桜座で結成大会を開き、富岡募を執行委員長に選んだ。また、菊池東部水平社は九月二四日、大津町の宝座で大会を開き、執行委員長には内村長八が選ばれた。玉名水平社は九月三〇日、鹿本水平社は一〇月九日、来民町お城北座で結成(執行委員長・富岡一衛)。

県水平社結成直後の八月一六日には早くも新聞紙上に「春竹東部・南部・西部水平社、・熊本県水平社、全国水平社」宛の玉名郡長洲町某の春竹町一青年に対する〝侮辱ノ言ヲ発シタ〟行為に対する謝罪広告が掲載され、同九月二九日の紙面には、菊池郡護川村における〝差別的意志表示〟で四人の村民の謝罪広告、一〇月三一日には玉名郡高道村民の謝罪広告が掲載されている。差別糾弾闘争の広がりをうかがうことができる。特に九月二七日の菊池郡原水、竹迫尋常小学校の児童差別事件は激しく闘われた。

第二回県水平社大会

一九二四年三月一五日午後二時、県水平社第二回大会が熊本市公会堂で開催された。本大会の大きな特徴の一つは来賓に「熊本無産者同盟」を招いたことであった。高野貞三が熊本無産者同盟を代表して祝辞を朗読した。熊本無産者同盟は労学提携の研究団体「七日会」から分離発展した極めて活動的な社会主義団体であり、のちに組織された水平社青年同盟と共に無産者青年同盟熊本支部の母体となり、熊本印刷工組合、熊本合同労組の結成に重大な役割を果たした。

第二回大会には全国水平社本部より中央執行委員長・南梅吉、大阪水平社本部・栗須七郎、全九州水平社本部・松本源太郎・幡磨繁雄らが出席。新しい執行部は、

執行委員長　宮村庄平

執行委員　富岡募・丸山悟・中川安喜・高岡一恵・松本寅彦・松岡光（久？）太郎・東一衛・佐藤喜（嘉？）平・清住直喜・鈴木田清八・山村九市（一？）・鈴木田金吾・鈴木田世思郎・鈴木田熊喜・福島喜一郎・宮本仁蔵・和田直喜・守村朝（寿？）喜・北山勝三郎・坂本常喜・岡竹八・大石寿平（蔵？）・新居（井？）只喜・宮本庄市・松本嘉作・松本義作・木下貞（直？）二・□鉄二（雄？）・藤本又平・内村長八・上田市太郎・橋本俊喜・清住半吾

＝「九州日日」は鈴木田世思郎と宮本庄平の二人の名前が見当らず、鈴木田重義・森川伊勢松の名が挙げられている＝

地元からは菊池水平社執行委員長・富岡募、熊本水平社本部員・末永時行が演説した。

警察官糾弾闘争

一九二五年七月一九日、九州新聞社社屋で「長崎高商経済問題講演会」が開催された。席上、同校教授・武藤長蔵

の差別発言に、熊本県水平社員が即座に同会場で、責任ある解決を求めて武藤教授にその承諾を得ようとした。これに対して警察は暴力的制止を行なったため会場は騒然となり、武藤は自動車で逃走した。この警察官に対する水平社員の責任追及に対して警察当局は不法検束で応じ、数人の泥酔警官が暴力をふるった。

県水平社は熊本無産者同盟などの友誼団体と共に熊本北署に抗議すると共に、〝民衆を保護〟すべき警察の〝保護〟が不法・暴慢であるとして市民にビラで訴え、八月一六日夜、熊本市公会堂で県水平社主催の「警察官糾弾市民大会」を開いた。

「水平社青年同盟」の結成

これより先、一九二四年三月一六日午後七時より熊本市公会堂で熊本県青年水平社大会が開催された。会場には「立て進め自由の天地へ」「闘は死より救う道である。而して自由への門出である」「敵を鏖せ、俺たちのすべては強いぞ」などと大書したスローガンが荊冠旗の左右に下げられ、約五〇〇人が参集。吉田重義が開会の辞、米村喜一郎を座長に推し、綱領を山木真現、宣言文を清住隆、決議文を岩野猛が朗読可決したが、この決議の一項には「吾々は無産階級の立場より部落民の経済的争議の解決を期す」と明記された。

藤井元一（基一？）と岩野猛が各地から寄せられた祝辞を披露したあと全九州水平社の本山勇一を議長に選び議題の討議を行なった。

一、細川侯爵糾弾の件（研究の余地あるものとして保留）
一、熊本県下に青年水平社同盟組織の件（可決）
一、小学校其他に於いて水平運動を徹底せしむるの件（保留）
一、栗須七郎、小林三郎両氏に対し慰問状を発するの件（可決）

演説会に移って注目されたのは、少女代表・清藤フジエ・清住ハルエ、少年代表・鈴木田正男の登壇であった。他に岩尾昇・清住政喜・清住隆雄・吉田重義・米村喜一郎・山本真理・宮村又八・田中弘・末永時行・岩野猛らがそれぞれ演説した。

かくて翌一七日、水平社青年同盟が発足して活動を開始した。

労・農と積極的に提携

熊本県水平社は積極的に労働者、農民と共闘した。一九二六年三月の熊本市電争議では同市迎町の円光寺の争議団本部は指導者の一斉検束ののちは春竹町の楠本ノブエ方に本部を置き、ここも警察当局に解散させられると争議団員は熊本水平社幹部の援助で同県本部員・末永時行宅と春竹駅前・松永専三宅に分散集合し、熊本水平社本部に争議団本部を置いて闘った。熊本水平社本部はストライキ終結後も執行委員会を開いて友誼団体として争議団に全面協力する方針を確認し、市当局の行動を暴露非難し、最後まで争議団を支援した。

また、一九三〇年に激烈な闘争となった第三次郡築争議にあたっても積極的に大衆動員して支援した。

（総評三十年史編集室）

学生運動

赤松克麿（あかまつかつまろ）　一八九四（明治二七）年、山口県に生まれた。三高出身、一九一五（大正四）年、東京帝国大学法学部政治科入学、一九一九年七月卒業。在学中、石渡春雄・宮崎龍介らと新人会を組織、卒業の年に麻生久らと友愛会会員となる。卒業後、東洋経済新報社勤務のかたわら『解放』の編集にあたった。退職後、二一年、総同盟に加わり、翌二二年、日本共産党の創立とともに入党、二三年、第一次共産党検挙を機に、積極的解党論者となり、以後は無産運動右派の理論家として活躍。二六年、社会民衆党結党に参加。三〇年、書記長となったが同党の国家社会主義への転進に失敗し脱党、日本国家社会党を結成したが赤松が日本主義に転向したため分裂、日本革新党を結成、衆議院議員に当選、四〇年、大政翼賛会創立で企画部長。戦後公職を追放。「東洋主義」を主唱。五五（昭和三〇）年、死去。

田所輝明（たどころてるあき）　一九〇〇（明治三三）年、北海道生まれ。一八年、早稲田大学政治科入学、建設者同盟の創立に参加、日本社会主義同盟創立演説会で検束、投獄され、早大を中退。二一年、山川均らと『前衛』創刊、編集者。翌年、第一次共産党事件で検挙。『青年運動』『無産階級』で活躍。出獄後、日本労農党参加。以後、日本大衆党・全国大衆党・全国労農大衆党に属し、理論的指導者、三二年、社会大衆党中央執行委員となったが三四（昭和九）年、死没。

一　新人会と建設者同盟

一九一八（大正七）年末に創立された「新人会」は、東京帝国大学法科の学生であった赤松克麿、宮崎龍介、石渡春雄らによって発起された。彼らは民本主義を説いていた法学部緑会弁論部長・吉野作造のもとで、米騒動後に弁論部役員に選出されていた。一八年一〇月二七日の恒例の東京帝大・京都帝大両大学連合大演説会で京都に行き、京都労学会のメンバーの厳しい批判に強い衝撃を受けたことがきっかけとなって緑会弁論部とは別箇に普選研究会を組織して新たな活動に入ろうとしていた。一一月二三日の吉野作造対浪人会の立会演説会の勝利が新人会結成の直接の契機であった。数回の討議ののち赤松が起草した次のような綱領を学内の掲示板にはり出した。

一　吾徒は世界の文化的大勢たる人類解放の新気運に協調し之が促進に努む。
一　吾徒は現代日本の合理的改造運動に従う。
（綱領第二項の「合理的」は『デモクラシイ』第二号から「正当なる」となった）

一二月上旬、第二学生控所で集会が開かれた。宮崎によると「何人、人が集るか、とにかくいっぺん会をやってみようじゃないか」「われわれが心のなかで求めておるものをたがいに出しあって話してみようじゃないか」というので集会を持った（石堂清倫・竪山利忠編『東京帝大新人会の記録』）。

会合場所の控所を借りるには教授の許可を必要としたが吉野作造が好意的に承諾した。この集会ののち一〇人前後が初期会員として加入した。程なく麻生久らのグループ「木曜会」のメンバーが新人会に合流した。赤松も木曜会員であったが、赤松らより二、三年早く東大を卒業していた麻生のほか棚橋小虎、山名義鶴、岡上守道（黒田礼二）、佐野学、岸井俊郎、野坂参三（慶応卒）らであった。かくして東京帝大法科の学生組織として発足した新人会は学生・

卒業生の共同組織となり、さらに一九（大正八）年三月に創刊された新人会機関誌『デモクラシイ』には「新人会記事」として「本会は学校的観念を離れて唯純真なる青年団体として社会の各階級に開放し、同志の糾合を図りつゝある」と述べているように学生団体から門戸を渡辺政之輔、岩内善作ら労働者や一般青年に開放したのであった。

前記「新人会記事」は「本会は昨冬十二月上旬東京帝国大学法科学生中自由思想を懐抱せる同志が集って組織したもので其の綱領は次の通りである」とし、綱領を掲げた後、さらに次のようにのべている。

「従来官僚財閥の郎党を養成する学校の如く見られた東大法科の学園から斯くの如き新思想の団体が生れたのは誠に青天の霹靂であつた。本会は社会的情実因縁や階級観念から全然超越した青年の団体で飽迄真摯にして熱烈なる態度を以て現代日本の文化運動に従事せんとする者である。本会は学校的観念を離れて唯純真なる青年団体として社会の各階級に開放し、同志の糾合を図りつゝある。目下本会員は月二回位会合して思想の研究並びに精神的結合に努力し時々講演会を催して主張の宣伝をやつて居る。本会は各方面から盛んな共鳴を得つゝあるが現在本会の所在は左の通りである。

中央部　東京市

地方部　京都市　仙台市　岡山市」

同人の中の誰の筆になったのであろうかつまびらかでないが「新人会記事」は「従来官僚財閥の郎党を養成する学校の如く見られた東大法科の学園から斯くの如き新思想の団体が生れたのは誠に青天の霹靂であつた」と述べている。東京帝国大学は特権官僚の登竜門であった。「大学は長い間官僚の養成所であつた。特権階級の属附物（ママ）であつた……大学のいかめしい正門は特権階級の裏門には通じてゐたけれ共、民衆の前にはぴたりと閉されてゐたのであつた」（麻生久『黎明』）。ほかならぬその大学の中に「自分の生活を真理の前に又正義の前に捧げる事」「不合理な社会を改造して理想の社会をうちたてるために一人の革命家となる事」「虐げられた民衆に自己を捧げる事」を目指す一群の学生が生れたのである。かくして「新人会は閉された其扉を内から開くために生れたのであつた。特権階級の裏門に通じた大学の正門を真一文字に民衆に向つて開くために生れた」（前掲）のであった。

一九一五・六（大正四・五）年頃ともなると明治以来の社会主義者群も〝冬の時代〟を経て「今まではりつめていた厚い氷がとけ始めたのではないかという気持」（山川菊栄・向坂逸郎篇『山川均自伝』）になっていたとしても第一次世界大戦後の、とりわけロシア革命と〝米騒動〟の衝撃のもとで思想的激動の時代において堺、山川、荒畑、大杉らの組織的活動が再開されるに至っていない時期に、時代の変動に鋭敏な感覚と燃えるような情熱をもった学生の一群が「民衆の中に自己を投ずる事の方に正義と真理を見出し」て民衆のなかへと進んだのであった。

とはいえ、新人会は結成の中心人物の一人、宮崎が「私どもには、こういう運動をおこし、こういうことをしようなんて計画も何もない。それが、ちょうど野火の拡がるように拡がったということは、もうそのときには時勢が熟しておったのだと、今から考えるのでございます」（前掲『東京帝大新人会の記録』）というように初期新人会発足時点では熱烈で急進的ヒューマニズムと革命的民主主義思想を持った学生運動の集団であった。明確な行動計画と理論体系は持ち合せてはいなかったが、めざましい活動を開始した。

新人会の結成は大きな反響を呼んだ。とりわけ早稲田大学は官学に対抗して在野の大学を目指して創立され、学の独立、自由の学園を標榜して、その名声と学問的水準の高さを誇りとしてきただけに官学・東京帝国大学での新人会の結成が早稲田の学生に与えた衝撃は大きかった。早稲田大学「建設者同盟」の指導者・稲村隆一は「自由民権の本拠である早稲田に、本当はいちばんはじめにデモクラシーのための団体ができるのがあたりまえなのに、官僚の牙城である東大にさきがけられたといって、非常に残念がったんです」（前掲『東京帝大新人会の記録』）と述べている。そこへ新人会幹部らが早稲田に宣伝に行き（前掲書）、それを直接的動機として早稲田大学の組織的学生運動が始まったのである。

一九一九（大正八）年二月二一日、高津正道、佐々木修一郎、渥美鉄三、和田巌、稲村隆一、浅沼稲次郎、山口彦四郎らが「民人同盟会」を創立した。

民人同盟会は『デモクラシイ』（第一巻一号）によれば「新時代の士潮の方向は国民意識の敏感と階級意識の協調とを伴ひ不可抗の力を以て一切のデモクラチゼーシヨンへと進んで居る。世界各国は此新旧両文明の過渡期に際して世界の改造を求めて居る」「デモクラシーの普及及び徹底に依つて新時代の陣頭に起たねばならぬ」「吾等は飽くまでも此主張の下に一切の犠牲を払つて邁進せんとするものである。其處に人類の前途の希望が輝いているからである」と創立宣言でうたった。大正デモクラシーの時代的風潮の中での激越な熱情にあふれる学生の宣言であった。しかし、この民人同盟会は発足後半年余りで内部分裂した。同人間の問題意識の相違に個性のちがいが作用したといわれる（大原社会問題研究所『「建設者」解題』、建設者同盟史刊行委員会『早稲田大学建設者同盟の歴史』）。

和田巌は民人同盟会顧問の早大教授・高橋清吾教授と口論して脱会を決意した。和田の誘いに応じて稲村隆一、浅沼稲次郎が行動を共にした。民人同盟会を脱した和田・稲村・浅沼は新組織を作るため同志を募り、平野力三・三宅正一・安達正太郎・田所輝明・吉田実・米山河津美らが新たに加わって建設者同盟を創立した。綱領は「本同盟ハ最モ合理的ナル新社会之建設ヲ期ス」という一条のみの簡単なものであったが、この綱領の精神は新人会のそれと変りなかった。しかし、組織は拓大の平野など早大の学外に及んでいた。創立の月日は明確でないが一九一九（大正八）年九月末ないし一〇月初旬であろう。一〇月一一日、早大学生雄弁会の席上、建設者同盟の「宣言」を配布し、この宣言の中で「青年文化同盟ニ加盟シ光栄アル自由民主ノ文化運動ニ従ハントス」（続・現代史資料『社会主義沿革』1）と明記しているが、山崎一雄「青年文化同盟の成立」（『デモクラシイ』八号）によると青年文化同盟は一〇月一〇日、牛込倶楽部で結成されたとして加盟団体は「今のところ法政大学の扶信会、早稲田大学の民人同盟会、建設者同盟、一新会及びわが新人会」と建設者同盟を含む団体名をあげている。

二　前期新人会の機関誌

前期新人会の組織的活動の中心は弁論と文章によって進歩的思想を紹介、普及することであった。

新人会機関誌『デモクラシイ』が一九一九（大正八）年三月六日付で創刊された。二月中に発刊する計画で同年初頭から準備がはじめられていたものであった。『デモクラシイ』の誌名は「民主主義」という訳語をはばかって不満ながら「民本主義」という言葉を用いなければならない政治状況の下で、あえて原語をそのまま生かして誌名を『デモクラシイ』とした。それ自体の中に「社会改造」を目指す学生の気負いと権力への反逆があった。この雑誌『デモクラシイ』の創刊は堺利彦・山川均の雑誌『社会主義研究』（一九一九年四月二〇日創刊）の発刊に先だった。『デモクラシイ』の発刊は東京帝大の学生内部にとどまらず高まる大正デモクラシーの波に乗って全国的な反響を呼んだ。

新人会機関誌は官憲によるたび重なる発禁、経済的事情、学生団体の機関誌であるための編集方針、あるいは会員の異動などのため、しばしば誌名と体裁を変更し、編集者や執筆者の変動も激しかったが『デモクラシイ』八号、一九一九年三月―一二月。『先駆』七号、一九二〇年二月―八月。『同胞』八号、一九二〇年一〇月―一九二一年五月、『ナロオド』九号、一九二一年七月―一九二二年四月と新人会例会での廃刊決議（一九二二年三月一七日）まで続いた。

これら四誌の対象は主として学生および労働者であったが、『同胞』を除く三誌は学術論文、評論が中心で、時に短篇小説や詩なども載せた知識人向けの編集であった。『デモクラシイ』は労働運動、労働問題に強い関心を示した。職工・松岡駒吉「知識階級に希望す」（三号）、印刷工・平野重吉「全国の活版技術者諸君に飛檄す」（四号）、坑夫・高島信藏（信次）「全国の坑夫諸君に与ふ」（五号）、一紡績女工「青年諸氏への希望」（六号）、与三吉＝山崎一雄「友愛会大会傍聴記」などを掲載し、麻生、赤松らが「労働者解放のための知識階級論」（神田文人「学生の社会主義運動機関誌」＝『思想』一九六三年二月号）を展開した。『先駆』は『デモクラシイ』に比べると、より研究誌、評論誌的であったが改題の理由は「民主々義の空気は我等の希望以上に日本に満ち満ちて」来たので「百尺竿頭一歩を進めて同人の所信を吐露する」ためであった。しかし、一方では『デモクラシイ』に対する相次ぐ弾圧の経験を考慮して「内容はあく迄穏健でつゞけてゆくことは勿論です」と予告せざるをえなかった。『先駆』はサンジカリズムの隆盛を反映してサンジカリズムやアナーキズムの紹介が目立ち、またプチブルジョア論、知識階級論、農民問題を扱った論文も掲載された。『同胞』が三号続けて発禁になった後、六月号を休刊して一九二一年七月から誌名を『ナロオド』と改題して発刊した。千葉雄次郎の「未来は民衆の手に」を創刊の辞に掲げ「人民の中へ」の強い決意を表明して再出発した『ナロオド』の編集は『デモクラシイ』に近いが、新しい積極的メンバーが登場した。増島宏は『ナロオド』誌の編集傾向を「一方には、労農ロシアの事情やマルクス・レーニン主義の紹介、軍国主義批判などの論説がのる一方、イギリスの産業革命や労働運動の紹介が精力的に続けられている。つまり、戦闘的な名称をもったこの『ナロオド』は実際に以上のような二つの顔をもっていたのである」(『新人会機関誌』解題)と分析している。

研究誌的性格の強い『先駆』の後をうけて発刊された『同胞』は前述の三誌とは対象的に徹底した宣伝誌の色彩が強く、題字も他の三誌が英語の『デモクラシイ』、エスペラントの『先駆』(LA PIONIRO)、ロシア語の『ナロオド』に対して平易な日本語の『同胞』を用いた。他の三誌に比べてページ数も少なく、論文・解説は大部分が無署名で、組合や争議の記事、遊説旅行記、地方支部の投稿、報告に多くの誌面をさいているところに本誌の特徴が見られる。新人会は組織活動の面でも活発に動き東京新人会の創立、労働争議や労働組合の応援、地方遊説などを積極的に行なった。地方支部の活動も盛んになり、小樽、秋田、金沢、能登、福井、京都、大阪、広島、佐世保、熊本の各支部が報告されている(『同胞』三月号)。なお、研究成果は別途に単行本「新人会叢書」で発表された。

さきにも述べたように、これら四誌の編集者、執筆者は激しく変動したが法政大学大原社会問題研究所編『新人会機関誌』によって主な執筆者をあげると以下のようである。

『デモクラシイ』=新人会の結成に協力した先輩の麻生久、岡上守道、野坂参三、佐野学、結成の中心となった赤松克麿、宮崎龍介、石渡春雄のほか佐々弘雄、早坂二郎、波多野鼎、平貞藏、村上堯、門田武雄、新明正道、林要、山

崎一雄、河西太一郎、嘉治隆一、松澤兼人、町野重之、三輪寿壮ら。

『先駆』＝赤松、山崎、嘉治、新明、林、波多野、三輪、門田、松澤らと千葉雄次郎など。

『同胞』＝編集方針上、無署名が多いので詳細を明らかにすることは出来ないが、判明する者に赤松、新明、三輪、山崎、波多野、嘉治など前二誌で活躍したメンバーがいるが、一九二〇年七月、河西、嘉治、林、三輪、平、波多野らが卒業したので編集は在学生の新明のほか千葉、小岩井浄、黒田寿男、荘原達らが当った。

『ナロオド』＝すでに卒業した嘉治、蠟山、平、波多野、山崎、新明、早坂のほか在学中の千葉、小岩井、黒田および細迫兼光、川原次吉郎、来間恭、河野密、立花恭助などの若いメンバーが活躍した。


『同胞』は「階級意識について」（四月号）など明らかにサンジカリズムや無政府主義への傾斜を示す論説や解説を載せたが、これは大杉に代表されるサンジカリズムの隆盛を示す思想的風潮を反映するものであった。しかし、一方では「レーニン論」（創刊号）、「労農露西亜の国家的構造」（前同）、「プロレタリア専制と消費組合」など労農ロシアや第三インターナショナルの紹介、解説でボルシェヴィズムへの共感を示した記事も多くなった。このことは新人会の内部に思想的分化の流れが生じていることを示すものであった。サンジカリズム全盛のこの時期に、棚橋小虎の労働組合主義の立場からのサンジカリズム批判「労働組合に帰れ」（『労働』二一年一月号）は物議をかもしたが、「棚橋君の意見が新人会の意見であるかどうか」との質問に対して「勿論それは棚橋君一箇の見解」とした上で新人会内部の思想的状況を次のように述べている。

「吾会はデモクラシーの叫び声が社会に充ちてゐた時に生れ出た会である。その後社会の思想の左傾と共に、会員は各自勝手の方向に進んで行き、現在にあつては会の内部に思想的には幾つかの流れが出来てゐる」（三月号「上富士前町から」）。

『ナロオド』の時期には「幾つかの流れ」が一層明らかとなり、新人会初期には未分化であった「人類解放」「社会改革」の思想は分化、多様化し、卒業生と在学生の間にも、へだたりと対立が生まれていった。かくして新人会は一〇月末の時点（『ナロオド』一一月号）では「吾々は何人でも吾々の綱領に賛成して下さる諸君なら拒まない、喜んで歓迎する」（「上富士前より」）として地方支部の設立にも積極的方針を持っていたが、一一月三〇日夜、懇親会を開いた結果「新人会の方針を変更して三週年を迎へると共に学生のみの会とすることを決定」（一二月号「上富士前だより」）した。一二月号巻頭の「新人会三週年」と題する文章は次のように宣言している。

「……我等は初め我等が為すべき仕事を有する間、我等の結束は厳く如き固きを信じてゐた。我等は一度結束して立つた以上、我等の主義の為に殉ずべき決意を疑はなかつた。

而し乍ら翻て思ふに、個人も亦時代と共に成長する。会員中既に学窓を出でゝ、実社会にある者過半数を占むる今日、学生団体として生れたる新人会を其儘社会団体として保持するには幾多の困難があり、不自然な点がある事が感ぜられる。

今や我国の解放運動も漸く具体化して実行期に入りつゝある。我等のなすべき仕事は益多きを加へる。我等は此場合寧ろ学窓を出でた者が、各人の自由に従ひ、各自の正當と信ずる處に向つて、行動する事は、よりよき方策であると考へる。三週年を迎ふると共に、我等は新人会を今後大学内の思想団体として存続せしめる事を茲に宣言する。」

かくして、一九二二（大正一一）年三月一七日の新人会例会は機関誌『ナロオド』の廃刊を決議するに至り、第九号の巻頭に「廃刊の辞」を掲げ「プロレタリアの雑誌『ナロオド』は廃刊される。けれども、我等の目指す行手は、依然としてナロオドの中だ！　民衆の中だ！」と結語した。

こうして「後期」新人会へと移行した。

三　建設者同盟の機関誌

建設者同盟が機関誌『建設者』を創刊したのは結成三年後の一九二二（大正一一）年一〇月であった。これより先、新人会は学内団体として再出発し『ナロオド』の終刊で機関誌の発行を中止していたが、この新人会の動きとは対照的に建設者同盟は早大学生を核に広く他大学、専門学校生にも門戸を開放した学生団体として、新たに機関誌を持つことによって本格的な活動を開始するのである。

『建設者』の創刊は翌二三年一月の学生団体から、より幅広い社会主義団体として脱皮する組織変更を決議した同盟総会に先行した。『建設者』創刊に至るまでの建設者同盟の三年間は研究会、講演会や講習会、および書籍、パンフレット類の編集・出版などの活動を通じて組織を拡大し、労働争議や小作争議の応援でも活躍した。とりわけ農民運動の分野での活動は主として労働組合運動と深くかかわった新人会の実践活動に比べて著しい特徴をもっていた。

このような建設者同盟の特性は機関誌に強く反映している。『建設者』は特に農村問題を重視し、関連する記事を多く掲載した。第一巻第一号の川村恒一・高津渡「小作争議実地調査」につづいて第三号では「農村問題号」を特集した。第二巻第一号の「編輯を了へて」によると「前号の農村問題号は予想外の好評で再版」した。この特集号の主な執筆者は河田嗣郎「労働自治制と小作問題」・鈴木文治「農村問題の帰趨」・稲村隆一「農業資本主義の傾向」・杉山元治郎「引合はぬ小作人」・中澤辨次郎「小作運動の新展開」・須永好「小作運動を起す迄」・畚野（ふごの）信藏「農村の新運動——電燈村営問題」である。さらに第二巻第一号では佐野学「農民運動論」を巻頭に掲げた。この号までの編集責任者は建設者同盟の創立以来の中心的指導者で農民運動の指導に最も深くかかわりをもっていた和田巌であった。和田は激化した藤田農場の争議に参加したが検束され、二三年一月二六日、退去命令を受けて帰京後、チフスにかかり、二月一四日死去した。

建設者同盟は一月、総会を開き組織変更を決定し「建設者同盟宣言」を発表した。この組織変更について神田文人は『建設者』の「解題」（大原社会問題研究所『建設者同盟機関誌Ⅰ建設者』）で「和田はおそらくこの総会を計画していたであろうから、組織変更は彼の構想であったろう。しかし奇しくもその和田の死と組織変更とがダブったことで、一層、同盟の実体は変わっていったとみられる」としている。妥当な推論であろう。

「建設者同盟宣言」（『建設者』号外）は「無産階級が権力を掌握するの日は近づきつゝある。我等は準備をとゝのへねばならぬ。組織と訓練とによつて、我等の実力を一層強大ならしめねばならぬ」との認識の上に立って、労働組合、農民組合の純化（戦闘性化）、知識階級の教化、「無産階級の有力なチヤムピオン」である青年の組織化の重要性を強調し、「新建設者同盟は無産階級運動に従う者の〇〇（ママ）的結合により、無産階級による政権の獲得、経済的搾取の廃止、並に無産階級の絶対的解放を実現せんとする戦闘的機関にして、兼ねて、思想的教化宣伝の機関である」と宣言し、学生団体から主として青年運動と農民組合運動の組織・宣伝活動を行なう社会主義団体へと脱皮した。

建設者同盟の創立以来の指導者のひとりで、和田亡きあと第二巻第二号から『建設者』の編集人となった浅沼稲次郎の「行動の青年」（第二巻第二号「社会時評」）の一文は、冒頭で「吾等は頭の青年であると共に行動の青年でなければならぬ」と実践の重要性を強調した上で「彼等は議論したり理屈をこねて自分で存在を認めて貰うことを唯一の仕事としてはゐないか。彼等は民衆の中へと云ふことをよく言ふ。だが実際に「民衆の中へ」を実行してゐるものが幾人ゐるか。……ヨケイな議論や理論は必要でない。この後理屈をこねる者は敵と見倣すぞ。何よりも実行が大切だ。先づ行動しろ。我等は村から村へ、町から町へ行動する青年の出現するのを待つてゐる。……全国に群る行動の青年を糾合せねばならない、これが旧勢力に対抗する唯一の道だ」と主張している。

表紙に『社会評論・建設者』のタイトルをつけて創刊された同誌は第二巻第三号（大正一二年六月号）から『未来は青年のもの・建設者』と変更して、表紙のタイトルでも青年運動重視の姿勢を明らかにした。第二巻第四号で三宅正一「農村と無産青年運動」、川合義虎「都市労働青年の運動」の青年運動論を掲載し、投稿欄「未来の希望」を新設、「本欄を広く青年諸君に解放す。続々御投稿あらんことを」と訴えた。同第五号では平林初之輔「青年運動の前衛の任務」、水島潤三「国際青年デーの意義」、同六号が「無産青年デーを祝へ」（全文抹消）、西たい（井手とし）「我が無産青年に贈る」、わが国における第一回国際青年デーを前に前年の各国の動きを伝える田中兼道「昨年の国際青年デー」などを掲載した。

社会主義運動の独自の運動分野としての青年運動の重視と関東大震災にともなう弾圧諸事件のショックは『建設者』の誌名を変更した『青年運動』の創刊となった。『青年運動』の編集・発行の実質的中心は田所輝明であった。本誌の特色の一つはいうまでもなく種々の青年運動論にあったが、第二の特色は普選を前にしての無産政党論および稲村隆一らの農業農民問題の諸論の展開であった。

日農と表裏一体の活動を続けた『青年運動』は労働組合運動の分野では田所の論文や宮井進一「岐路に立つ労働運動　日本労働総同盟最近の問題批判」（第四巻第四号）で明らかなように総同盟刷新運動において「敢然として、正しき労働運動のために、正しき階級運動のために、正しき無産階級運動のために」刷新同盟—評議会支持を表明した。

『青年運動』は第四巻第四号の巻頭言「『思想団体』の消滅」（田所輝明）につづいて第四巻第五号（二五年六月）で『建設者同盟』に就て」を発表し、三月二一日、四月二四日の協議会の結論として「従来の同盟綱領、宣言、規約を破棄し、団体としての建設者同盟を解散することに決定」し、思想団体の存在意義の消滅など四項目の理由を上げた。建設者同盟は「旧同盟関係者のクラブとしてその名を残す」こととし、雑誌『青年運動』は旧同盟員中の賛成者＝同人によって継続し、財産も青年運動発行所に引き継ぐこととした。かくして思想団体としての建設者同盟は一九一九（大正八）年一〇月創立以来、一貫して戦列にあるもの二〇人以上を擁しながら解散した。

『青年運動』は第六号をもって終刊とし二五年九月から『無産階級』（第五巻第一号）と改題された。改題の理由は『青年運動』が、ただ青年運動にとどまらず無産階級全般の諸問題をとり上げるようになって「従来の題号が内容と一致してゐなかつたので、改題の機会を待つてゐたのです。本誌は今後、従来からの一貫した態度、即ち無産階級の解放のための労働階級と農民階級との団結といふことを目標として進みます」（『無産階級』第五巻第一号、編集後記「狐塚」）というにあったが、二六年一〇月には『無産農民』と改題した。しかし、わずか三号で終った。

学生社会運動の団体＝建設者同盟の機関誌『建設者』（七冊、一九二二年一〇月―二三年一二月）は「社会評論」を企図してスタートしたが、無産青年運動の組織化を目指す『青年運動』（一五冊、二四年二月―二五年六月）に改題し、建設者同盟の解散後も同人組織で後継誌『青年運動』から『無産階級』（一〇冊、二五年九月―二六年九月）、そして『無産農民』（三冊、二六年一〇月―一二月）と改題し、無産政党の分立を背景にクラブとしての建設者同盟も一九二六（大正一五）年一二月一二日、解散を決定し『無産農民』は廃刊された。以下、法政大学大原社会問題研究所編『建設者同盟機関誌ⅠⅡⅢ』によって主な執筆者をあげる。

『建設者』＝初期は大山郁夫、山川均、植田好太郎、北澤新次郎、佐野学などの寄稿が目立つが次第に同盟員の執筆が多くなり浅沼稲次郎、稲村隆一、高津渡、田所輝明、三宅正一、渡辺義通など。

『青年運動』＝田所をはじめ伊藤光次、稲村、川村恒一、川俣清音、三宅正一、田中肇ら。

『無産階級』＝田所、宮井進一、川村恒一、伊藤徳三、稲村、関根悦郎ら。

『無産農民』＝同人は三宅、浅沼ら三五人が名を連ねているが、主な執筆者は川村、関根などである。

四　赤松克麿・田所輝明

新人会ならびに建設者同盟の機関誌の編集・執筆者は当然のことながら変動した。誌上で活躍した主要な人物も多数にのぼるが、新人会にあっては創立者の一人、赤松克麿は前期新人会の全期間を通じて深いかかわりを持ち、かつ指導的な立場で重要な役割を果した。

赤松は新人会綱領を起草し、新人会機関誌四誌のうち最後の『ナロオド』を除く『デモクラシイ』『先駆』『同胞』の創刊の辞を執筆した。この時期の赤松について麻生久は次のように評している。

「赤松がやつて来ると殊に賑やかであつた。軽快な、議論好きな彼は、至る處で議論の花を咲かせた。細い目に愛嬌を湛へて、両方の手をひつきりなく上下させながら身体全体を縮めたり伸したりしてまくし立てる彼の様子の中には一種独特な天才的なところがあつたが、それでも何とか、彼とか、理屈をひねり出して相手をやり込ませねば置かなかつた。全く議論で彼に敵する者はなかつた。彼は風の如く現れて、何かしらそこいらに旋風を巻き起して置いて、皆がそれに熱中してゐる時には、早くも其姿を其の場から消して、又何處かに其生き〳〵した姿を現はして熾に論じ立てゝゐるのであつた」（『黎明』）

新人会四機関誌の改題の経過は赤松の思想的推移と照応しているが、新人会草創期における赤松の現状認識は(1)「現代人の経済生活、政治生活、国際生活は人間をして人間らしく正しい軌道を歩ませるには夥しい欠陥を有する」不合理なものである（『デモクラシイ』発刊の辞）。(2)しかるに大戦後、ロシア、ドイツ革命、民族自決運動の高まりなど「自由解放主義に対して専制抑圧主義は確かに鉄壁の一角を崩された」、かくして「今や人類解放の大潮流は滔々として世界の隅々に迄波打つて来た。幾千年間人類が努力して求めた光明世界の黎明期が到来した」（同前）のである。

こうした現状認識から赤松は「全国民の経済的政治的解放を断行し以て自由なる文化生活の基礎を確立し、進んで世界文化の発達に貢献すること」が第一義的使命であるが、支配階級には期待出来ない、否支配階級には絶望した。社会改造と人類解放の主動者は「純真なる良心と聡明なる理智と熱烈なる気魄とを有する青年自身」（同前）が立つべきときであると主張した。赤松にとどまらず、おそらく初期新人会員が持った共通の認識と使命感であったであろう。

赤松のいう社会改造の闘いとは「経済制度と云はず政治制度と云はず教育制度と云はず外交制度と云はず凡そ不合

理なる根基の上に派生する許多の文物制度にして、苟も正しき人文の発達を沮害する物は悉く之れを改革」しなければならないのであって「個人主義争奪主義の基礎の上に構成されたる古き楼閣の総べてを改革」するというのである（「解放運動の真精神」＝『デモクラシイ』第五号）。この文節だけに目を通すと、明らかに社会主義革命を指向するかに見える。だが、そこには「社会主義」も「革命」の表現もない。この時期の赤松は社会主義ないしはマルクス主義には批判的であった。赤松によるとマルクス主義による解放は単に物質的解放にとどまるもので真の人類解放たりえなかった。「物質を無視せず寧ろ物質を基礎として崇高なる理想の世界」を求めるもので「新時代の解放的信条」は「物質に依りて物質の上に進めよ」であった。彼は説く。

「彼の物質的境遇の完成を以て人類生活の終局的目標と為す一部社会主義者の論拠に対しては絶対に反対する。我々の改造運動の根本的衝動は物質に基礎を置きて而かも物質を統整しつゝ光輝ある真善美の王国を無窮に築き行かんとする熾烈なる人道的精神である。我々はマルクスの唯物史観を其儘信奉せずして、凡てを捧げて、人類解放の大義に殉じた彼の人道的生涯に感激するものである」（前同）

と。では、マルクス主義を越える如何なる思想に依拠するのか。それは「解放運動は人類運動なり」という「個人的階級的情実を脱却」した「人類意識」であった。熱烈で急進的なヒューマニズム＝「人類愛の宗教的確信」（「国際平和運動と大和民族」―『デモクラシイ』第七号）と革命主義による観念的な人間解放の高い理想を掲げた。先に見たように赤松の「人類愛の宗教的確信」は「法律や習慣に於て我々が正義人道を高調しても、経済生活に直接の効果の及ばない場合には、結局其の社会生活は空虚である。我々が経済生活に於て、完全に正義を実行し得てこそ、我々の人格は始めて完全に解放されるのである。経済的不合理を看過して、法律的に道徳的にのみ正義人道を高調する革命は、不届な欺瞞か、若くは憐れむべき無智の運動である」（「人道主義的政治思想の難点」＝『先駆』第二号）と吉野作造の「民本主義」を批判し、さらに解放運動は「唯是れ悲壮なる戦である。聡明にして勇敢なる志士の少群が、崇高なる宗教的感激に踊躍しつゝ、堅牢なる鉄壁に向つて奮い起つ時、我等の採る所のあらゆる創造的努力は、悉く是れ全生命の決死的表現」であって「我等は外観的な感傷的な人道主義を棄てる。我等の人道主義の真髄は、末節的様式に拘泥せずして『最も純に最も強く生命を創造せんとする決死的努力』其者である」（「ソレルの悲観主義と解放運動」＝『先駆』第三号）と説き、「私は唯物論者ではないが、人性の善を信頼する事余りに多き人道主義よりも人間の動物性を高調する唯物論者の方により多くの共鳴を感ずる」（同前）と断言している。赤松は「解放運動の真精神」（前掲）、「カントと我等」（『先駆』第一号）、「進化論と社会思想」（『先駆』第六、七号）などで明らかなように新カント派の影響を強く受け、マルクスの唯物史観には疑問を抱いてきた。彼はマルクスの史的唯物論を進化論と同じような自然科学的歴史観と見なした。新カント派の理想主義の立場と時代的思潮の影響を受けてソレルなどのサンジカリズムへの傾斜を示した。増島宏は「新人会の指導者達の思想の中にはカントとマルクスの奇妙な折衷が生まれ、それがサンジカリズムへの同情をよび起していたのである」（大原社会問題研究所『新人会機関誌』解説）と評している。赤松は朝鮮問題、否定的普選論、労働運動、知識階級論など多くの注目すべき論稿を新人会機関誌上に発表しているが紙数の都合で検討を省く。

一九二〇（大正九）年八月五日、山川均、堺利彦らによって「あらゆる態度あらゆる色彩の社会主義者を糾合して一大団体を組織する」ことを目的に三〇名が発起人となり、日本社会主義同盟結成の趣意書及び規約草案が発表されたが、赤松は麻生らと共に発起人の一人となった。日本社会主義同盟は二一年五月末に解散を命ぜられたが、これを契機にアナーキズムと共産主義運動は分離し始めた。赤松は二二年七月、日本共産党の創立と共に入党した。H・スミスは「彼は一九一九年七月に卒業した後でさえも新人会の中心幹部であった。当時の会員のなかで会運営の主導権を握って離そうとしなかったのは彼一人である……多くの会員は新人会が赤松一人に牛耳られることに憤慨した。卒業生は消極的役割を分担することに甘んずべきだと思い、卒業生会員の多くは赤松がいつまでも会を操縦するのを喜ばなかった」（松尾尊兊・森史子訳『新人会の研究』）と述べているが、赤松の文章は『同胞』終刊号の「足尾事件を顧みて」を最後に『ナロオド』には見出せない。

赤松のその後の軌跡を含めて後年、三宅正一は「学生では、赤松君が卒業して雑誌『解放』の主幹として活躍した。かねて吉野博士の愛嬢明子さんを射とめて愛妻とした赤松君は、その後は総同盟に関係し、農民組合を指導し、共産党に入党、やがて社民党に加わり、さらに愛国政党を組織するなど、あまり頭がよくて変わり身も早く、応接にいとまなかった」(『幾山河を越えて』)と評した。また「彼は時代の気流の動きを、いち早く敏感にキャッチする触覚をそなえた風見鶏であった」として「状況追随主義者」と断じた人物評がある(判沢弘・佐貫惣悦「前期新人会員」=思想の科学研究会編『転向』上)。いずれも適確な論評であろう。

建設者同盟機関誌上で田所輝明が活躍するのは第一次共産党事件に連座して保釈出獄した一九二三(大正一二)年末以降である。建設者同盟の創立に当初から参加した田所は日本社会主義同盟創立時の演説会で検束され、起訴、投獄された。出獄直後、山川均を訪ね『社会主義研究』の編集および水曜会の創立を助け、二二年一月『前衛』が創刊されると上田茂樹と共に編集に従った。同年七月、日本共産党創立に参加し、二三年六月、第一次共産党事件に連座した。保釈出獄した田所は夫妻で建設者同盟本部に住み込み、『青年運動』『無産階級』の編集・発行の中心となった。単に編集・発行の実務にとどまらず、巻頭言、主要論文、時評などを本名、筆名を駆使して精力的に執筆した。田所の活動は二五年五月、第一次共産党事件の判決確定による入獄まで続いた。思想的には共産主義の立場に立ち、運動の左翼化と教育に当った。『建設者同盟の歴史』(建設者同盟史刊行委員会)は「この期間の機関誌の基調は、まったく彼によって作られている。彼は本部の後輩たちを、思想面はもちろんのこと機関誌の編集・校正などの実務、さらには生活面のことから革命家としての心構えにいたるまで、仕事をともにしながらこまかく指導した」と述べ、さらに「彼の論戦におけるはげしさは、彼を知る人びとがよく語るところであるが、その情熱とするどい論理が、人を感化し、教育する力にもなった」と評している。

田所が『青年運動』の編集・発行に携わる以前、『建設者』は青年運動を独自の運動分野として積極的にとりあげ、基本的編集方針で無産青年運動の宣伝、啓蒙を重視していた。しかし、青年運動をどのように展開するかの明確な組織方針を持ち得ないでいた。このような状況下に発表された田所の青年運動論「全国の無産青年団は聯盟せよ！」（『青年運動』第三巻第四号）は大きな波紋を呼び起こしたが、無産政党準備運動の進行を背景に二五年二月『青年運動』（第四巻第二号）では「無産青年運動は無産政党の青年部として闘ふこと」を呼びかけ、「農村と地方の青年団に喰ひ入ること。思想でなく村民として、或は経済的に」と現実主義路線を訴えた（「共産主義者の方向転換」）。

一九二二（大正一一）年夏、山川均が提起した「無産階級運動の方向転換」（『前衛』七・八月合併号）は無産運動陣営に大きな影響を与え、「大衆の中へ」「政治闘争」は社会主義運動の重要課題となったが、田所は「共産主義者の方向転換」で山川の「方向転換論」を要約した上で「共産主義運動の方向転換論は是認された。しかし、多くの場合、それは『理論』としての『転換論』を承認したもので『実際』に於ては転換されてゐない部分が多々あるやうに見える。転換の必要は実際運動に於てであるから、転換が理論に止り、実際に出ない範囲に於いて、やはり行詰るのである」と状況を分析した上で現実主義路線を強調し「現実主義は、現実を土台として、理想を仰ぐものであつて、理想を仰がずして、現在に捉らはれて了ふのではない。後者は現俗主義であつて現実主義と似て、否なるものである」と述べている。もともと山川の方向転換論の発表にあたっては田所が深く関与していた（山川菊栄・向坂逸郎篇『山川均自伝』）。

田所は前掲論文で労働組合の分裂阻止「統一主義」を訴え産別組織化を強調したが、さらに「現実・現俗・反動／転落する石」（第四巻第四号）と題する続稿を発表し、総同盟の左右対立について「政策と理論によつて指導されてゐるのではなく個人乃至は特定の少数者の意見によつて動かされてゐる」（傍点原文、以下同）として総同盟全国大会における赤松克麿ら右派幹部専断による〝現実主義〟への転換宣言を「現俗主義」であると痛烈に批判した。

農民労働党結社禁止後、無産政党の組織化が緊急かつ具体的日程にのぼった段階で田所は二五年一二月一〇日に執筆した「分裂主義と統一主義の闘争」（『無産階級』第五巻第四号）で「左翼分子は決して右翼団体から自ら進んで脱退してはならないし、脱退せしめてもならない」と内部で活動すべきことを強調した上で「協同戦線特に中間勢力との結合によつて、右翼に戦線の協同を強制することが現在最も有効である」が「左翼は大勢を支配する程に未組織労働者を組織するは至難に見える」ので「左翼はその存立のために、即ち生存闘争のために……右翼との協同戦線を強行しなければならないと思ふ」ので右翼との「協同戦線の妥協はなすべき妥協」と説いた。この発言の反響は大きく厳しい反論を呼び起し、田所は次号で続稿を発表し「未組織労働者の組織のために、資本の攻勢への対応戦術のために、大衆的左翼運動は、戦術的退却をなすべきである」と再論し、「支配階級と右翼とは度し難いとしても、少くとも中間派をして肯定せしめるにたる程度にまでの退却である」として戦術的退却を説いた。この田所の所論に対しては関根悦郎の批判的論文（「労働農民党の成立とその意義」＝『無産階級』第六巻第二号）があるが、同じ号で田所は「〇農党の門戸開放・国家総動員―無産階級時評―」で労農党の条件つき門戸開放に「実に祝福にたへない」としながらも左右両派に対する厳しい希望を述べたのを最後に第一次共産党事件で下獄した。出獄後は『無産農民』誌上で「縁日バナナ屋」なる異色の文章を発表したのみで論稿はなく、三宅正一らの日本労農党に加わった。

〔文　献〕

麻生久『黎明』新光社、一九二四年。海口書店、一九四七年。

H・スミス著、松尾尊允・森史子訳『新人会の研究』東京大学出版会、一九七八年。

神田文人「学生の社会主義運動機関誌―『デモクラシイ』から『無産農民』まで―」（『思想』一九六三年二月号）。

菊川忠雄『学生社会運動史』中央公論社、一九三一年。

三宅正一『幾山河を越えて』恒文社、一九六六年。

石堂清倫・竪山利忠編『東京帝大新人会の記録』経済往来社、一九七六年。

建設者同盟史料刊行委員会『建設者同盟の歴史』日本社会党機関紙局、一九七九年。

思想の科学研究会編『転向』上、平凡社、一九五九年。

法政大学大原社会問題研究所『新人会機関誌―デモクラシイ・先駆・同胞・ナロオド』法政大学出版局、一九六九年。

同『建設者同盟機関誌Ⅰ―建設者』法政大学出版局、一九七二年。

同『建設者同盟機関誌Ⅱ―青年運動』法政大学出版局、一九七〇年。

同『建設者同盟機関誌Ⅲ―無産階級・無産農民』法政大学出版局、一九七〇年。

東京帝大新人会と熊本

一九一八（大正七）年一二月に結成された新人会は、翌年三月六日、機関紙『デモクラシイ』を発刊し、「本会は学校的観念を離れて唯純眞なる青年団体として社会の各階級に開放し、同志の糾合を図りつつある」と同会の目指す組織的性格を明らかにした。新人会の綱領は、

一　吾徒ハ世界ノ文化的大勢タル人類解放ノ新気運ニ協調シ之ガ促進ニ努ム。
一　吾徒ハ現代日本ノ合理的（のち「正統ナル」と改む）改造運動ニ従ウ。

という大正デモクラシーの時代的特色を著しく反映しながらも簡単なものであった。しかし『デモクラシイ』第二号（四月一日）では綱領の付則として、

注意
一　吾徒ハ綱領実現ノタメ全国ニ向テ同志ノ糾合ヲ図ル

二　本会ノ綱領ニ賛同スル者ハ何人ト雖モ入会スルコトヲ得
三　会員入会費トシテ毎月十銭宛納付シ雑誌「デモクラシイ」ノ頒布ヲ得ク
四　入会希望者ハ左記宛申込マレタシ
　　東京市本郷区壱町六番地
　　　新人会

と告示した。この「注意」で明らかなように新人会の組織対象は単に学生に止らず学外の進歩的労働者、市民に広く門戸を開放し、全国的に呼びかけるものであった。また文面から見ると雑誌『デモクラシイ』は会員に直接配布されたようである。同年一二月までに全八冊が発行されたが、この間、宮崎龍介の「政治否定と新興文化」(第五号)などを理由に第二号・第五号・第八号が発禁、第六号も伏字多数という状態で、翌一九二〇年二月には『先駆』と改題され、同誌四月号は「新人会綱領」の「注意」には次の二項が加えられた。

一　会員ハ各地方ニ支部ヲ設立スルコトヲ得
一　会員其他有志者ノ希望ニヨリ本会ハ悦ンデ出張講座ニ応ズベシ

として地方支部設立の方針を明らかにした。熊本では徳永直や米村鉄三らが六月頃には新人会熊本支部を発足させた模様で、中心人物の米村鉄三は八月の熊本印刷技友会の発会式では四〇〇人の印刷労働者を前に「民族の末路」と題して記念講演を行なった。

『先駆』は一九二〇年一〇月には『同胞』と改題したが、同時に研究論文中心の編集方針を変更して宣伝誌の性格を打ち出し、研究は単行本(『新人会叢書』)として刊行された。この編集方針の変化で『同胞』には地方支部の紹介なども載るようになった。創刊号によると一〇月一日の熊本支部の発会式には門田武雄を派遣している。この記事は簡単なものであるが、「熊本の新人会支部が発展して」発会式を挙げることとなったと経過を説明し、代表を米村徳三としているが鉄三のことであろう。また、一二月号では「熊本支部も益々会員諸君が熱心に宣伝に努力して居られる」と紹介している。一九二一年一月一二日、帰省を利用して九州各地をオルグ旅行中の赤松克麿が来熊し、徳永直の出迎えを受けた赤松は支部のメンバーと一夜懇談した。集ったメンバーは徳永・米村・角田・川端・浜村・緒方の六人で、いずれも労働者であった。もともと新人会の特色は建設者同盟（早稲田大学）が農民に影響力を広げたのに比べ労働者に力を入れていた点にあった。

熊本支部は一月一五日、「新人会学術講演並にカール・ローザー追悼会」を計画したが、警察の干渉で実現できなかった。

新人会の地方支部は小樽・秋田・金沢・能登・福井・京都・大阪・広島・佐世保・熊本の一〇支部（二月末現在）であった。

『同胞』は三号続けて発禁処分を受けたのち、『ナロオド』と改題（一九二一年七月）し、翌年四月に廃刊した。熊本支部の理論的指導者は米村であったが『ナロオド』第二号は「最近熊本支部の米村君の論文の如きは寔に堂々たるものでありましたが何分原稿紙二十枚に亘る長論文でありましたので遺憾ながら掲載することが出来ませんでした」と報じている。

一九二二年四月、新人会は学内団体に組織を変更し同時に『ナロオド』を廃刊した。熊本支部に結集した青年労働者は「熊本労働団」を結成し、組織と活動を広げ同年一一月七日には、前衛社（同年一月、雑誌『前衛』を創刊し、大正期のわが国社会主義運動に大きな影響を与えた）の高橋貞樹を迎えて「ロシヤ革命五周年記念講演会」を成功させるなど影響力を強めた。

一九二三年五月、五高には社会科学研究団体の「ＲＦ会」が生まれ、五月『前衛』号外の「飢えたロシアを救へ」

の訴えに積極的に呼応し、九月、新人会の九州遊説団が五高で講演し、大きな影響を与えた。ＲＦ会は翌年一月、社会思想研究会と改称し、研究団体として学校当局の公認を受けて組織も活動内容も強化された。五高社研の発足と強化は東京帝大新人会のプールになったと言える。

　五高出身の新人会員は以下の通りである。

　五高出身新人会員（氏名と卒業年）

佐々　弘雄（一九二〇年）
友岡　久雄（一九二三年）
楢崎　　暉（　〃　）
立花　強助（　〃　）
辻　　恒彦（一九二五年）
後藤　寿夫（一九二六年）
浅利　和吉（　〃　）
坂元彦太郎（　〃　）
東　　利久（一九二七年）
内村　奉一（一九二八年）
友永　重雄（　〃　）
松延　七郎（　〃　）
田中　稔男（　〃　）
田代　四郎（　〃　）
緒方　　渉（一九二八年）
大山　岩男（一九二九年）
渡辺　　武（　〃　）
古関　健介（一九三〇年）
藤木　龍郎（　〃　）
吉野　　城（　〃　）
秋根　昌之（　〃　）
田中宋太郎（　〃　）
村田福太郎（　〃　）
髙石　重勝（一九三一年）
三浦　次郎（　〃　）
上野　貞夫（　〃　）
島田　節次（　〃　）
長屋　　肇（　〃　）

学生社会運動の機関誌

―新人会と建設者同盟―

首題の報告を行なったが本年七月例会で「東京帝大新人会と熊本」を報告し、かつ紙数の都合もあるので建設者同盟に絞って記述する。

初期新人会の発足にかかわった赤松克麿や麻生久らの文章を見ると〝東京帝大法科〟出身の特権とエリート意識の残滓が滲み出ている。だが「従来官僚財閥の郎党を養成する学校の如く見られた東大法科の学園から斯くの如き新思想の団体が生れたのは誠に青天の霹靂であつた」ことも事実であった。それ故に官学に対抗して在野の大学として創立され、学の独立・自由の学園を標榜して名声と学問的水準の高さを誇って来た早稲田の学生に与えた衝撃は大きかった。かくして民人同盟会―建設者同盟の結成となるのであるが、機関誌『建設者』の創刊は新人会が〝学生のみ〟の学内の団体として再出発し、機関誌『ナロオド』を廃刊した後の一九二二年一〇月であった。また、新人会とは対象的に建設者同盟は早大学生を核に同大出身者はもとより広く他大学・専門学校生にも門戸を開放して本格的活動を続けたのであった。

また、主として労働組合運動に深くかかわった新人会に対して、とりわけ農村・農民運動の分野での活動も建設者同盟の特徴であった。このような建設者同盟の特性は機関誌に強く反映し『建設者』は農村、農民、農村青年論などの諸論を積極的に採り上げ、第三号の「農村特集号」は好評で再版した程であった。内容に論及するスペースはないが、社会的思潮と運動は前期新人会のアナ・ボル論争時代から新たな情勢へと移行する社会状況が生まれつつあった。創刊時には表紙に「社会評論」のサブタイトルを掲げた『建設者』は「未来は青年のもの」を掲げ、和田巌亡きあとの編集人となった浅沼稲次郎は「行動の青年」（第二巻第二号）の一文で「吾等は頭の青年であると共に行動の青年でなければならない」と行動と社会主義運動の独自の分野としての青年運動の重要性を訴えた。『建設者』は『青年運動』『無産階級』と誌名を変え、この時期、田所輝明が八面六臂の活躍をした。山川均の「方向転換論」の発表に当っては田所が深く関与していたが、彼は『青年運動』誌上で「共産主義の方向転換」「現実・現俗・反動／転落する石」などで山川の方向転換論を敷衍し、かつ無産運動における現実主義論を展開し、現俗主義に反対した。

無産政党の組織化─無産政党の分立という政治・思想状況を背景に『青年運動』は『無産階級』『無産農民』と改題された。『無産農民』は三冊を出版したのみで一九二六年一二月、建設者同盟は解散を決定した。『無産農民』は三宅正一、稲村隆一、浅沼ら三五人が同人として名を連ねたが、関根悦郎らが主導した。

四、昭和期の社会運動

県下の小作争議と小曽部争議について

山崎日露士氏は戦後、宇土、下益城郡の両郡で初めての農民組合（日農加盟、不知火農民組合）を組織して、組合長、郡連委員長、小作人代表として農地委員に当選し、委員長として戦後の農地改革を強力に推進した。現在、不知火町町会議員。

明治三七（一九〇四）年一二月一二日生れ。

× × × × ×

(イ) 昭和五（一九三〇）年一〇月一日の国勢調査によると、本県の農林業従事者の人口は次表のとおりである。

人口総数　一三五、四万人
有業者　六四、七万人
農林業　三九、九万人

すなわち、有業者中農林業従事者の占める割合は六一パーセント強であって、全国比率四七パーセント強を、遥かに上廻っている（国勢調査であるから、児童などは、有業中に含まないので、人口比率は更にこれを上廻る）。

熊本県は、いわゆる農業県である。

(ロ) 県下の地主制

農商務省農務局調査によると、県下の五〇町歩以上の耕地を所有する大地主は、次表の通りで、いずれの年次においても、九州では一位、全国でも常に高位にあった。

大正一年	二三三	全国で三位（北海道を除く・以下同）
大正六年	八四	七位
大正七年	九七	五位
大正八年	八七	八位
昭和四年	七六	九位
昭和一一年	六七	七位

つぎに、昭和二一（一九四六）年現在の小作地率は四八パーセント（全国平均四四パーセント）で、九州では最高、全国でも一二位という高率を示している。これらの数字であきらかなように、本県における地主的土地所有制は極めて根強いものがあった。

(ハ) 農民運動の面からみると、県下の小作争議件数と小作人組合数の推移は、別表の通りである。

第一次大戦後のいわゆる戦後恐慌期に始まり戦争準備から突入に至る期間であるが、農政局調査の官庁統計数字に依ったので、実際には更に多いことが考えられる。特に小作人組合については、その基準は不明である。

この表によると、年をおって小作争議件数は全国的に増加している。わが国の農民の行動と組織は、戦後恐慌期および昭和五（一九三〇）年に、ぼっぱつした農業恐慌の各期に、激増がみられる。質的にも高まっており、昭和一〇（一九三五）年には、戦前最高の六八二四件に達し、中日戦争の始められた昭和一二年まで六〇〇〇件台が続き、翌年から漸減し、太平洋戦争に突入してから二〇〇〇件台に低下した。

小作争議件数と小作人組合数

年次	小作争議件数		小作人組合数		備考
	熊本県	全国	熊本県	全国	
大正10年	16	1,680	1	681	前年熊本県旱魃
11年	107	1,578			熊本県旱魃　日共創立・日農結成・虫害
12年	45	1,917			郡築争議開始
13年	21	1,532			小作争議調定法公布
14年	13	2,206			熊本県旱魃
昭和 1年	11	2,751			郡築争議再発
2年	4	2,051	5	4,582	有明海沿岸大潮害
3年	2	1,844			全農結成
4年	4	2,434			
5年	9	2,478			農村恐慌ぼっぱつ、郡築三次争議再発
7年	4	2,414	7	4,650	不知火争議
10年	41	6,824	7	4,011	前年熊本県大旱魃　作付不能 937 町歩
12年	78	6,170	8	3,879	
15年	61	3,165			前年旱害ひどし　作付不能 722 町歩

農林省農政局調査―但し大正 10 年の小作人組合数は内務省警保局調査による。

熊本県における推移も、多少の増減はあるが、全国的傾向と一致している。とりわけ激増している時期につき考察して見ると、昭和五年に始まった農業恐慌は、日本資本主義がようやく恐慌を抜け出した昭和七年になっても、一そう深刻化した。米、麦、食用農産物、繭などの主要農産物は、いちじるしく下落し、工業生産品との価格差を拡大した。しかも、昭和六、七年の凶作、八年の豊作飢饉、九年の大凶作などによって、半封建的零細農経営、高率の物納小作料、寄生的大土地所有のもとで農民を極度の困窮におとし入れた。昭和一〇年、本県の小作争議は四一件に達しているが、前述のような一般的条件にくわえて、その前年―昭和九年の本県の大旱魃がある。

すなわち、昭和九（一九三四）年八月中の熊本県の降水量は一五・五ミリで明治二七年の九・九ミリにつぐ第二位の寡雨であった。夏期三ヵ月間の総降水量は、四〇四・七ミリにすぎず、七月二七日から八月一五日まで二〇日間というもの無降雨状態にあった。このため、県下の水田面積七万九四〇〇町歩のうち作付不能面積は一時二万五七〇〇町歩に達し、旱害地域は殆んど全県に亘り、収穫皆無の町村は一〇数町村、平年作に比べ二七万余石の減収が見込まれるに至った（昭和九年八月二五日現在、県農林課調）。

また、畑地は、総面積八万八〇〇〇町歩のうち七〇〇〇町歩が被害をうけ、四万八〇〇〇町歩が可なりの被害を蒙り、被害総面積は五万五〇〇〇町歩に達した。

主要作物の被害は、

陸稲　前年比八割減（見込）以下同

大豆　〃　六割減

小豆　六割減

粟　六割減

甘藷　五割減

里芋　〃　七割減

桑葉　　　三割減

（注）阿蘇郡を除く全県下に被害。

以上、県農林課昭和九年八月二五日調および熊本測候所調による。

大正一二年から昭和五年にかけて、三次にわたってたたかわれた郡築村（現、八代市築地町）の大争議は、その規模と内容において全国に有名であるが、大正一一年には全国第四位、一二年にも一一位の争議件数を示していることは注目に値する。にもかかわらず一般的にいえば、争議件数、小作組合組織数とも、全国的水準に比較すると低位にあるといえよう。

これらの原因については、

一、暖地であることからする裏作との関係

一、右とも関連するが、気候的に稲作適地としての自然的条件との関係

一、労働運動を始めとする県下の社会運動全般との関連

など幾つかの問題点をとり上げ得るが、この問題については、なお今後の調査研究にまたねばならない。

ともあれ、県下の農民の行動と組織は年をおって増加、発展の傾向を示し、当時、熊本県で活動した社会運動の第一線の人すら、昭和五、六年以降の小作争議の件数の増加に――たとえその多くが、自然発生的なものであれ、否その由にこそ――「本当かね」と驚きを示す人が多いが、県下の農民の階級意識と行動は、当時の全国的水準に比べておくれているといえよう。

㈡　次に、この小作争議の起った宇土郡不知火村周辺につき更に詳しく触れると以下の如くである。

旧藩時代は五ヵ村にわかれ、宇土郡松山手永に属した。

『宇土郡誌』（大正一〇年発行）によると、「由来本村は用水欲乏の地なれば、主として降雨に依って作物の成長を待

つ所なれば、一度旱魃の年に遭遇せば、用地亀裂為に作物枯死するが如き憂い無きにあらず」とある。同村の灌漑用水は、長崎川の小流を除けば、村内数十の小溜池と立岡の大溜池（立岡堤・花園堤）に依存している。

小曽部の用水は、文政年間に、ときの御惣庄屋・三隅丈八によって行なわれた立岡堤の大拡張工事と用水路建設によって小曽部、塚原一帯をうるおして以来、立岡の水に依存した（文政一二年、三隅明寿『座右日記』及び明治一五年、『三隅丈八之伝』）。

不知火村は、昭和七年当時の戸数九三戸、人口五九三六人（「地方自治制の沿革と其の人物—熊本縣—」昭和七年発行）、田　三六三、一町歩、畑　二七一、一町歩、山林原野　二三七、九町（宇土郡誌）となっており、人口、耕作面積ともに宇土郡中最大であるが、県下でも有力な村外の大地主によって強大な支配をうけていた。

◎宇土郡に小作地を有する五〇町歩以上の地主

氏名	住所	町歩	小作人戸数
中山七平太	（松橋町）	一四八	三五〇戸
島田　達	（熊本市）	一二五、九町歩	四〇七戸
細川　立興	（宇土町）	一二二、一町歩	二〇八戸
紫垣　一雄	（守富村）	一二〇、〇町歩	三〇〇戸
大宅　善基	（松合町）	一一七、三町歩	？（不明）
村田多喜治	（宇土町）	一一一、八町歩	三三五戸
下田　幸一	（隈庄町）	一〇四、四町歩	三〇七戸
松枝　至	（郡浦村）	六三、三町歩	三〇〇戸
西山　直平	（右　同）	五一、七町歩	二六五戸
鈴木　末喜	（松合町）	五〇、一町歩	（戸数不明）

不知火村に小作地を有した主な地主は山崎氏によると右の表に名前を見せている大宅、鈴木（綿屋）、中山、細川な

どのほか、天満屋（天満）、溝見、大和、岡崎などであるが、手元の資料によっても、いずれも大土地所有者である。

天満善三郎（松合町）徳米一、二〇〇俵
大宅　善喜（〃）二、五〇〇俵
大宅亥之吉（〃）一、〇〇〇俵
鈴木元次郎（〃）一、三〇〇俵
鈴木　未喜（〃）一、〇〇〇俵
中山　宗（松橋町）二、六〇〇俵
細川　立興（宇土町）二、五〇〇俵
大和　忠六（〃）六〇〇俵

熊本事業・人物　昭和四年九月発行

〈昭和二～三年当時〉

尚、当時熊本県下で米一〇〇〇俵以上の地主は一〇一五人であった。

以上見るように、不知火村は、同村周辺の大地主が耕地の過半を所有したことを示している。小曽部争議の交渉相手の地主、天満屋もまた、米一二〇〇俵をこえる大地主であった。

つぎに、この争議の特徴は、松橋消費組合との関係である。

当時、全農福佐連合会などが、農民組合運動の一翼としてとり上げた農村消費組合が、福岡県下などに設立されていたが、これらは農民組合運動を基礎とし、そのイニシヤチブで消費組合運動がとりあげられた例である。

しかるに、松橋周辺では若干事情を異にした。松橋消組は、地域的には、東松崎、大野、塚原、松橋町の新町などを基礎とし、いずれも農家を中心にして組織されており、農村消費組合的性格が強い。――周辺の物資集散地として古くからある松橋町の大きな問屋の子息である中山、川崎、池田らによって創立され、指導されたが……――。不知火村では、主として小曽部、塚原、御領の農家が組合員であったが、昭和七年、日本共産党に入党し、熊本地方の農民運動分野を担当した益田丈志氏は、「私は八代から不知火に山地のペンネームでオルグに行った。私は、ここで、消費組合運動を通じて、農民と接触し、小作人組合を作る方針であった」（上田編「熊本における戦前の社会運動」第一集）と述べている。

消費組合運動及び『未耕地』の文化運動が先行し、これを足がかりとして小作争議がたたかわれ、小作人組合が組織されるという形態で運動が発展している。

また、文化運動、消組運動の過程を通じて農民の意識をかえ、県下の自然発生的な多くの小作争議の中で、意識的指導によってたたかわれた数少ない小作争議の一つである。

註一＝大正末期にあたり、「無新」の創刊は大正一四年九月二〇日であるから、山崎氏は、かなり早くからの読者になる。
なお当時、五高社研が中心となり、熊本青年学生連盟が組織され、農村青年団に機関紙を流し、遊説隊を送るなど積極的な働きかけがおこなわれていたので、この影響なども考えられる。

註二＝益田丈志談「重要な段階に来たら郡築に応援をたのむ方針で交渉を始めたが、活動家がパクられ、婦人を動員して釈放交渉をやった。」（第一集参照）

註三＝前項の釈放交渉で益田氏は検挙された。彼がレポを呑みこんでしまったというエピソードが伝えられているのもこの時である。

註四＝暴力行為等処罰に関する法律　大正一五年四月一〇日　施行同年四月三〇日

熊本県小作争議年表

自大正一一年　七月
至大正一二年一二月

大正一一年　七月三〇日
　下益城郡豊川村三四六町歩、水害をうけ小作料減額要求。
同年九月一日
　下益城郡当尾村で、畑作不良につき小作料三分の一減を要求。
同年九月一三日
　飽託郡浜田村小作人が、小作料二斗減を要求。
同一一年九月二八日
　球磨郡多良木村小作人ら、旱害につき小作料半減を要求。
同年一〇月一〇日
　鹿本郡山東村大字岩野の小作人ら、小作料五割減要求。
同年一一月一三日
　飽託郡川口村小作人ら、反当二斗減要求。

同年一二月一日

鹿本郡米田村でも虫害を理由に反当二斗減要求。

同年一二月三日

熊本市春竹町の小作人ら、小作料の永久引下げを要求。一等地四俵を三俵半、二等地三俵半を三斗一升減、畑地二俵半を二俵にせよというもの。

同年一二月五日

春竹町の争議は要求通り解決し、小作側勝利す。

同年一二月六日

飽託郡力合村の小作人らは、地主二八名に対し、米価下落、物価上昇で、生活難のため小作料反当四俵を三俵半に減ぜよと要求。

同年一二月八日

飽託郡西里村の小作人五〇名は、米価下落、物価騰貴につき、小作料二割減を要求。

同年一二月九日

力合村争議は、徳米一斗減、畑地四升乃至九升減で解決す。

同年一二月一四日

菊池郡加茂川村の小作人ら、反当八斗減を要求。

同年一二月一五日

八代郡太田郷村で、小作争議発生。

同年一二月二四日

加茂川村争議、反当六斗減で解決。

◎此の年、県下の小作争議、一〇七件に達し、兵庫、愛知、大阪につぎ全国第四位、全国件数一五七八件。

大正一二年一月七日
　上益城郡六嘉村の小作人は、虫害、米価下落のため反当一斗五升減を要求。

同一二年一月一九日
　飽託郡画図村小作人ら、反当一斗減を要求。

同年一月二〇日
　鹿本郡川辺村争議、反当一割減で解決。

同年一月二四日
　上益城郡陳村の小作人ら、田二斗五升減を要求。

同年一月二五日
　玉名郡清里村に小作争議発生。

同年二月一日
　鹿本郡夜田村の小作人ら、上田一割五分、その他一割減を要求。

同年二月三日
　上益城郡陳村に争議発生。

同年二月一八日
　上益城郡大島村小作人ら、反当一斗減を要求。

同年二月二一日
　鹿本郡内田村小作人ら、小作料高率につき一割五分減を要求。

同一二年三月二五日

八代郡郡築村小作側の争議指導、真相調査のため日農九州連合会より高崎正戸、来熊。

同年四月一日

警察犯処罰令公布、郡築争議激化の方向へ発展。

同年四月五日

玉名郡平井村争議解決。

同年四月二〇日

郡築村小作側、演説会開催。

同年四月二七日

郡築村小作人ら、三項目要求。一、土地所有権中七割を耕作者へ。一、五年間小作料免除。一、不作につき大正一一年の徳米五割減。小作人四三〇戸参加。

同年五月二日

鹿本郡稲田村争議始まる。のち学童の同盟休校に発展。

同年五月四日

八代市・姪子座で日農主催「郡築村小作争議批判大演説会」開かれ、杉山元治郎、郡築小作代表・梶原重次ほか演説、聴衆一〇〇〇名余。

同年五月七日

郡築村小作側婦人四〇〇名余、八代町中をデモ。

同年五月一〇日

鹿本郡六郷村争議解決。

同年五月一七日

鹿本郡内田村争議解決。

同年五月二八日

日農郡築支部・園田組合長、即決七日の検事拘留処分。本裁判で無罪（六月一九日）。

同年六月一五日

八代郡八代町外二三町村公益事務組合は、郡築村農民組合の活動家・園田ら一四名に土地引上通告。

同年七月二四日

飽託郡画図村小作人一〇〇名、洪水不作のため半減要求。

同年九月一六日

郡築村一番割、岩本政雄らに立毛差押、小作側差押物の保管拒否。のち執行停止となり保管拒否戦術成功。このため、須藤郡長、懲戒解雇（九月二七日）。

同年九月一七日

上益城郡大島村に小作争議起る。

同年一〇月二日

日農理事・賀川豊彦、郡築争議応援のため木村清松と共に来熊。八代・婬子座で、演説会。翌三日、郡築村・隆法寺の組合大会に出席。以後滞在。

同年一〇月二七日

八代郡金剛村大字彌次の小作人一六〇名は、地主二一名に対し、虫害及び農産物価格下落につき、三、四割減要求。

同年一〇月二七、二八日

郡築小作側は、地主側の立毛差押、早刈強行の噂に警戒。二七日、三〇〇〇人、二八日、五〇〇〇人を動員して待機。

以上

《座談会》戦前の社会運動を語る

出席者
藤本豊喜　山口隆喜　益田丈志　田代官次　永田日出夫　高光義明　上田穣一（司会）

1　まえがき

大正末期から昭和前期にかけて社会運動の激流の中に身をおいて熊本県下で活動した各分野の五人の人に集ってもらって、熊本近代史研究会例会の集りで戦前の社会運動を回顧してもらった。当日は、他に三人の方が予定されていたが、都合で出席できなかった。戦前活動した生存者は、現在、県内で六〇名ほどの方々の消息が判っているが、一九六二年五月の第一回調査のときは八〇名を越えていた。約二〇名程の方々がこの間に物故者となったわけである。ここに謹んで哀悼の意を表したい。

2　大正末期の運動

上田　お手許に配布しましたプリントについてご説明します。まず、皆さんのお話の参考のために、米騒動から太平洋戦争が始まるまでの熊本県の主な運動の動きを中心にひらって「略年表」を作ってみました。つぎに、昭和七年および昭和八年に熊本県下で一斉大検挙があっていますが、その時の特高側の資料が幸い発見されましたので、一応参考のためにその一部を用意しましたが、県下の「物故者一覧」と共にご参考までにお配りした次第です。

本日の座談会の進め方ですが、ご出席の方々の活動の時期とその内容のあらましをまずおきかせ願って、あとはそれらに関連しながら自由におはなし下さい。会員の方々も適宜質問をお出し下さい。大正末期からご活動になっている本日の最長老、藤本さんからどうぞ。

藤本 私は大正一一年までは、満州の方にいましたので、熊本では大正一二年の関東大震災以後になります。この年表にある印刷工組合の結成、熊本市電のスト、労農党支部の結成、そうした時期を経て昭和三年ごろまでは大体、熊本で運動に従っていました。その他、福岡や東京でも動いていますので、熊本での運動は断続的になっているわけです。

すこし詳しくおはなししますと、熊本の運動に参加したのは、当時「七日会」というのがありまして、これに加ったのが最初です。「七日会」は、五高の社研の人たち、一般の労働者・市民・文学青年、それに水平社の青年たちによって、およそ二〇名ばかりが、七日・一七日・二七日といった具合に例会を開いていました。場所は現在の熊本市民会館のすぐ横にあった公会堂の会場を借りて集会していました。

上田 内容や熊本無産者同盟との関係などはどうですか?

藤本 当時の状況は、ロシヤ革命の影響を強くうけて、ロシヤ革命の組織運動や革命後の状況などを主に勉強していましたね。そして次第に、こうした理論的な勉強ばかりしていてもだめだ、実際運動の中に生かしてゆかねば駄目だということで、五高の社会思想研究会の人たちと別れて、私たち労働者・水平社の青年たちが一緒になって「熊本無産者同盟」というものを作ったわけです。その無産者同盟が熊本の労働運動の母胎となって、それを産業別に整理したのが、まず第一番に私たちがやった印刷工組合ですね。この熊本の印刷工組合は当初は熊本も全国的社会情勢もそうでしたが、アナーキストもボルシエビキーも一般的にいえば、ひっくるめた社会主義者による社会運動ということでやっていたわけです。熊本でも、そうした影響の中でアナもおればボルもいるといった具合で、さまざまな人たちがあつまってやっていたわけです。私たちは、どちらかというと、アナーキズムの影響を多分に受けてやっていたわけです。しかし、この無産者同盟まではですね、宣言や綱領などにもそうした状況を多分に反映して、アナーキズムの思想も多分に織りこまれて作られた。今その具体的内容は覚えていません。こうした宣言・綱領を発表して当時の市公会堂で発会式をやりましたが、会場一杯になるような非常な盛況でした。この発会式もおわり頃になって、警察署長が指揮した警官隊がやって来て、メチャクチャにしましたが、とにかく、成功だったといえますね。

そうした運動は熊本の孤立した独自の運動ではなくて、北九州機械鉄工組合——浅原健三や熊本から行っていた鳥井茂樹、中田哲、小説家になった八代出身の小山寛二たちが北九州鉄工組合にいました関係上、熊本と北九州と直接連絡をもっていて、熊本は、「北九州機械鉄工組合熊本支部」という名称をかかげていた事があります。のちに熊本合同労働組合を組織した人たちが、この組合に参加していて、別に機械鉄工関係の労働者のみで組織していたわけではありません。私たち印刷労働者も一時、これに参加していた時期があったわけです。印刷工組合結成以前のことです。

その後、私も北九州に応援に行っていまして、そのまま朝鮮・満州に行ったりしましたので、一年あまり熊本をはなれていました。それから一年後、再び熊本にかえって来て、大正一三年か一四年の秋に、熊本印刷工組合というのを、自由連合の中で作ったわけです。しかし、そうした中で、間もなく総同盟の分裂、アナとボルの論争などの中で、私たちも、組合運動の行き方をいささか考え直さなければいかんといった事がおこりました。学連の委員長をしていた鹿児島の村尾薩男がやって来て、いろんな、私が満州に行っていたのちの、日本の情勢を正しくつかんで、いろいろ考え直さねばいかんということになっていったわけです。当時、総同盟の分裂から、大阪に評議会の本部がおかれていた。村尾君や五高の学連の人たちの紹介で、大阪の評議会本部に行ってしばらく滞在した。大阪印刷労働組合を中心に動いて、新しい労働組合運動の方向をつかむ努力をしていた、長い期間ではありませんが、そのときは三田村四郎とか鍋山貞親、委員長の野田律太などの指導をうけました。三田村四郎が大阪印刷労働組合の組織部長をしていたので、私は三田村の家に泊って、実践運動をやりながらいろいろ勉強していたわけです。

そうした中で、学連の京都での検挙事件があった時だと思いますが、林房雄―後藤寿夫君が京都に来ているのでぜひ磨井君（藤本氏の旧姓＝上田）に会いたいということで、評議会の方でも急いで行けということで、京都に行きましたが、ちょうど検事局の襲撃直後のような状況だったので、私はそのまま京都駅に行ってナカノヒサオという人と連絡をとって東京の関東出版労働組合に行ったわけです。ここに行って初めて、中尾勝男―名委員長でしたがねえ、渡政（渡辺政之輔）とか山懸（山本懸蔵）とかの教育をうけた。約一ヵ月熊本をはなれていました。その間、東京での私の動きは熊本の組合にも中央の方から連絡が行っていて、アナーキストの連中は騒いでいる、組合の事務所も荒らされているので急いで熊本にかえって対策をたてろということで一二月末（大正一四年＝上田）にかえったわけです。

中央の情勢、いわゆる総同盟の分裂、方向転換、赤松と志賀の論争[*]があったわけですが、そうした問題をひっくるめて、こうした情勢の説明と検討の中から、自由連合を脱退して全国産業別組織の出版印刷の大きな組織を作るのだという運動方針になり、この方針を全国的にアピールしてやっていったわけです。そして、熊本では、この略年表の中にも書いてあるようですが、大会では評議会加盟を決定しましたけれども、評議会の方針としては、総同盟の分裂当時、九州連合会は除名を受けていないからあくまでも総同盟の中に残って、総同盟内部で大きく、左翼労働組合としての役目を果さなければいけないといった方針でした。熊本合同労働組合はそうした方針でたたかったが、印刷労働組合の方は、どうもそうした高度の政治的方針というか、そうしたものに対する意識が弱くて、私も非常に困ったわけですよ。総同盟はだめだと私自身、さかんに主張してきて、また総同盟にかえるというわけにもいかんといった情況です。それで、評議会加盟というわけではないが、連絡は評議会ととりながら関東出版労組を中心に、大阪印刷労働組合などとも連絡をとってやっていったというのが実態です。

熊本では、ほとんど中規模以上の工場――今の熊本日日新聞、もとの九州日日新聞ですが、それに九州新聞・大同印刷・稲本印刷・白石印刷・大熊本新聞といったほとんどの工場で、締めつけをやって、稲本など六〇数名近くが全部組合に入ってしまったといった組織状態で、組織の方は非常に伸びました。しかし、これに対する教育活動とか要求を組織的に集約して闘う闘争組織とまではゆかずに、個々の工場での解雇とか賃金問題などに中心活動をおいて、一つずつ闘った状態が多かった。

こうした印刷労働組合の活動と共に、合同労働組合の方も組織が強化されていって、市電争議を迎えたわけです。この市電争議のときは、力量からいって合同労働組合だけの手にはおえんし、印刷労働組合もこの闘争にぶっつかって行ってですね、そして市電争議の惨敗と同時に、印刷労働組合の方も、その間お留守になっていて、多少の影響は受けたわけです。合同労働組合はこの市電争議の惨敗後は、さらに発展、強化して、竹田油屋争議だとかいろんな闘争の中心になって行ったわけです。合同労組の中心になって行ったのは専売局の一部とか醤油醸造工場・熊本駅・機関庫などと横断的組織になっていました。

電車争議ののちは政治研究会とか労農党の結成とかいった政治的な活動が強まって社会運動の中心がこうした方向に発展してゆきました。

＊赤松・志賀論争

一九二五年六月、『マルクス主義』の日本労働総同盟内紛問題批判特集で志賀義雄が赤松克磨を批判。七月、赤松が「科学的日本主義の理論に就て志賀君に答う」。九月、志賀が再批判。

この頃までが私が熊本で動いていた頃で、それ以後は福岡で動き、三・一五（昭和三年）や四・一六（昭和四年）の時は福岡や大牟田にいました。第一次共産党事件の浦田武雄と二人で大牟田で新聞を発行していました。三・一五ののち浦田君と三・一五前の選挙のころ意見が対立して、新聞も廃刊し、熊本にかえっているところを、ひっぱられましたが、私は当時、日本共産党には入党していないし、熊本当時は運動にタッチしていなかったので、京町（熊本刑務所京町拘置所＝上田）に一ヵ月ほど打ちこまれたままで不起訴でした。あとは熊本で活動するのは昭和六年以降になります。

上田　ありがとうございました。中田哲さんが都合で、本日ご出席できませんでしたので、藤本さんが大いに活躍されたこの時代のお方は今日はほかにお見えになっていませんが、合同労働組合のほうはどれ位の組織数だったのでしょうか。

藤本　合同労組の人数ははっきりは記憶しませんが、熊本無産者同盟員の印刷産業以外の人たち、無産者同盟に接近して来た醤油工場の人とか国鉄機関庫の羽山、羽山弟＊、専売局の松岡とか、はっきりした実数は私は知りませんが、合同労組に入って来た人たちは皆、活動家でした。印刷労組の方は工場単位で締めつけるといった組織方針で行きましたので、女工さんも見習工の人たちもひっくるめて組合に組織していました。

専売局の川端秀蔵氏＊＊は終戦後、労働組合の委員長をしていましたね。この人は私たちとはあまり意見が合いませんでした。政党屋的なところがありましてねえ。私たちと仲はよかったが、運動の中では必ずしも一致しない、むしろ対立する状態でした。

＊国鉄の羽山らは全日本鉄道従業員組合に属し、国鉄現業委員会などで活動した。現業委員会の重視は、大正一五年に来熊した渡辺政之輔の指導といわれる。

＊＊川端は、共済団体的色彩の強い「光働会」の指導者で、友愛会・総同盟につながり、「熊本労働団」にも属した。

上田　合同労働組合は四・一六のあとまであるようですが、いつ頃まで組織的な活動をしますか？

藤本　三・一五以後は殆んど壊滅したんじゃないですか、山口さんが知ってるでしょう。

山口　私は三・一五直後からしか知りません。私の知ってる範囲では、そのころも、例えば竹田油屋とか醤油醸造工場の一部などは全員が組合員だったと思いますが、その他の職場、専売局とか国鉄などでは職場の活動分子といわれる何人かが組合員といわれていたわけで、大半の大衆は組合員ではなかったと思います。三・一五の直後頃は合同労働組合の事務所などはあったが、どこの職場に何という人がいるといったことがやっと判るといった状況じゃなかったでしょうか、私は五高の学生だったので四・一六後にならないと詳しいことをつかんでいなかった。

藤本　いや、組織はちゃんとあった。印刷労組もそうです。しかし、大きな打撃をうけて組合全体で闘争を組織してたたかうというより、たとえば稲本印刷とか大同印刷に解雇問題がおきるといった場合に、ここに集中してたたかっていった。そして稲本印刷などでは、のちには田川君[*]などがいたと思うが、はげしい闘いをやって、中心分子は警察に引っぱられて拷問されるといった半非合法状態においこまれていった。のちには合同労組もそうした状態にあったわけです。私は昭和三年から六年まで博多にいて、九州出版印刷労働組合の活動を主としてやっていた。高口君が委員長で、私が書記長だったが、この組合も半非合法状態においこまれて、私は合法面に浮いてしまって昭和六年、再び熊本にかえって来たわけです。

上田　昭和三年の三・一五までを一つのメドとして考えていいと思うのですが、三・一五までの主な組織というと印刷労働組合と合同労組、その他にはどんな組織がありますか？　五高社研や水平社……。大正一二年ですね、熊本の水平社の結成は。

藤本　熊本でもたしか公会堂が満員になる盛会じゃなかったんですか？　水平社の旗を沢山おし立ててデモをやってますね。

＊田川宗一、人民戦線事件で検挙される。

3　三・一五以降

上田　それでは、昭和期に活動された方々の話をききたいと思いますが、本日出席の近代史研究会員の中には、皆さん方のお名前や経歴をご存知ない方がたくさんいらっしゃいますので、ごく簡単に、活動の時期や活動分野を教えていただきましょう。では田代さんからどうぞ。

田代　私は昭和六年から八年までです。

上田　教員をしておられて、いわゆる新興教育同盟や教労の運動が中心ですね。益田さんは？

益田　私は、三・一五のあと、遠山君（遠山新五郎＝上田）を中心に救援活動やカンパ運動などをして、直接運動に参加したのは、昭和七年に、無産者消費組合連盟の松橋消費組合に、二月に行って三月に不知火村の小曽部小作争議のデモで一審六ヵ月の実刑、控訴で四年の執行猶予がついて出て来て、再び消費組合を中心にして、全農全国会議派の農民組合組織活動を始め、その年八月頃、矢田という人（矢田麿志＝上田）が福佐連合会からオルグにやって来て、岡という人に会って、昭和七年の九月、日本共産党に入党したわけです。その時の私のペンネームは山路といっていました。そして昭和八年二月に検挙されました。

山口　ああ、岡さん。あとで虐殺された、本名は西田（西田信春＝上田）さんだろう。

益田　治安維持法で検挙されて二年半、これも高裁に控訴して、二年の実刑で、昭和一一年の三月だったか、皇太子の誕生か何かで仮釈放された。

永田　私は昭和六年から八年まで位だったでしょう。私はナップです。その頃、文化運動をしていましたが、P・Pでは桑原要・岐郎益夫が帝展に入選して、内藤が日展に入選した。

「文学新聞」が大分はいっていて、文化連盟の組織が熊本にも作られて、私と桑原君が中心で、学校には、五高・医専・医大・熊本中学・第一高女などに沢山活動家がいました。長野製糸にも優秀な女性の活動家がいましたね。第一高女の児玉三子、小谷あやめ、熊本市二本木の内藤とし子、細工町の本田とし子、これは本田政夫君の妹です。教員の柳田ハルヨなど、この頃には女性の活動家が多く生れていたわけです。児玉や小谷などは第一の高等科にいました、今でいえば女専ですね。昭和八年二月一七日の一斉検挙がありますね。この時、これらの人達も一緒にやられた。ただしか、小林多喜二が虐殺された頃（二月二〇日）です。私は、多喜二の号外を見てから検挙されたので覚えています。

山口　私は、五高で社研に入ったのが、昭和三年です。三・一五までは私は病気していて、病床でさかんに本を読んでいて、四月、学校に復校して三・一五のことは知っていたし、社研もあったので社研に入った。そして、四・一六で検挙されたが、この分は出版法違反でやられて、一ヵ月あまりで釈放された。出て見ると、熊本の組織は、四・一六で壊滅状態だった。四・一六以前は、今の医大のそばに合同労組の事務所もあって、常任に中島辰夫、松原三夫、藤井（東京出身）などが頑張っていて、中島が合同労組、松原が無産青年同盟の常任といった形をとっていて、草野三喜男君なども出入りしていたと思う。私は五高の学生なので、簡単に事務所に近づくことも出来ず、無産青年同盟は、永野（永野千里＝上田）という人が委員長で、青年同盟も、合労も、労農党も、ダブって活動している人が多くて、私たち学生には、工場内部のことなど判らなかったが、四・一六のあとで活動家がゴッソリもってゆかれているので私たちが再建工作に手をつけてみると全然様子が判らない。点々と工場に残っている人が少しずつ判った。そこで、私たちは「無産者新聞」をもって来てくれる人、×××で一杯の書籍――、〝マルクス主義〟〝戦旗〟などの雑誌などのルートが、少しずつ判ってきた。中心活動家がいなくなって、学生あがりの私が残った。何にも判らないままに、点在している活動家を糾合する努力を始めたわけです。これが四・一六直後の動きだったと思う。そして、だんだん再び活動家が生れて来るし、組織的に結集しだした。翌年のメーデーに至るまでに表にあらわれた闘争としては、坪井郵便局、土師末雄らが中心で、年賀配達を前に待遇改善のストライキ闘争など計画したが、ストに入れないで、一月五日に三名解雇された。東一郎と土師と内田さん、この人は一番年上で三十越していた。この人が中心で、土師と東の二人が参謀のような形で大衆を組織していたのだが……。そして私は全協組織の建設を中心に動いた。メーデーを前にして、全協からビラが送って来た。そのビラのことで一〇人程で討議をしたが、ちょうど四月から鐘紡の闘争をやっていたので、手分けして鐘紡闘争を中心にビラを撒いた。工場とか招魂祭の群衆の中にも撒いた。熊本では五月一日が招魂祭だった。ところが、党のビラではなく全協のビラだったが、帝国主義戦争反対と共に天皇制打倒のスローガンが冒頭に出ている。それで、その夜から検挙が始まって大打撃をうけた。私は東京に逃がれ、むこうで動いた。その後逮捕されて、治安維持法で二年か三年かだったが、執行猶予で、その次に熊本にかえって来たのは昭和七年の三月頃だった。表むきは家にかえって、家の手伝いをしているようなかっこうをしていたが、裏では、各組織とのつながりをつけるために動いていた。裁判所の命令で、福岡の身許保証人のところにいなけりゃならんということになっていたので、半年くらい福岡にいた。その間にも連絡はついていたが、監視がきびしくて全く動きがとれなかった。ところが、熊本にかえって、つながりがつくころ、さきほど配布された略年表の中にある昭和七年七月一三日の県下一斉検挙があった。私は、何の関係もなかったが警察に連行された。警察に行ってみると、相当沢山の人達が検挙されていた。この時、初めて私がいなくなったあとの熊本の活動と組織を育て、守って来た斉藤（齋藤貞良＝上田）、宇土（宇土信之＝上田）などの顔を見たわけです。どういうわけか知らんが、彼ら検束者たちは警察でおとなしくしていた。ところが、昼すぎてもメシを喰わせないので、どなり散らして皆にメシを配らせた事を覚えています。

上田　警察資料では三七名検挙となっていますが。

山口・永田　いやいや、逮捕されたのは、とてもそんな少ない人数じゃなかった。

山口　その頃は私は、ここに来ている永田君たちなどもまだ全然知らなかった。

益田　昭和六年に熊本で大演習があった時も大検挙があった。あの時、松山秀雄君たちがやられた。

永田　うん、あのとき、私もやられた。

藤本　うん、私もあのときはブチコマれたな。

山口　その七月大検挙で、斉藤・宇土などの中心人物が表に浮き上がって動きがとれなくなった。顔は知られているし、監視がきびしい。表むきおとなしくしている。そこで、いつの間にか、私が熊本の核になって動くようになり、そうして数ヵ月後には共産党とのつながりが出来たわけです。そして各工場や職場の……この資料にくわしく載っていますねえ。ところが、九州地方の名簿を中央に上げろといって来たので、上げた翌々日に一〇月の熱海会議があって中央の検挙があった。そうした情報があって、私にも危険だモグレという緊急連絡があったわけです。しかし、熊本を見る者がいないので、熊本市内にもぐることにした。ところが、当時、私は熊本市内では動きがとれない、市内もタクシーで廻らないと外にも出られないという状態だったので九州地方委員会と相談をして、誰か直接熊本を見る責任者をよこしてくれ、私はほかの地方で動くということになって矢田が来たわけです。

上田　矢田磨志ですネ。

山口　そうです、彼に熊本の組織を譲り渡していったのですが、その間いろいろゴタゴタしたことがあって、とうとう私は熊本から動かれないまま、翌八年の大検挙を迎えるわけです。検挙も、最後の最後まで私は残って三月に入って、熊本を脱出する直前にやられました。矢田が二月二五、六日ごろやられています。その間、非常に短い期間ですが、私は熊本で働いていたわけです。そして刑務所から帰って来たのが、昭和一三年の秋か暮ごろでした。日中戦争がおきていまして、思想犯保護観察所時代が来ている訳です。そして、昭和一六年の太平洋戦争に突入してゆくわけです。

上田　高光さんはいつごろになりますか。

高光　私は東京から熊本に帰ったのは昭和九年でしたので、消費組合は合法面に残っていて、松山秀雄君たちが残っていた東京では私は日消連の本部で働いていたのですが、翌年に松山君らと一緒にやられた。

犬童　昭和九年二月に検挙事件がおきているようですが？

上田　熊本県史年表の昭和九年二月一七日の検挙というのは、間違っていますね。「九州新聞」の記事にもとづいているのですが、例の県史年表編集ミスで、一年ずれています。ついでですが、県史年表のミスは執筆者ではなく、全く事務当局の失態です。昭和八年のことですね。

上田　特高資料にもとづいておたずねしますが、熊本の特高資料では矢田磨志は党員、オルグとあり、警保局資料では当時の九州地方のキャップ、坂田某、そして矢田・志村・山県・富安と出ておりますが、間違いありませんでしょうか。

山口　これはおそらく間違いないと思います。

上田　次にまいります、益田丈志さん、党員、昨年一〇月頃、福岡市において党本部員より入党勧告さるとあります。（そのとおりだの声）つぎに斉藤貞良、本年二月一〇日頃、矢田のすすめにより入党。（——それはどうかなあの声）

山口　そこをはっきりしたいためにあえて当時のことを申しますが、熊本地方のために矢田が来た形になっていますが、さきほど申しましたように、私が九州地方にたのんで、矢田に来てもらい、私はよそに行くことにして、矢田に引継いだのですが、実は矢田に職場の人たちを引きついでゆく間に、これは何と申したらよいか、矢田の性格とでもいいますか、矢田に引きつぐとその職場の人たちが、動かないわけです。それで、矢田が、再三、もう一度私に来て話してくれといった形で、そうしたことで私は熊本からはなれることが出来ずに検挙がおこなわれるまで、ずっと熊本にいた結果になるわけですが、この間に、矢田が責任者の後任として来ていますので、こういう人を党員候補としてどうだろうかという処までは相談してあったわけなんですが、その会議には、たしか矢田を含めて七、八名くらいじゃなかったかと思います。私はこの会議に列席する性質のものではなかったので出席していませんが、この会議の席上で入党勧告をしたのじゃないかと思うのですが、正式入党と確認まではいってないと思います。

上田　会議の席上で勧告するというのもおかしいと思いますが、では、全員の名前を挙げてみましょう。斉藤貞良＝昭和八年二月一日頃、矢田のすすめにより入党、桑原頼喜＝同じく党員、山口隆喜＝昭和七年一〇月二〇日頃、オルグ今井のすすめにより入党、亀丸鷹徳＝本年一月中旬入党、笠井静夫＝本年一月中旬、矢田のすすめにより入党、山犬清蔵＝同じ、大石武雄＝この人は中央の資金局関係ですね。福田光雄＝党員、西山弘治＝党員、これだけが共産党員としてあげてあります。

益田　これはね、私が農民関係の責任者だったが福田光雄、西山弘治を党員として推薦してくれんかと矢田がいってたが、いや福田、西山は党員にするのはまだ早いだろうといっていた頃なんですが、それはまあ矢田の報告なり供述なりがそうなっているかも判りません。

山口　実はここの所はもっとはっきりさせたい処だ。農民関係の方は私は知らないが、今聞いた人達のことについて矢田と相談はしたが、具体的な確認はしていません。これは今いうとどうも……。実はどうもはっきりしないわけですけど、昭和八年二月二五日頃、矢田がやられて、私は脱出するつもりだったのが、三月に入ってとっ捕って北署の留置場に入ったわけなんです。監房は別なんです。その中で、いろんな人達から矢田は、おかしいんじゃないかという話が出て来たわけなんです。それで、まあそんな事はなかろうと思いながら一沫の不安はもっていた訳なんです。その後、皆、起訴されて身柄を京町拘置所に移されたあとの事を考えるとですなあ、私のその時の感じでは、皆あれほど治安維持法でやられるとは実は想像していなかった。

上田　桑原二月一八日、山口三月一日、福田、西山二月一八日の検挙になっていますね。

益田　私は二月一一日じゃないですか？

上田　特高資料では二月一四日と書いてあります。

山口　日時が、ずれた理由は、九州地方関係が二月一一日、一斉検挙なんです。各県二月一一日に始まっているんですが、熊本の場合は、バラバラになっています。それは、私と矢田が、全然所在がつかめなくて、警察は一斉検挙を一週間待った訳です。それで、その間に目ぼしいところは検挙しておかないといかんというところでやったんですよ。

益田　笠井君たちはいつですか？

上田　笠井さんは二月一七日、永田日出夫さんは三月一日になっていますね。

永田　ああ、そうですか。

益田　熊本では、私が一番にやられた。実は、私は福佐連合会に出席して帰ったとき、張り込まれていたんです。

山口　私たちは、二月一一日に始まったのは知っていたんです。それで体制整備の準備をしていたんですが、敵の方が一七日にやり始めた。ところが、矢田と私はつかまらなかったということで警察は慌てたんです。亀丸君は検挙者の中に入っていませんか？

上田　いっています。二月一七日に逮捕されています。昭和八年一月中旬入党となっています。

山口　そこらがね、私は疑問に思っているんです。本人に確かめるのが一番いいわけですが、集まりがあったのは私は知っているんです。とにかく、その集まりが入党の集まりだったのか？　ぼーっとぼんやりした集まりではなかったのかという疑問をもっているわけです。

だから、熊本でそういう人達が、治安維持法違反で起訴されることに大きな疑問があった。その後の矢田の動きに怪しいものを感じるものですから……。現在、矢田は大分で民社党に入っている訳なんですが、戦時中も会ったことがあるし……。ちょっと、そこのところが、おかしいんじゃなかろうかと思っています。

4　五高の全協学生支持団の検挙

上田　昭和八年検挙では五高の方は、井上清一が中心になっているようですね。

山口　五高の全協学生支持団の検挙は、時間的にはおくれてやられた。夏か秋ごろだったと思う。井上は、全協の方の資金局長のような仕事が主で、学校の方は停学で行っていなかった。それで学生組織は別にあって、五高の例のストライキにはあまりタッチしていないんです。五高内には、田中というのがいて、この人が中心です。井上は資金関係なので、学生組織とは別に、資金関係で我々と一緒にやられた。これは余談ですが、熊本市民税かなにか、市でも指おりの——たしか五番目か四番目とかの高額納税者の家で、家業は万町の株屋の子供だった。

田代　お母さんが、婦人会の会長だった。

山口　本当かどうか判らぬが、検事と特高課長か何かを買収して二晩で出られた（笑）。このときの約束が、今度は問題にしない、そのかわりドイツに留学させるという約束だった。ところが、数ヵ月後、西、九大の平田、五高の真崎などやられた。しかし、井上は、まだ熊本にいたので、差入れなどしていた。これは私は京町で学生からきいた。翌年の始めごろ、ドイツに行ったらしい。

上田　熊本労働組合同盟というのがありますが、革反というのはどの程度の組織ですか？　斉藤、田辺、本田などの名がありますが、熊井というペンネームで、山口さんが責任者ですねえ。

山口　はあ、そうですか？（笑）
上田　全農全会派は、八代、松橋、高瀬地区。コップ関係は、熊本地区協議会で、熊本市、高瀬地区、松橋地区。コップの責任者は黒木こと桑原要、村井こと永田日出夫の二人がオルグとなっていますね。消費組合は中山常次郎。この人だけが、未検挙となっていますね。
益田　それはね、結核が重くて倒れていて、熊本消組を作った人だが、当時は郷里の松橋で療養していた。検挙のときは熊本にいたが、検挙にむかった警官も、結核で倒れている中山には手をやいて、すぐ釈放したわけです。

5　新興教育同盟と無産者消費組合

上田　この事件とは別件で、昭和八年には、新興教育同盟の古賀勇さんが一一月二日にやられたのが皮切りで検挙されていますね。二四日に田代夫妻、吉井のぶさん、田北一郎、高野武男が一斉にやられ、翌日からその組織下の人たちが検挙されているように記録は残っていますが、まだ準備会のようですね。阿蘇地区と菊池地区ですね。
この新興教育同盟の組織には、醤油の行商、竹細工、農業、時計の修繕業とかいった方々が参加しておられますが、こういう方々はどういう形で参加してこられたのですか。
田代　サークルです。農村サークル、青年サークル、それらが一斉にやられました。
上田　そうした人達が八名検挙されていますね。同盟の活動といったらどんなことが主なものだったでしょうか。
田代　創立当時は、大体職場が活動舞台で、教壇を通して教科書を利用した運動ですが、昭和八年、コップ加盟後は、農村、労働者街にサークルを組織していったのですが、これが運動形態として確認されて来たのは、後期になります。初期にも弾圧が激しく、職場ではにらまれて、父兄の方に働きかけ、満州事変が始まると戦争反対に結びついてゆく。熊本の場合、長野地方などとちがって、昭和六年頃から発足したが、情勢は必迫していて、郡の教員大会などでも、よほど巧妙にやらないと、我々の線が、持ちこめなかった。教員を組織しても、私たちと交際があるということが分るとすぐ校長が、だきこんでしまう。満願寺の青年には、反戦劇の上演を指導したり、機関紙の配布などを通じて啓蒙活動をしていった。

益田　この頃の無産者消費組合運動ですが、組合長は伊佐さん（伊佐多喜夫＝上田）で、書記長が亀丸君、その下に松山君などが常任書記をしていた。事務所は今の薬学部の校門のそばで、今は熊日の販売店になっている。

三浦姫子さんが入院していて、私は彼女に自分の血を輸血して、福佐連合会の会合に出かけた。帰途、あそこに立ち寄ろうとすると小早川という特高が捕えに来たので、いや俺は輸血に来たんだというのでうまく逮捕をまぬがれたことがある。

上田　無産者消費組合についても少し。

益田　熊本で無産者消費組合運動を組織したのは中山常次郎です。中山の家が、松橋の天草屋という干物問屋だった。中山は県立熊本商業の生徒のとき、すでに郡築小作争議の応援に出かけたりしていた。その後、東京に行って、関消連の講習第一期生として卒業してかえって来た。始めは、熊本市で組織する活動を始めたが、なかなかうまく労働者を組織できずに、まず第一に郷里の松橋の町民、不知火村の農民などを宮本徳エ門とか床屋をしていた佐久間武とか塚本さん、畳屋の吉川さん達を中心に、松橋消費組合を昭和七年二月に、六月に熊本市に消費組合を組織した。そのころの常任活動家たちは、メシが喰えないので、皆、消費組合にメシを喰いに集ってきていた。

山口　それもあるが、消費組合だけが、合法的組織になっていて、ここに出ている人達は合法的存在として公然たる活動に従っていた。他の組織は、もう非合法、半非合法状態だった。だから、他のところに連絡が出来なくても、消費組合に頼んでおけば、何とか連絡か着く。そうした意味の合法的センターとしての役割も大きかったと思う。私の家も、私が福岡からかえって来たときは消組の組合員だったようだ。松山秀雄君が配達に来ていた。

永田　松山、松橋の三浦偵治、三浦姫ちゃんなどがいた。あのころは、交通局のそばにあって、のちに薬専のそばに移った。それから、医大の裏に移った。

田代　この年表の中に、人民戦線事件が、昭和一一年にのっていますねえ。四三名ですか、松原三男はこの人民戦線事件でもやられていますか。

山口　はいっている。

田代　さきほど、上田さんが名簿を発表されましたが、田辺富夫の名前は入っていますか。

益田・山口　うん、田辺富夫は大事だ。

山口　失業者の組織（失業者互助会＝上田）は古賀静夫、田辺喬となっているが、古賀静夫が表側の委員長で、実際は、田辺富夫が裏から指導していて、責任者だった。ちょうど、昭和八年二月一七日、長野製糸がストに突入する予定で、朝早く、田辺富夫ら七人に工場にビラを持ちこませた。中の女工さんたちの組織が、これに呼応して、朝の食堂で演説を始めた。そこに警察が踏みこんで、外部から入った七人のうち六人は逮捕された。田辺はうまく逃れて、大分にとんだが、一〇日ごろ検挙された。

上田　研究会員の方々も質問がありましたらどうぞ。

犬童　田代さんにうかがいますが、新興教育同盟、全協一般使用人組合教育労働組合熊本支部ですか、これらの機関誌の〝バット〟〝夜明け〟、そのあとは〝K・S・K〟ですか。

田代　〝バット〟が敵に発見されたので〝夜明け〟を出した訳です。

犬童　現物は今もお持ちですか。

田代　いや、今はありませんね。

水野　雑誌ですか、新聞ですか。

田代　雑誌です。発行部数は五〇部くらいだったにすぎません。

上田　〝K・S・K〟というのもお出しになったんじゃありませんか。

田代　新興教育同盟の支部で出したと思います。サークルでは出しませんでした。

水野　〝バット〟は何号くらい続いたんですか。

田代　そうですね、二号か三号くらいだったんじゃなかったでしょうか。〝K・S・K〟は支部準備会機関誌でした。

上田　新興教育同盟の全国大会にはどなたが出席されましたか。同盟の熊本の組織図、構成メンバーなどは、後日、プリントして配布したいと思います。

田代　コップに解組した時、田北一郎君に参加してもらいました。新興教育同盟のことで、ここで一つ知っておいていただきたいことは、私は熊本師範の第九回卒。第二師範ですが、大正一四年卒業です。第一師範卒業者の中からは生れていません。第二師範で、しかも私の学年ですよ。中央で、勤労者教育協会常任理事をしている林田茂雄、先ほどから何回も名前の出ました松原三夫。これと同学年、同クラスでした。林田氏は、大変頭のいい、早稲児でした。この林田や私達より先に、松原三夫が熊本の労働運動に飛びこんで、林田は松原からからかわれたりした時代もありました。これは退校されました。何かの事件で、林田もストライキを計画してやられた。私一人が優等生のようなかっこうで師範学校を卒業して、一番オク手だったわけで、一番おそく実践運動に入りました。私が直接つながったのは、林田や松原ではなくて、も一人同学年、同クラスの岩城という人です。あとで校長をしたでしょう。

山口　ああ、岩城義親が兄で、輝明が弟だ。

田代　そうだ。輝明と私は近かった。彼の影響を受けた。その岩城は、林田の影響を受けたというわけです。

一同　ほおう！

山口　私はね、昭和五年、東京に出た。この時は、岩城輝明の下宿に転がりこんだ。この六畳の下宿に――といっても間借りだったが――林田がいた。私と傾向が同じなんですねえ。林田は、表向きは、印刷屋の仕事か何かしていた。岩城はまだ小学校の教員をしていましたがね。ちょうど、赤旗がプリントから活版になった。そのころの赤旗の地下印刷局の責任者が、千賀史郎さんで、林田もそこの重要な仕事を担当していたわけです。

上田　熊本市古城堀端町の千賀さんと鏡出身の林田茂雄さんですね。話が変りますが、昭和初期の「九州日日新聞」、「九州新聞」を調べていましたら、六師団の兵士に、不穏分子が、ビラを撒いたという事件が載っていましたが、こうした闘争はどういう組織がやったのかご存知ありませんか？

山口　それは、あるいは、五高の社研じゃないかな？　当時の五高社研の中心課題の一つは、軍事教練反対だったと思うが。

藤本　大正末期から昭和初期だと、小樽高商事件がありますね。あのころは、私たちは、五高にビラを撒きに行った。学生がビラを撒くのは危険なので、私たちが、校内で撒いた。

上田　この場合は、新規入営する軍隊に直接、ビラを撒いています。上益城の甲佐郵便局では、反軍反戦ビラが大量に発見されるという事件もありますね。これは、小包が発見されている。

藤本　軍隊でおきた事件では、渡鹿の一三連隊で、本宮次郎が、他の二、三の兵士と共に、上官抗命罪で懲役一年八ヵ月になった事件があります。そうした事件は記憶にあります。

谷川　昭和七年に六師団の入営者に対してビラを撒いた事件があります。

上田　新聞記事ですね。

永田　昭和七年というと、私、宇土、桑原などが熊本で動いていた。その記憶はないから、われわれの組織で取り上げた闘争ではないのじゃないかなあ。

上田　それでは、大部時間がたちましたので、お疲れでしょう。文化運動、農民運動、労働者のたたかい、女性のたたかい、人民戦線運動など、まだまだ沢山おうかがいしたいことがありますが、ここらで少し休憩をしたいと思います。（未完）

（文責・上田）

——一九七三年一一月一〇日・熊本県立図書館

昭和七年の「七・一三」および昭和八年の「二・一七」の大弾圧について

昭和七年七月一三日および昭和八年二月一七日の、熊本地方の組織に壊滅的打撃を与えた大弾圧に関する若干の未発表資料が、私の手元にある。その中からいくらかを紹介したい。この中から、さらに旧友会員の方々の記憶を新たに呼びおこし、誤りを正し、より詳しく正確な調査研究の前進にご協力をお願いしたい。

(1) 昭和七年七月一三日から一八日に至る検挙事件（治安維持法違反）

このときの検挙の目的は、日本共産党と「赤旗」、「第二無新」配布組織、農民闘争と「農民新聞」配布組織、出版、一般使用人、繊維、通信、交通、電気、食料など全協傘下の各労働組合運動、文化連盟熊本支部、無産者消費組合など県下一円にわたる諸運動の全面的破壊を目指したものであった。したがって地域は、熊本市とその周辺および八代・松橋方面に及んだ。

なお、前年一一月の陸軍特別大演習に際しておこなわれた予備検挙による取調べの中で警察当局は県下組織活動の端緒をつかんだといわれている。

被検挙者は四〇人（従来、三七人としてきたが、追加検挙者が判明したので、ここで訂正したい）、平均年齢は、二一・

七歳（数え年）である。

被検挙取調者は別表(1)の通り。

（1）昭和7年7月の治安維持法違反被検挙、取調べ人名一覧

氏　名	年齢	逮　捕	釈放・送検	住　所	備　考
宇土(柴田)信之	24	S7. 7. 13	S7. 10. 3送検	熊本市大江町大江440	「赤旗キャップ」一般使用人キャップ
工藤義勝	21	〃	〃　〃	〃　〃	理髪業　出版労働キャップ
斉藤(相川)貞良	22	〃	S7. 10. 21〃	〃　出水町国府　杉本テル方	繊維　通信キャップ
松延ユキ	20	〃	S7. 10. 31〃	〃　本庄町43	熊本医大事務員
山口隆喜	25	〃	S7. 7. 23釈放	〃　大江町532	セメント瓦製造
西山新次郎	28	〃	〃　〃	〃　出水町今644	街頭キャップ
中山常次郎	22	〃	7. 14〃	〃　大江町九品寺　熊本消組内	消組キャップ　熊消常任書記
三浦ヒメ	19	〃	7. 15〃	〃　〃	
七山ミサオ	24	〃	7. 21〃	〃　〃	
古閑静雄	23	〃	即日〃	〃　〃	
喜津木露	21	〃	〃　〃	〃　〃	
亀丸鷹徳	30	〃	8. 5〃	〃　〃	
柏木富子	17	〃	7. 16〃	〃　新南千反畑町30　竹川スガ方	熊本医大附属病院給仕「赤旗」アド
柳田ハルエ	19	〃	8. 15〃	球磨郡渡村　中園小学校	小学教員
田中ミエ	19	〃	7. 18〃	飽託郡日吉村大字世安	紡績女工
古閑ツヤ	23	〃	〃	〃　〃	〃
加来(佐藤)正明	20	〃	10. 5〃	熊本市二本木町364	「赤旗」アド
河上重雄	21	〃	7. 19〃	〃　〃	仲仕「赤旗」第2ルート　キャップ
西直	21	〃	7. 18〃	〃　細工町3丁目33	

氏名	年齢	逮捕	釈放・送検	住所	備考
清藤シズエ	20	〃	S7. 7. 22釈放	熊本市東寺原町104	
大阪隆一	19	〃	即日〃	〃 〃	熊本中学学生
高浜親義	19	S7. 7. 15	7. 23〃	〃 〃	
池辺 績	20	7. 15	8. 12〃	〃 〃	熊本医大事務員　赤旗読者
戸田弥一郎	19	7. 13	7. 23〃	〃 仲間町72	
林(山本)(三木)博	27	7. 18	7. 22〃	〃 春竹町1067	
桑原頼基	26	7. 13	8. 18〃	八代郡高田村豊原3298	全協　第二無新八代地域キャップ
福田光雄	23	〃	〃 〃	〃 〃 ？	日傭　農民闘争　農民新聞キャップ
前田義(良)雄	23	〃	〃 〃	〃 〃	菓子製造 第二無新(のち)工場工作キャップ
桑原頼基	24	〃	即日〃	〃 〃	樺太工業工作
浜田義光	20	〃	〃 〃	〃 〃	農業
小林豊作	22	〃	〃 〃	〃 〃	〃
山下満男	19	〃	〃 〃	〃 〃 3231	〃　農民闘争レポアド
高瀬義次	28	〃	〃 〃	〃 〃 2808	〃
荒木 亭	24	〃	〃 〃	〃 八代町字石原	
益田丈志	24	〃	7. 14〃	宇土郡不知火村大字塚原	全農全会派熊本県評議会準備会
池田光雄	27	〃	〃 〃	〃 大字高良 消組事務所	消組常任書記
平川キミ	19	〃	即日〃	〃 〃	
西山弘治	23	〃	7. 14〃	下益城郡松橋町字港町113	
川崎三蔵	27	〃	即日〃	〃 〃 537	
松坂一喜	23	〃	〃 〃	〃 豊野村	消組常任書記

(2)「二・一七」＝昭和八年二月一七日に始まる大検挙事件

昭和七年の弾圧にもかかわらず組織活動はさらに前進したので、この大検挙は二月一七日早暁、熊本市大江町・長野製糸の闘争に対する弾圧から始まった。総指揮官＝小山警察部長、副指揮官＝松元県特高課長を中心として、熊本南・北、川尻、高瀬、松橋、八代の各警察署を動員した大掛りなもので、全九州的な弾圧の一翼として行なわれたが、県下の被検挙者一四〇余人（うち女性五〇余人）、同年七月一一日までの検事局送致二九人（うち一四人は女性）＝その後増加しているが不明、起訴一三人（うち一名病死＝斉藤貞良）、起訴猶予および留保二一人であった。

起訴された人名は別表(2)の通りで、その他の送検者のうち判明している人名は別表(3)の通りである。

これらの表のほか、被検挙者に、☆末永武次郎＝第一銀行熊本支店書記補、日本共産党熊本地区ビュロー・レポーター　☆野田均＝シンパ、熊本市役所？　☆本田トシ子・横尾アヤ子＝全協学生支持団第一高女班　☆松下愛交・荒木新＝全協・交通・熊本市電準備会　☆瀬戸口文雄・川田寿八＝全協・食料・専売局分会　☆永田ヒデ子＝全協・繊維・鐘紡準備会　☆宮崎久代・宮川勝子＝全協・通信・京町局分会　☆田辺喬・本田喬＝革反・熊本労働組合同盟　☆鶴田又雄・松坂一喜＝全農全会派、松橋地区・日消連松橋消組　☆今村武＝全農全会派八代地区　☆市原秀子・米野ミツ＝熊本市営バス　☆生森晃＝熊電弓削開閉所　☆七谷伝三郎＝熊電島原出張所　☆徳永維一郎・大西孝・高橋不破之・高浦某・西某＝全農全会派・玉名地区・コップ熊本地協高瀬地方　☆永松勇吉・岐部万寿雄・七山ミサオ＝コップ熊本市　☆坂本孝＝コップ高瀬地方　☆池田光雄・喜津木露・大黒ツタエ＝コップ松橋地方・日消連・松橋消組　☆松山秀雄・東一郎＝日消連・熊本消組などがいる。

（注、このリストは判明している全員を網羅したものではない）

×　　×　　×

別表（2） “2・17”関係被起訴者人名一覧

氏名	ペンネーム	年齢	逮捕月日	所属	住所	備考
矢田磨志	藤田・梅村	27	S8. 2. 25	党オルグ　全農	熊本市花畑町街路上で逮捕	九州地方委
益田丈志	山路	25	2. 14	党オルグ　全農全会派	宇土郡不知火村松橋消組で逮捕	熊本地区ビュロー 全農全会県評議会
山口隆喜	熊井・村田	26	3. 1	〃　全協熊本地協	熊本市池田町で逮捕	熊本地区ビュロー
斉藤貞良	吉井	24	2. 17	党員　全協　熊本地協		熊本労働組合同盟・革反 S8. 2. 10頃入党
亀丸鷹徳	亀公	31	〃	党員　全協　消組		交通・市電準備会　S8. 1中旬入党
笠井静雄	福本	25	〃	党員　全協　交通	熊本市古城町	川尻電車分会　〃
山犬清蔵	一木	30	〃	〃　〃	〃　八島町	〃　〃
桑原政義		27	2. 18	全農全会派熊本県評	八代郡高田村大字豊原	八代地区
大石武雄		30	2. 18	共産党家屋資金局関係	熊本市出水町国府1739	勧銀熊本支店勤務
宇土信之	柴田	25	3. 1	全協　熊本地協	飽託郡広畑村保田窪で逮捕	食糧・専売局担当
木原キヨ	相馬	35	2. 17	〃　電気	熊本市京町で街頭連絡中	電気　熊電分会　尚絅卒
西山弘治		24	2. 18	消組　全農全会派	八代郡金剛村敷川内の消組で	
田辺富雄		25	？	党員　？	熊本市花園町	石工

（注）⑴ 田辺富雄は、昭和8年7月11日現在の検事局送致者名の中には見当たらないが、その後の起訴者関係の資料では、日本共産党員として扱われている。

⑵ 地下活動の中で住所の一定しない人は、逮捕された場所を記載した。不明の者は空欄とした。

別表（3）　起訴者以外で検事局に送致された人名一覧

氏　　名	ペンネーム	年齢	逮捕月日	送検事由	住　　所	備　　考
福田光雄	東	25	S8. 2. 18	日本共産党員	八代郡高田村豊原4	竹細工　全農全会派　八代地区
木村ナミエ	吉田・竹下	27	3. 2	目的遂行	？	全協　繊維オルグ　元看護婦
児玉三子	今井・下村	21	2. 20	〃	熊本市黒髪町238	全協学生支持団
村上マツエ		20	2. 17	〃	〃　大江町278	全協　繊維　長野製糸分会
橋本フジエ		24	2. 21	〃	〃　出水町国府	〃　〃
浜村シズエ	鈴木	21	2. 17	〃	〃　本庄中通り164	〃　〃
山崎日魯司		29	〃	〃	宇土郡不知火町小曽部	全農　全会派　不知火農民組合
桑原　要	黒木	23	2. 17	〃	熊本市大江町九品寺	コップ熊本地区協議会キャップ
永田日出男	村井	21	3. 1	〃	〃　二本木町宮寺 （逮捕時　広畑村保田窪）	コップ関係
宮川国子		22	2. 17	〃	〃　大江町九品寺680	全協　電気　熊電分会
木村依子		22	2. 17	〃	〃　本庄町御船口623	〃　〃
古閑マツエ	菊川	21	2. 17	〃	黒髪町坪井	全協　一般使用人　千徳分会キャップ
岡本静枝		22	3. 18	〃	〃　春日町北岡神社前	〃　〃　〃
福島ヤス		22	2. 19	〃	〃　本庄町509	シンパ　第一高女卒
吉本美代子		24	2. 25	〃	〃　魚屋町1丁目16	シンパ　第一高女　福岡女専卒
小谷アヤメ	峰	21	2. 17	〃	〃　本庄町268	全協学生支持団第一高女班
内藤トシ子		19	2. 17	不敬罪	〃　二本木町156	〃　〃

（注）　現在判明している検事局被送致者のみだが、ほぼ実数に近いと考えられる。

先日、熊本旧友会のある会員の方が、「私は過去を美化しようとは思わない。今さら自己の過去をキレイごとで飾ることは歴史の真実をねじまげることになる」と真摯な面持で語ったその言葉は、ずっしりと重みを持っていた。

昭和八年二月といえば、熊本の第六師団が歓呼の声に送られて満洲に出兵した（昭和七年一二月）直後であり、「二・一七」で逮捕された人々が獄中にあるときは、佐野・鍋山の転向声明が天皇制司法官僚の治安維持法を背景とする、強迫と懐柔の手段としてだけでなく全支配階級にフルに利用された時代であった。

「二・一七」に関連した当時の地元新聞記事を、原文のまま紹介して検討の資料として提供することで、今回の私のつたない一文をおわりたい。

△　△　△

矢田磨志

党オルグとして熊本地方における最高の指導者であるだけに、その実践を通じて獲得した理論の鋭さは流石に駈け出し党員の及ぶべくもないものがあるが、一年有余の鉄窓生活にひたすら親しんだ仏書の深奥なる教理は彼の本然の心を動かしたらしくマルクス主義の根本理論たる『唯物論的世界観を浅薄なりとして仏理の深奥なる教理を讃え、自己の辿った過去に対して「誤てり！」』と告白している。しかして彼は民族・皇室の問題にも論をすすめ大和民族を目してアジアの盟主となし将来の世界文明を背負うべき使命を有するものと断定し、その長となるものが我が皇室なりと、一々理論根拠を示しつつ整理ある論を進めている。そして『今まで関係のあった人々とは絶対に関係を絶っている』と赤裸々なる心境を披歴しているが、これを目して一時のがれの出鱈目転向と称するは少し酷で、あれだけの不抜なイデオロギーからここまで来るには局外者に計り知れざる内的苦悶の結果で、まかり違えば彼等の転向が死であることを想えば、彼等の真摯な態度の一端が窺われると思う。

△　△　△

山口隆喜

五高二年中途退学の経歴は山口の理論的深さの一端を裏書きするもので、その後の実践闘争は彼の理論に一段の鋭さを加え佐野一派の転向に対しても『佐野が転向したからとて主義に変わりはない、佐野は佐野、俺達は俺達だ』と未だ意気昂然と転向を嘲笑している。しかして……。

△　△　△

取調べの松元特高課長に言わしむると、『熊本の渡政』だと言われるだけに、その実践によって鍛えたイデオロギーは容易に転向すべくもあるまいとのことである。

付　記

参考にした主な資料は、「九州日日新聞」、「特高秘三〇一一号、一四六三九号」など熊本県特高資料、「九州新聞」、『社会運動の情況』＝内務省警保局、「特高月報」＝内務省警保局、『熊本昭和史年表』＝熊本日日新聞社、『熊本における戦前の社会運動(1)(2)』、『熊本県史』別巻第一・年表、など。

松原三夫氏についてのメモ

最近では、ゼロックスやフィルム複写など便利で手軽な方法が普及して、安易にコピーをとってはファイルして分類保存する方法にすっかり親しんでしまった。一字一字、原文に忠実に誤写しないよう注意しながら筆写したひと昔前の能率の上がらない作業を続けた日々が、今では懐しく想い出される。

編集者から、松原三夫氏の特集を出すので「何か書け」と連絡を受けたとき、松原氏と同時代の方々がこの旧友会の中心だから多くの文章が寄せられるだろうとは思ったが、私のつたない調査も何かの役に立てばと思って、気軽に引受けたとき、私は、松原氏に関する一連のファイルの存在を意識していた。

そのコピーと写真のファイルが今もって私の手元に届かないのである。さる研究者にお貸ししたのは、昨年末であった。原稿締切が迫った今、私は手元の資料カードで何とか原稿を書いて責任を果たしたいと抽出してみたものの、コピー資料に依存している部分があまりにも多くてどうにもならないのである。

× × ×

松原三夫氏は昭和四年の「四・一六」で中島辰夫・木俣豊次氏らと共に起訴され、昭和五年二月四日、熊本地裁で懲役二年六月、同年三月一〇日、長崎控訴院で懲役二年四月、執行猶予で釈放されたあと、大阪で第二無産者新聞支局長、同年一〇月、大阪方面で全協の組織活動中、曽根崎署に検挙され、帰熊釈放後は草場町で自転車修理業を営み生計をたてていたが、全協の組織活動など不屈のたたかいを続けていた。

県警察部特高課は、県下一円で挙行された陸軍特別大演習の天皇来県を前に昭和六年一〇月末から一一月一日にかけて県下で一〇〇人を越す予備検挙を行なった。この予備検挙で、中山常次郎、松山秀雄、亀丸鷹徳、永田日出夫など多くの活動家を逮捕投獄した。

全協熊本支部準備会責任者の松原三夫は、熊本自由労働組合準備会事務所で逮捕され、治安維持法違反で起訴、懲役二年（実質在獄五年）の実刑で下獄した。このときの検挙では、全協熊本支部準備会の活動を中心に、八木デパートの柏原、印刷の田尻、逓信局の斉藤氏や七山氏らとの関係が追及され、特に「婦人研究会」「日労」「全協」との連絡など全協の活動に中心をおいて追及された模様である。

したがって、この予備検挙者の取調べから得た情報を手がかりとした昭和七年七月一三日にはじまる労働運動、消費組合など県下の全組織に加えられた大検挙時（宇土信之、斉藤貞良ら四〇人、含婦人九、熊中生一）には、松原は在獄していて検挙者人名中にははいっていない。彼の在獄中、熊本地方の組織活動はさらに強化され、昭和八年二月一七日にはじまる一四〇余人の検挙者をだした「二・一七」の大弾圧が加えられた。

昭和一一年三月二一日、出獄してからは、松原は転向を表明して、数回にわたり熊本検事局の思想検事・増田昇平や県特高課長の池課長、松村警部などを訪ねている。転向者の職業補導や思想善導を目的とする〝転向者善導救援会〟の組織を計画し、転向者座談会の開催について協力や後援を求めている。昭和一一年五月一八日の県特高課・検事局訪問には工藤勝行も同行したりしているが、同年一二月五日には、当時「再建熊本共産党事件」とよばれた人民戦線運動グループ四三人と共に検挙され、工藤勝行、松山秀雄、大田吉雄と松原の四人が起訴された。

工藤勝行……東寺原町九六、当時三二歳（数え年、以下同）。荒木精之氏らによって創刊された文芸雑誌『地方派』のメンバーにも働きかけていたとされる。

松山秀雄…社会大衆党熊本支部の村下、吉畑某らの青年に工作。

大田吉雄…細工町五丁目二二。エスペランチスト。無産者消費組合運動の再建工作のほか人吉の国鉄機関区グループとの連絡もあったとされている。

松原三夫は、当時、新屋敷町四四三に住み、三四歳。

昭和一三年六月二二日、予審終結、同年一〇月、公判が開始された。

（松山秀雄は分離公判）

一〇月七日の公判は、傍聴禁止のまま開廷されたが、松原は、この日の陳述では「現在は国家社会主義を信奉している」と自己の立場を表明したといわれている。

なお、人民戦線運動では、昭和一四年九月一二日および一九日に宮崎巌（伊東三郎）＝熊本市新屋敷町、市原梅喜＝宇土郡宇土町（現宇土市）、加藤孝一＝熊本市新屋敷町のプロレタリア・エスペラント運動関係者が検挙され、昭和一五年四月八日、宮崎・加藤は起訴猶予となり、市原が治安維持法違反で起訴された。

×　　×　　×

その他の若干の松原三夫氏に関する資料カードが手元にあるが、ファイルがないため、彼の実際の活動内容と当時の当地方の諸情勢に触れることができない。他日を期したい。（すべて敬称を略した）

藤本豊喜の遺稿について

―「忘れ得ぬ人々」―

故・藤本豊喜氏（旧姓・磨井（うすい））は一九〇一（明治三四）年一〇月三日、熊本市新屋敷町一七〇番地に生まれた。父・宇八、母・セキの次男。一九七七（昭和五二）年五月八日没。七六年の生涯を終えた。

筆者が藤本豊喜氏と最後にお会いしたのは亡くなるちょうど三年前の一九七四年一一月一日であった。静養中の氏を見舞い方々、ノートとテープレコーダーを持って熊本市大江町渡鹿の自宅を訪ねた。主として大正・昭和前期の労働運動、社会運動を中心に取材する目的だった。

この日、藤本氏の生涯についての話を聞くことができノートし、合計一二〇分のテープにおさめた。その際、社会運動史の研究の参考にと氏の手記原稿をいただいた。一つは「覚書」で一九一二（大正一二）年以前、後は一九二七（昭和二）年まで年ごとにメモ風に書かれた手記である。つぎに熊本解放運動旧友会誌の『あの頃、このごろ』の原稿用に書かれたと思われる「闘いつゞけて五十余年」（注＝執筆は七八歳）、「私の五十余年の生きがい」、「解放運動犠牲者顕彰碑の建立を提唱する」、および今回紹介する「忘れ得ぬ人々」である。藤本豊喜氏は旧友会結成の提唱者の一人でもあったが、旧友会誌には掲載されていない。どうも、これらの原稿は会誌編集者の手元までは届けられず仕舞いであった様である。熊本旧友会誌『あの頃、このごろ』第二号（一九七五年一月）の「旧友消息」に藤本豊喜氏は

「昨年来の体調不良のため、業者・組合・民商等の役員を辞して、ひたすら調整につとめていますものの意に任せず、社会的活動の道を自らに閉ざししてしまい、一抹の寂寥を覚えます。＝中略＝日本共産党の成立（大正十一年）、東京震災から熊本の労働組合、青年同盟、労働農民党への運動など私の少年の日の思い出と共に折りを見ては書き続けています。一応は終わりましたが更に稿を進めて、高野・竹中・永野・本宮・末吉・関・美濃部・五島等お互いに苦労して闘った人々の面影をしのび諸氏との交流と闘いの記録も残したいものと思います。大正十二年以来組織的な活動を始めてから五十有余年大きく成長して今日の日本共産党の動きに深い感銘を覚えます」と記している。

「忘れ得ぬ人々」

末吉初次・田代倫・髙野貞三・竹中英太郎・美濃部長行・小田島良種・永野千里の七人が取上げられている。執筆日付はないが一九七四年、筆者が藤本氏を訪ねた年の様である。「熊本民商・原稿用紙」一四字、一〇行の小型の用紙で二〇枚である。病気静養中に書き継がれ、万年筆書き、文字はかなり読みづらい。

前書きがあり「大正の終わりから昭和のはじめにかけて、熊本社会運動がようやく組織的に伸びて行こうとする時代の時を刻み、時を動かし、回る歯車の一つ一つの役割を果たして来た人達、苛酷な天皇制のなかに傷き倒れた人達、戦列からいつとわなくに離れて行った人達、その一人一人の果たして来た、果たし得なかった、志半ばにして去った人達。想えばその一駒一駒のフィルムの中に、私の心の中にいつも、想い出の中にある人達。

そして想い出と五十余年の昔をふり返り、忘れ得ぬ人々の私の心の中の映像を想い出の中から引き出していくことの、歴史の上に残して行くことの、それが私に与えられた唯一つの使命とでも自負してもよかろうか」と。（注＝明らかな誤字、脱字など以外は筆を加えなかった。以下同じ）

末吉初次

大正十二年から七日会の中心的活動を続けていたが、大正十四年当時、熊本合同労働組合の執行委員長となり、市電争議頃から運動から次第に遠のいて行った。

昭和九年私が何度目かの渡満の頃、彼が塗装工として大連に在って満州事変後接収された東支鉄道の貨車塗替えの監督をしていた頃、一夕を語り合った事があったが、終戦後熊本へ帰った様子もなく、その後消息を聞かない。

田代倫

中田哲君の前夫人乃夫枝（注＝信恵）さんの前夫である。

春竹の森の下に乃夫枝さんと東京震災後居を構えて熊本の同志の集会場ともなって七日会、無産者同盟等その相談役的な活動の中心になって東京と熊本を行き来して熊本の運動の世話役的存在だったが、終戦後八代に引揚げて死亡したかに聞いている。

高野貞三

七日会から無産者同盟と一緒に闘った同志だったが、昭和の初め北九州若松に。九州民友新聞を発行していたが、先年死亡した旨、日本談義によって知ることが出来た。

熊本の運動や田代倫に関する事など時折、日本談義に稿を寄せていた。

竹中英太郎

大正十二年関東震災後、熊本に帰ってきた私を水道町の家に訪ねた末吉初次君と共に竹中英太郎君は私に七日会（五高社研と市内の青年労働者、文学青年の集まり）に参加を呼び掛けて来た。

竹中君は当時、熊本北警察署の給仕として勤務していた。

竹中英太郎と言っても今の熊本に同君を知っている人はもうあまりいないのでわないかと思われるが、推理小説を中心に出していた雑誌新青年の挿絵画家として特異な同君の画風は相当な反響を呼んでいた様であった。

昨年春、在熊の藤川治水氏が同君のことについて聞きに見えたが、只今甲府市に健在との旨、藤川氏が訪ねて知らせて頂いた。

美濃部長行

東京の下落合の竹中君の宅に居候同然に同居中に彼は、シナリオライターを志して、胸を痛めていた彼は殆ど床の中に臥っては毎日枕元で原稿用紙にペンを走らせていた。

その中から、松竹蒲田映画、牛原虚彦監督、『象牙の塔』『深窓の美女』の作品が生まれた。

鈴木伝明、英百合子主演の映画である。当時労働組合運動の渦中に在って闘いつゞけている私には、何か夢幻的な、現実離れのしたもののように思えて浅草あたりの映画館で封切りされたが観ていない。

彼はその後、小山勝清さんの娘さんを連れて台湾の新聞社に走って行った。

昭和四年か五年頃、彼の親友関直尭君と共に当時私が働いていた九州日報社に私を訪ね、福岡に少時滞在するとのことで、その年の暮れまで福岡に夫婦共に居住したが、京都に映画のシナリオライターの志を持って京都へ。間もなく、とうとう胸をやられて亡くなった。

小田島良種

新市街の銀丁あたりがまだ建つ前、私達は夜ともなれば街角に立って「対支非干渉と十六億八千万円の大予算反対」の演説を各自交々立ち替わりブッていた。

そして無産者新聞を集まった人達に宣伝、販売していたが、その中心になっていたのは新聞の支局長をして拡大に努力していた小田島良種君だった。

彼は小川の仏教学院の出で詩や歌をよくし九州日日新聞にも時折雑文を寄稿していたが、一時、京都の西田天香の一燈園で托鉢をやり、上京して東京合同労働組合の渡辺政之輔の下にあって活動しながら東京江東の貧民窟に生活する等、身を以て様々な貧窮の中に在って九州日日新聞にその様子を寄稿していた時代もあった。

三・一五事件の頃には大牟田の東方にある三池町のお寺の番僧として壇徒の家を廻って読経を続けていた。のち天理教の本部にあって新聞や雑誌の編集にたづさわっていたが、奈良の天理教で病没したように伝え聞いた。

弟に山田尚種君があり、彼はアナキストとして京町の未決監に在って死亡している。

永野千里

大正の終わり全日本無産青年同盟が結成されると彼は熊本県の支部長として活動した。なにぶん、一人二役も三役も受け持って活動しなければならない時代、彼は熊本合同労働組合にあって市電争議の時には、その中心的指導者の立場に置かれていた。

半非合法的な活動の中に青年同盟の組織は郡部にまで及び、特に第一高女、その他工場の女工さん達の間にも伸びて行った。

激烈な彼の演説は公会堂に於ける私たちの演説会の中心的存在であり聴衆を魅了するものであったが、満州事変から日支事変に発展すると共に彼は中国の満州に渡り、北満の辺境の県の責任者のような立場にあったが、物資の横流しの疑いを受け憲兵隊に引致されて死亡した。

藤本豊喜遺稿「忘れ得ぬ人々」の内容であるが、ここで取上げられた人々についての注記・補足や藤本豊喜自身に関する経歴などはスペースの都合で全て割愛した。

藤本豊喜氏は「忘れ得ぬ人々」にあげた七人の他にも中田信恵・草野三喜雄・松原三津夫・五島角夫なども採り上げたかった模様であるが、急逝のため果たし得なかった。

なお、藤本豊喜遺稿はこの他に「七十五年の足跡」があるが、これは小冊子として七七年一一月に既に活字化されている。

〈書評にかえて〉坂田勝と戦前労働運動

全体として充実した、密度の濃い、創刊号らしい内容である。今、その全般にわたって論評する余裕はない。本誌の特色は故坂田勝氏の特集にある。坂田勝―一九八〇年四月没。解放同盟熊本県連の前委員長である。荒牧邦三の「坂田勝伝・不屈のあしあと」が収載されているが、第一線の新聞記者としての感覚を生かした取材と筆致で、労作である。荒牧の今後一層の研究の深化を期待したい。その一助として、筆者が気付いた若干の問題、とりわけ戦前の労働運動とのかかわりについて触れたい。ただ、執筆依頼が急卒であったため充分の調査は、もとより望むべくもない。手元の乏しい資料に基づいて述べておきたい。

荒牧によると、坂田は一九二四（大正一三）年五月、大阪に上り、島田硝子工場に就職し、翌二五年の同工場の労働争議が坂田に影響を与えたであろうと推測する。

坂田が上阪した一九二四年は日本労働総同盟関東同盟会内における左右対立の内紛が激化し、ついに後の日本労働組合評議会の前身とも言える日本労働総同盟関東地方評議会の結成を見た年であり、翌二五年には、総同盟第一次分裂、評議会の結成に至るという、わが国労働運動史上の極めて重大な時期であった。すなわち、総同盟は四月の関東地方評議会六組合の除名に続いて、同年五月一六日には〝総同盟革新同盟〟加盟の二三組合を除名、被除名組合が中心となって五月二四、五日に日本労働組合評議会を創立するに至った。

この時点での関西の動きを見ると、総同盟大阪連合会の最主力組合である大阪機械労働組合のうち一三支部と大阪造機船労働組合が合同して評議会の翼下に入り、電気労働組合、大阪印刷労働組合、および大阪合同労働組合より独立した大阪ゴム工組合、松永労働組合も評議会結成に参加した。総同盟京都・泉州・神戸の各連合会は組織をあげて評議会創立に参加した。

こうした関西地方の動向のもとで、総同盟主事・西尾末廣は、本部の主事を藤岡文六に譲って大阪に引揚げた。西尾の自伝『大衆と共に』によると「此の際大阪連合会を中心にして関西地方を固めることが最も重要」と判断したからであった。

荒牧によると「坂田が島田硝子に勤めて一年後（一九二五年＝引用者註）、会社に労働組合が結成され、労働争議が起る」。この争議は、まさしく先に述べたような大阪労働運動界の情勢下に起きた。島田硝子工場は、大阪市西淀川区海老江町、従業員約五三〇人、主としてガラス工である。坂田が働いていたとされる時期には同工場には総同盟大阪合同労働組合の組織があった。争議は二五年に三回、二六年末から二七年一月にかけて一回が記録されている。

①一九二五年四月二一日〜五月五日　従業員五三〇人のうち四六五人が争議に参加したが、主な要求は解雇者二人の復職とメーデーを休日にせよというものであり、この要求は貫徹した。

②同年五月一五日〜二三日　ガラス工三〇〇人が参加。解雇・退職手当制定、軍事手当、夏季手当の制定、公傷・私病手当の制定、工場委員会制度の実施、定期昇給、年功賞与の改善、衛生設備の改善などを要求して闘い、妥結した（この争議は『総同盟五十年史』にもとりあげられている）。

③同年七月二五日〜二八日　参加二五〇人。工場規則改正反対で闘い、妥結。

④二六年一二月三〇日〜二七年一月二八日　二五人が解雇反対スト、妥結。

以上が坂田が在職した時期に起きた島田硝子の争議であり、いずれも総同盟大阪連合会に属する大阪合同労働組合の指導である。これらの労働組合運動が年若い労働者・坂田に深甚の影響を及ぼしたことは容易に推測し得るところである。また、総同盟大阪連合会の指導者としての西尾の影響、もしくは西尾との接触も考えられる。しかし、一方では谷口善太郎『日本労働組合評議会史』によると大阪合同労働組合は「革新同盟主旨賛成の意を表わすに至った」とする側面もあるので、革新同盟―評議会の同組合内部に対する影響も考えられ、したがって、この島田硝子時代が坂田に与えた影響の内容を、にわかに断ずるわけにはゆかないだろう。

つぎに〝労働学校〟についてであるが、一九三〇年四月以降の時期に坂田が在籍したとされるこの学校は、「大阪労働学校」のことであろう。一九二一年頃、西尾末廣・山名義鶴・村島帰之らによって発起され、賀川豊彦が、その著書『死線をこえて』の印税の中から五〇円の寄付金を得て運営基盤が確立されたものである。『大阪労働学校十年史』が手元にないので、以下に掲げる講師の講義時間を特定することはできないが、講師陣の顔ぶれを見ると、この学校のおよその見当はつく。すなわち講師には高野岩三郎、賀川豊彦、森戸辰男、河野密、林要、山本宣治、櫛田民蔵、住谷悦治、松沢兼人、大内兵衛、坂本勝、小岩井浄、笠信太郎、暉峻義等、河上丈太郎……の名が見える。それぞれが専門の分野を講義した。充実した、極めて水準の高いものであったと言わねばならない。西尾も「組合と政党」「無産党の議会行動」など時々講義している。坂田は、はたして、どのような講義と講師に関心を抱き、影響を受けたのであろうか。

坂田が労働運動のオルグ的活動に参加したとされる一九三〇年代前半は、よく知られているように、ファシズムの嵐が次第に強まる時期であり、そうした時代的背景の中で合法無産政党・労働組合運動共に複雑である。坂田が、この時期どのような政治組織ないしは労働組合組織に属し、または連携をとりつつ闘ったかは今後の検討に待たねばならないであろうが、筆者が聞くところによると、この時期の坂田自身のことを多くは語り残していないという。

この時期、北九州や筑豊にその足跡を残しているということであるが、荒牧が〝浅沼稲次郎〟としている（四二ページ）のは明らかに浅原健三の誤りであろう。浅原は三二年には全国労働大衆党から衆議院議員に立候補して落選。三六年二月の選挙には社会大衆党福岡県連から推されたが立候補を辞退し、党から離れた。以後、軍部と接近してゆく。浅原の属した全国労農大衆党と西尾や伊藤卯四郎らが属した社会民衆党が合同して社会大衆党（三二年七月）となるのである。坂田が活動した時期からすると、この社会大衆党の時期にあたり、総同盟の組織は北九州、筑豊にあるが、浅原健三や伊藤卯四郎は共に強い影響力を持っていた。

何等かの手がかりを得るため参考として、筑豊地域における当時の主な労働組合の組織をあげておくと、総同盟系では日本石炭坑夫組合（飯塚市）、筑豊合同労働組合（直方市）、日本労働組合全国評議会系では九州鉱山労働組合（飯塚市）、日本労働同盟系では九州坑夫組合（飯塚市）、この他に日本産業軍系の日本石炭坑夫組合（田川郡）、社会大衆党支持の西部鉱山労働組合（飯塚市）などがある（三四年末現在）。

以上、坂田と戦前労働運動とのかかわりをより明らかにするために資すればと考え、とりあえず極めて不充分ではあるが報告を試み、書評に代える。

戦前の教育と教員運動

Ⅰ近代的学校教育のはじまり

1 「学制」と小学校の創設

学制以前の庶民教育

日本の近代的教育制度は一八七二（明治五）年に公布された「学制」からはじまった。これより先、明治政府は一八六九（明治二）年公布の「府県施政順序」によって小学教育を奨励したが、学制頒布以前の熊本県下における庶民教育は専ら江戸時代からつづいた寺小屋および私塾で行なわれた。県下の寺小屋については文部省編『日本教育史資料』（明治二五年刊）に寺小屋一覧が掲載されている。この一覧は一八八三（明治一六）年に文部省が全国の府県当局を通じて調査したものであるが、調査は不正確で他県と比較してその数だけを論ずることは無意義であろう。しかも県内でも郡により精粗があるが、ともあれ県下一円の寺小屋を調査した唯一の資料である。

この寺小屋一覧によると創立年代の古いものでは享保年間（一七一六—三六）に創立され学制頒布直前の一八七一

（明治四）年まで続いた宇土郡宇土町（現市）の温故堂や一七五五（宝暦五）年に開業して学制頒布まで続いた阿蘇郡内牧村（現阿蘇町）の古川園など一〇〇年を超える経営を持続した例があるが、一代の師匠限りの経営の場合が多かったようである。もっとも飽田郡平山村（現熊本市）では一八一二（文化一一）年—一八五五（安政二）年まで上村庄左衛門、一八五五年—一八六九（明治二）年まで上村為八、一八六九年—一八七二（明治五）年まで秋山寿斉と同一地区で継続され、かつ継承者の氏名が明らかな例もある。

寺小屋の設立は全国的に天明・寛政期（一七八一—一八〇一年）と天保期（一八三〇—一八四四年）に飛躍的に増加したとされるが（石川謙『寺小屋』）、県下では文化・文政期（一八〇四—一八三〇年）以降の設立が多く、天保から安政期に至る間（一八三〇—一八六〇年）に著しい増加を示している。寺小屋の師匠は士族、平民のほか僧、医師、神官などであるが、「士」と表示される者の数が圧倒的に多く、全国平均を上回っている。「士」の中には、いわゆる郷士を多数含んでいるものと思われる。寺小屋で教えられる学科内容は読書・算術・習字、または読書・習字や算術・習字をかかげているものが若干あるが大多数は習字（よみ・かき）のみである。読書という分類は漢文素読のことであろう。

学制が発布された年の県下の寺小屋の実数はすくなくとも三八八で、学制発布と共に急速に姿を消した。

寺子屋教育の特色は、それが上からの押しつけでなく、親の自由意志によって経済的負担を負っても寺子として師匠＝職業的教師のもとに通学させるという、庶民の要求に基くものであった。藩当局が武士層の教育のみを対象に藩校や郷塾だけに力を注ぎ、その対象から見放なされた庶民の要求が、自力で寺小屋教育を普及させるに至ったのであった。

学制の発布

一八八二（明治五）年八月、明治政府は「学制」を発布して、国民教育の一元的な体制の確立を目指した。すでに政府は前年九月には文部省を創設して準備にとりかかっていたが、この学制の頒布にあたって政府は大政官布告「学事奨励に関する被仰出書」を布告した。いわば「学制」の序文にあたるこの「被仰出書」は「人々自ら其身を立て其の産を治め其の業を昌にして以て其生を遂ぐるゆゑんのものは他なし身を脩め智を開き才芸を長ずるによるなり而て其身を脩め知を開き才芸を長ずるは学にあらざれば能はず是れ学校の設けあるゆゑにして……」という文章にはじまっている。内容は「被仰出書」という標題にも示されているように創設される学校教育制度が、国民の要求にもとづきかつそれを反映させるものではなく、明治政府が国権によっておこなう国民教育の理念を明示して国民の心得を諭したものであった。

しかし、「被仰出書」の内容は、明治政府が発足して間もない当時としては極めて開明的な見解であった。内容の要点は第一に国民個人の立身出世、富貴栄達の土台こそ教育の目的であること、第二に学問の性格の実学主義的位置づけ、第三に国民皆学、第四に学費その他の民費負担がうたわれている。

全国統一的な学校制度の体系を示した「学制」によると学校設立の方法は学区を設定し、それをもとに大・中・小学を設立するものであるが、「学制」は大中小学区、学校制度、教育内容、試験、海外留学、学費などを定め、学校設立方法は全国を八大学区、各大学区を三二中学区、各中学区を二一〇小学区に分け、各区に一校、全国で八大学、二五六中学校、五万三七六〇小学校を開設する計画を示した。当時の日本の社会的状況から考えると壮大な計画ではあるが欧米、主としてフランスの教育制度に範をとったものであって、国家財政力、民力と国民生活の実情からかけはなれて、教育制度だけを非常に進歩した外国を模倣して実施しようとしたところに破綻の要因があった。

明治政府によって権力的に国民におしつけた学制は天皇制統一国家の国民的意識の形成―国民の思想的支配と資本主義を発展させることによって後進国から脱却して欧米列強の仲間入りを目指すためには徴兵令・地租改正と共にかかすことのできないものであった。近代的兵士と近代的労働者の確保のためには国民の智識水準の向上が必要な要件であったのである。

小学校の創設

「必ず邑に不学の戸なく家に不学の人なからしめん事を期す」とする国民皆学のためにはまず第一に小学教育の全国

〈表１〉　白川県の中学区区分の状況（1973 年）

中学区番号	郡　　名	小学区数	管内人口	１小学区当たりの人口
			人	人
12	飽田・託麻	216 (226)	154,320	682.8
13	山本・山鹿・菊池・玉名	370 (〃)	228,507	617.6
14	阿　蘇	105 (〃)	63,041	600.4
15	宇土・上益城・下益城	246 (262)	164,466	627.7
16	八代・葦北	180 (〃)	119,545	664.1
17	球　磨	90 (〃)	52,716	585.7
18	天　草	271 (〃)	164,781	608.0
合　計		1,488 (1,504)	957,565 947,376	643.5 629.9

注：１）上段は、『文部省第一年報』（明治６年）により作成。但し、小学区数の合計は 1,478 となるが記載のままとした。
２）下段は、『熊本県教育史』上巻、p.406 所載の「明治七年第五大学区白川県学事統計表」より作成。
堀浩太郎「熊本県近代公教育制度成立史⑴」より

的規模での制度化の強力な推進が不可欠であったことは述べるまでもない。学制は小学校について、「教育ノ初級ニシテ人民一般必ス学ハスンハアルヘカラサルモノトス」と位置づけている。熊本県（学制発布時は八代県、白川県の二県にわかれていたがのち白川県、さらに熊本県と改称）下は九州の他県と共に第八大学区に編入されていたが、県下を七中学区に区分し、その下に一四八八小学区（一区一校）に区分した。一小学区当りの住民人口は平均六四三・五人であった（堀浩太郎「熊本県近代公教育制度成立史」⑴）。県下に一四八八校の小学校を創設する大事業計画であるが、県は当面「家塾を基礎にこれを小学校とし、次第に規則等を改正整備し、学制による小学校とする」（前同）方針をとった。『文部省年報』によると一八七四（明治七）年、七五年には小学校の設立は急速に進み七一二校（公立六九三校、私立一七校）に達した（『熊本県教育史』は五一七校）。下等・上等各四年と定めた就学児童数も一八七三（明治六）年の一万七二七六人（男一万四九三八人・女二三三八人）から七五年には五万六一七六人（男四万一〇七四人・女一万五一〇二人）と上昇し、就学率も全国平均を若干上回るほどまでになった。第二表によると六七四校に及ぶ小学校舎も新築が二七三校（三六・六三％）に達し全国平均を大きく上回り、ついで旧民家が二一〇校、ほかに旧廨舎（五〇校）・旧倉庫（一三校）が利用され、旧寺院（四校）・官舎藩邸（二校）・旧学校（一校）が専用として利用され、併用とみられるのは民家（八八校）・寺院（四一校）・神社（一校）で二〇％である。

約三七％を占める公立の新築校舎はどのような規模であったろうか。村落部の学校は多くは畳または板張りの教室一室（学校規模によっては二室）で藁か茅葺、雨戸に障子または「つんばり窓」に土壁。机はなく児童は〝文庫〟を並べて正座して授業を受けるというのが普通であった。『村誌富合の里』によると「二間に五間の十坪の一棟」（公立廻江小学校）。「各小学校とも八坪から十坪の草葺平屋造り一棟」であった。旧廨舎とあるのも、例えば植木町で旧手永会所を戸長役場と折半して使ったが、これはいい方である。旧倉庫の中には旧会所の倉庫を利用した例もあるが、納屋を板張りに改装した校舎などもあった。

『熊本県教育史』に引用されている「本県小学校創設状況年度別調査発表」によると『文部省年報』に欠落している一八七六（明治九）年にも六四の小学校が創設されている。

〈表２〉白川県における校舎種別による学校数

校舎種別	校　数	県	全　国
		％	％
新　築	273	36.63	17.88
旧民家	210	32.46	32.83
民家	88	13.60	
旧寺院	4	0.62	39.90
寺院	41	6.34	
旧廨舎（官庁会社）	50	7.73	0.93
旧倉庫	13	2.01	0.82
官舎藩邸	2	0.31	0.78
旧学校	1	0.15	0.56
神　社	1	0.15	0.85
演戯場			0.14
武技場			0.06
その他			0.05
不　明			5.20
合　計	647	100.00	100.00

注：１）『文部省第三年報』（明治８年）所載の「熊本県公立小学校表」より作成。
２）全国は海後宗臣『明治初年の教育』（著作集、８巻、1981、p.179）より引用。但し、明治６～８年中設立された小学校における比率である。
堀浩太郎「熊本県近代公教育制度成立史(1)」より

人民の負担と抵抗

右のように短期間で急速に小学校がつくられてゆく上には文部省の督励のもとに県官、区戸長、学区取締による強権的な指導、推進があった。授業料の徴集のみならず校舎建設・運営も民費に依存した。県の民費徴集は一八七四（明治七）年・七五年・七六年と学校増設と地租改正事業の進展にともなって増大した。民費の中では地租改正費と学校費の支出が大きな比重を占めた。民費中の学校費は七四年に比べて七五年は二・八倍、七六年には三倍にふくれ上った。民費の増徴は限界に来ていた。県費としての民費では不足したので大々的に寄附を募り小学校設立のために一定額の「学資金」を寄附した者には「誉置（賞状）、木盃、銀盃」を下賜したりしたが、この寄附は強力な説諭と一般学区民への割当による実質的な強制寄附であった。『山鹿市史』は学校寄附金を「義務」として強制し、金を出せない者には労役を強制（「寄附金ノ義務ヲ尽ス能ズ。常ニ力役ニテ貨資ヲ補助スル者、屢々有之」＝『熊本県公文書類纂』）した事実を指摘している。

年々増徴される民費、地検費徴集、協議費（小学校の設立維持のために小学区内住民に賦課する「学区集金」）に加えて学校寄附金、病院寄附金の強制徴集は人民に大きな負担となり、農民の不満は沸点に達していた。

一八七七（明治一〇）年初頭から県北一帯に農民一揆の炎が燃えさかった。この農民一揆は「戸長征伐」という名称でよく知られているが、これらの一揆の共通した特徴は石代納（金納租税）延期、民費・地租改正費の不正使用追及と過金取戻し、不正戸長・用掛(ようがかり)の辞職要求で政治的には区戸長公選要求を内包していた。それと同時に小学校問題が取り上げられた。この農民一揆の高揚の直前の一月五日、山本郡清水村（第五大区一〇小区）の人民集会は地租改正雑費、地租百分の三問題（政府は一月四日、農民の抵抗にあって二分五厘に引下げを決定していたが、まだ農民には伝わっていなかった）と共に学校寄附金について議した（この清水村村民は戸長征伐の高揚の中で竹槍をもって一〇小区一一ヵ村の村民とともに戸長詰所に押しよせた）。つづいて民権派の県民会議員・広田尚、堀善三郎らの指導の下に第五大区九小区中（那知・辺田野・木留・円台寺・上古閑・荻迫・平原・鈴麦・鞍掛・豊岡・富応・轟村）の一六ヵ村の什長（十戸長または組長）、公選小区議員が轟小学校に集合して討議の上、県庁に対する上願一一ヵ条を決議したが、この中には「学校世話方廃、用掛ヨリ兼」「学校寄附帳取下ケノ事」「病院寄附金願下ケ申度事」が含まっていた。この小学校にかかわる二つの要求は、第一は村民の中から出されている学校世話方を廃止して、その仕事は各村用掛（戸長役場から各村に配置された最末端の役人・藩制時代の庄屋に対応）が兼務すれば足りるとする要求である。第二に学校寄附金がいかに強制的なものであり、農民の重い負担であったかを示している。農民は租税（石代納）と過大な民費の上に地租改正費、病院、学校寄附金を強制され不満が大きく高まっていたのである。中浦村（第五大区一〇小区）でも四項の要求中に「病院寄附ヲ断ル事」「学校寄附ヲ割付タルコト」を掲げて一〇小区村々と共に戸長詰所に押し寄せた。玉名郡大浜町（第七大区二小区）、伊倉北方村（第七大区三小区）人民集会も小学校問題を取上げ、民権派の野満安親の指導の下で闘った山鹿郡の第六大区八小区（上吉田・下吉田・名塚・蒲生・下御宇田・古閑・久米・方保田村）の八ヵ村村民も、「小学校之事」を四要求項目中にとり上げている。県北部だけで一五七ヵ村、一万二四〇〇余名（一戸一名）が参加した（水野公寿『西南戦争期における農民一揆』）この大農民一揆中におけるこれら農民の不満と要求は「学制」がいかに人民の重い負担の上で推進され、維持、運営されたかを雄弁に物語っている。

短期間に驚くべき速さで小学校設置は推進されたが、七六年秋の神風連の乱、とりわけ翌七七年の西南戦争は県の小学教育行政にはかりしれない打撃をあたえた。神風連の影響について石光眞清は手記『城下の人』の中で一九七六（明治九）年の「十月になると、呉服町に五福小学校が創立されたので、私は眞臣と一緒に入学した。これが熊本における初めての進歩派小学校である。しかし入学して間もなく大騒動が起きて休校の止むなきに至った」と記している。休校は乱後の反動的空気の醸成の影響であった。だが、西南戦争の影響はもっと直接的なものであった。県官の報告には「兵火ニ罹ルモノ三十七校、賊徒ノ乱暴ニカカリ破壊セシモノ六校、自他火災ニ焼燼スルモノ十一校、大風ニ倒ルルモノ三十七校、大破壊五十七校、其ノ余風火ノ難免ルルモノト雖モ一時人民離散校トシテ閉ジサルモノナシ」（『県教育史』）とある。一八七七（明治一〇）年中の校舎の被害は戦禍と八月の大暴風のため七〇〇余校中実に一四七校にのぼり、戦乱で学校は一時全校が閉鎖する状態であった。熊本県内を主戦場とした政府軍と薩軍の戦闘は一八七七

（明治一〇）年七月には終結したのであるが、災害校の復旧状態は翌七八年二月一日に県が公布した「視学巡回官員心得書」の序文でも「昨年兵乱ノ為メ生徒ノ学業大ニ却歩シ殊ニ兵燹ニ罹リシ学校ノ内未ダ再築ニ至ラザル所ハ生徒其業ニ就クニ由ナクシテ空シク貴重ノ光陰ヲ費ス者尠ラズ」と状況を嘆いている。大干ばつ（一八七三年＝明治六年）、暴風（七四年）、暴風（七五年）、干ばつ（七六年）、米価暴落（七六年）と続いたあとに西南戦争が県下を戦場として戦われたのである。行政機能は一時完全に失われ熊本区内は鎮台の放った火で焼野原となり、町村地区でも、たとえば植木町は薩軍の放った火で焼尽した。田畑は荒れ、家は焼かれ、食糧は強奪された。加えて八月には大暴風に襲われ、民力は疲へいした。校舎の再築に「中ニハ一二有志父兄アリト雖モ区内競テ其義務ヲ竭スノ挙アルヲ見ズ」としても当然のことである。

若干の官費の助成もあって校舎の再築、修復は翌七八（明治一一）年内にはようやく終ったが、同年の学校数、就学児童率は共に七五（明治八）年よりも低下した。

以後、就学率は全国平均におよばず、一八九五（明治二八）年にようやく全国平均を超えたが、就学率はまだ六〇%台であった。なお明治末期に至って義務教育が徹底し、県の就学率は九九・八八%に達した。しかし半面、就学の強制で幼い弟妹を背にした〝子守り〟登校が増加した。

2　低迷する就学率

教育令と改正教育令

学制に従って小学校を下等（六歳―九歳）・上等（一〇歳―一三歳）の二段階にわけ、各四年として通算八年の課程であった。文部省の布達に準じて本県も「下等小学教則」「上等小学教則」を定め下等小学は読物・書取・問答（人体・日本地理・日本史・世界地理・世界史・博物）・算術・習字・復読・体操の八教科。上等小学は読物（小学日本文典・日本地理・日本語訳地理全書・修身論・日本史・物理・化学・博物）・習字・輪講・暗記・作文・体操・罫画の各科目を教えることとしていた。しかし一八七八（明治一一）年五月、文部省は全国画一化を廃し、各県の実情に適した教則を定めるよう命じたので県は下等三年（六歳より八歳）、上等三年（九歳より一一歳）計六ヵ年とし、進学を希望する者のために高等小学二年（一二歳より一三歳）を置いた。従来の八年制を六年制に改め、その上に余裕あるもののために二年制の高等小学を加えたが、これは従来の上級小学四級から一級に相当し、特に教科水準を引上げたものではなかった。

この三段階制の採用は八年間の就学では「当県人民就学ヲ欲セサル所以ヲ原スルニ農工商ノ子弟タルモノ多クハ十年乃至十一年位ニシテ其父兄ノ力作ヲ助ケ又ハ職工ニ従事スル者多シ故ニ満十四年迄ノ就学ヲ程遠ク思ヒ自然半途退学スル者少カラス」という実態をふまえたものであった。また、教科の面でも「其教則高尚ニ渉リ時勢人情ニ適セサレハ人民却テ之ヲ否ミ就学スルヲ好マス」とも述べている。学校で教える教科が大多数を占める貧しい農民や商工業者の生活や意識水準と合致せず遊離していたので就学率は低く、「教則高尚ニ渉リ」と反省されたのである。「学制」による教育は人民の負担のもとで権力が上からおしつけた教育で、しかも理想に走りすぎ人民の生活に根ざしていない教育であった。

そこで明治政府は集権的で画一主義の「学制」を廃止して新しく「教育令」を発布した。学区制を廃止し、小学校の設置を町村にまかせ、学校の経営・管理についてもできるだけ自由にする方針を採用した。また、学校を設ける資力のない地方では「教員巡回ノ方法ヲ設ケテ児童ヲ教授セシムル」ことを許した。また、就学義務を四年間に毎年四ヵ月、計一六ヵ月とする、あるいは小学校に入学しなくても同程度の教育を受けうる者は就学とみなすなどと政府の干渉をさけ、地方の実情に即して特色ある運営を行なわせようとする寛大、自由な処置を認めた。

ところが、教育令が実施されると小学校廃止や私立学校の増加、就学児童の減少、学校経営の悪化などの事態が生じたので、わずか一年三ヵ月で明治政府は「教育令」を廃止して「改正教育令」を発布し、せっかくの自由化の方針をなげすてて再び地方の教育に政府が干渉する中央集権化をおしすすめ、就学率向上のために督学方針にかえった。学区取締を廃止して学務委員をおき、委員中に戸長を加えたことによって教育行政における文部省の支配は一層強まったが、就学率は上昇した。

熊本県においては一八八六（明治一九）年四月の小学校令公布に至る間目覚しい発展を見なかった理由として『熊本県教育史』は「十二年九月の教育令があまりに自由性を認めた為に前期（学制期＝筆者註）の半ば強制的であったのに反動として余程回避の態度に出た」「これは翌十三年の改正教育令によって幾分救はれたけれども崩れかかった陣形は急に容易に取返すことは出来なかった」と述べている。

〈表3〉

○明治一五年の不就学の理由

理由	人数
自宅子守り	24
近宅子守り	3
他家奉公	3
農業就業	8
裁縫就業	
兼自家子守り	1
裁縫就業	
兼農業就業	1
他村へ農事	1
他村へ奉公	1
桶屋職就業	3
大工職就業	4
鍛冶職就業	1
極　貧	6
眼　病	1
不　明	2
計	59

注）玉名郡川島村・小野尻村　水野公寿「庶民教育の普及」より

不況と就学率

県下の就学率は県の厳しい就学督促で一八七九（明治一二）年以降、上昇線をたどり八二（明治一五）年には五四％に達して全国平均の四八・五％を越えた。しかし、全国水準突破は実は強権によるものであった。というのは県は「違警罪」によって未就学児の家庭に就学を強制した。説諭や督責では不十分として未就学児の父母および後見に対して違警罪として二日以上五日以下の拘留または五〇銭以上一円以下の科料に処する「学業違犯処分規則」で臨んだのであった。とにかくも表面上は未就学児童は減ったわけであるが、教育内容が充実したわけではなかった。就学者が著しく増加した地方によっては教室が不足し、八二年の時点で七七四校中有資格の訓導一二二人に対して教員免許をもたない授業生が一六四七人で訓導の数は六・三校に一人にすぎなかった。

しかし、いかに強権で臨んでも不就学の主たる要因は家庭の貧困にあった。玉名郡川島村・小野尻村（人口八二〇人）は一八八二（明治一五）年、県の就学率が

〈表４〉デフレ下の米価及指数

年　度	米　価	指　数
	円	
1881(明 14)	8,357	100
1882(〃 15)	7,186	86
1883(〃 16)	4,918	50
1884(〃 17)	4,149	41

注：１）布村一夫「明治前期農業統計」より試算
　　２）菊池、鹿本、玉名、上、下益城の平均価格
『熊本県史』より

改正教育令下で最高に達した年に両村の就学率は県水準を上回る五九・三％を示しているが、不就学の理由は表3に示すところである。この年、女児の就学率は県平均で男児の七一％に対して著しく低く三七％にすぎない。女児不就学の圧倒的理由は「子守り」である。女の子に教育などうけさせる必要はないといった父兄の意識が強かったこともあろうが、零細な農林・漁業を営む人民にとっては、女児は不可欠の労働力だったのである。

「違警罪」を後だてに就学督励による改正教育令下の就学率の向上も一八八二（明治一五）年をピークに下向線をたどり八三（明治一六）年五一％、八四（明治一七）年四八％、八五（明治一八）年には四五％弱に落ちこんだ（八五年二月以降刑法改正により違警罪目の制約で「学事違反処分規則」は廃止された）。明治政府の地方税増徴と「松方デフレ」とよばれるデフレ政策で米価は惨落し、農村は疲弊し、不景気で商工業者も困窮した。加えて一八八四（明治一七）年の風水害と阿蘇の降灰が打撃を与えた。「熊本新聞」は農家の衰微を「弊其の極に達す」と論じた。こうした民力の疲弊が就学率の低下となったのであった。

一八八五（明治一八）年、農村窮乏化の進行の中で明治政府は地方の教育費圧縮のため「改正教育令」をさらに改正せざるを得なくなったのであった。

3　教員不足と待遇

教員の養成

学制は小学校の教員について男女を論ぜず年令二〇歳以上で師範学校か中学校を卒業した者でなければ「其ノ任ニ

当ル事ヲ許サズ」と定めたが、当然のことながら当初から有資格教員は存在しない。学制は全く準備不足のままの強行スタートであった。過渡的措置として小学校創設の進行に伴って有識者、寺小屋の師匠などが登用された。

しかし、学制による教則は近代的な教科を教えることを要求した。教員はこれに対応できず、新教則にもとづく授業を行なえるものはいなかった。石光眞清は「平川塾を退塾したのちも引続き稚児髪を結い、朱鞘の刀を差して寺小屋のような小学校に通っていた」（『城下の人』）と記している。一八七六（明治九）年三月までのことである。農村部における小学校では「学科はいわゆる読み、書き、算盤（そろばん）の教授で、書き方の手本は、いろは、村附、楠状、商売往来等を主として、時に師匠が書いたものを使用した」（『村誌富合の里』）といった有様で、寺小屋から一歩も出ていない状況であった。

右のような事情から教員の養成は緊急の課題であった。県は一八七四（明治七）年五月、熊本区新町一丁目に仮師範学校を開校した。仮師範学校は教員四名、生徒約八〇名で出発したが、当面の急務に応えるため速成教育をおこない、同年一二月には第一回卒業生一二名を送り出した。これらの卒業生は一校に専任することなく派遣訓導として担当地区内を巡回して各校教員に教則に従って新しい授業法を指導した。仮師範学校は一八七六（明治九）年六月には熊本県師範学校と改称した。年を追って卒業生の増加に伴い各校に配置されたが、無資格教員の解消にはほど遠かった。

県学則（明治一一年六月）によれば教員は訓導・訓導補・授業生・授業生試補に区分され、「授業生試補」の資格は上等小学二級以上で「学業優秀行状方正ナル者」であるから学年では現在の小学五年生以上に対応するもので、質量ともに教員は不足であった。このような状況の克服のため一八七八（明治一一）年、県は督業条例を発布して教育内容の質的向上をめざすと共に管理強化策を企った。督業訓導は優良とみなされる訓導、訓導補の中から抜てきして各中学区に配置、月給、旅費を官給して専任させたが、その任務、権限は小学校の試験監督、実情視察、教授法の講習、教授法研究会の司会、授業生および同試補の学力試験など学区取締や県官にくらべて強力かつ実質的な任務と権限を与えた（一八八一年＝明治一四年、改正教育令下で廃止された）。

訓導および訓導補のみが師範卒の正視の教員である。この県学則が制定された一八七八（明治一一）年の「学事年報」の小学校一覧によると生徒数の多い一部学校を除けば教師は大部分の学校で一校一名であり、そのほとんどが「授業生」であった。畳敷か板張りの一部屋だけの教室で一人の教師（資格のない「授業生」）が四、五〇人の児童を相手に複式授業をおこなっていたのである。教師は労働強化であった。

教員の待遇

改正教育令下の明治一〇年代末の例であるが、阿蘇郡の師井大太は授業生試補―授業生―師範学校入学―訓導の道を歩いた。授業生の選抜試験は郡役所に於て行なわれ、郡長によって採用、任命された。小学卒と同時に授業生試補に採用された師井大太はつぎのように述べている。

「一郡内に十人内外の訓導外居らなかった時代には是の授業生も随分もてたものであった。授業生の下に助手なるものがあり、其の任選は戸長（今の町村長）が之を行うて居た。私は明治十七年三月阿蘇郡坂梨小学校を卒業して同時に此の校の助手を拝命した。拝命時には戸長より親しく村内の事情を聞かされ、猶村教育の概況まで説かれて最後に『明日より学校の助手に採用するから村の為に十分に働いて貰ひたい俸給は少いが一円で』とのことであった。小学校を卒業したままの幼稚な此の身を大人扱ひされたのが無上の光栄の如く感ぜられ…」（『熊本県教育史』）

二年四ヵ月を授業生試補として勤務したのち授業生選抜試験に合格して一八八六（明治一九）年八月、阿蘇郡役所より二級授業生に任命された。翌年三月には師範学校に合格して入学した。

一円の俸給で授業生試補に採用された師井は、二級授業生に採用されると月俸四円五〇銭を給された。

〈表5〉

種類	一等訓導	二等訓導	三等訓導	四等訓導	五等訓導
訓導	自二十七圓 至三十圓	自二十三圓 至二十五圓	自十七圓 至二十圓	自十三圓 至十四圓	自十一圓 至十二圓

種類	一級訓導補	二級訓導補	三級訓導補	四級訓導補	五級訓導補
訓導補	十圓	九圓	八圓	七圓	六圓

種類	一級授業生	二級授業生	三級授業生	授業生試補
授業生	五圓	四圓	三圓	自一圓 至二圓五十錢

『熊本県教育史』より

教員の待遇は資格、等級によって甚しい差があった。一八七八（明治一一）年の県学則で定めた等級および俸給は本頁の表のようであった。

この俸給表であきらかなように授業生試補は論外としても、三級授業生は五等訓導の二五％しかもらえない。一等訓導にくらべればわずかに一〇％にしかあたらない。有資格者の五級訓導補でさえ一等訓導の二〇％である。本県の場合、訓導補はほとんど存在しないので、訓導と授業生との待遇差を当時の物価で比較すると俸給表が制定された翌年の米の値段（玄米一石の相場）は七円八〇銭であるから（県内の地域により若干ことなる）、一等訓導の俸給で玄米約三石三斗分に対して三級授業生は三斗三升分にしかあたらない。しかも実際には県下の訓導の数は微々たるもので、一八八一（明治一四）年においても七八三校中訓導四四名、授業生一四二七人であり、全教員中（授業生を含む）に占める訓導の比率は、わずかに〇・〇三％、一校当り〇・〇五六％にすぎなかった。つまり玄米五斗五升から三斗三升にあたる月俸三円から五円の授業生が県下の小学教育の第一線に立っていたのである。しかも、この俸給表は双方の合意で減額することができるという規定があり、実際は俸給表以下の契約もあった。また、病欠その他細かな規定があり、六〇日以上の病欠は支給を打ち切られた。

〈表6〉〇町村立小学校教員俸額表（明治十四年九月十四日布達学校長教員取扱規則の中）

准官等	十一等	十二等	十三等	十四等	十五等	十六等	十七等
小学校	一等訓導	二等訓導	三等訓導	四等訓導	五等訓導	六等訓導	七等訓導
月俸	自弐拾六圓 至三拾圓	自弐拾壱圓 至弐拾五圓	自拾七圓 至弐拾圓	自拾四圓 至拾六圓	自拾壱圓 至拾三圓	自八圓 至拾圓	七圓

一　町村立小学校長ノ俸額ハ拾参圓以上弐拾五圓以下ヲ以テ適度ニ之ヲ定ムヘキモノトス
一　町村立小学校准訓導ノ俸額ハ訓導ニ準シ適當ニ之ヲ定ムヘキモノトス

（『熊本県教育史』より）

〈表7〉〇町村立小学校教員俸額表（明治十五年六月廿四日布達）

准官等	十一等	十二等	十三等	十四等	十五等	十六等	十七等
小学校	一等訓導	二等訓導	三等訓導	四等訓導	五等訓導	六等訓導	七等訓導
月俸	自拾壱圓 至三拾圓			自八圓 至拾五圓		自七圓 至拾圓	

（前同）

小学校教員の俸給表は一八八一（明治一四）年、八二年改正がおこなわれた。前頁の表の通りである。

右の表が布達されたが実際の適用にあたっては小学校長の俸給が一三円以上二五円以下と規制されていたことからも一般訓導の給与水準を類推することができる。しかも不況下にあって「幾分ヲ金員ニテ支給シ幾分ヲ米穀其他物品ヲ以テ支給」する状態となり、甚しい遅払いとなるところもあった。なお、右表の訓導の各等区分は、当時の師範学校における卒業課程は高等科、中等科、初等科の三段階に分れ、高等科は三等から一等訓導、中等科は五等から四等訓導、初等科は七等から六等訓導までに任用するものとされていた。

Ⅱ　教育勅語体制下の教員の抵抗

1　二点セット＝「御真影」と「教育勅語」

反動的教育の気運

一八八九（明治二二）年に大日本帝国憲法の発布、九〇（明治二三）年の教育勅語の発布によって国家主義的な教育方針と教育制度が確立した。教育勅語の発布と同時に政府は一八八六（明治一九）年の小学校令にかわる新「小学校令」を制定した。新「小学校令」は一九四一（昭和一六）年三月の「国民学校令」公布まで廃止されることなく実施され、戦前のわが国初等教育の動かすことのできない路線と体制がうち立てられた。

これより先、一八八〇（明治一三）年、明治政府は全国的な自由民権運動の高揚に直面して教科書の統制をはじめ、翌年五月には「小学校教則綱領」を発布して修身を教科の首位に置いた。さらに同年六月には「小学校教員心得」を発布して尊王愛国、忠孝の道徳中心主義の教育につとめねばならないと強調した。一八八二（明治一五）年一二月には明治天皇の勅撰した修身書といわれる『幼学綱要』を各学校に下付した。この『幼学綱要』は明治天皇の侍講をしていた熊本出身の儒教主義者・元田永孚に命じて編さんさせたもので忠孝仁義を中心にすえた儒教主義的、復古主義的教育の精神で貫かれたもので、その後さらに発展させられて国家主義的反動教育の徹底となり、一八九〇（明治二三）年の「教育勅語」は『幼学綱要』の精神の具現であった。

「御真影」

教育勅語発布の前年の一八八九（明治二二）年、尊王愛国の国家主義教育の徹底をはかり「御真影」または「聖影」と呼ばれた天皇と皇后の写真を全国の道府県立学校などに下賜した。熊本県では一月、県師範学校に下賜されたが、文部省は同年一二月、高等小学校への下付方針を示し、県は翌九〇（明治二三）年八月一日と九月一日に分けて県師範学校附属小学校および県下二二校の高等小学校に対して、県庁で「拝戴式」を行ない、次いで各郡、各校でおこなったが、「拝戴式」は物々しいものであった。この「御真影」の下賜は「三大節等ノ儀式ヲ挙行スル際県下二十二ノ高等小学校生徒ヲシテ親シク天皇、皇后両陛下ノ御真影ヲ奉拝セシメ尊王愛国ノ志気ヲ興起セシメンカ為メ」の措置であり、天皇制イデオロギーの強化を目指すものであった。

小学校は高等小学校より遅れて教育勅語発布後の一八九二（明治二五）年、九三（明治二六）年にわたって県内で複写された写真が大多数の小学校に及んだ。このため学校長は「御真影」を守ることが第一義的義務で、時間外には当直職員がこれにあたり、「水火等非常ノ場合ニ於テハ学校職員は第一ニ御真影ヲ警護ス」と義務づけられた。学校における宿日直の制度化は実に「御真影」と後述する「教育勅語」の警護を目的としたのである。

「教育勅語」

一八八九（明治二二）年二月、「大日本帝国ハ万世一系ノ天皇之ヲ統治ス」と定め、国民は天皇の「臣民」とみなし、

「朕カ現在及将来ノ臣民ハ此ノ憲法ニ対シ永遠ニ従順ノ義務ヲ負フヘシ」と命じた「大日本帝国憲法」が発布された。この明治憲法のもとで教育理念を「忠君愛国」で一貫した「教育に関する勅語」が一八九〇（明治二三）年一〇月に発布されて天皇制教育の基本方針が定められ、教育は天皇の名においておこなわれることとなり、教育は「臣民」が「一旦緩急アレハ義勇公ニ奉シ以テ天壌無窮ノ皇運を扶翼」するためのものとなった。以後「教育勅語」は国民精神を支配するものとなり、太平洋戦争に敗れた直後まで存続した。

熊本県知事は同年一二月二五日、「勅語奉体心得」を訓令によって公布し、翌一八九一（明治二四）年一月六日、県庁において奉読式を挙げて各郡に教育勅語謄本を配布、各郡は下賜の式を挙げて各学校に下賜、各学校は町村当局者、警察官、その他有志の参列を求めて荘重かつ盛大な奉戴式をあげた。「勅語奉体心得」の県訓令は毎年の教育勅語発布記念日（一〇月三〇日）および三大節に勅語奉読を義務づけたが、文部省は一八九一（明治二四）年六月、「小学校祝日大祭日儀式規定」を省令をもって公布し、全国の学校では祭式日にあたって天皇・皇后の写真に対する最敬礼がおこなわれ、勅語が読まれて、忠君愛国の士気を養い高める行事がおこなわれた。

同年、松平正直熊本県知事は「教育勅語」に関する演説で「予は思フ、日本臣民ハ勅語ニ生レ、勅語ニ死シ、勅語ニ因テ進ミ、勅語ニ因テ働クベキモノナリト。故ニ一挙手一投足ノ間モ悉ク勅語ノ支配ヲ受ケン事ヲ切望スルモノナリ、是レ豈ニ予一己ノ希望ノミニ止マランヤ、我日本帝国ノ国是ハ実ニ爰ニ在ヲ存スルニアラズヤ」と国民精神に「教育勅語」の趣旨を貫徹する必要を語り、さらに「若シ夫レ教育上ニ於ケル命令ハ職権上教員等ニ向テ之ヲ訓諭スルニ躊躇セザルベシ」、また「勅語ヲ以テ軽々看過スルノ輩アラハ予ハ進テ之ヲ誨ヘ之ヲ諭スノ労ヲ辞セザルベシ、蓋シ予ハ此点ニ就テ熱心鋭意ナルハ他ニ一歩ヲ譲ラザルヲ期ス」と強調した。

このような松平知事は、キリスト教に対しては「教育勅語」の儒教的倫理感に反し、国家主義に反するとしてキリスト教抑圧の立場をとり、この姿勢は広く知られているように翌一八九二（明治二五）年一月の私立熊本英学校のいわゆる奥村事件に端的にあらわれた。

一月一一日、熊本英学校では英国エジンバラ大学に留学中の蔵原惟郭を新校長に迎えて就任式が挙行された。この時、教師団代表・奥村禎次郎が新校長就任祝詞を述べたが、この祝詞について国権党機関紙「九州日日新聞」が反キリスト教の立場から、「教育勅語」の趣旨に反するとしてキャンペーンを張った。このことに関連して熊本英学校は私立であったにもかかわらず松平知事が介入し、奥村の解雇を命じ追放した。

八代南部・山鹿高等小学校事件

熊本英学校の奥村事件から約半年後の六月、天皇・皇后の写真「御真影」をめぐる八代南部高等小学校不敬事件が起きた。御真影安置所は生徒の出入りが厳禁されていたが、六月二三日、安置所に雀が飛びこんだので同校四年生の蓑田元卓という一生徒が安置所の幔幕内に踏みこみ扇子を投げ上げて雀を捕えようとしたという事件である。事件は針小棒大に論ぜられ、熊本で発行されていた仏教雑誌『国教』は「不敬大不敬にも持ちたる扇子を以て、丁々発止、遂に聖影を床下に打下せり」と報じ、「全国的に有名な不敬事件」へと発展した。しかし、真相究明にあたった学校長（服部友規）の上申により「学校長より厳重なる訓諭を加へある御真影安置所の場所に至り、本年六月二三日戯に雀鳥を追立たるは不敬の所為にして、平素の不注意より生ずることに付改心の実蹟顕はるゝ迄昇校を差止む」と無期停学の処分がなされたが、満一ヵ月後には停学は解かれた（上河一之「熊本における教育と宗教の衝突㈡」、同「熊本と教育勅語」）。蓑田元卓と兄・元貞は熱心なキリスト教徒であったといわれる。

「御真影」と「教育勅語」はセットとなって天皇制教育行政の要となり、地方長官は教育行政の根幹として運用し「教育勅語」の浸透に尽瘁した。松平知事は同年七月、町村長、町村会議員を前に「苟（いやしく）も勅語に悖（もと）れる個人とか自由教育主義とかを主張さるあるは予は断乎として之れが処分を為すべきのみ、諸君能く勅語の趣旨を奉戴し、造次顛沛（ぞうじてんぱい）（筆者註＝わずかの間、とっさの場合の意）も敢て怠るなく、宗教に習はず、個人を尊ばず、真正なる国民の資格を有すべき忠良の人物を造ることに熱心し、結局此の勅語と討死する精神なかる可らざるなり」と演説したという。

山鹿高等小学校事件は、この松平知事の教育現場からキリスト教を排斥するという演説の直後に起きた。山鹿高等小学校長・赤星為己は松平知事の意向を受けて「勅語と基督教の教理とは衝突し背反しおるもの」とみなし学校からキリスト教排除を意図して、同校在学の四年生中のキリスト教を信ずる生徒の存否を調べるため、ひそかに全員の文具を捜索して佐久間敏彦ほか三人の生徒を発見した。赤星校長は在校中の聖書研究を放棄するよう訓戒した。他の三人とその父兄は校長の訓戒に同意したが、佐久間敏彦は同意しなかったので校長は「教育勅語」を盾に退校を命じた。

山鹿高等小学校事件は全国のプロテスタントに衝撃を与えた。熊本では古賀武平・渡瀬常吉を代表とする在熊基督教信徒退校事件取調委員会という委員会が設けられて真相究明にあたり、全国的には植村正久・山路愛山（弥吉）・原田助・横井時雄ら、当時の日本の代表的キリスト者一〇名が連署して憲法第二八条の「信教の自由」を侵すものとして松平教育行政の非を訴える公開状を全国新聞各紙に送った。さらに原田助、横井時雄は一〇月三日、文部大臣を訪ねて厳重に抗議した（『山鹿市史』および上河一之「明治二十年代の横井時雄」）。

佐久間敏彦の兄・隆は実学党系のキリスト教主義の教育を行なう熊本英学校に学び、山鹿高等小学校事件で奔走した渡瀬常吉は彼の師であった。父・英次郎は実学党県政の発足にあたっても特に東京留学の継続を許され、のち竹崎茶堂の日新堂で教鞭をとったことのある実学党と深いかかわりをもつ代言人、のち弁護士であった。

熊本県下でおきた教育上の一連のキリスト教弾圧事件は天皇制・国家主義教育の確立期における「教育勅語」と近代思想・キリスト教との衝突であった。

「御真影」・「教育勅語」焼却事件

一九二四（大正一三）年一〇月三〇日、上益城郡木倉村の高木尋常小学校で重大事件が起きた。翌三一日の天長節拝賀式に備えて職員室に設けてあった御真影・勅語奉安所を開いたところ「御真影」が何者かに持ち去られていたのである。事件は学校、郡、県はもとより司法当局に衝撃を与え、新聞は連日のように大々的に事件の成行きを報道して全県民の注目するところとなった。県から警察部保安課長、県視学が急行し、ついには検事、予審判事も出張して厳重な捜査に当った。多数の参考人が召喚され、捜査の結果、一一月九日、「御真影」は学校裏手の竹林中から灰となって数片の紙片と共に発見された。同校に勤務していた元准訓導の犯行と判明、起訴され懲役二年の判決を受けた。原因は学校長に対する私怨とされた。「御真影」・「教育勅語」の取扱いは学校長の責任であった。高木尋常小学校の御真影紛失事件が解決していない一一月九日に発生した天草郡早浦・亀浦組合村立白石尋常小学校の火災に際して同校教頭は命がけで「御真影」を移した。太平洋戦争中の空襲に際し教師の最優先の責務は生命をかけても「御真影」を守ることであった。

この高木校の御真影焼却事件によく似た事件が一九二九（昭和四）年一月六日、飽託郡銭塘小学校で起きた。奉安所から「教育勅語」が盗みだされて近くの竹藪で灰となって発見された。この事件は犯人が判らずじまいで迷宮入りとなった。この二つの事件後、県の指導もあって、県下各地僻村の学校にいたるまで粗末な木造校舎に不釣合の鉄筋コンクリート造りの「奉安殿」が建てられていったのである。

2 「教育勅語」下の教員

女子教員

県下の女子教員は「学制」のはじめにあっては一八七四（明治七）年、公立小学校では熊本区に一名、阿蘇に一名のわずか二名であった。翌年には熊本区一三名、阿蘇一名、他に私立小学校四名となり、一八八〇（明治一三）年には三六名となったが、いずれも補助教員で、「学校令」が公布された八六（明治一九）年でも四三名にすぎなかった。しかも有資格者の女子正教員は「小学校令」下の一九〇三（明治三六）年になっても能本市の三名にすぎなかった。県は一八九五（明治二八）年、県師範学校に女子講習科を設けて女子教員の養成を企ったが、一年半の修業年限で応急対策の域を出なかった。そこで一九〇〇（明治三三）年の卒業をもって、これを廃止して女子部を置くことになり一九〇一（明治三四）年四月開講（四〇名）、一九〇四（明治三七）年、日露戦争の最中に第一回生三八名の卒業生を送り出した。一九一一（明治四四）年四月には県師範学校女子部が独立して県女子師範学校が開校した。

女子教員は待遇面では小学校の正教員七円以上五〇円以下、准教員三円以上七円以下とされていたが（明治二五年県令第二五号）、一八九七（明治三〇）年、表8のように俸給標準額に男女差をつけた俸給額を定め、翌年、表9のように改めた。

〈表8〉

種別		正教員	准教員
高等小学校	男	十圓以上五十圓以下	七圓以上二十圓以下
	女	八圓以上四十圓以下	五圓以上十五圓以下
尋常小学校	男	八圓以上四十圓以下	五圓以上十五圓以下
	女	六圓以上三十圓以下	四圓以上十二圓以下

専科教員ハ勤務ノ状況ニ依リ本條標準額以下ノ俸給ヲ支給スルコトアルヘシ

（『熊本県教育史』より）

明治末年の一九〇九（明治四二）年の尋常小学校正科教員でも男女の平均給与は男一七円二七銭に対して女は四円三六銭も低く、高等小学校勤務の本科正教員では七円五五銭の差があった。正教員でさえ右のような状態であったので准教員、代用教員の多い女子教員の給与は劣悪であったと言わねばならない。

女学校卒の准教員などが多かったが正教員も漸増して女子教員の数は増加し、一九一二（明治四五）年には一一四四名、一二八（昭和三）年には一六〇二名に達し、全教員中に占める女子の比率も増大した。一九〇七（明治四〇）年二四％、一九一八（大正七）年二七・五％、一二八（昭和三）年には三〇％となった。

〈表9〉

甲號表

種別	男女	正教員	准教員
高等小学校	男	十圓以上五十圓以下	七圓以上二十圓以下
	女	八圓以上四十圓以下	五圓以上十五圓以下
尋常小学校	男	八圓以上四十圓以下	五圓以上十五圓以下
	女	六圓以上三十圓以下	四圓以上十二圓以下

乙號表

種別	級	上俸	下俸
正教員	一級	五十圓	四十五圓
	二級	四十圓	三十五圓
	三級	三十圓	二十五圓
	四級	二十二圓	二十圓
	五級	十八圓	十六圓
	六級	十五圓	十四圓
	七級	十三圓	十二圓
	八級	十一圓	十圓
	九級	九圓	八圓
	十級	七圓	六圓
准教員	一級	二十圓	十七圓
	二級	十五圓	十四圓
	三級	十三圓	十二圓
	四級	十一圓	十圓
	五級	九圓	八圓
	六級	七圓	六圓
	七級	五圓	四圓

（前同）

女教員大会

このような女性の初等教育界進出は、一九〇八（明治四一）年四月からの義務教育年限の延長（六ヵ年）、高等科（二年ないし三年）併設校の増加による教員不足の補完、女子児童の就学率の向上による家事、裁縫科の授業などへの対応などの県の諸施策でもあったが、一面では女性の社会的進出を増加させる時代思潮の変化があった。とりわけ、大正デモクラシーの高まりは女性の意識に変化をもたらした。このことは一九二〇（大正九）年の女子師範学校における生徒の現代思想調査に端的にあらわれている。すなわち「婦人解放の意義如何」の設問に対する回答は正解一二九、半解二六に対して回答不能二一であり、「女子参政権の可否」では否とする者五一に対して可とする者九六と上回り、回答不能者は二八であった（『熊本県教育史』）。

このような女子教員の進出にあたって「女教員は女教員自身が自律の意味を持って己れの会を作り、団体結束の強さを善用し、もっと気勢を揚げてその本領を発揮するよう研究努力せねばならぬ」という趣旨で一九二〇（大正九）年六月、県女子師範学校は「女教員大会」を開催し、以後毎年開かれた。この女教員大会は女子教員の質の向上を企るとともにデモクラシー、自由平等思想、社会主義などの諸思想の教育への浸透に直面して〝思想善導〟の意図を持っていた。詳細の資料を欠くが大会は例年女子師範校長はもとより県学務課長、県、郡視学など多数来賓出席の下で開かれ、県の諮問事項の検討、答申、研究発表、協議事項協議、自由意見発表などが行なわれ、主として学校教育、教授法の討議を行なう官製大会の域を出ないもので、全体として教育現場の女子教員の生活と権利を守るナマの声を反映するものではなかった。しかし、県・郡大会について新聞（「九州日日新聞」「九州新聞」）の伝えるところによると第一回大会ではその討議の中で「女教員は余りに煩瑣な仕事が課せられて居る、もっと余裕を与えよ」「女教師の俸給を改善せよ」、そのための女教員の団結の必要、が強調された。同年の八代郡の大会では「女教員の勤務時間の短縮要求」が強調された。女子教員は学校における過重な負担と家庭生活の負担の二重の重荷を負わされていた。また、各年次の県大会でも「女教員待遇法の改善」「受持ち時間の減少」「女子教員は男子教員の不足を補う補完的な存在ではないこと」「女校長、女視学の採用」「女教員の意見が軽視される現状に対する批判」が発表され、産前産後の休暇に関する要求も出された。ちなみに熊本県において産前産後の休暇が正式に認められたのは文部省訓令に一年遅れた一九二三（大正一二）年八月であった。玉名郡の大会では「女教員の貞操堅固」を強調した当局側の発言に対して、当局幹部の居並ぶ前で「女教員の貞操を危機におとし入れようとするのは男性の上司である」状況をとりあげて鋭く批判した。女教員独自の自主組織の結成も提起された。

これらの一連の諸発言は女子教員の置かれていた当時の状況を反映したものであった。しかし、女教員大会は軍国主義教育、絶対主義的教育イデオロギーの深化と体制強化の中で完全に官製集会の機能しか果し得なくなった。

生活苦の教員

明治三〇年代（一八九七年―一九〇六年）において文部省の示す教員俸給の水準以下であった本県の給与は明治末年の一九〇九（明治四二）年に至っても尋常小学校勤務の本科正教員で男一七円二七銭六厘、女一二円九一銭六厘、高等小学校勤務の本科正教員は男二一円二九銭二厘、女一三円七四銭五厘の平均に過ぎず、他府県に比べて著しく劣っていた。その後、幾分改善されて一九一三（大正二）年の小学校本科正教員の俸給平均額は二四円五五銭となったが、他の官公吏に比べて著しく低額であった。

第一次世界大戦の勃発に伴う〝大戦景気〟は急激な物価騰貴をもたらした。県は「米騒動」の直前の一九一八（大正七）年四月、若干の値上げを盛り込んだ小学校教員月俸額の改訂を行なったが「但当分ノ内等級相当ノ額ヲ減ジテ之ヲ支給スルコトアルベシ」とのただし書き付きであった。日々に騰貴する物価の前には増俸は焼け石に水であった。ある教員は同年八月、次のように「九州日日新聞」に投稿している。

「物価騰貴の攻撃激烈を極め、其の重囲に陥れる者は中産階級の月給生活者即ち腰弁組たることは、我人ともに是認するところ。実際我々腰弁組はやりきれない。わけてひどいのは巡査諸君や僕等仲間の小学教員だろう。

（中略）視学殿の訓示が面白い。『国家は義務教育の重大なるを思い、特に義務教育者優遇の途を拓けり。諸君、此の国家の恩誼に感じ、至誠以て奉公の実を挙げざるべからず』と。なるほどそうである。そうであるが、毎年三月末には多数の増俸が行なわるる例になっているに、今年はまるでない。今年にかぎって教員が国家の意志に叛いてずるけたのか、或は国庫交付金による増俸を以て例年の増俸に代えたのか。何れにせよ教員優遇の実がどこにある。最近物価益々騰貴し、臨時手当なるものを支給される腰弁が多い。然るに学校教員に対しては其の声だにない」

小学校教員の置かれたこのような状態のため「比較的物質的待遇の厚い銀行会社等、実業界へ転職する者続出し、其結果教員不足を告ぐる様になった」（『熊本県教育史』）。県は米騒動ののち一九一八（大正七）年一二月、「毎月臨時手当ヲ支給スルコトヲ得」と訓令したが、翌年から支給された臨時手当は各町村の財政状態で率が異なったが、およそ本俸の一割から三割程度であった。また、翌年一一月、「非観生」は「ああ准教員其の俸給は十円か十二円。此の頃優遇を得て十三、四円。鼻たれ小僧でさえ日給六・七十銭を得て居る今日、僅かに十三、四円。弁当代、下宿料に足らぬ。実に焼石に水である。あああはれなるは准教員」と「九州日日新聞」に投稿している。当時の生活費について「九州新聞」は五人家族の衣料費、娯楽費を除く純生計費が月六八円四五銭（主食は米七、麦三の割で一斗五升で二三円三〇銭。副食費一人一日七銭五厘で一一円二五銭）を要すると伝えている（大正八年六月一日）。木綿、味噌、正油、薪炭などいずれも急騰していた。

3　教員の抵抗と「新教」「教労」運動

増俸運動

わずかの臨時手当の支給では物価の急騰に追いつかず、小学校教員の生活はますます深刻となる一方で、転退職は次第に増加して教員不足を告げたが補充すら困難となり、師範学校への受験者も激減するといった状況に陥った。かくして県は毎月臨時手当として俸給月額の五割以上を支給すべき旨を一九一九（大正八）年七月末になってようやく県令で公布した。全国的には労働者の闘争が高揚した年で、わが国初の教員組合啓明会が下中弥三郎らによって創立されたのもこの年である。荒畑寒村は「本年の社会運動にあって特色があったのは、学校教員の増俸運動である」（『労働運動の復興期』）と述べている。東京市の小学校教員は俸給の八割値上げを要求する大会を日比谷公園で開催しようとして官憲の弾圧を受けた。札幌区の教員は三割値上げを要求してストライキを決議、茨城の七ヵ村の小学校は同盟辞職を申し合せ、松山市の小学校はストを決行した。このほか山梨・鳥取・大分・門司、その他全国二〇以上の地域で増俸運動が起きた。

熊本県では各郡市の俸給平均額（大正九年一月現在）は熊本市三一円、飽託二四円、上益城二五円七九銭、下益城二五円四五銭、宇土二五円、阿蘇二六円、菊池二五円八〇銭、玉名二四円二八銭、球磨二四円七八銭、芦北二二円七四銭、天草二二円九五銭と各郡で格差があったが、他県に比べて低額であった。

都市部の熊本市では一九一九（大正八）年九月頃より校長を除く教員有志がしばしば会合して待遇改善などを協議していたが、市内小学校全教員の結束に努めた「九州日日新聞」は「物価騰費の影響は仮例幾許（たといいくばく）か増給とか臨時給与とかはありとも生活上の困難を感ずること甚しき処より、今までの如く与えらるゝ待遇に甘んずる事ができず自己境遇の改善は自己の力に由るの外なしとの覚悟を決め、当局の鼻息を窺うて戦々競々たる校長を動かして教員の意向を取り次がしむるなどは間がぬるし、直ちに市当局に要望すべしといふに一致し、若し要求して容れられざる場合の処置に関すること等には頗る猛烈な意見もありし由……」と報じている。当初は傍観的立場をとっていた校長連も事態の発展を深刻に受けとめ、ようやく動き出し校長も参加した一大運動となった。市当局に対する要求は「平均月俸額十三円の増加と十割の臨時手当とを給せられたし」というもので委員を選んで交渉にのぞんだ。この教員の増俸運動の高まりの中で「市内教育家の思想は余程急激なる変化を来し」て、従来の教育会では教員の地位向上には無価値であるので「教員は教員自身の団体を作り、職務上の研究も勿論ながら自家地位の擁護、権威の確立を図るべしとの意見を抱くもの多く、米国の教員組合の如きを取って学ぶべしとして画策の歩を進めたし焦慮する者」（「九州日日新聞」）もあると報ぜられ、実現はしなかったが教員組合結成の動きもあったことをうかがわせる。

　こうした熊本市の教員の動きが報道された数日後の一九二〇（大正九）年一月一〇日には、前年末、教員の要求によって増給運動について協議していた下益城郡の若手校長連が松橋町に会合して、

一、本郡教員の待遇を他郡と同様になすこと
一、臨時手当七割を要求すること
一、年末手当等も金一円也の如き小額に止めず少くとも月俸額位を支給すること
一、教員大会を開き郡内一統すること
一、来る四月より十割を要望すること

以上の事項を決議し、一二名の委員を選んで運動を推進することとした（「九州新聞」）。

　また、菊池郡の教員間でも一九一九（大正八）年来、俸給増額運動について協議していたが二〇（大正九）年一月に入って教員一七六名は「訓導の俸給を八十円とし其他の教員俸給を其歩合にて増給の件」を当局に申し出て、もし拒否された場合は総辞職することを申し合わせた。同月一二日、校長二〇名を含めて代表が徹夜で協議し、翌日、代表が決議書を亀井郡長に提出した。こうした郡内教員の動きに対して二月二一日、郡通常議会閉会間際に増俸運動に関連して「同問題は目下調査中なれば本会議には発表を見合せられたし」との議長の制止を無視して郡会議員・上田虎喜は増俸運動に連名している一七六名の教員中の首席訓導のうち一五名の名前をあげて「その危険云ふべからず、彼等は速に隔離するか、または八幡製鉄所にても追放すべし」と暴言を吐いて新聞も「一般の反感を買えり」と批判し

た（「九州新聞」）。世論は教員の窮状に同情していたのである。八幡製鉄所云々の暴言は言うまでもなく、全国の耳目を集めた同年二月五日の八幡製鉄二万三〇〇〇人の大ストライキ闘争を念頭において、〝ストをするような危険な教員を追放せよ〟という意志表示をしたものであった。

県は文部省令に基いて一九二〇（大正九）年九月、小学校教員俸給令を改正して八月にさかのぼって実施したが、基本的には臨時手当の本俸繰り入れであった。

「昭和恐慌」の下で

「昭和」は暗い幕開けとなった。昭和に入って三ヵ月にも満たない一九二七（昭和二）年三月の東京渡辺銀行、あかじ貯蓄銀行の休業や翌四月の台湾銀行の休業に端を発する金融恐慌は、またたく間に全国に波及し、四月二一日、熊本市の各銀行には早朝から多数の預金者が引き出しのため列を作った。政府は緊急勅令で三週間のモラトリアム（金銭債務の支払猶予）を公布した。二二日、二三日は県内の各銀行は郡部所在の銀行に至るまで一斉休業し、岡正雄知事は告諭を発して「此の際予（預）金者に於て一時に引出に殺到せば如何なる銀行と雖も到底其の要求に応じ得ざる事は銀行経営上自明の理」として軽挙をいましめ、市内各所には私服警官を配置して流言蜚語を取締り、警戒に当らせた。加えて二七（昭和二）年九月一三日には有明海沿岸は大潮害にあい、被害額三三六万円に達して被災者を塗炭の苦しみに陥れた。また二七年、二八年と続いた阿蘇地方の降灰による被害も大きく、これらが金融恐慌と併せて県経済に打撃を与えた。

一九二九（昭和四）年一〇月二四日、アメリカ・ウォール街の株式大暴落をきっかけにヨーロッパを巻き込んだ世界恐慌は直ちに日本に波及し、年末には株価、物価ともに低落し、一九三〇（昭和五）年一月一一日の金解禁とともに破局的状況となった。日本の恐慌は世界大恐慌の一環に組み込まれ、恐慌を深化させ、翌三一（昭和六）年には最悪の事態となった。

物価は三〇（昭和五）年一月からの約二年間に三〇％以上も暴落した。なかでもアメリカの恐慌をまともに受けた生糸の下落は激しく、三〇（昭和五）年一月にくらべると翌三一年の最低値では五五％も下落した。当時、生糸はわが国輸出総額の約四割を占め、しかも、その九割以上はアメリカに輸出されていたのである。アメリカ向け輸出は激減し、生糸市価の大暴落はわが国の農業恐慌の引き金となった。

昭和恐慌は農山村を直撃した。熊本県は有業者人口の六一％強（昭和五年一〇月一日）を農林業が占めていた。生糸価格の暴落が繭価の暴落を呼び、本県においては一九二九（昭和四）年の養蚕戸数六万四九〇六戸であったが二九（昭和四）年の春繭価格が七円五五銭に、翌三〇（昭和五）年には養蚕戸数は六万五八七三戸と増加したが春繭価格四円六一銭に惨落した。三一（昭和六）年は春繭価格三円一銭、三二（昭和七）年には二円五三銭と惨落、養蚕農家に決定的打撃を与えた。三三（昭和八）年には五円八二銭といくらか持ち直す傾向を見せたが、三四（昭和九）年には二円七一銭、夏秋繭も二円六〇銭台と一層下落した（米村武夫『熊本県蚕糸業史』）。ある農民は「殺人的な安値」と悲痛な叫びを新聞に投稿している。

ついで米価の暴落がはじまり、三一（昭和六）年には大正末年の四九％、二九（昭和四）年の六三％に崩落した。二九年の水準に回復したのは繭価よりやや早く一九三五（昭和一〇）年であったが、大正末年の価格に近づいたのは三九（昭和一四）年であった。麦類の価格もほぼ同様の状況であった。県下農業の二つの柱であった米と養蚕がもろに大恐慌の嵐に襲われたのである。

深刻な農業恐慌の進行は零細貧農層はもとより自作、小作層の負債を増大させたばかりでなく、「中小地主も小作米を全部売っても戸別割（税）が払えないといった者が多かった」（合志義塾・工藤誠一談「昭和恐慌」＝「熊本日日新聞」）ほどであった。県の発表によると恐慌下の農家負債は一九三五（昭和一〇）年末で農山漁業総戸数一五万五三〇七戸のうち負債戸数一三万三七二〇戸で実に八六・五％を占めた。負債総額は九七七三万一二八四円で、一戸平均七二五円に上った。

農村の極度の疲弊は教育界に深刻な影響をおよぼした。県学務課の調べによると一九三〇（昭和五）年一学期の県下各小学校の長期欠席児童は三ヵ月以上一三〇六人（男三九五、女九一一）。このうち一年以上六〇〇人（男一三〇、女四七〇）に上っていた。一年以上の長欠児童六〇〇人のうち五〇九人は家庭貧困にもとづくものであった（「九州新聞」）。登校しても昼食の弁当を持たない欠食児童も年々増加した。一九三二（昭和七）年、欠食児童に対する国の補助金による県の給食は九九校の九八五人分を配分してスタートしたが、翌三三年前期には二五四校、四五八九人分（一児童一ヵ年分の給食費はわずかに一円六〇銭にすぎなかった）が割り当てられた。ただしこれらの数字は、国から交付された学校給食臨時施設費の範囲内で配分するために対象欠食児の中から県の査定で選ばれて配分された数字であって、欠食児童の実数よりはるかに少なかった。たとえば天草郡だけでも三二（昭和七）年一学期の欠食児童は二一三八人にのぼっている（学務課調査）。三四（昭和九）年の新学期には県下の欠食児童は八一〇〇人と報告されたが、同年一〇月、繭価の大暴落に加えて大干ばつに見舞われた天草では、

「郡下六二校、一万二〇〇〇余の学童中七割は弁当を持たないで登校し、中にはついに他人の弁当、柑橘類、カンショ等を盗み飢えをしのいでいる可れんな児童もある。また粗食のため栄養不良になり、やっとその日の授業を受けている悲惨な児童が漸次増加している」（「九州日日新聞」）

と報ぜられている。この年、干害のため天草郡の水稲は六割、サツマイモは八割の大減収と見込まれたが新聞は同郡下の〝生地獄〟の惨状を「一家の窮状を救うため人肉の市に身を落とす娘、涙を秘めてまだみぬ海の彼方外国に悲しい出かせぎをする娘、出かせぎするに旅費なく永年飼育した牛馬を手放す哀れな農民、不漁のためナベカマまで入質しやっと糊口をしのぐ漁民」（前掲）と報じ、また県下の給食を要する児童一万三〇〇〇人とも報じた。

こうした農山漁村の父兄や児童たちに日常接する小学校教員は心をいためたが、彼ら自身も窮状に追いこまれていた。

農業恐慌は農民に容易に回復し難い打撃をあたえ、負債を増加させ「働けど働けどなほ食へず他郷に出るもの海外に赴くもの無数にあり、よりよき部類でも唐芋を常食としている者多く、麦飯をいただけるなど上の部」（「九州新聞」）で「地主でも暮らしに困るぐらいだったから小作人の暮しは苦しかった…。田植えする時には種モミもないという状態になる家も珍しくなかった」（工藤誠一談・前出）ほどであったので、税金の徴集は困難で滞納が累積し町村財政が窮迫、支出予算の過半を占める教育費を直撃した。

一九三〇（昭和五）年一月の県視学会議で前年の教員俸給の不払い状況が報告された。不払いは菊池、阿蘇、芦北などのほか各郡でおきているが、三ヵ月、半年も遅れているところもあり、俸給のみならず二九（昭和四）年四月に転任した教員の赴任旅費をまだ支給していない町村もあり、年末賞与などなおさらのことである（「九州日日新聞」）というのである。また、同年五月の新聞は南部阿蘇の「色見・長陽のごときはすでに小学校教員俸給を三ヵ月分も不払いし比較的納税成績の良かった久木野村でも最近俸給支払いを延期せねばならぬ窮状にある」（「前掲」）と伝えている。

こうした状況の中で一九三〇（昭和五）年一一月、県町村長会は「小学校教員の俸給の一割の自発的寄付」を決議し、一二月には小学校教員俸給の低減を公務員の減俸と共に県、政党に陳情した。この町村の「自発的寄付」について本山文平県知事は「小学教員が町村の窮状に同情し任意応分の寄付を申し出ることはまことに美徳」と容認の態度を表明したが、あくまで〝自発的任意寄付〟であるとした。しかし、町村会長側は「県が一割寄付を美徳として称揚する以上、県下の教育者にしてこの美徳に習わない者は一人も無いはずであるから、一割寄付は実現したと同様」との態度を表明、実質的な一割減俸の強制であった。町村長の減俸の圧力の中で給与の不払いは一段と増加し、一九三一（昭和六）年一月現在の小学校教員に対する給与の支払延期または未払いは七六ヵ村に増え（『熊本昭和史年表』）、同年の『新興教育』五月号は熊本県では三二八町村中八〇ヵ村が俸給不払いの状態にあると記した。その後も不払いは遂年増加して農業恐慌から不況へ移行した時期の教員を苦しめた。教員の中には数ヵ月の不払いのため米、みそ、しょう油の現物支給を受けて、ようやく生計を維持する者もいた。

「振興教育」運動と「教労」のたたかい

「専制主義に対する民主主義の戦いである」と連合国によって規定された第一次世界大戦は、連合国の勝利による終結でデモクラシーの思潮を世界に広めた。連合国側の一員としてこの戦争に参加した日本にもデモクラシーの波が流れこんだ。一九一七年のロシア革命は世界の労働運動、社会主義運動の高揚をもたらした。新聞や雑誌には民本主義・自由平等・個人主義・社会主義、あるいはストライキ・労働問題・普通選挙・婦人参政権・婦人解放などといった言葉がはん濫した。日本資本主義・帝国主義の発展による矛盾は、とりわけ米騒動（一九一八年＝大正七年）の国民的経験ののち大衆運動の飛躍的高まりをもたらした。デモクラシーの思潮を基底にすえた多彩な大衆運動＝労働・農民・部落解放・女性解放・学生・消費者運動、そして自由教育運動などがいっせいに展開され、諸階級、諸階層が独自の多様な組織を確立し、さらに階級政党が組織されていった。

県下でも大正後期から昭和初期にかけて急速に大衆運動が高揚し、大衆組織が確立していった。労働運動では日窒鏡、同水俣、三井炭鉱、熊本市電などをはじめ小企業のストライキが起き、「評議会」系の印刷労働組合・合同労働組合、評議会の解散後は「全協」系の組織が職場に確立されていった。農民運動では日農（大正）、全農（昭和）の指導下にたたかわれた郡築小作争議を始めとする小作争議が頻発した。部落解放を目指す「水平社」運動が激しく闘われ、消費者運動では電燈料値下げ、家賃値下げ運動をはじめ、「日消連」傘下の無産者消費組合運動が広がった。五高社研を中心とする学生社会運動は中等学校にまで影響を広げた。アナーキズム・サンジカリズムの思潮が凋落し、社会主義思想が広がりを見せ、労農党県支部、社会民衆党県支部など無産政党が組織され、非合法の厳しい制約の中で共産党の活動と影響も次第に浸透していった。しかし、絶え間ない検挙、取調べと、三・一五（一九二八年＝昭和三年）、四・一六（一九二九年＝昭和四年）の大弾圧につづいて七・一三（一九三二年＝昭和七年）、一四四人を大量検挙した二・一七（一九三三年＝昭和八年）などの大がかりな弾圧の中で組織は破壊され、活動家は投獄されて組織的な活動力は弱められていった。

こうした状況の中で、県下の教員の間にも自由教育運動が波及し、自由主義のみならず社会主義の思想的影響は師範学校生徒、教員にも及び、少数ではあったが階級的自覚を抱いた人々を生みだしつつあった。農村恐慌の嵐が荒れ狂う中で児童・父母の窮状に心を痛め、社会的矛盾の解決のため、ひそかに〝変革〟に心を寄せる人々が県下の小学校に点在していた。

玉名郡神尾村（現三加和町）・神尾小学校の教員・草野実馬も右のような教員の一人であった。熊本第一師範学校時代から『第二貧乏物語』などの社会主義文献に親しんでいたが、はからずも教員二年目の一九二九（昭和四）年一二月に奈良女高師で行なわれた冬期講習会でプロレタリア文学の作品と作家について講義を受け、『戦旗』を紹介された。ただちに『戦旗』を購読し、『少年戦旗』も読んだ。学校では受け持ちの欠食児童が校長の弁当を盗み食いするという事件が起きたりして「教師は学業だけを教えていれば済むものではなく親の生活と学校・教師は切っても切れないものだ……団結の力を持ってしか闘うことは出来ない」と考え始めていたが、翌一九三〇（昭和五）年夏、夏期講習会参加のため上京して新興教育研究所の創立と『新興教育』の創刊計画を知った（池田智恵子「熊本における『教労・新教』の運動について」）。

新興教育研究所（「新教」）は一九三〇（昭和五）年八月一九日、東京で創設された。「新教」の創立は同年一一月の日本教育労働者組合（「教労」＝のち全協一般使用人組合教育労働部）の結成に先行したが、非合法活動を余儀なくされた「教労」と密接な関係を持ち、宣伝など合法面の役割を担当した。プロレタリア教育の研究・建設と教育労働者運動の宣伝を推進する中心的教育研究機関であった。三一（昭和六）年一〇月、「コップ」（日本プロレタリア文化連盟）の結成に参加し、三二（昭和七）年八月には運動体に移行するため「新興教育同盟準備会」（「新興同準」）に改組、三三（昭和八）年八月にはコップの各同盟、とくにプロレタリア科学同盟（「科同」）に吸収されることとなり、一一月には全国的に解消した。

創立翌月の九月一日付で『新興教育』の創刊号が発刊され、草野実馬は創刊号から購読した。創刊号の巻頭に掲げ

られた「新興教育研究所創立宣言」の中には、

「社会生活に対して政治が支配的である限り、教育の目指す人間的解放は、政治的自由の獲得なしには、幻想以外の何物でもあり得ない。組織には組織を以てする教育者の政治的実践の現実形態は××的教育労働者の団結に依る教育労働者組合運動でなければならない。

教育労働者組合はわれわれの城塞であり、『新興教育』はわれわれの武器である」

とうたわれていた。また、「新教」創設の中心人物の一人・山下徳治は論文「新興教育の建設へ」の中で恐慌下の農村の貧窮の階級的本質を述べ、教員の減俸問題などにも触れた上で「農村に於ける学校の職能は、農民子弟の教育と、農村の文化的建設である」として「親愛なる教員諸君！　農村に帰れ！　農民大衆を支持せよ！　農村教師の使命はそれ以外にない筈だ。農民は教員大衆の支持を期待している」と訴えていた。実質的には「教労」の一般活動方針を述べた『新興教育』同年一一月号の渡辺良雄「日本に於ける教育労働者組合運動に就いての一考察」に触発された草野は、実践活動を決意し組織活動を開始する。同年一一月、「九州新聞」の「公開論壇」に「玉名一教員K生」の匿名で減俸反対の投稿が二度にわたって掲載され、賛否両論の論議をよんだ。一二月一〇日には「玉名草野生」の実名で「平教員の八つあたり」と題する投稿が掲載されたが、これは後に弾圧の端緒を作った。

一九三一（昭和六）年二月七日付の「教育労働者」（「教労」本部の非合法機関紙）には「熊本支部準備会確立！」の標題で「熊本には、同地同志の執拗な斗争を通じて、最近支部準備会が確立した。同地方は農村であると共に、反動的空気が濃厚なので、同志は悪戦苦闘を続けてゐるが、客観的情勢は熟してゐるのだから、必ずガッチリした支部をもり上げて見せるぞと誓ってゐる」と報じた。戦後の草野の回想（前出「熊本における『教労・新教』の運動について」）によると同勤の高木や岡本、後藤ら五、六人を結集し、「新教」とも連絡をとり、『新興教育』も五～六冊まとめて購入して配布したり、「教育労働者」も読んでいたが「教労」支部準備会というほどの活動ではなく、プロレタリア文学を回覧する読書サークルのようなものであったという。一九三一（昭和六）年三月、新聞への投稿などのせいか、強制的に依願退職させられ、ようやく組織活動が緒についた玉名地区の教育労働者運動は圧殺された。

一九二九（昭和四）年春から阿蘇郡長陽村・高野小学校に勤めた松山秀雄は、熊本第一師範二部に入学する前から左翼文献に触れ、社会運動に強い関心を持っていた。雑誌『未耕地』（熊本における無産者消費組合運動の指導者となった中山常次郎が郷里の下益城郡松橋町を拠点に発行して全県下に読者をもった左翼文芸誌）を阿蘇郡高森町の書店で見つけて読者となり中山常次郎と連絡を持ち、いよいよ階級的自覚を固めていたが、『新興教育』を創刊号から購読し、「新教」とも連絡がとれ孤立感から解放された。同勤の代用教員・後藤倫を同志として獲得した。後藤倫は『未耕地』を通じて知り合った玉名郡石貫村の徳永郁と連絡を持ち、徳永の紹介で草野実馬とも連絡をもっていた（徳永郁の父・右馬七は大逆事件で刑死した松尾卯一太のいとこで親交があった人。兄・維一郎は全農全会派の農民運動およびコップ熊本地協の活動家）。松山秀雄は授業時間外を利用して児童に対するプロレタリア教育につとめていた。一九三一（昭和六）年の夏休みを利用して後藤倫は徳永郁を訪ねた際、処女会の集りに出て二人で革命歌を歌う〝事件〟をひきおこし、草野実馬の留守宅（すでに上京中）は家宅捜索を受け、松山秀雄は退職を強要され、後藤倫も職場を追われた。芽生えたばかりの阿蘇南郷谷の教育労働者運動も摘み取られてしまったのである。

県下に点在した階級的に目覚めた教員は草野や松山のグループばかりではなかった。彼らの動きより以前に「教育文芸家協会ニュース」第二号（一九二九年＝昭和四年＝五月五日）は「この四月、所謂左傾教員に対する不意転（突然、予告なしに転任を命ぜられること＝引用者注）、免職が全国的になされた。（中略）岐阜、高知、熊本、東京等に於ては百にもあまる教員たちが退職させられた」と報じ、渡辺良雄は『新興教育』一九三〇（昭和五）年一一月号掲載の論文の中で「……熊本県下に於ける左傾教員又は左傾教員団の処罰、馘首……」と述べている。資料的制約から今は真疑、実態を明らかにし得ないが、上述のような事実が存在したのであろう。一九三二（昭和七）年七月一三日から一八日に至る検挙取調人員四〇人にのぼった七・一三弾圧の被検挙取調者の中に、球磨郡渡村・中園小学校教員・柳田ハルエ（七月一三日検挙・八月五日釈放）が含まれていた。柳田は当時すでに阿蘇、菊池両郡にわたる組織を確立していた「新教」熊本支部の田代官次らのグループとは連絡がなかった。

田代官次らは新興教育研究所が創立された一九三〇（昭和五）年末に組織を確立して、一九三三（昭和八）年一二月二四日を中心に二一日から二五日にいたる弾圧まで三年間、組織的な活動を続けた。

田代官次は一九二六（大正一五）年、熊本第二師範を卒業して教職につき、菊池・阿蘇郡下の小学校に勤務したのち一九二九（昭和四）年、阿蘇郡南小国村（現町）満願寺の黒川小学校に妻・テル（女子師範卒・教員）と共に赴任した。当時の状況について田代は生前（一九七四年＝昭和四九年）、「熊本日日新聞」連載の『熊本昭和史年表』の取材で面接した筆者に、およそつぎのように語った。

「黒川小学校に赴任したのが昭和四年です。山間のいわゆるへき地校だが、日の丸の旗で迎えられた時は純朴なほんとにいいところへ来たと思ったものです。しかし当時すでに農村恐慌は始まっていた。生徒の家庭の苦しさは想像以上のものであることがおいおいわかってきました。黒川小は児童数百三十人。教員が校長以下四人。その一人は私の家内です。複式学級で私は五、六年生約四十人を受け持った。山あいの村で水田や畑はわずかな土地ですからね。小作をする土地もない。また全国的に失業者が続出した時代だから、遠くへ働きに行くといってても耳寄りな話はない。父兄の仕事はたいていは山仕事、シイタケ栽培、炭焼きの日ゆう取りでした。クラスでも欠食児童がだいぶいた。なかでも二人の子の状態はひどいので、校長を通じて村にかけあい給食費を出してもらいました。校長官舎があいていたので私たちはそこに住んでいましたが、官舎でいっしょに食べよりました。

ある時生徒の一人が『ようべ父ちゃんのネズミば食べさせらした。うまかった』と言うのを聞いてびっくりしたのを覚えとります。またある子はガイコツのようにやせこけて欠食児の様相まるだしだったが、一日に一食ぐらいしか食べてないんです。ひもじいものだから毎日よその畑のトウモロコシを取って生でかじっていた。頭のいい子でしたがね。

……弟や妹を学校に連れて来て子守りしながら授業を受ける生徒が三人ぐらいおりました。授業中に泣き出すと廊下へ出て窓の外から授業を受けていたのを思い出しますね。

土曜日になると子供たちの散髪をしツメを切ってやり、五、六人から十人も引き連れて温泉へいったものです。ほとんどの家庭が母親も働いているから、子供の面倒なんか全く見てやれない。家内のスカートをつくり直して生徒に着せた記憶もあります。……

生徒の父兄が時々米を買ってくれと持ってきました。米一升がたばこの朝日一箱の値段だったことがあるんです。当時朝日が十五銭でしたかね。その米が農民は食えないわけですね。……」

「私が新興教育運動に首を突っ込んだのも、やっぱり農村の貧困の状態をこの目で見、ハダで感じたからですね。……やっぱりやむにやまれぬという気持ちがあったのですね。

あのころほとんど全国的に教員の赤化運動が起こっとりますね、そのことごとくが小学校の先生ですもんな。中学校の先生が赤化運動をしたというのはほとんどいない。やはり小学校の教師は地域住民と深い接触をもつからです。こどもの生活・家庭の状態をよく知っていますからね。……あの当時の教員の左傾化は決していわゆる〝左翼かぶれ〟というようなものじゃなかったと思います」（「昭和恐慌」＝「熊本日日新聞」）

田代は熊本第二師範の同級生に林田茂雄（中退。日本共産党機関紙「赤旗」地下印刷局などで活動）、松原三夫（中退。上京して「全協」オルグ、のち熊本で活動）、岩代輝昭（卒業。上京して全協一般使用人組合のオルグ）といった左翼活動家の友人がいたが、林田茂雄によると「田代はぼくらのようなアバレン坊じゃなくごく普通の目立たない、いわば師範学校のまじめ生徒」として卒業した。しかし、田代もまた在学中から左翼文献を読み、卒業後は一層影響を受けていた。東京の岩代、林田らとも文通していた。一九三〇（昭和五）年八月、上京の機会に岩代に「新教」の山口近治を紹介された。帰熊した田代は「新教」運動に入った。

田代は妻・テルのほかテルの妹・吉井ノブ、梶原清麿、古閑勇ら教員を組織し、熊本県の「特高資料（特高秘七三六九号・別表二）」によると一九三一（昭和六）年九月現在で図1のように熊本支局を確立し、『新興教育』の配布網を組織した。市原小学校の古閑は結核に冒されて休職中であったが、療養のため故郷の菊池郡城北村（現七城町）宮原に転地して活動していた。

その後、一九三二（昭和七）年八月には組織方針が変更され、大衆化の方向が打ち出され中央で「新興教育同盟準備会」が発足した。熊本では同年一〇月図2に示すように熊本支部準備会が確立し、教員外から田北一郎、高野武雄が新たに参加して具体的な活動を始めた。田北は南小国村満願寺字志津で雑貨商を営んでいたが地元の青年に働きかけ「志津劇団」の〝自主化〟を図った。「志津劇団」は長い伝統をもち、氏神の満山神社の秋祭りで青年全員が参加して演劇を上演する組織で今日も残っているが、県立阿蘇農業学校を卒業した田北は青年の信望を集めたリーダーで自ら脚本を書き従来の農山村演劇から脱皮した反戦劇を上演したりして農民の啓蒙活動に従った。また、同盟準備会支部は青年の啓蒙のため雑誌『バット』（一九三二年一〇月）を発行し、のち雑誌『夜明』（一九三二年一二月）と改題し

〈図1〉

新興教育配布状況　昭和六年九月現在

新興教育研究所本部	
新興教育熊本支局	責任者 田代官次
菊池郡地方	古閑勇、吉井ノブ
阿蘇郡地方	田代テル、北里悦雄、室原盈佑、寺崎俊雄、梶原清磨

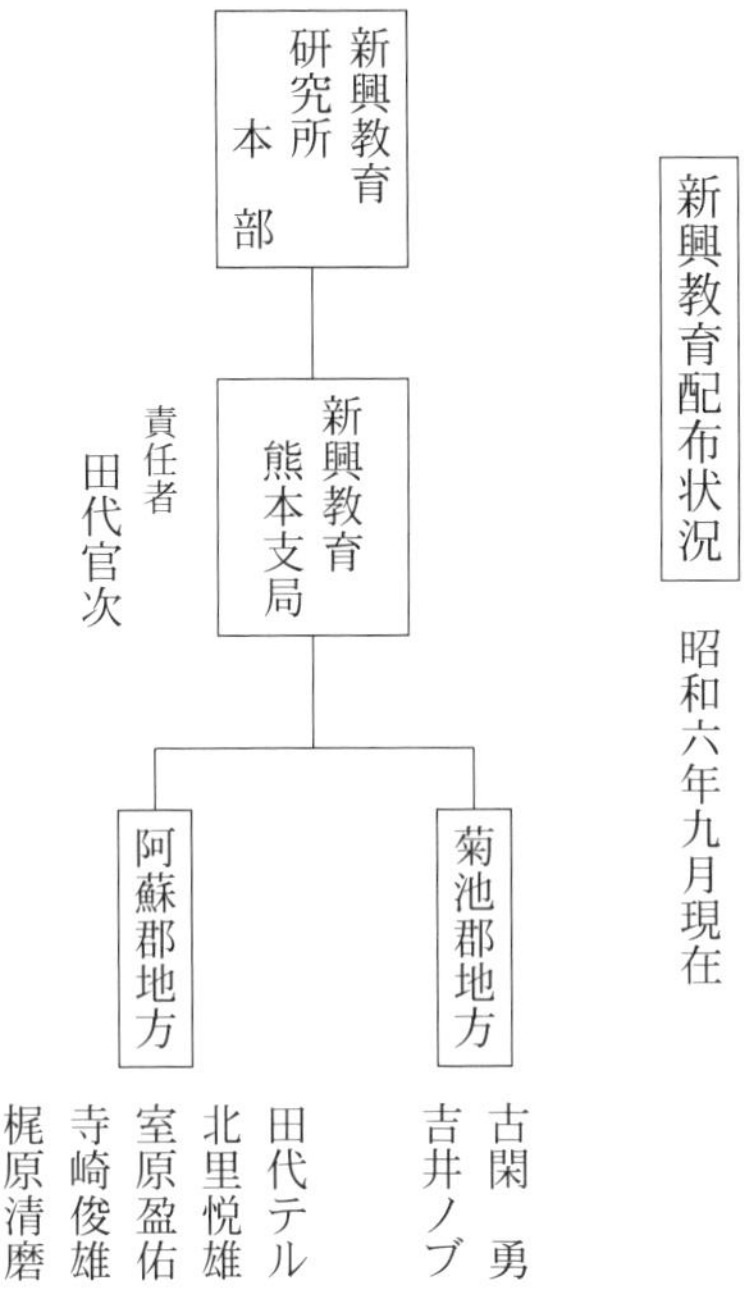

（『熊本県特高資料』より作製）

〈図2〉 新興教育同盟熊本支部準備会

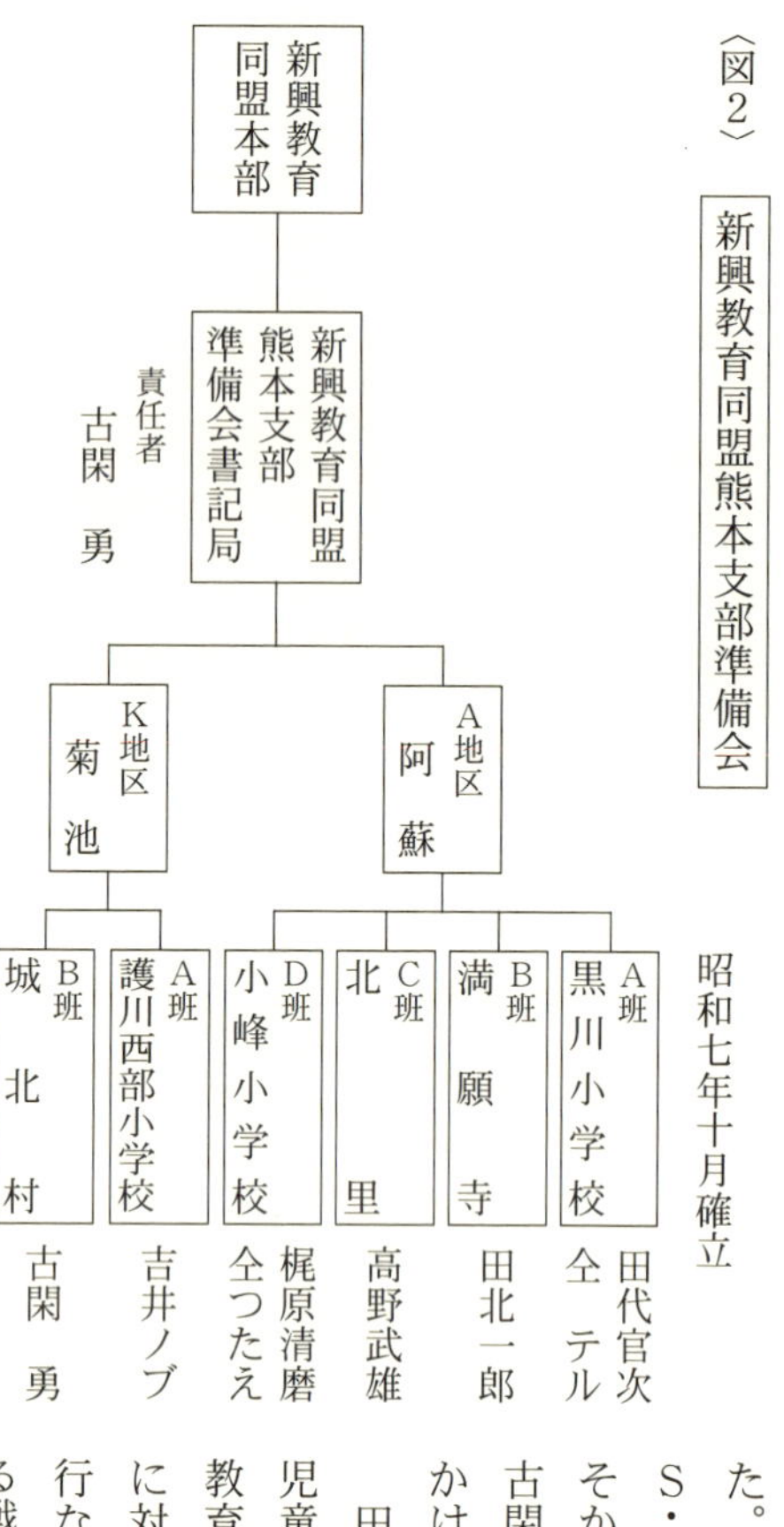

（前出『資料』より作製）

た。また支部は会員相互間の機関誌『K・S・K』（一九三三年三月より三号発行）もひそかに発行した。菊池郡城北村で療養中の古閑は病をおして青年や師範学校生に働きかけていた。

田代は「我々の主な活動は教師の組織、児童に対する弁証法的唯物論の立場からの教育活動、地域青年の啓蒙、師範学校生徒に対する働きかけ、機関誌『バット』の発行などであった」（上田穣一編『熊本に於ける戦前の社会運動(2)』）と記している。また、田代らが検挙された後、新聞は「児童に対しては学内新聞として『我等の仲間』を発行して貧富の懸隔を強調した記事を掲載して児童の階級意識の養成に努め又教科書を通じて共産主義的初等啓蒙教育を施す」（「九州日日新聞」）と報じている。

阿蘇、菊池郡で田代らが慎重かつ活発に運動を進めていたころ県下の社会運動の状況は、一九三一（昭和六）年九月二〇日、二一日にわたって全協熊本地区（準備会）の組織を中心に左翼組織に対する一斉弾圧で二八人が検挙された。大演習で天皇来県を前にしての一斉検挙であった。

つづいて翌三二（昭和七）年七月一三日午前五時を期して熊本、八代、松橋地方の全協・全農・日消連などの諸組織を襲い、四〇人を検挙した。続いて一九三三（昭和八）年二月一七日未明、前年の弾圧にかかわらず一層組織を伸ばし活動を強めていた県下左翼組織の壊滅を期して、警官二〇〇名を動員して熊本・川尻・高瀬・松橋・八代地方など全県一斉に手入れをおこない一四四名を検挙した。この二・一七弾圧は県下の諸組織に回復しがたい打撃をあたえた。なお、同年一一月一八日から学生・共産青年同盟組織の検挙にかかり一一名を検挙した。

　この間、新教同盟熊本支部準備会は阿蘇、菊池方面で活動していたが、コップ傘下の新教同盟準備会はプロレタリア科学同盟（「科同」）に発展的吸収の方針を出し、一九三三（昭和八）年八月の同盟拡大準備委員会に、熊本からも田北一郎が参加した。中央の方針に基づいて同年九月、熊本でも支部総会を開いて「科同」熊本支部準備会を確立した。「科同」熊本支部準備会の責任者には田北一郎が選ばれた。組織は図3のように拡大したが阿蘇郡小峰村（現上益城郡山都町）・小峰小学校の梶原らの脱落もあった。

　全国的には新興教育同盟準備会と「教労」に打続く激しい弾圧が加えられていた。一九三二（昭和七）年、確認されただけでも九州で宮崎・長崎・大分・沖縄が組織を破壊され、全国で一三府県に及んだ。一九三三（昭和八）年に入ると「教労」「新教」の組織は愛知・岐阜・静岡・香川・福岡・青森とつぎつぎに弾圧で破壊されていった。

〈図3〉　昭和八年九月　プロ科熊本支部準備会

プロレタリア文化連盟本部
- プロレタリア科学同盟熊本支部準備会（責任者　田北一郎）
  - 菊池地区準（古閑　勇、吉井ノブ）
    - 山崎増雄
    - 原田正直
  - 阿蘇地区準（田北一郎、田代官次、田代テル、高野武雄、高野キヌ）
    - 岩下　登
    - 岩下　広
    - 栗原五郎
    - 田中久夫
    - 太田友夫

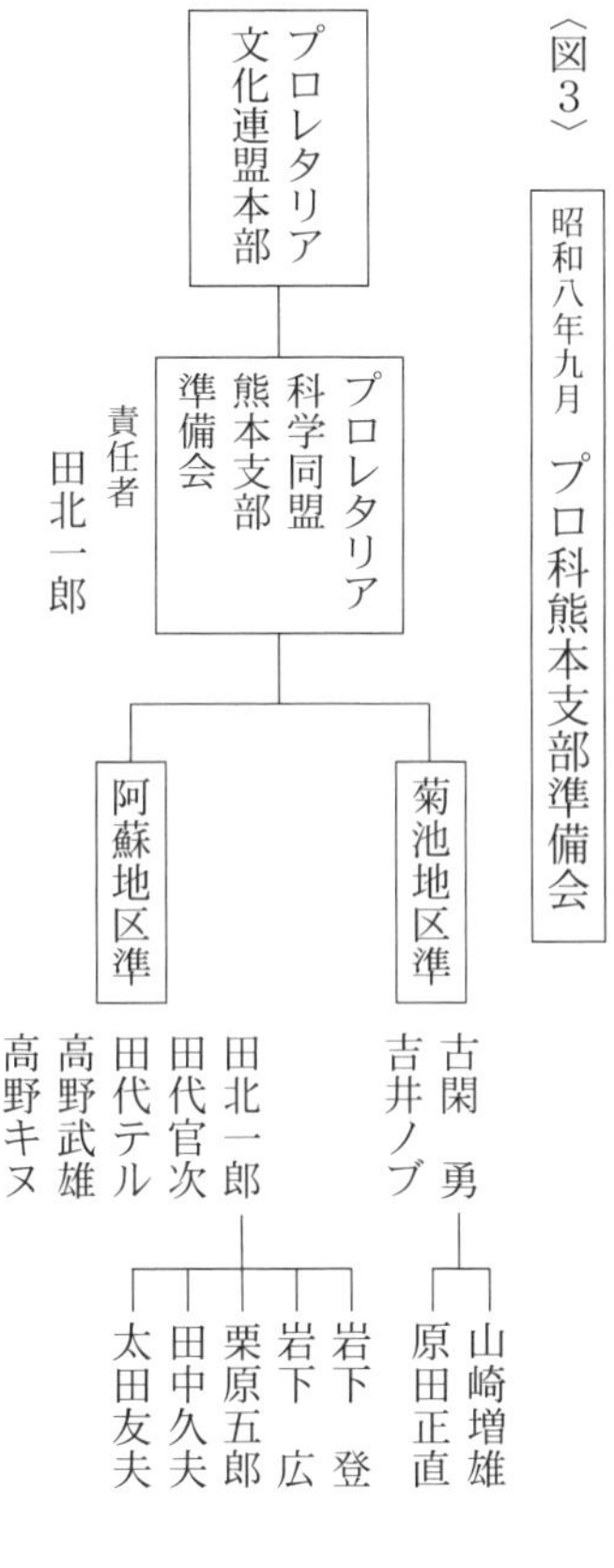

（前出『資料』より作製）

　新興教育同盟熊本支部準備会、「教労」熊本支部は熊本地区のコップ、全協と直接の連絡を持たず、相次ぐ弾圧にも組織は秘匿されていた。そうした中で三二（昭和七）年の熊本地区弾圧には救援活動を行ない、田北は熊本消費組合・コップ熊本地協との連絡をもつに至った。三三

〈表10〉「新教」・「教労」関係被検挙者一覧（一九三三年一二月）

検挙月日	氏名	職業	年齢	備考
一九三三年一二月二一日	古閑　勇	元小学校教員	25	師範卒・病気療養中
同月二四日	吉井ノブ	小学校訓導	25	〃
〃	田代官次	〃	29	〃
	田代テル	〃	28	〃
〃	田北一郎	雑貨商	25	県立阿蘇農卒
〃	高野武雄	石工	29	高小卒
同月二五日	高野キヌ	農業		
同月二四日	北里悦夫	元小学校教員	25	師範卒
〃	岩下　登	無職	24	中学三年中退・志津農民劇団員
〃	岩下　広	醤油行商	22	高小卒　〃
〃	太田知雄	竹細工職	19	〃　〃
〃	穴井藤夫	農業	19	〃　〃
〃	田中久雄	〃	20	〃　〃
〃	栗原五郎	時計修理業	25	〃　〃

（前出『資料』より作製）

（昭和八）年二月の弾圧でコップ熊本地協が破壊されると科同熊本支部準備会は再建のための活動を模索していた。

しかし弾圧の魔の手は目睫の間に迫っていた。一九三三（昭和八）年一二月二四日早暁、県特高課員の指揮のもとに隈府・大津・小国の各警察署員を動員して雪の中を自動車三台に分乗して科同熊本支部準備会員の自宅を急襲した。田代夫妻をはじめ一四名が検挙された。検挙された一四名（表10）は一〇名が釈放、四名が送検され、一九三五（昭和一〇）年二月二二日、治安維持法の「目的遂行」で田代官次＝懲役二年六月但し未決拘留一五〇日通算・田北一郎＝懲役二年、四年間執行猶予・吉井ノブ＝懲役二年、四年間執行猶予と判決された。かくして熊本県下の新興教育、教育労働者組合運動は圧殺されたのであった。

田代は仮出獄で一九三七（昭和一二）年四月に刑務所を出所した。この年二月には「思想犯保護観察法」（三六年＝昭和一一年五月公布）により熊本保護観察所が開所式を挙げており、田代は保護観察に付された。出所後間もない七月、わが国は蘆溝橋事件（昭和一二年七月七日）を契機に日中全面戦争へと突入していった。

Ⅲ　太平洋戦争下の教育

1　国民学校と皇国民教育

小学校から国民学校へ

柳条湖事件に始まった満州事変以来、太平洋戦争終結までの一五年戦争下で、初等教育に対する統制が強められ、〝皇国の道に則り児童を錬成する〟ための教育が強力に推進された。

一九四一（昭和一六）年三月一日、国民学校令が公布され、四月一日から施行されることとなった。明治以来、国民に親しまれてきた小学校は国民学校と呼ばれることになったのである。

国民学校は初等科六年と高等科二年からなり、その目的は国民学校令第一条で「皇国ノ道ニ則リテ初等普通教育ヲ施シ国民ノ基礎的錬成ヲ為スヲ以テ目的トス」ということにあった。国民学校は単に小学校の看板を掛けかえるだけのものではなかった。教育の内容、編成、方法、教員の組織や待遇までも改めて、天皇制ファシズムのもとで初等教育体制を確立しようとするものであった。

主な教育の内容をみると「教育ニ関スル勅語ノ趣旨ヲ奉体シテ教育ノ全般ニ亘リ皇国ノ道ヲ修錬セシメ、特ニ国体ニ関スル信念ヲ深カラシムベシ」「我ガ国文化ノ特質ヲ明ナラシムルト共ニ東亜及世界ノ大勢ニ付テ知ラシメ、皇国ノ地位ト使命トノ自覚ニ導キ大国民タルノ資質ヲ啓培スルニカムベシ」「儀式、学校行事等ヲ重ジ之ヲ教科ト併セ一体トシテ教育ノ実ヲ挙ゲルニカムベシ」などというものであった。

つまり万世一系の天皇を中心とした日本の国家に関する優越性の確信と、日本の国家を中心として「八紘一宇の肇国の大精神」による「大東亜共栄圏」を建設するための信念をうえつけるために教育しなければならないというのが国民学校における教育目標であった。また、教育方法についても朝の宮城遙拝や国旗掲揚などの儀式や団体行進などの学校行事を重んじた。

「小国民錬成の道場」として学校環境が作られ、礼法と礼節が強調され、軍隊式の絶対服従が強制された。教師による各種の体罰が横行する教育現場が出現していった。

「熊本県教育是」の制定

一九四三（昭和一八）年四月一日、横溝光暉知事は県訓令をもって「熊本県教育是」を制定公布して、熊本県における教育目標を指し示した。横溝知事は公布にあたって告諭を発して、学校教育、社会教育、家庭教育のあらゆる分野にわたってこの教育是の実践を強く要望した。

熊本県教育是

国体ノ本義ニ徹シ教育ニ関スル勅語ノ聖旨ヲ奉体シ錬磨育成以テ天壌無窮ノ皇運ヲ扶翼シ奉ランコトヲ期ス乃チ茲ニ綱目ヲ定ム

綱　領

一、菊池伝来ノ遺風ヲ発揚ス

一、肥後文教ノ精神ヲ紹述ス

一、日新又新ノ規模ヲ開拓ス

実践條目

一、勤皇愛国ノ大義ニ生キ去私奉公以テ至誠純忠ノ臣節ヲ完ウス
一、敬神崇租ノ源流ニ沿ヒ孝友和順以テ斉正醇美ノ家風ヲ樹立ス
一、隆師親友ノ郷俗ヲ成シ礼譲相保以テ重厚典雅ノ民風ヲ作興ス
一、文武不岐ノ遺範ニ拠リ心身磨礪以テ清廉剛毅ノ士風ヲ陶冶ス
一、学問技術ノ振興ニ努メ修習精練以テ体察独創ノ学風ヲ昂揚ス
一、度量識見ノ恢弘ヲ図リ和衷戮力以テ生々発展ノ気魄ヲ涵養ス

難解な字句の羅列である。学校で毎朝朗読されたということであるが、これらの字句を一体どれほどの県民が理解できたであろうかと首をかしげたくなる。

解説を読むと、菊池氏が歴代一貫して勤皇の誠を尽した事蹟は本県の誇るべき〝臣道実践〟のかがみであり、熊本県のみが独占すべきものでなく全国に賞揚すべきものであるから、県民は大いに菊池氏伝来の勤皇の遺風を発揚しなければならない、と「菊池精神」発揚の強調が中心になっているのである。まさしく皇国民教育を貫徹する横溝知事の切り札であった。

教育是の公布のあと「菊池精神」の鼓吹にさまざまな手が打たれた。四月三日の神武天皇祭当日、熊本市公会堂で教育是示達式と菊池精神発揚児童読本入選者表彰式を行なった。同年五月四日には県と教育会共催で菊池寛、浜本浩をまねいて菊池精神発揚大講演会を開催した。全県下の国民学校の学級担任は菊池精神発揚に関する文章執筆を強制され、県で選定した優秀作を児童に書きとらせ、朗読解説させられた。「菊池尽忠の歌」を県が募集（作詞／鹿本郡広見国民学校訓導・出田総明、作曲／熊本市白川国民学校訓導・丹後正が入選）して発表会を開き、のち県民歌に選定した。

県下中等学生による菊池精神発揚図画展、前熊本中学校教師・甲斐青萍の菊池精神歴史画展が開かれ、喜多流師範・友枝為誠は埋もれていた謡曲「菊池」を発掘上演して熊本中央放送局から全国に中継放送した。大映映画「菊池千本槍」は一九四四（昭和一九）年一月、熊本市内の常設館で上映されたのち県下を巡回上映した。さらに横溝知事は同年三月には『菊池精神発揚読本』を県民に配布した。教育是の制定は天皇制教育の強力な推進力となったといえよう。

2　空襲下の教育

勤労奉仕

日中戦争の初期には日の丸の小旗を持って出征兵士の見送りや戦勝祝賀の〝旗行列〟などに動員されていた児童たちは、戦争の長期化につれて労働力として使われだした。野生苧麻採収に従わされたり、養蚕地帯の児童は桑の木の皮はぎを競争させられた。戦地や軍需産業に動員されて農村労働力が極度に不足したため一九四一（昭和一六）年三月には「青少年学徒食糧飼料等増産運動要項」が定められ、食料増産に労力奉仕を求められたときは学童も勤労奉仕に従わされた。農繁期には出征した父や兄にかわって授業を休んで自家の農業に従った。学校農場の設定も推進され、児童は甘藷の苗植えや収穫に動員されたりした。誰の目にも戦局の逼迫が見えるようになった一九四四（昭和一九）年に入ると勤労作業も多くなり、熊本市の国民学校においては職員および学童の日曜日休み〝返納〟が協議され、校長会は同年四月の新学期から職員および高等科の児童の休日は一ヵ年を通じて四〇日（日曜日を含む）とし、うち日曜日の休みは二五日、夏季・冬季休暇は全廃と決定した。日曜日以外の休養日にあてられている一五日間のうち一〇日は夏の七・八月か冬季に休養を必要とする場合に充当し、残りの五日間は共同勤労作業の翌日の休養日に充当することを申し合せた。なお初等科一・二年生には二〇日間、三年生以上には一〇日間が、高等科生より多く休みを取れるようにした。

悪化する食糧事情に対応するため空閑地利用による甘藷などの植栽が叫ばれたが、国民学校でも児童の作業で校庭や運動場なども畑に変り、一九四四（昭和一九）年六月現在四七八校の校内は四六町八反が耕作地となり、阿蘇郡の国民学校では九町八反にものぼっている。以後、運動場などの耕地化が進み、学校近くの神社、寺院、河川敷も児童によって耕作された。下学年の児童たちも米・麦の落穂拾いに動員され、県はこの年、延べ四五四万六二七人が麦の落穂拾いに参加し、五五万五二四二石（一三八八俵分）を採取したと発表した。熊本市の燃料不足が深刻になると市内国民学校の全児童が小萩山などに、たき木拾いに動員された。ついに一九四五（昭和二〇）年二月には県下七〇校の高等科男子児童が国鉄熊本機関区、検車区などの鉄道部門に動員されるに至った。

各種の勤労作業はますます頻繁化し、戦争は児童たちに学業を放棄させて労働力として駆りたてたのである。

空襲の恐怖の下で

戦局はますます悪化し、空襲の脅威が迫って来ると、熊本市教学課は一九四四（昭和一九）年八月、各国民学校に防空待避路を完備するよう通達した。すでに中国基地を発進したB29による北部および西部九州の空襲が行なわれていたのである。翌四五年一月になると県は国民学校校舎の天井板を取り除くよう通達した。しかし、各校の全学童を収容する防空壕を建設する余裕など到底なかった。

一九四五（昭和二〇）年に入ると警戒、空襲警報がひんぱんに発令され、登校途中の児童は登校中止、学校に在校している児童は警戒警報で帰宅させていたが、三月より熊本に対する空襲が本格化した。男子教員は応召し、女学校を出たての若い女教師の姿が目立ったが、通学は教師にとっても児童にとっても命がけとなった。県は各学校に地域分散教育要項と実施方を通達した。お寺やお宮が教室になった。各地で学校は兵舎や軍需物資の集積所になってゆき、空襲で焼失するものもあった。戦争末期には満足な授業はできず、空襲の恐怖の下でその日をすごす毎日となった。校舎は荒れ、校庭は畠として掘り返されて終戦を迎えたが、戦争は終っても通うべき校舎のない教師や児童もいたのであった。

熊本県下に於ける戦後労働運動の再生

占領下の県下労働運動(1)

(1)　敗戦後の飢餓的賃金と生活の窮乏、とりわけ深刻な食糧不足の中で、労働者は自然発生的にたたかいに立ち上った。四五年一二月には、戦前幾度か激烈なたたかいを経験した日産化学鏡工場（旧日窒鏡）に続いて興国人絹八代工場の二つの化学工場の労働者が立ち上った。いずれも五倍賃上げ、八時間労働制、職場民主化その他が主要な要求であった。また、熊本市の九州工具の金属機器労働者は、いち早く組合を結成し、大会で賃上げ、四八時間週給制など一九項目の要求のなかで労働者代表の経営参加を要求してたたかった。これらの諸要求は、いずれも、当時の情勢の特徴を反映しており、要求は全て貫徹された。これらのたたかいは労組法公布以前のたたかいであった。同年末、熊本民生病院（三菱重工）では組合結成と同時に翌日から〝精業スト〟でたたかいに入った。これは軍需生産（航空機産業）の崩壊に伴う大量首切りと病院閉鎖に反対するたたかいで、いわば医療労働者の「生産管理」闘争であった。

(2)　労働組合の急激な組織化の進展は、いわゆる初期占領政策——労組法の公布に負う処が多いのはもとよりであるが、生活権と職場の民主化要求が中心であった。魚貫炭鉱（天草）の例をとると、五倍賃上げ、配給品の労資共同管理、退職金、出勤手当、勤労報国会の決算報告ほか八項目の要求を掲げた。九配熊本従組の結成は会社側の手による職制を使った組合結成の動きに対して「身分制撤廃」要求をかかげた労働者の組合結成が強い支持を受けて成功した。四六年三月一日の労組法施行までには、同日を期して結成大会を持った四組合を含めて四七組合が結成された。同法施行後は組合結成が相次ぎ、六月一〇日現在——すなわち施行後わずか一三〇日ほどの間に一二六組合三万三七〇四人に達し、同年末には二一四組合五万七七二三人となった。

(3)　つぎにこれらの組合の組織過程を見ておきたい。

A）　戦前の社会運動の経験やその思想的影響を持つ活動家の組織活動によるもの。九州工具、三角海運、魚貫炭鉱、県農業会農機具工場、全教熊本県教組、昭和プリント工場、稲本報徳社、熊本医大職組、昭和農産八代工場など、いずれもその例であり、日産化学鏡や日窒水俣、日本セメントなども戦前にストライキ闘争を経験している。

B）　労働者の緊急な要求を実現するため、基本的には企業別組合の形態をとって発展するのであるが、経営者、転職側のイニシヤチブによるものも過渡的段階として多数見られた。国鉄などでは当局側の方針として旧国鉄現業委員会的な働きかけもかなり強くおこなわれていることは周知の通りである。

C）　国鉄においては職能別に組織され（国鉄門司鉄道局熊本管理部電気関係労組、国鉄熊本管理部従組、熊本管理部運輸関係従組、熊本管理部管内運転労組、同工務関係労組、同熊本工事部従組の例）、これが連合会を結成する方向で進んだ。一方、全逓にあっては職域別に組織され、これが地区協議体を組織する方向をとった。

D）　地域の労働戦線のセンター作りは民間労組を中心に進められ、労組法施行後二ヵ月目を迎えたメーデーは熊本、八代、牛深の各地で、この地域の労組連合体が中心で挙行され、水俣は日窒中心であったが、県労連の結成をみたのは四六年一一月に入ってであった。しかし、官公労関係は、これに加わっておらず二・一ストを前に県官公庁共闘委が発足したのは四六年一二月四日、全官公庁県協議会の設立は翌年一月一六日であった。その後の経過は別図を参照されたい。二・一ゼネストは、その挫折後、全県的センターの確立は急速に進展した。四八年四月一九日に発足した県労働組合会議（県労）は官公民六一組合五万三〇〇〇人を結集し、傘下の各地協を確立した。だが、これより先、すでに占領政策の転換がおこなわれ、産別民同が発足し、全国的に反共・民同運動が展開され始めていた。

占領下の県下労働運動⑵　レッド・パージ

（別図）　熊本県労組地域センターの変遷

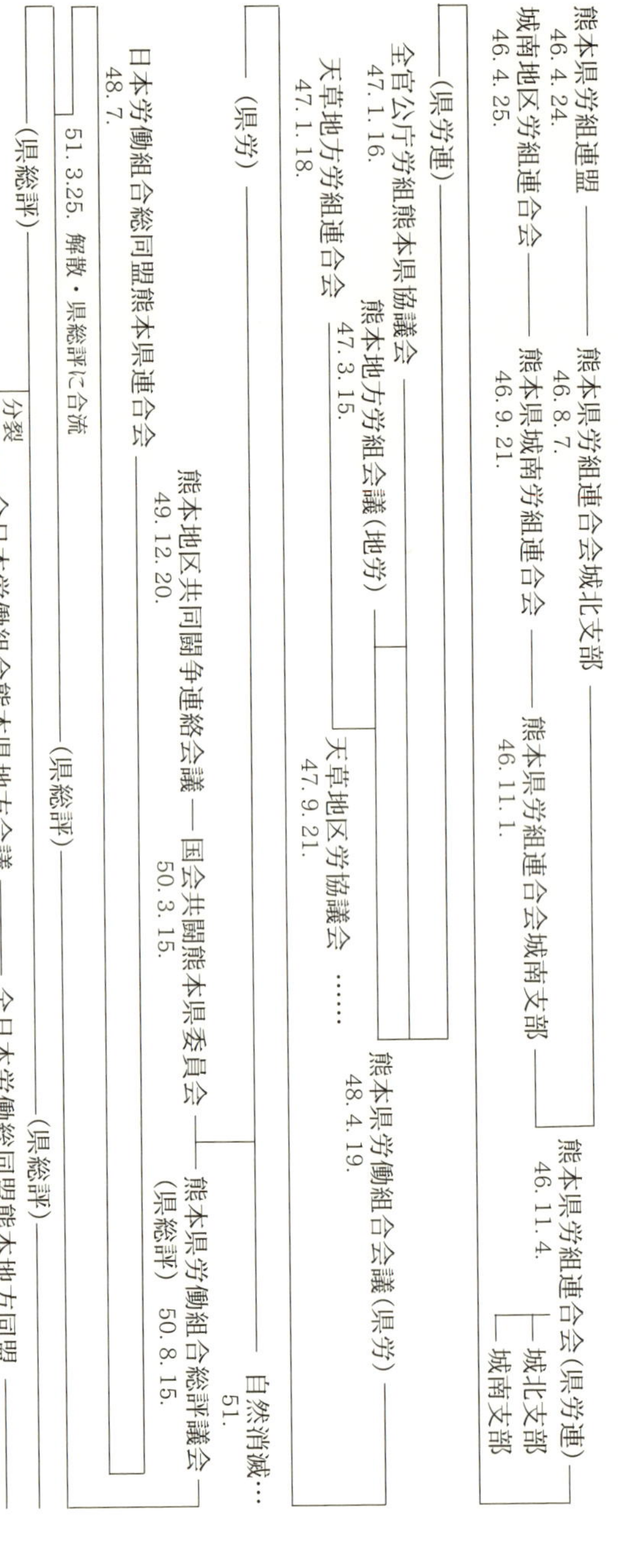

熊本県労組連盟 46.4.24. ― 熊本県労組連合会城北支部 46.8.7.

城南地区労組連合会 46.4.25. ― 熊本県城南労組連合会 46.9.21. ― 熊本県労組連合会城南支部 46.11.1.

→ 熊本県労組連合会（県労連） 46.11.4.
├城北支部
└城南支部

（県労連）

全官公庁労組熊本県協議会 47.1.16.

天草地方労組連合会 47.1.18. ― 熊本地方労組会議（地労） 47.3.15.

天草地区労協議会 47.9.21. ……

→ 熊本県労働組合会議（県労） 48.4.19.

（県労） ― 自然消滅… 51.

熊本地区共同闘争連絡会議 49.12.20. ― 国会共闘熊本県委員会 50.3.15. ― 熊本県労働組合総評議会（県総評） 50.8.15.

日本労働組合総同盟熊本県連合会 48.7.

51.3.25. 解散・県総評に合流

（県総評） ― （県総評） ― （県総評）

分裂 ― 全日本労働組合熊本県地方会議 60.12.4. ― 全日本労働総同盟熊本地方同盟 64.7.5.

(1) レッド・パージ(Red Purge)についてはさまざまな意見が発表されてはいるが、極めて不透明な部分が多く、研究も不充分であるといってよかろう。

そのために、各地・各産業分野における調査・発掘も、また政府・企業側の資料発掘やアメリカ側資料と共に重要であろう。

さて「レッド・パージ」の史的理解であるが、極端な例では天皇制下の一九四五年以前にさかのぼって、およそ反体制的な人々に加えられた弾圧一般としてとらえようとする意見、あるいは占領直後の一九四六年にさかのぼる意見もあるが、これでは「レッド・パージ」の歴史的位置づけをあいまいなものにする恐れがあると言わねばなるまい。

一九五〇年七月二八日の新聞・通信・放送機関からの共産党員とその同調者排除にはじまり、同年末に至る民間産業五百数十社および政府機関から一万数千人を追放した、いわゆる「レッド・パージ」は論議の余地のないところであるが、ここで問題になるのは、その前年(四九年)の定員法に基く人員整理の中で大量の共産党員、組合幹部、活動家が首切られたという歴史的事実である。これらを含めて「レッド・パージ」の概念に入れるかどうかということである。

(2) この定員法による人員整理で、熊本でも全逓では九地連の井上会長をはじめ、熊本地区本部でも服部副会長(県労議長)、金森書記長ほかが、全財では井上中闘委員ら八人など、国鉄で福永管理部分会長ほか約三〇人、県職で岡島書記長ほか、熊大医学部職組で柏原副委員長(元地労委委員)ほか、教組で田代氏ら三八人、これらの人々はすべて、共産党員またはその同調者とみなされた。この中で全官公労働組合運動の指導路線の右旋がおこなわれ、県労の実質的分裂状況がもたらされた。この人員整理に際して米第八軍は各府県軍政府に対し、共産党員とその同調者を解雇の第一順位におけと秘密命令を出したと言われる。この時期における熊本軍政府の労働担当官はマックファーランド少佐、および同補佐コンラッド中尉である。

しかしながら、この二八万人近い政府機関および地方公共団体におけるぼう大な人員整理の中で、〝実質的レッド・パージ〟が行なわれたが、その数字は現在資料的に未確定であり、実数を明らかにすることはできない。

(3) 四九年の実質的レッド・パージならびに朝鮮戦争と直接結びついた五〇年のレッド・パージの歴史的背景について触れなければならないが、この短い紙数では制約があるので省かざるを得ない。ただ、当時の研究会の席上では、その歴史的背景において前者と後者についての国際的背景の相違性の指摘と、基本的には国際的、国内的に連続的かつ同一的であるとする見解も出された。その史的認識の差が四九年・五〇年を包括して「レッド・パージ」とするか五〇年の史的事実に特定するかの所論の分れるところとなろう。今後の研究課題である。

(4) 五〇年の熊本県下における民間産業のレッド・パージ（判明分）は、

七月二八日　熊本中央放送局五人（八月二三日一人追加）計六人
八月二六日　九州配電熊本一九人、日発熊本七人
九月二五日　日通熊本七人
一〇月二〇日　三井四ツ山三五人、同万田五五人
一〇月二五日　新日窒水俣二五人
一〇月二八日　三楽八代八人
一一月　七日　十条八代五人

これらの多数の人々が思想・信条の故に首を切られ、その家族と共に糧道を絶たれ、大量失業者の巷に放りだされた。

(5) 三井三池や電気産業などについては資料が発表されている。ここに新日窒における追放基準などの文書を参考のため全文を紹介しておく。

昭和二五年一〇月二五日

ミクア第二八號の二

新日本窒素肥料株式會社

取締役社長　北山　恒㊞

新日本窒素肥料株式會社

水俣工場勞働組合

組合長　小泉陽春　殿

曩に電話を以て緊急問題につき　本日午後一時からお話し申上げたい旨連絡しておきましたが　念のため本状を以て御通知します。尚おはかりしたい件名は「緊急人員整理の件」です。

以上

ミクア　第二九號　昭和二五年一〇月二五日

新日本窒素肥料株式會社

取締役社長　北山　恒㊞

新日本窒素肥料株式會社

水俣工場勞働組合

組合長　小泉陽春　殿

緊急人員整理要綱について

昭和二十五年五月三日に行はれたマッカーサー元帥の聲明以来屢々に亘り連合國總司令部より赤色分子追放に

ついて強い御意向が表明されております。

當社はこの御意向につき愼重に考慮をつゞけておりましたが、現下の客観情勢並に當社の營む事業の性質上よりして企業防衛を緊要とするとの見解に到達せざるを得ませんでした。そこで左の通り少数の一部人員の整理を行いたいと思います。

本整理は十分の調査に基くものでありまして處置は緊急を要するものと御承知下さい。

一、管理基準

共産主義者又はその同調者であり危険有害な言動に及び乃至はその言動を擬装、秘匿していると認められ企業防衛上危惧ある者

二、整理人員

水俣工場二十五名

三、整理方法

各人に對して通告する

四、解雇豫告手當

平均賃金三十日分

五、退職手當

退職手當に関する昭和二十五年一月四日協定書第三項による金額に右四項解雇手當の額を含め基準賃金の三ヶ月分を加算した額

以上

(6) 前記二五人の新日窒水俣における追放者中には、この年九月改選されたばかりの小泉組合長（県労議長）以下執行部一四人中八人が含まれていた。

民同系（含総同盟系）が執行部の主導権を握っていなかった新日窒水俣および十条八代ではレッド・パージに対して真正面から大衆的反撃を行なう方針が大会などで可決されて、闘争態勢の確立に取り組んだ（例外的な日本合成宇土の問題を含めて、それらの闘争経過と評価については紙数の都合で略する。いずれ機会を得て詳述したい）。

(7)　レッド・パージに対する民同・反共派幹部の対応と一般組合員の対応の問題がある。

(イ)電産熊本　(ロ)三井三池　(ハ)日窒水俣　(ニ)三楽八代　について分析すると、それぞれ対応のしかたの共通性と相対的違いが見られる。参考のためここに日鉱熊本県連第六回大会における発言を紹介しておく。

（権現山労組・小崎）近く実施される炭界の「赤追放」について当県連として該当者があるか。

（松田事務局長）二・三の鉱に於て若干シンパがあると言ふことを聞いているが、この内で組合破壊その他危険性のあるものに対しては組合員自身の手で追放する意志がある。我々としては、これに便乗する組合運動弾圧に対して充分な警戒を払はねばならない。

電産九州・同熊本がスト態勢を組んでレッド・パージに臨んだのは、〝〇号指令未確認者のパージは致し方ない。便乗首切りに警戒〟というのが本音ではなかったか。

(8)　また今日、当事者であった旧民同派幹部の今日的認識と反省も、その後の労働運動の発展・変化とそれへのかかわり方の中で大きく幾つかに分類することが出来るのではないか―略―。

いずれにしてもレッド・パージについては各産業分野にわたり、かつ各地方における資料発掘を通じて研究の深化がのぞまれる。

激動期・労働運動の再出発

はじめに

私に与えられたテーマは熊本県下の「戦後労働組合の結成と労働争議」についてです。県下の労働組合は決して戦後突然現れたのではありません。あまり広くは知られていませんが、戦前にも県下には労働運動と労働組合は存在しました。しかし、その力は微弱なもので、今日のように政治、経済、文化など国民生活の上で重要な部分を占めてはいませんでした。

ひと口に〝戦後〟と言いますが、三八年の歳月がたっています。その間に国際的にも、国内的にも社会状況は大きく変化し、今後さらに激動の様相を呈しています。労働運動にも同じことが言えます。取りまく政治・経済・社会的条件も変わり、主体的条件にも変遷が見られます。もとより県下でも例外ではありません。熊本の労働運動は、この間に、〝日産鏡争議〟〝三池闘争〟〝日窒水俣安賃闘争〟〝下筌闘争〟〝水俣病闘争〟などと呼ばれる、全国的に注目された闘いを経験してきました。それらの一つ一つについて語ると、それぞれ多くの紙数を必要とします。従って、この短い文章で県下の戦後労働運動の歴史のすべてに触れる余裕はありません。敗戦直後、嵐(あらし)のような勢いで労働組合が結成され、戦後労働運動が登場する時期に絞って、幾つかの問題について述べようと思います。

敗戦と県民の暮らし

焦土と飢餓のなかで

労働運動は焦土と化した敗戦後の混乱と飢餓―国民生活の危機の中から登場しました。

空襲で熊本市街地の三〇パーセントは焼き払われ、熊本のほか宇土、水俣、荒尾、八代など県下各地の家屋の焼失・破壊は一万七一三三戸、被災者は約七万人（経済安定本部調べ）とされていますが、その後の調査では実態はこれを大きく上回っていました。農村部でさえ、例えば宇土郡不知火村（現宇城市）で一二九戸、下益城郡富合町（現熊本市）で一一一戸、城南町（現熊本市）で民家九五戸、小学校舎四校が焼失・破壊されるといったありさまでした。

農業県と呼ばれる県下の農業の荒廃ははなはだしく、昭和二〇年度の米作は平年作一七〇万石に対して一二〇万石、反（一〇アール）当たり収量わずかに四俵という凶作でした。これは戦争中の肥料と人手の不足、空襲、かてて加えて暴風雨の影響によるものでした。農家でさえ自家飯米が不足し、球磨郡の一部では、一一月に入ると新米の早食いが始まっていました。青田刈りする農家さえ出るといった状態です。敗戦翌年の七月現在、県民一ヵ月の所要配給量六万五〇〇〇石に対して一元的主食配給機関である県食糧営団の倉庫には二万五〇〇〇石しか在庫がなかったのです。都市部の市民は飢餓状態に陥っていました。二〇年一一月五日の県の調査によると熊本市内の小学校児童の昼食は調査人員一万八六六六人のうち混合米一万二五一六人、甘藷（かんしょ）一二八一人、自宅に帰る者四四一五人、欠食三〇八人となっています。昭和二二（一九四七）年五月、県は県下の欠食児童数三四〇〇人と発表しました。

熊本市内では空襲で約一万二〇〇〇戸を焼失しましたが、戦後一年たった昭和二一年の七月までに建築された住家は住宅営団、個人を合わせても一一〇〇戸にすぎませんでした。

失業と物価の高騰

工場、交通機関、通信などの諸施設の破壊、荒廃も著しく、軍需工場を解雇された労働者や復員軍人、引き揚げ者が続々帰って来て、失業者は県内にあふれていました。県勤労課は、昭和二一年五月現在、県下の失業者は三万五〇〇〇人、六月二八日現在で五万人に達したと発表するとともに「今後さらに引き揚げ・復員者などの累増でますます深刻化する」と予測しました。

熊本市内では、頼るべき親を失った戦災浮浪児が、飢えと寒さにおののきながら焦土の街をさまよっていました。県警察部刑事課は二二年二月、新市街を中心とする靴磨きが三八人、熊本駅中心のヤミたばこ売り一六人、にぎりめし売りなど物売り一三人、合計六七人と実態調査の結果を発表しました（「熊本日日新聞」）。

戦争中の昭和一九（一九四四）年にすでに米のヤミ値は配給価格の二〇~二四倍に上っていましたが、敗戦の年の一〇月には一三二倍に上り、物資不足とあいまって生活必需品を高騰させたといわれています。インフレはとどまるところを知らず、まさに県民の生活は危機にひんしていました。県の調査によると、昭和二一年三月現在、生活困窮者は一九万七〇五〇世帯に上っています。

こうした破綻（たん）した県民生活、破壊され荒廃した工場、鉱山、交通機関や官公庁などのなかから、自らの生活を守り、平和な民主的日本の再建を目指す労働者の運動が始まったのです。

労動運動の再生

革新政党の結成

能本県下では、労働運動の再生に先行して革新政党の結成が進められました。戦前の合法無産政党各派を結集した新政党を結成する動きは、中央では早くも敗戦翌月の九月に始まりました。熊本でも松本治一郎などの働きかけを契機として、これらの動きに呼応して一〇月一〇日には「日本社会党（仮称）熊本県支部準備会」が発足しました。しかし、内部に左右の深刻な対立があり、日本社会党が一一月二日に結成大会を開催したにもかかわらず、熊本での組織化は遅れました。

ようやく、昭和二一（一九四六）年一月六日に県連結成大会が開かれ、会長に宮村又八、書記長には中田哲が選ばれました。この人事は左右両派の妥協の産物だったため結成当初から分裂の危機をはらんでいました。このような社会党県連は、初期には労働運動への組織的な影響力を欠いていました。

日本共産党は徳田球一らの出獄で再建を急ぎ、一一月八日に第一回全国協議会、二〇年一二月一日、第四回大会を開きました。熊本でも同年一一月六日に日本共産党熊本地方委員会（書記長・草野三喜男）が発足して一一月八日の第一回全国協議会および一二月一日の第四回大会に代表を送りました。

なお、後に県選出の社会党代議士になった坂本泰良は独自に二一年一月二〇日に大平同志会県支部連合会を発足させて政治活動を展開しました。

こうした動きは「治安維持法」の廃止と大政翼賛会の解体、言論、集会、結社の自由が保障されたことで急速に活発化したものです。

これらの状況を背景として二一年四月一〇日、戦後初の総選挙に臨みました。この選挙の結果は、

党　名	得票（二名連記）	得票率	全国得票率
社会党	一〇四、八三七	九・三五	一七・七八
共産党	一一、一三六	〇・九九	三・八五
大平同志会	二一、八六一	一・九四	—

となり、社会党の宮村又八が当選しました。戦前では想像もできない革新勢力の進出が見られましたが、保守勢力が圧倒的な強さをみせました。

なお、初めて参政権を得た婦人の当選者は全国で三九人、本県からは無所属で立候補した山下ツ子が当選（五万四七二二票、得票率四・八八）しました。山下は当選後、社会党に入党しましたので社会党の議席は二議席となりました。

立ち上がる労働者

労働運動の再生の契機は敗戦による〝上からの民主化〟であることはよく知られています。労働運動に直接関係があるものとしては、「治安維持法」「治安警察法」の廃止、政治犯の釈放、大衆運動取り締まり方針などの禁止、特高警察、思想検事の廃止、産業報国会の解散、「新聞紙法」「出版法」の廃止などの民主化政策が一挙に遂行されました。

こうした上からの変革の進行する下で、食糧と日常生活物資の欠乏の上に悪性インフレーションが加わって、労働者は窮乏のどん底にありました。

昭和二一年七月、県は五〇人以上を使用する工場・事業場の給与調査を行なっています。それによると、男女を合わせた平均給与（諸手当を含む）は最高七〇〇円、最低一五四円で、職員は四〇〇～四五〇円、工員、労務者は三五〇～五〇〇円が普通だというのです。ところが日本鋼管連盟の調査では、同年五月の労働者の全国平均生計費は一ヵ月一四五〇円の支出です。これでは一ヵ月の給料では一〇日しか生活できない計算です。なけなしの財産を売って生活する〝タケノコ生活〟を余儀なくされていたのです。

一方、敗戦と占領によって政治的権力と支配機構、資本と企業の権威は弱まり、動揺していました。こうした諸条件が労働者の決起をうながしたと言えましょう。

敗戦の年の一二月一七日には戦前に幾度かの激烈な争議の経験をもつ日窒鏡工場の後身、日産化学鏡工場の労働者一四四人が、五倍賃上げ、八時間労働、職場民主化などの諸要求で立ち上がりました。次いで二〇日には興国人絹八代工場の労働者四八二人が、五倍賃上げ、八時間労働など三項目を要求して立ち上がりました。いずれも重化学工業の労働者です。

また、二一日には九州工具従業員組合（九五人）が結成大会を開き、三倍賃上げ、四八時間週給制、労働者代表の経営参加など一九項目を要求。翌一月二一日、会社側は全面受諾しました。二七日には三角海運でも従業員組合を結成して、最低賃金の保障など三項目を要求しました。

天草の魚貫炭鉱でも一月一四日、従業員二五〇人が大会を開いて、即日、会社側に賃上げほか一三項目の要求書を提出し、一六日には魚貫炭鉱労働組合を結成して闘争態勢を固めました。労働者の要求は、①賃金を五倍増額し昭和二〇年一〇月にさかのぼり実施、②配給制度の共同管理、③退職金を勤続一ヵ年に対し現在の一二倍に増額、④毎日出勤手当二円五〇銭支給、⑤勤労報国会の決算報告、⑥公死傷、入院三ヵ月に及びたる場合、保険金の二倍程度の支給、⑦社宅居住家族死亡の際、葬具一切会社より支給、⑧急病人発生の際、社用の自動車の使用、⑨燃料配給の公平、⑩家族手当二〇円の値上げ、⑪浴場の改善、⑫中元、年末賞与の支給、⑬工士手当、精勤手当、先山手当の支給—というものです。

石炭の増産は敗戦後のわが国では最大の課題でした。占領軍も政府も経済復興のための至上課題としていたのですが、とりわけ中小炭鉱労働者は劣悪な労働条件の下で働いていました。だからこそ天草の中小炭鉱では次々に労組が結成されたと言えましょう。一月二三日、会社側の最終回答があり、要求はほぼ全面的に貫徹されました。

阿蘇湯の谷ではホテルの従業員らが立ち上がりました。一月七日、九州産交経営の観光ホテル、蘇峰館、長生館の男女従業員が大会を開き、待遇改善と一部幹部の退陣要求など民主化を要求するものでした。

三菱重工業熊本航空機製作所でも一月一七日に労組（一一四〇人）を結成して、七倍賃上げ、退職手当引き上げ、解雇者救済、労務事務の改善、労務課長不信任など職場民主化を要求してサボに入り、三〇日全面解決。

同じく三菱重工業熊本航空機製作所の付属病院である熊本民生病院でも、大量解雇と病院閉鎖の動きを前にして二〇年一二月二七日、従組（八一人）を結成して、翌二八日から〝精業スト〟に入りました。これは、いわば医療労働者の「生産管理」と言えましょう。病院閉鎖に対してはストライキが有効な闘争手段とならないところから生まれた闘争形態でした。要求は貫徹されました。

以上は、いずれも三月一日の「労組法」施行以前の争議でしたが、「労組法」施行後も一〇〇日の間に三菱重工業、魚貫炭鉱、興国人絹、日産化学鏡工場、稲本報徳舍、九州磁器、帝竹工業、九州炭鉱、熊本電熱工業、三池炭鉱などで争議が起きました。いずれも賃上げ、職場民主化を中心としたものでした。

「労働組合法」の制定

二〇年一二月二二日、「労働組合法」が公布され、翌年三月一日に施行されました。この「労組法」は現在の「労組法」とはかなり異なり、組合活動の自由を制約することが比較的少なかったのです。警察官・消防職員・監獄職員を除く官公吏を含むすべての労働者に団結権、団体交渉権、争議権を保障し、労働者は労働組合運動を理由とするいかなる刑罰にも処せられないことを明らかにしていました。さらに「労組法」は、使用者の組合員に対する不利益な扱いを刑罰をもって禁じ、労働協約の効力、労働委員会の権限などを規定していました。

日本の労働運動は歴史上初めて、法律によって労働者の団結権、使用者と対等の立場と権利を得ました。この労働基本権は、昭和二一年一一月三日に公布された「日本国憲法」(第二八条「勤労者の団結する権利および団体行動をする権利は、これを保障する」)で保障されました。このことは「労組法」と労働組合運動を憲法で裏づけるものでした。「労組法」の制定は、労働組合の組織と機能について、広く労働者を啓発し、労組の結成を著しく、加速的に進展させました。

相次ぐ労組の結成

県下で最も早く組合を結成したのは、戦争中に軍需工場だった九州工具の金属機器労働者でした。九州工具従業員組合(組合長・宮本政秀)結成大会は昭和二〇年一二月二一日で、「労組法」上の届け出も同日になっていますが、実際の結成は一二月七日だったとも言われています。いずれにしても、まだ「労組法」は公布されていませんでした。次いで二七日には三角海運従組が結成されました。病院閉鎖と大量解雇に直面していた三菱重工業熊本航空機製作所付属病院の熊本民生病院（現熊本市民病院の前身）も、一二月二七日に熊本民生病院従組（組合長・北岡正雄）を結成します。

これらの動きに前後して結成された魚貫炭鉱や三池炭鉱の労組も、ともに当面の諸要求として賃上げと民主化を要求しました。労組の結成は相次ぎ、三月一日の「労組法」施行までには、およそ五〇組合が誕生しました。戦前は「評議会」――「全協」系の数えるほどの組織と組合員しか持たなかった県下の労働運動の歴史を考えると、まさしく「天と地」の相違と言えましょう。

三月以後は「労組法」の保護の下で、しかも急迫した生活の危機の中で組織化は急速に進行します。「労組法」施行後わずか一三〇日しかたっていない昭和二一年六月一〇日現在で一一六組合、三万三七〇四人に達し、同年一〇月末には一八七組合、四万四六九九人、そして同年末の一二月二〇日現在で二一四組合、五万七七二三人となり、県労政課は、「県内労働者の八二パーセントの結成率を示している」と報告しています。翌二二年二月末には二九八組合、六万八一〇三人と飛躍的に増大しました。この後も組織化は嵐のような勢いで進みました。

労働者のこのような爆発的ともいえる組織化の進行は国際労働運動史上に類例を見ないものとされています。

組織化のパターン

このような急速な組織化の進行の過程では、使用者の側でイニシアチブを握ろうとする動きが少なからず見られました。三井三池炭鉱では会社側は戦争中に「事業一家、産業報国」のスローガンのもとに、労働組合運動を押しつぶし、労働者を戦争と資本に協力させる戦時労務動員と勤労思想の高揚に力をふるってきた悪名高い大日本産業報国会（産報）を労働組合の看板にすり替えようとしました。国鉄では当局は戦時中の国鉄奉公会を、そのまま鉄道要員会に切り替え、さらにそれを労働組合に塗り替えようと図りました。九州配電熊本支店の場合は職制を通じて組合を作ろうと動き、自主的な組合が結成されると今度は組合役員の選挙にひそかに干渉したりしました。部分的にはこのような動きが成功した例もあるにはありますが、急迫した環境の中で労働者は、それらの動きを乗り越えて労働者自身の組合を組織し、かつ戦闘化していきました。

県下で最も早く労組を結成した九州工具の場合は、実は労務課長が戦前の左翼運動に参加し、特高からマークされて、保護観察処分を受けていた人物が組織活動の中心になったのです。斉藤幸という人です。二番目に結成された三角海運従組の場合も同様です。保護観察の梅田達雄という人がいました。この人は魚貫炭鉱労組の組織化にも尽力したといわれています。

戦前の無産運動、労働運動の経験を持った人や戦前にその思想的影響を受けた人たちが組織化の指導の中心となって、戦後早い時期に労組が結成されたところは前記の外に、県農業会農機具工場、日発熊本地区、全教熊本県教組、稲本報徳舎、昭和プリント、熊本医大職組などがあります。ほとんどは「評議会」や「全協」「全評」系の人々です。九州配電熊本支店の場合は神山清喜がいます。彼は回想記の中で次のように述べています。

「熊本支店の私達は新聞、ラジオ等で東京をはじめ各地の組合作りを知って、早速その準備に取りかかることになった。私にとって労働組合は無縁のものではなかった。私が十八歳の時（略）、その時、偶然出合った先輩の影響で、全く無縁の共産主義の話を聞き、発禁のマルクス『資本論』や『唯物史観』等を読んだことがあった。階級制度、労働組合のことを学ぶことができた。私は送電係の大川さんに相談して、職場に檄を飛ばして同志を募ったところ…」（「電産闘争私記」）

三川坑労働組合の場合は、三井三池鉱で最も早く労組を結成しますが、戦前、大阪で「総同盟」系の組合幹部をしていた池田という人がいました。後に〝三池闘争〟と呼ばれて、よく知られている大闘争のときの三池炭鉱労組の組合長・宮川睦男も四ツ山坑の組織化のために、この人に何日も通って労働組合運動の理論的手ほどきを受けたということです。昭和農産八代工場労組の場合も旧総同盟の影響下に労組を結成しますが、同じような事情があったと思われます。同労組は昭和二一（一九四六）年二月一日の結成ですが、結成大会で総同盟加盟を決議しています。松岡駒吉、西尾末広らの日本労働組合総同盟は二週間ほど前に結成準備会が発足したばかりでした。ちなみに総同盟の第一回全国大会が開催されたのは二一年八月のことでした。

日産化学熊本工場、日本窒素水俣工場、浅野セメント、三井万田坑、四ツ山坑などでは戦前にストライキなど労働運動の伝統を持っていました。

右に述べたような戦前の運動の蓄積とのかかわりを持った例もありますが、大部分の組合は「労働法」の保護の下で、労働者の当面する緊急の要求を解決するために、戦後の新しい大衆的基盤の中から生まれました。

次に、全国的企業や全国職種の分野、全県的規模の組織化の過程について見てみましょう。

熊本の国鉄の場合は職能別に組織されていきました。国鉄門司鉄道局熊本管理部電気関係労組・国鉄熊本管理部従組・熊本管理部運輸関係従組・熊本管理部管内運転労組・同工務関係労組・同熊本工事部従組（結成順）といった組合が組織されて、これが熊本管理部段階で協議会を結成し、さらに門司鉄道局管内の国鉄労組門司地方連合会、さらに全国組織の国鉄総連合へと組織されました。

逓信関係では職域別に、熊本逓信講習所職員組合・熊本逓信局従組・熊本貯金支局従組・熊本坪井郵便局従組・熊本郵便局従組・八代郵便局従組—といった具合に組織され、全県的な全逓熊本地区協議会、熊本逓信局管内の九州連合会結成へと進みました。全逓は非常に早い時期に全国単一化されます。

この国鉄・全逓の組織過程の違いは両組織の基盤となる職場・労働の形態の違いから出ていると思いますが、両者とも組織率は極めて高く、かつ、その後のわが国の労働運動の上で占める位置については、よく知られている通りです。

日通の場合は、各支店別の単位組織からスタートします。全県下に多数の事業所を持つ九州産業交通の場合は、最初に九州産交労組が組織され、本社支部、次いで各事業所単位に支部が組織されました。単一の労働組合としては当時、県下最大の組織（一五三二人）となりました。

急迫した環境の中で、急速に進んだ労働者の組織化は基本的には上からの組織化ではなく、企業、職場単位に組織されます。企業内組合的なわが国の労働組合運動の基盤は敗戦直後のこのような特殊な事情の中から生まれたもので、諸外国の労働組合運動との違いとなりました。

組織の結集

第一七回・復活メーデー

急激な組織化が前進し始めた昭和二一（一九四六）年五月一日、戦後初のメーデーです。東京の五〇万人をはじめ全国で二五〇万人の労働者が、盛んな集会とデモを繰り広げました。昭和一〇年の第一六回メーデーを最後に翌年の二・二六事件の戒厳令を表面の理由に禁止されて以後、ファシズムと戦時的禁圧によって復活されませんでしたので一一年ぶりの復活第一七回メーデーです。

熊本県下は折あしく、時折強い雨風を伴う小雨の降る悪天候をおして熊本、八代、水俣、牛深の四地区でメーデー行事が挙行され、屋外集会とデモンストレーションが行なわれました。

県庁所在地の熊本地区では熊本県労働組合連盟（会長・志村彦八）が主催、午前九時、農民組合を含む二一団体、二五〇〇人余が藤崎宮境内に集まりました。

午前一〇時、三菱臨工従組のブラスバンドのトラックを先頭にデモの隊列はメーデー歌を高らかに折からの強い雨風をつき、一〇数本の赤旗をひるがえして藤崎宮境内から行進を開始しました。広町から上通を通って手取本町、熊本市役所、県庁（現市民会館）を経て新市街記念碑前（現熊本交通センター）へと進みました。熊本市では有史以来初めての大衆的示威行進です。

記念碑前広場で田河一誠県労組連盟副会長の司会で大会が開かれ、次のスローガンが採択されました。

一、民主的平和日本の建設。一、強奪―大衆課税、勤労所得税を撤廃せよ！　一、戦犯を根こそぎ葬れ！　一、実行によって示す我等だ、机上の空論を根本から排撃せよ。一、(公)で食わせろ。一、我等の力で無くて何が出来るか。一、我等をして朗らかに。一、示せ団結の力、勤労大衆よ来れ、団結こそ我等の武器。一、万国の労働者万歳。

抽象的なスローガンが目立ち、全国の勤労者の切実な要求を基にした労働運動の方向や政治課題を具体的かつ明確にするものが少ないようです。それは熊本地区の労働組合指導者の意識と労働運動の力量を反映していたと言えましょう。メーデーに先だつ準備会では赤旗の禁止―赤旗を掲げるとアカと誤解される―やデモの警察による警護などが一部幹部から主張されるありさまだったといいます。しかし「民主的平和日本の建設」や「戦犯を根こそぎ葬れ」などは当時の政治的状況をある程度反映し、「(公)で食わせろ」は物価と賃金の格差の中で、買い出しやヤミ買い生活に追われる勤労大衆の切実な叫びだったわけです。

熊本市花畑町を行くメーデーのデモ隊

東京では「保守反動政府反対、社会党を首班とする民主人民政府を即時樹立せよ」を筆頭に食糧、住宅、仕事、税金、その他労働者、農民、市民、婦人の要求とともに「人民の手による人民の憲法」や「民主人民戦線即時結成」などの当時の政治色を豊かに盛り込んだスローガンが掲げられていました。全国主要地区でも同様のことが言えます。これは労働組合の経済的諸要求に政治的要求が加わって、その後のわが国労働運動が、いわゆる政治闘争へと展開する方向を示すものでした。

八代地区＝城南地区労働組合連合会が主催し、代陽小学校校庭で午前九時から大会。昭和農産、王子製紙八代工場、興国人絹八代工場、浅野セメント八代工場、八代鉄工所、八代造船鉄工場の各労組など八組合と組合結成準備中の日本ハッチボートの労働者二〇人など約二〇〇〇人が参加。宣言、決議、スローガン採択の後、ブラスバンドを乗せたトラックを先頭に、「勤労所得税の即時撤廃」「一週八時間労働制の確立」などのスローガンを掲げた幟旗（のぼりばた）を押し立ててデモに移りました。代陽校―塩屋町―萩原町―八代駅―出町―代陽校の径路を示威行進して解散しました。

水俣地区＝日本窒素肥料水俣工場労組（三二四一人）がメーデー大会を開き、野田正男組合長を先頭に市街地を約二キロデモ行進。

天草地区＝天草炭鉱労働組合連合会主催。小雨の中を魚貫、権現山、南天、牛深、今富、大嶽、坂瀬川、和久登（労組結成準備中）の各炭鉱の労組が参加、参加予定の下島北部の坂瀬川、和久登炭鉱は雨のため大会参加できませんでしたが、魚貫炭鉱貯炭場に集合して、天草炭鉱労連の結成大会を開きました。午前一一時、数流の赤旗を風にはためかせ、夏初雄委員の指揮で天草の炭鉱労働者の代表六〇〇人が、今富炭鉱労組を先頭にメーデー歌を高唱しながら約三キロの南天炭鉱までデモ行進。

なお、荒尾・大牟田地区は豪雨のため屋外集会を中止しましたが、四ツ山や万田などの三池炭鉱の労働者は、この日特別配給された一合の酒を手に、組合事務所などに集まってメーデーを祝いました。

県下各地区とも労働者のメーデー示威行進は史上かつてないことで、九九パーセントの人々は初めての経験でした。県下の労働者の組織化はまだ不十分でしたが、このメーデーの集まりは、その後の労働運動の激化を告げる新しい時代のノロシでもあったわけです。このメーデーの集会と示威には、専売局熊本工場の労働者など、ごく一部を除いては官公労働者は参加していません。官公労働者が大挙してメーデーに参加するようになったのは、昭和二二年の〝二・一ゼネスト〟の闘いを経験したあとの第一八回メーデーからです。

県労連の結成―組織の地域的結集

南北の連合体

第一七回メーデーは、県南・県北の民間労組の地区センターのスタートの日でもありました。

労働運動は個別企業内にとどまる限り十分の力を発揮することはできないし、またとどまり得ないことも当然です。

ことに労働運動の経験のない指導者が大多教で、しかも中小企業が多く、地域の連合体の組織化が痛感されていました。組織化の進行につれて、産業別、地域別に連合組織を結成する方向が具体化してきました。

熊本地区では、「労組法」施行前の昭和二一年二月、熊本市の九州工具従組が熊本地区の工場代表者会議を提唱しました。九州工具従組は、すでに全関東工代会議と組織的連携を持っていました。工代会議とは神奈川県下で、いち早く闘争に立ち上がり、組合活動を始めた二一工場の代表者が組織した新しい形態の共同闘争機関です。これが全関東に広がり、いわば、上から呼びかけるのでなく下からの組織展開が特徴です。西欧の経験に学んだもので、戦前に熊本でも実現したことがあります。この全関東工代会議は関東労協に発展し、産業別組織への志向を示し、後の全国産業別労働組合会議（「産別」）の結成へと進みます。

熊本工代会議は熊本市春日の国民学校を会場に一〇数組合が参集しました。これが契機となって、四月一五日には、当時民間単組としては最大の組織だった九州産交、三菱臨航や民生病院、九州工具などの労組の働きかけで連合体の結成について協議しました。準備会には九州配電熊本支店労組など二〇組合の代表が集まりました。その後、城南地区代表を交えた懇談会などを経て四月二四日に熊本地区の二〇数組合代表が集まって熊本県労働組合連盟（五〇〇〇人）を結成し、結成大会をメーデーで行なうことが決まりました。会長には志村彦八（民生病院従組）、副会長・佐久間久美（三菱臨航従組）、田河一誠（九州産交労組）が決まり、メーデー当日、熊本市花畑町の記念碑前で結成大会を開きました。

八代地区では、独自に城南地区の民間労組の連合体を結成する機運が高まり四月一九日、九州配電熊本支店労組の提唱で開かれた南北労組代表の懇談会の後、四月二五日に八代市郡、芦北郡の一七組合によって城南地区労組連合会が結成されました。会長・佐々木信市（昭和農産八代労組）、副会長・田中亮一（浅野セメント八代労組）、事務局長・大川英雄（王子八代従組）が選ばれました。総同盟の影響を色濃く反映しながら、昭和農産八代労組の七月闘争を支援する重要な役割を果たしました。

一方、中小炭鉱の多い天草地区では、四月までには天草地区八炭鉱のうち和久登炭鉱を除く七労組が結成され、四月一三日に開かれた石炭統制会主催の労組代表者打合会を契機に連合体の組織化が具体的日程に上りました。三回の準備会の後、名称を天草炭鉱労働組合連合会（一〇七二人）とし、綱領、規約を決め、委員長に夏初雄（魚貫炭鉱従組）、副委員長・高野春次（権現山炭鉱労組）と各鉱から二四人の執行委員を選び、メーデー当日、魚貫炭鉱で結成大会を開きました。結成が遅れていた和久登炭鉱も七月には組合を結成して、連合会に加入しました。

県労連の結成

民間労組の地域連合体は南北に分かれて同時スタートをしましたが、城北の県労組連盟委員会は城南地区労連との合同方針を決めて六月一〇日には城南地区労連の大川英雄事務局長に申し入れ、城南地区労連主催の県下各労組代表者懇談会が八代市で開催されました。この会合で天草炭鉱労連にも加入を促すことを決めるとともに規約起草委員を選出しました。数次の会合の後、八月中には県労働組合連合会（県労連）の結成が決まりました。八月七日、県労連城北支部が結成され、従来の県労組連盟は発展的に解消しました。電産など多数の組合が参加し、組織人員も九〇〇〇人を超えました。城北支部は新聞単一や電産協の〝一〇月闘争〟で、これらの闘争を支援しました。一方、城南支部の結成は遅れ、九月には城南労組連合会が結成されるなどの紆余曲折の後、一一月二日になって城南支部が結成され、同月四日、九州産業交通の講堂で県労連（七五組合・一万九〇七〇人）の結成大会がもたれ、会長は城南の佐々木信市（昭和農産）、副会長は城北の志村彦八（民生病院）、事務局長・田河一誠（産交）を選びました。このように結成が遅れた裏には総同盟系組合幹部の中に県労連の主導権が産別系に握られることを恐れる動きがあったといわれますが、他県では、もっと激しい総同盟と産別系との対立も出ています。ともあれ、民間労組の全県的連合体が生まれたわけです。

九月闘争・一〇月攻勢

こうした組織化の広がりの中で、九月闘争から一〇月闘争へ、さらに翌昭和二二年の二・一ゼネストへと、労働運動は高揚していきます。「労働攻勢」の時期と呼ばれています。

国鉄では全国的には職場あるいは地域ごとに労組が結成され（熊本では、さきに見たように職能別ごとに）ますが、二月には全国的な連合会組織が生まれます。国鉄労働組合総連合（五五万人）です。六月の役員改選では、国鉄熊本管理部従組の内村清次が副委員長に就任します。国鉄総連がこうした体制を整えてまもなく、運輸省は七万五〇〇〇人の大量人員整理を通告しました。これに反対する闘いが、海員の人員整理反対闘争と同時に起きて九月闘争と呼ばれています。国鉄総連は全面ストで闘うことを通告しますが、熊本の国鉄が所属する門司地連はストライキに反対します。しかし、国鉄総連中央闘争委員会の全国一斉スト指令を含む強い闘争姿勢の前に運輸省はスト予定の前日人員整理案を撤回します。海員ゼネストで海員の人員整理も取り消され、この二つの争議は組合の勝利のうちに解決しました。

産別会議は、この国鉄と海員のストライキを機に、広範な共同闘争による「一〇月攻勢」を決定します。この中で、最も注目されたのは新聞単一と電産協の闘争でした。電産協の闘争は占領軍の干渉の下で熊本でも全組織を挙げて一糸乱れぬ実力行使で闘い抜き、生活保障中心の「電産型賃金」を獲得して、その後の労働組合の賃金要求に大きな影響を与えました。新聞単一は放送支部熊本分会と西日本新聞従組熊本分会がストライキに入りました。県労連城北支部は全面的にこの闘いを支援しましたが、闘いは挫折しました。

不発に終わった二・一ゼネスト

この九月闘争に続く民間産業の一〇月闘争が多くの成果を挙げたことは官公労働者を激励し、二・一ゼネストを盛り上げる土台となりました。二・一ゼネストというのは、全国の官公吏二六〇万人が中心になって立ち上がった大争議です。官公吏だけでなく産別、総同盟、中立など全国の民間における組織労働者をほとんど結集し、約六〇〇万人が敗戦から二年目の昭和二二年二月一日、ゼネストを目指して立ち上がった争議でした。このような大規模なゼネストは国際労働運動史上でもまれな出来事であり、世界の人々の注目を浴びました。

戦時統制の中で官公労働者の賃金は非常に低く抑えられ、あまつさえ一〇月闘争で民間労働者との格差（民間労働者の賃金の約四六パーセントといわれます）が開くなかで、高進する悪性インフレーション下で暮らしていました。厚生省労政局の調べでは、労働者標準家族生計支出指数は、敗戦の昭和二〇年一〇月を一〇〇として、二一年の三月一九二、同年九月には五〇〇になっています。わずか一年の間に五倍になっているのです。当時の労働者の生活は惨たんたるものでした。生活は破局状態です。二・一ストの翌年の一二月の例を見ても、熊本市教組の調べでは、先生たちの生活実態（三七九二円ベース）は、調査対象一〇三六人のうち、農業・商売で家計をやりくりしている者一五四人、内職二一人、借金して生活している者一二九人、タケノコ生活一四〇人、そのほか家族の収入、共働きでようやく生活している者二七三人に上っています。なかにはアイスキャンデー売り、家庭教師、ニワトリやブタの飼育をしている人もありました。こうしたひどい生活状態こそ官公労働者を立ち上がらせた基本的な原因でした。

一一月二六日、全官公庁労働組合共闘委員会（共闘）が国鉄出身の伊井弥四郎を議長に発足しました。熊本では一三組合による県官公庁共同闘争委員会が一二月四日に発足し、熊本市の花畑公園前広場には五〇〇〇人の労働者が集会し、市内をデモ行進しました。新聞は「本県最大のデモ行進は市民の目を見張らせた」と報じました。一七日には吉田反動内閣打倒労農大会に一万五〇〇〇人（新聞報道）が結集しました。状況は急激に盛り上がりを見せていました。

こうした労働者の動きに対して、吉田首相は年頭の辞の放送で「不逞の輩」と決めつけました。吉田首相は生活擁護のために立ち上がらざるを得ない労働者を語気を強めて、ののしったのです。放送全文は新聞にも掲載されて、一挙に激高の機運が全国に高まりました。

一月九日、県官公庁共闘主催の生活権獲得大会（四〇〇〇人）は重大決意を表明し、中央では拡大共闘で二・一ゼネストの方針を決めました。

全逓熊本地協は二三日、二・一ストに備えて各支部に業務管理委員会の設置を指令しました。国鉄総連熊本管内労組はスト態勢強化を確認、民間の日通労組も二・一スト参加を確認。そして、二七日には産交労組が二・一スト支援

熊本県労組地域センターの変遷

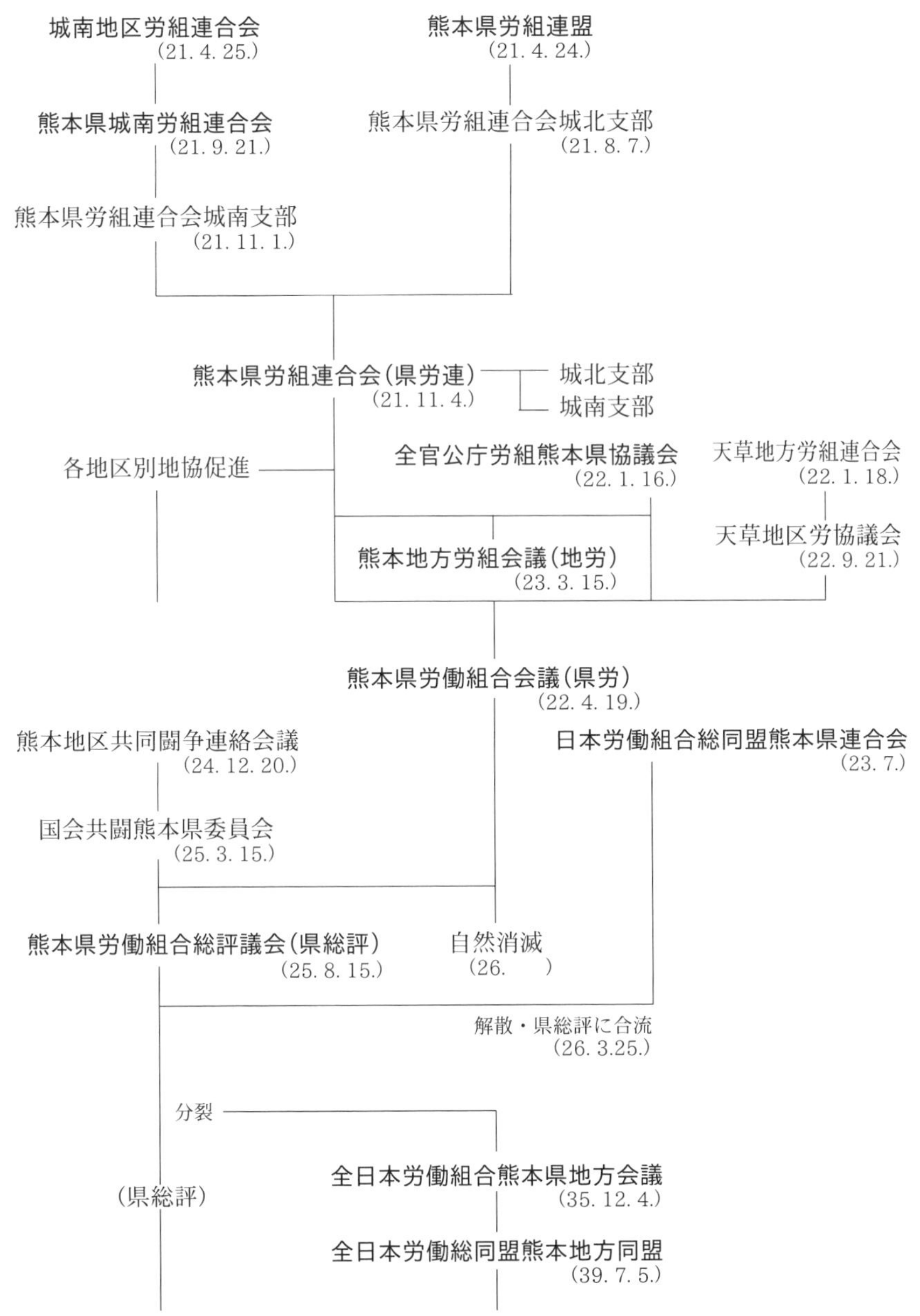

を声明し、日通にはトラックを提供しない、国鉄沿線のバス運行はストップすると発表しました。一路、二・一ゼネストを目指す動きが突き進みました。

一方、反対の動きも当然生まれました。引き揚げ者、戦災者、失業者を中心にゼネスト反対救国同盟が五福小学校校庭で結成大会を開きます。街にはスト支持と反対のビラが張りめぐらされました。熊本市職組はスト賛成三二八、反対一八〇でスト参加を決定しましたが、県庁職組はスト賛成三〇二、反対六八四で不参加を決定しました。同執行部は「県行政の特異性にかんがみ争議手段としてのストは行なわない。しかし全官公庁のゼネストは絶対支持する」と声明しました。一月三一日、マッカーサー司令官は二・一ゼネスト中止を命じました。二・一ゼネストは不発に終わりました。この中止命令を占領軍の労働政策反動化の転換点としてとらえる意見がありますが、占領軍には当初から「占領目的違反のストは禁止する」という命令がマッカーサーに与えられていたのです。

県労の結成

官公労組は県労連には参加していませんでしたが、二・一ストの闘いを通じて民間労組との広範な地域的連合体の必要を痛感した全官公庁労組県協議会は二月中旬、県労連に対して合同を申し入れます。かくて三月一五日、熊本地方労働組合会議（地労）が生まれます。議長・神山清喜（電産）、事務局長・柏原俊郎（医大）といったスタッフで発足しました。県下で初めての民間と官公労働者の統一的な地域連合体の誕生でした。

その後、県労連、地労、全官公を発展的に解消して昭和二三年四月一九日に県労働組合会議（県労＝六一組合、五万三〇〇〇人）＝議長・神山清喜、事務局長・香月大助（国鉄）＝が組織されます。一方では総同盟県連が結成されますが、労働運動内部の情勢の変化から県労働組合総評議会の結成（昭和二五年八月一五日）と県労の自然消滅、総同盟県連の解散、県総評合流へと発展します。一九八二年現在の地域的センターは県総評と全日本労働組合熊本地方同盟（同盟）です。以上、戦後初期の県下の労働運動について述べました。

在野の近代史研究者・上田穣一

水野　公寿

一、上田穣一の生涯

(1)生い立ち

上田穣一は一九二六（大正一五）年八月二二日生、二〇一六（平成二八）年五月二二日死去、享年八九であった。

大正末年、熊本市で生まれた上田は、父親の職業の関係で中国で育った。天津日本人第二小学校を卒え、天津中学校に入学したが、一家の北京転居のため北京中学校に転校した。日本支配下の中国で幼少年期を過ごし、勉強したことは国際的視野で社会を視る態度を身につけていく契機となったと思われる。中国語が話せて英語も堪能であった(1)。

一九四四（昭和一九）年になると上田家は父親を中国に残し、母親は七人の子どもを伴って北京から熊本県下益城郡松橋町（現宇城市）に引揚げてきた。その後、父親は最後のシベリア抑留船・興安丸で舞鶴に入港した（一九五一年三月二六日）。父親は北京から満州に移り敗戦を迎え、ソ連軍の捕虜となりシベリア抑留になったものと思われる。

(2)県立宇土中学校五年生の一年間(2)

一家の帰国は子どもの修学（転校手続）のことを考えると一九四四（昭和一九）年三月初めごろには松橋町に着いた

ものと思われる。一家の北京からの引揚げは、中国戦線での戦局や食糧事情の悪化のほか長男・穣一及び次男・次女の病気療養のためであった。一九四四（昭和一九）年四月、上田穣一は県立宇土中学五年生、長女は県立松橋高等女学校へ転入学した（松橋高女は熊本市健軍の三菱熊本航空機工場に動員された）。

昭和一九年六月には県下公私立中学一一校の四・五年生二六〇〇人は、鹿児島県鹿屋に勤労動員された。上田もこの動員に該当したが、医師の診断書（結核）を提出して動員はまぬがれ、学校で授業をうけていた。しかし、結核が再発し、衰弱していった。そのため二学期になってからであろうか休学届をだし、母親の実家（美里町佐俣）の曾祖母と二人暮らしで転地療養にはげんだ。月に数回は熊延鉄道（南熊本―砥用間の軽便鉄道）で熊本医科大学付属病院に通院していた。病状が快方に向かったこともあり、昭和二〇年一月、三学期から復学した。

鹿屋動員から帰って来た同級生は通年動員で引続き日本合成化学熊本工場（通称・宇土合成、海軍の軍需工場）で働いていた。復学した上田も宇土駅から遠くない宇土合成に通勤することになった。引率教師は上田の健康状態に配慮して、その工場の軽作業の部門に配置してくれた。そのため上田にとっては工場動員は通勤して安静する場であった。配置された冷凍工場では教養のある壮年の組長と青年工員（のち出征）、同級生二人と上田の五人の小さな職場であった。同級生から古い『改造』や『中央公論』、岩波文庫・改造文庫を借用していた。宇土合成では鉄筋コンクリートでおおわれた地下壕を掘った。これで空襲の時は避難できると思い完成を祝った。しかし、実際は工場幹部専用の退避壕であった。そして幹部達はバター・チーズや酒・ビール・煙草などの特別配給を得ている特権階級であった。こうした現実を知った動員学徒は、ストライキをやろうという議論がおこったが、状況は実行に至る事態ではなかった。

この年の卒業式は一九四五（昭和二〇）年三月二七日、五年生は宇土中学校、繰上げ卒業の四年生は動員先の福岡の飛行機工場で実施された。宇土中学校は昭和一八年一一月の火災で全焼していたので、野外での卒業式であった。校長訓示が始まって間もなく「空襲！　その場に伏せ！」と配属将校の命令が響いた。B29が飛び去ると防空壕に退避命令がだされ卒業式は中断された。その後、校長は卒業証書を七月一日まで学校で保管するという。卒業生は憤激し職員室に押しかけ抗議、校長は折れて全員に卒業証書を手渡した。上田は卒業式の翌日から動員先の宇土合成には行かなかった。無断欠勤（欠席）であるがどこからも何も言ってこなかった。

一九四四（昭和一九）年から徴兵年齢が満二〇歳から満一九歳に引き下げられた（前年一二月二四日、徴兵適齢臨時特例公布）。上田は昭和二〇年八月二二日に満一九歳になるので宇土中学校卒業の前後ごろのことであろうか、徴兵検査をうけた。軍医は間接レントゲンフィルムを二度撮影し、結核が疑わしいことは明らかにもかかわらず、徴兵官は「乙種合格・現役編入」を宣告した。これによって昭和二〇年内の徴兵は確実となった。幸い敗戦の日まで入営通知は来なかった。当時の日本は病人（結核）も乙種合格にするほど兵力が不足していたことを示している。

昭和二〇年の七月、梅雨あけのころであろうか、温泉での疥癬療養に行く友人に誘われて、自宅長期療養中の上田と二人は阿蘇・南郷温泉に向かった。豊肥本線立野駅で高森線（現南阿蘇鉄道）で阿蘇白川駅で下車、夜峰山沿いに歩き、無人の別荘に勝手にあがりこんだ。温泉にはいり療養につとめ、雑談や読書、散策などをして戦時下の緊張感から解放された日々をすごした。持参した食糧や自生の山菜などで自炊生活を続けたが、食料が無くなり山を降りることにした。八月一一日のことであった。熊本市と宇土町はその前日（一〇日）は大規模な空襲をうけていた。鹿児島本線の緑川鉄橋も爆撃で破壊されていたため川尻駅で下車することになった。そのため宇土町の友人宅まで歩き、友人と別れ、上田はさらに松橋町の自宅まで歩いた。このころ松橋町周辺は停電が続いており、八月一五日の「玉音放送」を聞くことはできなかった。

(3) 敗戦後の生活

敗戦後間もなくして上田は宇城勤労署に就職した。時代は軍国主義から民主主義へと大きく転換していった。労働者の団結権が認められ、公務員にも労働組合結成が認められた。年表によると、一九四七（昭和二二）年一月九日、全官公庁労組拡大共同闘争委員会は二月一日にストライキ実施を決定した。これに対して連合国軍最高司令官マッカーサーは一月三一日、中止命令を発した。そのため全官公庁共闘・伊井弥四郎議長は二・一ゼネスト中止をラジオ放送せざるを得なかった。宇城勤労署の組合青年部の上田は組合活動に積極的に参加し、組合動員で東京に行くこともあったと語っていた。

一九四九（昭和二四）年九月八日の在日朝鮮人連盟熊本県本部事務所（熊本市辛島町）解散事件（朝連解散事件）に上田は解散反対運動の指導者として深く関与していた。このことは『激動二十年―熊本県の戦後史』（毎日新聞西部本社、一九六五年八月刊）に記録されている。朝鮮人連盟の解散は、この年四月四日に公布された「団体等規正令」を根拠とした全国的な弾圧事件であった（同規正令は一九五二年七月廃止された）。朝連熊本県本部だけでなく県下一二支部も解散された。

この昭和二四年には労働運動の高まりのなかで、下山事件（七月五日、国鉄下山総裁轢死）、三鷹事件（七月一五日、中央線三鷹駅で無人電車暴走、六人死亡）、松川事件（八月一七日、東北本線松川付近で列車転覆事故、三人死亡）がおこり、時代は転換期を迎えていた。翌二五年六月二五日には朝鮮戦争が勃発した。

二、近代熊本社会運動の解明

上田は一九五五（昭和三〇）年の秋、熊本市に転居した。職業は印刷業の経営（光版印刷所）や百科事典の販売など苦労を重ねたのち、一九七〇年代になると熊本日日新聞社の関連会社・情報文化センターに勤務するようになり、書籍出版の企画や編集に携わっていた。「熊本日日新聞」の文化欄にも原稿を書いていた。多忙のため体調をくずし、一九七九年春ごろには熊日情文センターは退職している。

一九八〇年、熊本県総評三〇年史編纂室長に就任し、『熊本県労働運動史年表』（一九八一年八月刊）、『熊本県労働運動史』（一九八四年九月刊）を刊行している。この編纂事業のため収集された史資料は整理され、上田穣一編『熊本県労働運動史資料』(全二八一巻)として熊本県立図書館に保存・公開されている。

一九八四年七月、熊本県地方自治センターが発足すると同時に研究員となった。

一九九〇年初めごろ『波野村史』編集長となり、一九九八年三月には『波野村史』を発行している。編集長を務めた上田は『波野村史』の「あとがき」に「発刊にいたるまでに、上田は大病による長期入院、二度の大怪我と入院加療などで執筆・編集が大幅に遅れ大変なご迷惑を各方面におかけした」と書いている(一六九三頁)。これは、『波野村史』の編集委員委嘱の一九九一(平成三)年六月から同村史発行の一九九八(平成一〇)年三月までの出来事であった。室内で躓いて右肩を骨折し手術がうまくいかず、右手は不自由になった。そのためペンを握ったり、パソコン入力が出来なくなり、書き残しているテーマを調査研究することが出来なくなってしまった。

上田の執筆目録(本書四七八頁~四八六頁)によって、上田が関心を持ち解明してきたテーマをあげてみよう。

○ジェーンズ・熊本洋学校—『ジェーンス・熊本回想』熊本日日新聞社刊。初版一九七八年刊、改訂版一九九一年刊。

○初期社会主義—「熊本評論」・大逆事件など。上田穣一・岡本宏編著『大逆事件と『熊本評論』』三一書房、一九八六年刊。

○大正期昭和前期の社会運動—研究に着手しいくつかの論文を執筆しているが、全体像は未完。

○戦時期—熊本空襲や沖縄からの学童疎開。「記録　熊本空襲」一号~一二号編集。『激動の夏　熊本—昭和二〇年八月一五日　その前後』二〇一一年刊。

○戦後—『熊本県労働運動史年表』(一九八一年八月刊)、『熊本県労働運動史』(一九八四年九月)。いずれも編著。

上田穣一は病気や困難な生活条件のなかで、在野の近代史研究者として熊本近代史の未開拓の分野の解明に尽力してきた生涯であった。上田の関心は多方面にわたるが、最も力を注いだのは近代熊本社会運動史の解明にあった。

三、「熊本評論」研究

(1)「熊本評論」への関心

上田が「熊本評論」の実物を初めて見たのは「朝鮮戦争が勃発して間もない一九五〇年の暑い夏の昼であった」と記している[3]。朝鮮戦争が勃発した六月二五日頃は例年北部九州ではまだ梅雨はあけていないことが多い。「暑い夏」は梅雨あけの七月中旬以降であろう。この日、上田は「西日本新聞」出身の森一作の自宅（福岡市）で「熊本評論」実物を初めて見たという。「全頁赤刷りの終刊号（三十一号）であった。もう一部の号数は今は思い出せない。赤刷りの終刊号の印象があまりにも強烈だったせいだろうか」と四〇数年後に回想している。赤刷りの終刊号に対する強烈な印象がその後の「熊本評論」研究の原点となった。

それから五年後の一九五五年秋、久しぶりに熊本市に帰って書店に立ち寄った際、熊本市の日本談義社（主宰者・荒木精之）発行『日本談義』九月号を手にして、宮本謙吾「大逆事件と肥後人」が連載されていることを知った。後日、熊本県立図書館で『日本談義』を閲覧すると、一九五四年一一月号から毎月連載中であり（但し一九五五年八月は休載）、その後一二月号まで掲載され、一三回で完結した。上田は宮本論文を「今なお保守の地と言われる熊本で真正面から大逆事件を取り上げた画期的な論稿」であると高く評価している[4]。

上田が宮本謙吾（当時、熊本市川尻町在住）を初めて訪ねたのは一九五七年か翌五八年であり、その後何度となく訪れ教えを乞うている。熊本近代史研究会の一九六〇年一一月例会に宮本謙吾を講師に招いているのは上田を通じての企画であっただろう。宮本は旧制八代中学校の生徒のころ「熊本評論」の読者であった。八代町（現八代市）のあやめ旅館は「熊本評論」の取次所であり、「其処が私たちの溜り場でもあった」と宮本は語っている[5]。

上田は多忙のため（当時、印刷業経営）あと回しになっていた熊本評論社の社屋探しに出かけたが、その年月は明記していない。激務の続く日々の久しぶりの休日、宮本から聞いた「新町幼稚園の辺り」を手がかりに、奥様と二人で新町の探訪に出かけている。愛妻家の上田は調査・研究旅行の際、よく奥様を同伴されていた。新町かいわいの調査は難航した末、熊本評論社跡の家屋を発見した。この調査のなかで「新町幼稚園」は「一新幼稚園」の間違い、熊本評論社の住所「新町一丁目九五番地」は熊本市の町界町名変更で「新町一丁目五の三一」となっていた。そこには熊本評論社の社屋であった当時の民家がそのまま残っていた。この調査の際、松尾卯一太が一時住んだ「古城堀端町一一九番地」や演説会場・忘吾会舎も判明した。いずれも現在は新町一丁目であった。上田がこの調査記を書いてから二〇年後の現在の新町周辺は都市の再開発が進み、熊本評論社があった民家あたりはマンションが建てられている。経済の高度成長や二〇一六（平成二八）年四月の熊本地震もあり、明治期の熊本市内はおおきく変貌している。[6]

(2)「熊本評論」皆読会

宮本謙吾と森田誠一（熊本大学教授）の斡旋で「熊本評論」の写真複製本が東京で発行されたのは一九五五年ごろであった（上下二冊、八〇〇〇円、約二〇〇部頒布。以上は圭室諦成（たまむろ）「熊本評論縮刷版の発刊」による）[7]。その一セットを熊本女子大学（現熊本県立大学）が購入している。同大教授・圭室諦成は『明治の熊本』（日本談義社、一九五七年九月発行）の編集にあたって、「熊本評論」に連載された辰巳生「小作人生活」を収録している（二号から一三号の間、九回連載）。同書の刊行後、上田は熊本女子大学・布村一夫教授を通じて写真複製本「熊本評論」（B6判ほどの縮小版）の特別貸出しをうけ、自宅で「常に傍らには拡大鏡を用意して、読みかつノートした。布村氏の好意で長期間借用することができた」[8]。借用は、明治文献資料刊行会版「熊本評論」（一九六二年七月刊）のころまで続いた。

上田が写真複製本「熊本評論」を苦労して読み、熊本近代史研究会で発表したのは同会が発足した一九六〇年八月例会、テーマは「熊本における明治期の社会主義運動―『熊本評論』を中心として」であった。

熊本近代史研究会が「熊本評論」の皆読の例会を始めたのは一九七八年であった。この年は二年後の一九八〇年が幸徳秋水の検挙（一九一〇年六月一日）から七〇年目、翌八一年は幸徳秋水・新美卯一郎・松尾卯一太ら一二名の死刑執行（一九一一年一月二四、二五日）から七〇年という年に当っていた。これらのことを意識して「熊本評論」皆読の例会は開始されていた。担当者は「熊本評論」三乃至四号を精読し、その内容や人名・疑問・問題などを例会で報告し議論した。この皆読例会は一九七八年六月から翌年九月までのうち一〇回に及んだ。その前後に上田が次のテーマで例会報告をおこなっている。報告要旨はいずれも熊本近代史研究会会報に掲載されている。

○一九七八年

三月例会　初期社会主義研究の視点

四月例会　初期社会主義と〝熊本評論〟

○一九七九年

三月例会　〝熊本評論〟の歴史的背景

一〇月例会　〝熊本評論〟と労働問題

○一九八〇年

一一月例会　〝熊本評論〟創刊前の熊本における社会主義運動

「熊本評論」皆読例会の成果として「熊本評論」「平民評論」に掲載された人名について索引を作成して会誌『近代熊本』二一号（一九八一年一二月刊）に掲載された（二九頁）。同索引のまとめは花立三郎がおこなった。同号は「熊本評論」小特集号で次の論文・資料を掲載している。

新藤東洋男　『熊本評論』に見る自由民権論の継承と社会主義の展開

水野公寿　『熊本評論』周辺の青年たち

上田穣一編　『熊本評論』関係資料（これは『近代熊本』二〇号〈一九七九年一一月刊〉の続編である。）

共同作業　『熊本評論』人名索引

上田の「『熊本評論』関係資料」は、当時熊本で発行されていた「九州新聞」（政友会系）、「九州日日新聞」（国権党系）などから関係記事を発掘したほか、このころまだ生存していた老人からの聞きとりをまとめたもので、「熊本評論」研究の基礎作業であった。

(3)『大逆事件と『熊本評論』』の出版

一九八六年一〇月に上田穣一・岡本宏編著『大逆事件と『熊本評論』』が三一書房から発行された。同書の「はしがき」の最後に「一九八六年一月二四日／松尾卯一太、新美卯一郎処刑七五年の日／編者」と記されている。本書の発行は大逆事件処刑七五年を意識して発刊されており、各人が執筆に取り組んだ一九八五年は熊本近代史研究会発足二五年に当たっていた。

こうして完成した本書の構成は次の通りである（総頁三〇三頁）。

巻頭　写真（四頁、一三葉）

はしがき（編者）

第Ⅰ部　大逆事件と『熊本評論』（一三一頁）

一　『熊本評論』の概要　岡本宏

二　熊本社会運動史における『熊本評論』　上田穣一

三　『熊本評論』と大逆事件　岡本宏

第Ⅱ部　『熊本評論』に見る人物群像（一四七頁）

『熊本評論』関係年表＝全国・熊本の動き＝（九頁）

第Ⅱ部の人物群像は「熊本評論」の発行に尽力した人物や投稿した人物三九人を紹介している。熊本県出身者二一人、県外出身者一八人を熊本近代史研究会の会員一三人が分担して執筆した。県外出身者の記述はその人物が「熊本評論」に関係する部分に焦点を置いて記述されている。ここでは人物群像を熊本県内外にわけて人物名をあげよう。

○熊本県出身者（二一人）
松尾卯一太　新美卯一郎　佐々木道元　飛松與次郎　田村次夫　松岡悌三　首藤猛熊　古庄友祐　一木斎太郎
宮崎民蔵　宮崎滔天　尾前正行　松尾倭久(静枝)　松隈勇　黒瀬(木村)駒子　志賀連　吉田勝蔵　奥村一馬
相良寅雄　村上哿　家入穆
○熊本県外出身者（一八人）
坂本清馬　幸徳秋水　大石誠之助　内山愚童　森近運平　堺利彦　守田有秋　荒畑寒村　管野スガ　山川均
吉田虎雄　横田宗次郎　竹内善朔　大杉栄　山口孤剣　筑比地仲助　竹久夢二　小川芋銭

二人の編者は第一部の論文のみならず第二部の人物群像においても上田穣一は熊本県出身者二一人中九人、岡本宏(熊本大学教授)は県外出身者一八人中七人を担当し、本書編纂の名実ともに中心的役割を果たしている。また、本書第Ⅱ部人物群像は先に示した「熊本評論」皆読例会の成果を基礎として編まれていると言える。

出版された『大逆事件と『熊本評論』』に対する研究者の評価・批判を、当時の新聞各紙に掲載された書評から、その要点を抜粋しておこう（新聞掲載順）。

○本格的な研究書　犬丸義一（長崎総合科学大学教授）

第Ⅰ部の一は、初期の「熊本評論」誌を、宮崎民蔵らの土地復権同志会の機関誌とみる田丸・糸屋説のあやまりを正し、土地復権同志会と社会主義の二つの柱が当初からすえられていたことを明らかにし、やがて無政府主義に移行し、他の社会主義機関誌が弾圧され、幸徳・堺派の中央機関誌的役割を果たすとともに、他方熊本という地に根ざし熊本の社会主義・労働運動の機関誌として機能した、明治社会主義史上、特異な地位を占めたことなどを明らかにしている。

第Ⅰ部の二は、「熊本評論」を支えた熊本の社会運動・社会主義運動を具体的に解明し、特に田丸が「車夫組織化の努力の結果は明らかでない」としていた問題、人力車夫同盟会の組織活動を明らかにしている功績は大きいと言わなければならない。

第Ⅰ部の三は大逆事件における熊本グループのでっち上げを実証して余りない。

第Ⅱ部は、本書の半分を占め、「熊本評論」同人の人物像について、詳細・多彩に解剖・叙述されており、熊本在住の研究者ならではの出来栄えとなっている。

（『西日本新聞』一九八六年一二月七日）

引用者註。文中の「田丸・糸屋説」について―田丸太郎論文は「地方における初期の社会主義運動―熊本評論の分析を中心に―」『歴史評論』九七号一九五八年六月刊、糸屋寿雄論文は復刻版「熊本評論」の解題である。

○細部にこだわる歴史観　有馬学（九州大学文学部助教授）

（前略）しかし私は、何よりもこの本をその細部へのこだわりの姿勢において評価したい。それは歴史研究というものが、ことがらの固有性の叙述そのものを重要な使命としていると考えるからである。あるいは固有性のこだわりを通じてしか普遍的叙述に到達できないと言いかえてもよい。読者がもしこの本の「熊本社会運動史における『熊本評論』（上田穣一氏）を読んで、そこに述べられた人力車夫同盟会の活動など、近代日本の社会運動史全体から見ればしょせんささいなエピソードにすぎないと考えたとしたら、その人は自分の歴史感覚を疑ってみた方がよいと思う。

私は、「熊本評論」誌上にほんの数回登場するだけの、名さえわかっていないような人々の消息にこだわり、そうした人々への探求を通じて豊かな実りに到達したいと書く上村希美雄氏の謙虚な情熱の中に、本書の叙述に力を与えているものを見たい。まさに「神は細部に宿りたもう」のである。

その意味で、本書の半分以上を占める第二部『熊本評論』に見る人物群像」には圧倒される。それはただの便利な人名辞典ではない。たとえば上田氏による松尾卯一太や新美卯一郎の調査は、それ自体が一つの探求であり論である。こういうところが「近代熊本」の本当のすごさだと思う。

ただ「熊本評論」の混とんとした面白さが「組織的大衆運動」とか「民主的改革」という言葉が示す方向に、整序されてしまいそうな気配が垣間見えるところに不満がないわけではない。しかしイチャモンをつけるのは、私自身が地域研究に対抗するに足る成果を得てからにしたいと思っている。

（『熊本日日新聞』一九八六年一二月二二日）

○底辺に光宛てた労作　松尾尊允（京都大学教授）

第Ⅰ部は上田・岡本両氏がはじめてこの新聞にメスを入れ、新聞の土着性および大逆事件とのかかわり方を詳細に描き出す。

成果の第一は新聞の性格が明らかにされたことである。通説のごとき土地復権同志会の機関誌として出発したのではなく、社会主義者、寄生地主制に反対する土地復権主義者、孫文を支持する革命的アジア主義者らが「自由」を共通目標として出発したものが、一九〇七年末、幸徳らの無政府主義を支持することとなったという。とくに注目されるのは政友会関係者の支持である。

第二は新聞の土着性を証明したことである。毎号平均千五百部を出したこの新聞は、つねに国権党勢力の強い熊本の政治と社会を批判し、とくに勤労民衆の代表的職業である人力車夫の生活擁護運動を支援した。中央無政府主義者の大衆遊離とは対照的である。

第三は「大逆」事件裁判記録の詳細な分析により、本来大逆罪とは無関係の熊本人がいかに検察の筋書きどおりの供述に追いこまれたかを示し、改めてこの事件が権力犯罪であるゆえんを明確に示したことである。

第Ⅱ部『熊本評論』に見る人物群像」は第Ⅰ部に優るとも劣らぬ内容である。紹介された三十九人の中には大正期の話題の書生木村駒子、今日なお人気のある竹久夢二の名も見いだされる。私としては宮崎民蔵、滔天兄弟、および西南戦争生き残りの「悪漢」一木斎太郎を担当した上村希美雄、管野スガのスケールの大きさを評価した藤間生大の筆が印象に残った。

本書のような地道な努力の積み重ねにより「無名の人々の希望と期待を集め、自由で平等な社会へのさまざまな願いを育んだ」(上村)初期社会主義の実態が次第に明らかにされることであろう。その際大正期の社会運動との関連の究明が望まれる。

(『朝日新聞』一九八七年一月二七日)

四、その後の研究状況

『大逆事件と『熊本評論』』の刊行(一九八六年)後、熊本近代史研究会は『近代熊本』三四号(二〇一〇年一二月刊)で、「韓国併合一〇〇年・大逆事件一〇〇年」を特集している。この号は一九六〇年一月発足の熊本近代史研究会の創立五〇周年記念号である。このうち大逆事件関係の論文・資料は次のとおりである。

浦田大奨 「帝国主義」時代のなかの『熊本評論』

廣島 正 大逆事件一〇〇年と『熊本評論』

共同作業 大逆事件『証拠物写』(熊本関係)

付、大逆事件熊本関係資料

このうち共同作業は『大逆事件記録証拠物写』第二巻・第三巻(大逆事件記録刊行会編、世界文庫、一九七二年刊)のうち、熊本関係の部分を読みおこしたものである。同書の元本は神崎清氏所蔵の『證據物寫』(全九冊)をそのまま写真撮影して二分の一に縮小し二分冊にして出版されたものである。神崎氏所蔵本は押収した証拠物を裁判所の書記が筆写したものであり、出版にあたり縮小しているので見にくいためもあり、研究に充分活用されてこなかった。そのため今回、熊本関係の部分を読みおこしたものである。読みおこし及び校正は会員など一〇人が担当した。この『証拠物写』を活用した研究はまだ書かれていない。「付」の資料は次のとおりである(担当・水野公寿)。

一、松尾卯一太・新美卯一郎・飛松與次郎書簡目録

二、地元新聞による関係の社説・記事七点

三、「熊本評論」・大逆事件、熊本関係研究文献目録

三一書房版『大逆事件と『熊本評論』』の編者・上田穣一、岡本宏が『近代熊本』三四号に論考を寄せていないのは、岡本は病没され(一九二八年生、二〇〇二年没)、上田は病床にあったからである。今はすでに亡きご両人に「熊本評論」・大逆事件のみならず熊本近代史全般についてたくさんのことを教えていただいたことに感謝の意を記したい。

五、「熊本評論」・大逆事件熊本関係研究文献目録(刊行順)

豊福一喜　大逆犯人の懺悔　『熊本夜話』九州新聞社出版部、一九二九年二月。最初、「九州新聞」大正一四年(一九二五)六月八日~一四日に連載。

飛松與次郎　大逆犯人は甦る—飛松與次郎自伝『祖国』一九二九年五・六月・七月

飛松與次郎　幸徳事件、私は無罪だ　「毎日情報」一九五一年五月

宮本謙吾　大逆事件と肥後人(全一三回)『日本談義』一九五四年一一月~五五年一二月

大木山帰来　新美卯一郎の微苦笑　『日本談義』一九五六年二月

田丸太郎　地方における初期の社会主義運動—熊本評論の分析を中心に—　『歴史評論』九七号、一九五八年六月

白木一也　大逆事件　『熊本県史　近代編　第二』熊本県、一九六二年三月

労働運動史研究会編「熊本評論」明治文献資料刊行会、一九六二年七月。同書には、絲屋寿雄「熊本評論」解説、復刻「熊本評論」「平民評論」を収録。

森永英三郎　飛松与次郎の死亡年月日　「大逆事件の真実をあきらかにする会ニュース」七号、一九六三年一〇月。以下「大逆事件ニュース」と略記。

森永英三郎　屋代から熊本へ　「大逆事件ニュース」一二号、一九六六年二月

飛松与次郎　嗚呼！　死刑（断片）「大逆事件ニュース」一二号、一九六六年二月
吉田隆喜『熊本評論』研究『熊本風土記』一九六六年一一月。『無残な敗北―戦前の社会運動を探る』所収（三章文庫、二〇〇一年一〇月）
井手伸夫　熊本評論と人力車夫組織問題『熊本風土記』一一号、一九六六年一一月
神崎清　松尾卯一太の生家を訪ねて「大逆事件ニュース」二〇号、一九七三年一月
上田穣一　熊本評論と人力車夫同盟会について『熊本史学』四三号、一九七四年二月
高浜守雄　飛松与次郎のこと『日本談義』一九七五年四月
山下信哉　大逆事件―松尾卯一太とその周辺『石人』二四〇号、二〇巻九号、一九七九年九月
上田穣一『熊本評論』関係資料『近代熊本』二〇号、一九七九年一一月
柏木隆法　大逆事件と熊本組(1)(2)『遺言』二九号（一九八〇年九月）、三〇号（同年一〇月）
家族史研究会　特集『熊本評論』の女たち『女性史研究』一一集、一九八〇年一二月
原　雪江『熊本評論』をめぐって
石原通子　木村駒子
犬童美子　松尾静枝・金子トクへの手紙など
石原通子　守田有秋「九州の婦人よ」をよむ（I）
石原通子編「熊本評論」抄（女人篇）
岡本　宏『熊本評論』にみる社会主義『新・熊本の歴史(7)近代(中)』熊本日日新聞社、一九八一年一月
上田穣一『熊本評論』関係資料『近代熊本』二一号、一九八一年一二月
新藤東洋男『熊本評論』にみる自由民権論の継承と社会主義の展開『近代熊本』二一号、一九八一年一二月
水野公寿『熊本評論』周辺の青年たち『近代熊本』二一号、一九八一年一二月
――　大逆事件『熊本県警察史　第一巻』熊本県警察本部、一九八二年一二月
岡崎　一　佐々木道元・松尾卯一太獄中書簡「大逆事件ニュース」二三号、一九八五年一月

徳丸達也　大逆事件―飛松與次郎の受難『山鹿市史』下巻、山鹿市、一九八五年三月
岡崎　一　佐々木道元関係資料　判決後の九州諸紙より「大逆事件ニュース」二四号、一九八五年七月
上田穣一『熊本評論』関係者の経歴等について「大逆事件ニュース」二四号、一九八五年七月
上田穣一・岡本宏編『大逆事件と『熊本評論』』三一書房、一九八六年一〇月
　第Ⅰ部　大逆事件と『熊本評論』
　　岡本　宏『熊本評論』の概要
　　上田穣一　熊本社会運動史における『熊本評論』
　　岡本　宏『熊本評論』と大逆事件
　第Ⅱ部『熊本評論』に見る人物群像
　　松尾卯一太以下三九人の人物論（分担執筆）
岡本　宏　大逆事件熊本関係者考『熊本法学』四九号、熊本大学法学会、一九八六年一一月
石原通子『「熊本評論」の女』家族史研究会、一九八九年七月
　木村駒子「熊本評論」の女
　新しい女の新しい敵・新真婦人会の女たち
　守田有秋「九州の婦人よ」をよむ
　二〇世紀初め（明治末年）の女たちのために
上田穣一　熊本における研究動向『初期社会主義研究』三号、一九八九年一二月
上田穣一　熊本四人の墓（Ⅰ）（Ⅱ）（Ⅲ）（Ⅳ）「大逆事件ニュース」二九号（一九九〇年一月）、三〇号（一九九一年一月）、
　三一号（一九九二年一月）、三二号（一九九三年一月）
上田穣一『熊本評論』との出会い「大逆事件ニュース」三三号、一九九四年一月
上田穣一　熊本評論社を探して「大逆事件ニュース」三五号、一九九六年一月
坂田幸之助・猪飼隆明　女の覚醒と悲劇の大逆事件『くまもとの女性史』本編、くまもと女性史研究会、二〇〇〇年三月

猪飼隆明　『熊本評論』と大逆事件　『新熊本市史』通史編第六巻　近代Ⅱ、熊本市、二〇〇一年三月
高浜守雄　大逆事件連座・飛松与次郎のスクラップブック　『木鐸』（熊本言論史研究会会報）三号、二〇〇二年三月。（飛松の「スクラップブック」の原物は山鹿市立博物館に保存されている。複本が熊本県立図書館にあり、閲覧できる。）
廣島　正　平民社一〇〇年と『熊本評論』「大逆事件ニュース」四三号、二〇〇四年一月
『非戦・自由・人権―平民社一〇〇年と『熊本評論』』熊本近代史研究会他四団体、二〇〇四年五月
山泉　進　平民社百年とその歴史的意義
上田穣一　平民社と「熊本評論」
小松　裕　松岡荒村と田添鉄二
水野公寿　自由民権と『熊本評論』
上田穣一　『熊本評論』と労働問題
中村青史　平民社の文字
田中信尚　墓なき飛松與次郎の遺骨―断章「大逆事件」100年取材行　「大逆事件ニュース」四八号、二〇〇九年一月
田中信尚　『大逆事件―生と死の群像』岩波書店、二〇一〇年五月。岩波現代文庫／社会三〇七、二〇一八年二月
廣島　正　大逆事件一〇〇年と『熊本評論』『初期社会主義研究』二二号、二〇一〇年六月
『近代熊本』三四号（二〇一〇年一二月刊）―「韓国併合一〇〇年・大逆事件一〇〇年」特集
浦田大奨　「帝国主義」時代のなかの『熊本評論』
廣島　正　大逆事件一〇〇年と『熊本評論』
共同作業　大逆事件『証拠物写』（熊本関係）
付、大逆事件熊本関係資料
水野公寿　黒葬礼　「熊本近研会報」四六八号　（二〇一〇年一二月一日刊）

六、「大逆事件犠牲者顕彰碑」の建立

熊本県の大逆事件関係者四人について、まだ復権がなされていないことは、大逆事件研究の進展とともに、おおきな課題である。そのような状況のもとで「大逆事件犠牲者顕彰碑」が建立されたことは名誉回復の第一歩であった。大逆事件犠牲者顕彰碑建立発起人会（代表・中村青史元熊本大学教授）が募金をつのり、二〇一四年一月一九日、関係者約七〇人が出席し（上田穣一も出席）、除幕式をおこなった。この日は、一九一一年一月一八日の大逆事件判決（二四名死刑、二名有期刑）、翌一九日、特赦により死刑二四名のうち一二名を無期懲役に減刑にしてから一〇三年の歳月が経過していた。同顕彰碑は、飛松與次郎（一九五三年九月一〇日没、享年六五）の遺骨を祀っている山鹿市山鹿町の本澄寺に建立された。

碑文には次のように刻まれている。


幸徳秋水らを貶めた大逆事件に熊本から連座させられたのは、松尾卯一太（一八七九～一九一一）、新美卯一郎（一八七九～一九一一）、佐々木道元（一八八九～一九一六）、飛松與次郎（一八八九～一九五三）の四名である。松尾と新美は死刑、佐々木・飛松は死刑の判決を受けるも死一等を減じられて無期懲役となった。

なぜ、彼らは「大逆罪」とされたのか。

松尾らは、民衆を鼓舞するために「熊本評論」「平民評論」を発刊し、権力と闘っていたばかりでなく、人力車夫一二〇〇名余を組織して生活防衛を訴えていた。それは自由民権運動を引き継ぎ、社会主義を醸成せんとするものであった。権力はこの活動を発行禁止という手段で潰した一年後、まったくのデッチ上げによって大逆事件に連座させたのである。

大逆事件の真相は多くの人々の努力で明らかにされてきた。ここに犠牲者顕彰を行なうのは、犠牲となった熊

本出身者四名をはじめ、全国の大逆事件犠牲者の名誉回復を望んでのことである。

過ちは絶対に繰り返させてはならない。

二〇一四年一月

大逆事件犠牲者顕彰碑建立発起人会

「熊本日日新聞」は翌二〇日、除幕式について報じた。同記事の見出しは「「大逆事件」犠牲者の名誉回復を―県関係者顕彰碑山鹿市で除幕式」とし、顕彰碑に献花する出席者の写真とともに大きく取扱った。記事には「同事件（大逆事件）をめぐり顕彰碑が建てられるのは全国初という」「県別で熊本の4人は、和歌山県の6人に次いで多い。／除幕式には約70人が出席。顕彰碑は、同寺（本澄寺）が飛松（與次郎）の遺骨埋葬地（ママ）だったことから建立された。高さ3メートルを超す石碑で、参列した飛松の孫の内野一子さん（58）＝同市鹿北町＝は「書がうまく家族に尊敬された人で、再審請求を願っていたと聞いている。ようやくその思いが報われたようだ」と涙ぐんだ」と結んでいる。

顕彰碑建立発起人会は後日、ＤＶＤ「大逆事件犠牲者顕彰碑除幕式」を作成した。内容は二枚一組で、一枚目は除幕式四八分、二枚目は本澄寺講堂にて卓話、午後五時より栄太郎にて交流会の一三七分である。

飛松與次郎の遺骨は本澄寺納骨堂に保管・供養されている。

註

（1）「米第21爆撃機軍団戦闘要報および附属文書」の訳（『熊本史学』60・61合併号、一九八四年六月）や『ジェーンス・熊本回想』の抄訳（熊本日日新聞社、一九七八年一二月）がある。

（2）この項は上田穣一「『記録・熊本空襲』について」による。平和憲法を活かす熊本県民の会編『二十一世紀へ語り継ぐ戦争体験記』（一九九九年八月刊）所収。

（3）（4）（5）「大逆事件の真実をあきらかにする会ニュース」（以下「大逆事件ニュース」と略称）三三号（一九九四年一月刊）。

（6）「大逆事件ニュース」三五号（一九九六年一月刊）。
（7）「熊本日日新聞」一九六二年一二月一一日。
（8）「大逆事件ニュース」三三号。

本稿は『近代熊本』三九号（二〇一七年七月二五日刊）の拙稿（「上田穣一さんと『熊本評論』研究」）を増補したものである。

七、上田穣一執筆文献目録（その一）

(1)昭和二〇年代、松橋町の青年団の雑誌に「リアリズム文学いでよ」を投稿した。
(2)熊本市段山にあった済生会病院に入院中（昭和三〇年代）、肥後にわかの台本を書き、採用されたことがあった（ガリ版ずりの冊子になった）。
以上(1)(2)は上田さんから聞いたことである。
(3)「熊本日日新聞」に執筆した文章のうち、連載物の多くは収録できたが、地方自治一〇〇年や人物インタビュー（林靖男、木下嵩）、単発の記事（熊本のメーデーなど）は未収録。熊本近代史研究会の「会報」及び「沖縄新聞」「琉球新報」への寄稿（沖縄学童疎開など）も未収録。
(4)本目録は二〇〇六年ごろ作成した「上田穣一執筆文献目録稿」を増補したものである。※印は本書に収録した。

執筆文献	掲載雑誌名など	発行年月
中山常次郎著「婦人の組織の二三の経験」の史的背景	『熊本における戦前の社会運動(1)』	一九五八年一一月
解放運動犠牲者名簿及略歴（上田穣一・杉野健一）	同右	同右
※県下の小作争議と小曽部争議について	『熊本における戦前の社会運動(2)』	一九五九年一一月

※熊本県下小作争議年表
　—大正一一・二年代、郡築争議発生の前後　同右　同右
※黎明期の労働問題と労働者運動　『熊本県史　近代編　第三』　一九六三年三月
※田添鉄二　『熊本人物鉱脈』熊日刊　一九六三年五月
※戦前の労働運動　『熊本県史　近代編　第四』　一九六三年八月
『熊本県労働運動略史』　私家版　一九六三年
※熊本県魚貫炭坑の暴動　『近代熊本』一〇号　一九六九年一一月
※熊本評論と人力車夫同盟会について
　—初期社会主義と大衆運動—　『熊本史学』四三号　一九七四年二月
激動の夏—二〇・八・一五　その前後(1)～(21)　「熊本日日新聞」夕刊　一九七四年一一月一八～一二月一二日
人民沸騰—明治一〇年農民騒擾（序）　『熊本展望』三号（田水社）　一九七五年四月
〈鼎談〉戦後三〇年が私たちに問いかけるもの
　出席者：上田穣一、森田誠一、藤野隆一　『熊本展望』四号　一九七五年九月
※地方都市における一九二〇年代前半の労働運動の展開　『近代熊本』一七号　一九七五年九月
※〈座談会〉戦前の社会運動を語る（司会：上田穣一）　『近代熊本』一七号　一九七五年九月
※松原三夫氏についてのメモ　『あの頃、このごろ』（『熊本旧友会誌』）二号　一九七五年一一月
※昭和七年の「七・一三」および
　昭和八年の「二・一七」の大弾圧について　『あの頃、このごろ』三号　一九七六年か
「生産初歩」と肥後実学党　『熊本展望』五号　一九七六年一月
ゼーンス遺稿・回想録『クマモト』について　『一〇〇周年記念熊本バンド—近代日本を拓いた青春群像』　一九七六年一月
ゼーンスの二つの著書『生産初歩』と『洋学校教師祝文』　同　右　一九七六年一月

『熊本昭和史年表』（戦前篇分担執筆）　「熊本日日新聞」一九七四年一月～一九七六年三月まで連載

実録熊本大空襲(1)～(10)　「熊本日日新聞」一九七七年六月二六日～七月五日まで連載

米陸軍第21爆撃飛行集団司令官
　カーチス・E・ルメイ少将の報告　「記録　熊本空襲」一号　一九七七年七月

熊本県下空襲関係年表　同　右　一号　一九七七年七月

米陸軍第21爆撃飛行集団の作戦(1)　同　右　二号　一九七七年八月

熊本県下空襲関係年表（承前）　同　右　二号　一九七七年八月

『記録　熊本空襲』一号（一九七七年七月）～一二号（一九七八年一一月）編集　一九七七年七月～一九七八年一月

※今いましらの春やこむ―熊本の社会主義者　『熊本展望』七号　一九七八年一〇月

『ジェーンス・熊本回想』　熊本日日新聞社　一九七八年一二月

『日本社会運動人名辞典』（分担執筆）　青木書店　一九七九年三月

『熊本評論』関係資料　『近代熊本』二〇号　一九七九年一一月

人力車夫の騒動　『人力車譚（ものがたり）』所収　一九八〇年か

〝二四時間〟空襲下の九州　『日本の空襲8　九州』三省堂　一九八〇年七月

上田穣一編『熊本県労働運動史年表』　熊本県労働組合総評議会　一九八一年八月

『熊本評論』関係資料　『近代熊本』二一号　一九八一年一二月

すさまじきもの―熊本大空襲と本土決戦　魚返正臣編『反核　私の緊急提言』創文社　一九八一年

『熊本県大百科事典』（分担執筆）　熊本日日新聞社　一九八二年四月

※坂田勝と戦前労働運動　『部落解放研究くまもと』二号　一九八二年

※熊本県の水平社結成と運動　同　右　三号　一九八二年九月

※激動期・労働運動の再出発　『新・熊本の歴史9　現代』　一九八三年二月

〈史料〉熊本県民会記録―明治九年―　『近代熊本』二二号　一九八三年八月

〈史料〉米第21爆撃機軍団戦闘要報および附属文書　『熊本史学』六〇・六一合併号　一九八四年六月

上田穣一編『熊本県労働運動史』　熊本県労働組合総評議会　一九八四年九月

キャンプウッド　グリーン地区　『隈本古城史』第一高校刊　一九八四年一一月

※『熊本評論』関係者の経歴等について　「大逆事件ニュース」二四号　一九八五年七月

※熊本社会運動史における『熊本評論』　上田穣一・岡本宏編著『大逆事件と『熊本評論』』（三一書房）　一九八六年一〇月

※松尾卯一太、新美卯一郎、佐々木道元、飛松與次郎、松岡悌三、首藤猛熊、松尾倭久（静枝）、松隈勇、志賀連　同右　一九八六年一〇月

熊本における大正期の社会運動㈠　熊本近代史研究会「会報」二〇〇号　一九八七年一月

『熊本の昭和史年表』（戦前編分担執筆）　熊本日日新聞社　一九八七年二月

※学生運動　田中浩編『近代日本のジャーナリスト』（御茶の水書房）　一九八七年二月

※戦前の教育と教員運動　『熊本県教育運動史』（熊本県教組）　一九八七年二月

上田穣一編『熊本県労働運動史資料』（一）～（二八一）　熊本県立図書館蔵　一九八八年

※熊本における研究動向　『初期社会主義研究』三号　一九八九年一二月

※熊本四人の墓（Ⅰ）　「大逆事件ニュース」二九号　一九九〇年一月

※熊本四人の墓（Ⅱ）　「大逆事件ニュース」三〇号　一九九一年九月

『ジェーンズ・熊本回想　改訂版』　熊本日日新聞社　一九九一年九月

※熊本四人の墓（Ⅲ）　「大逆事件ニュース」三一号　一九九二年一月

日米開戦と波野村　『波野村誌編纂資料』㈡　一九九二年三月

昭和一七年度波野村事務報告　同右　一九九二年三月

※熊本四人の墓（Ⅳ）　「大逆事件ニュース」三二号　一九九三年一月

波野と近代文学	『波野村誌編纂資料』㈢	一九九三年三月
波野村役場所蔵文書について㈠	同右	一九九三年三月
波野村役場所蔵文書目録(1)	同右	一九九三年三月
※『熊本評論』との出会い	「大逆事件ニュース」三三号	一九九四年一月
日中全面戦争開始前後の波野村	『波野村誌編纂資料』㈣	一九九四年三月
昭和一一・一二・一四年度波野村事務報告	同右	一九九四年三月
波野村役場所蔵の文書について㈡	同右	一九九四年三月
波野村役場所蔵文書目録(2)	同右	一九九四年三月
校訂　波野村産業振興第一次計画書	『波野村誌編纂資料』㈤	一九九四年一二月
波野村役場所蔵の文書について㈢	同右	一九九四年一二月
波野村役場所蔵文書目録(3)	同右	一九九四年一二月
※熊本評論社を探して	「大逆事件ニュース」三五号	一九九六年一月
『近代日本社会運動史人物事典』（分担執筆）	日外アソシエーツ	一九九七年一月
『波野村史』（分担執筆―近代・現代）	熊本県阿蘇郡波野村刊	一九九八年三月
『記録・熊本空襲』について	『二一世紀に語り継ぐ戦争体験記』 平和憲法を活かす熊本県民の会	一九九九年八月
『近代熊本女性史年表』と新聞	『木鐸』一号（新聞博物館）	二〇〇〇年三月
近代熊本と看護婦	熊本近代史研究会「会報」三五〇号	二〇〇〇年六月
言論統制下の情報伝達―敗戦直後の熊本県常会徹底事項	『木鐸』二号	二〇〇一年八月
「沖縄新聞」をめぐって	『史叢』六号（熊本歴史学研究会）	二〇〇一年八月
本土決戦準備と九州・熊本―年表と図を中心に	『史叢』七号	二〇〇二年七月
※〈基調報告〉平民社と『熊本評論』	『非戦・自由・人権―平民社一〇〇年と	二〇〇四年五月

※〈シンポジウム報告〉『熊本評論』と労働問題　「熊本評論」』熊本近代史研究会他四団体　二〇〇四年一二月
三井三池炭鉱と万田坑の米騒動　『図説　米騒動と民主主義の発展』民衆社　二〇〇四年一二月
「日本窒素」争議の騒動化　同　右　二〇〇四年一二月
熊本県下空襲関係略年表　『子どもと歩く戦争遺跡Ⅰ　熊本編』　二〇〇五年八月
第六師団の編成と略年譜編　同　右（熊本の戦争遺跡研究会）　二〇〇五年八月
〝華工〟の叫び　立山茂『隈庄飛行場工事の記録』　二〇〇六年五月
熊本の空襲　『戦後六五年―熊本空襲を語り継ぐ』　二〇一〇年七月
平和憲法を活かす熊本県民の会
熊本の戦争遺跡研究会　二〇一一年八月

『激動の夏　熊本―昭和二〇年八月一五日　その前後』
収録されているのは次の三篇
「激動の夏」―一九七四年一一月一八日より二一回「熊本日日新聞」に連載
「実録　熊本大空襲」―一九七七年六月二六日より一〇回「熊本日日新聞」に連載
「本土決戦と熊本」―魚返正臣編『反核　私の緊急提言』所収、一九八一年刊
出典「熊本近研会報」（熊本近代史研究会発行）五三五号（二〇一六年七月一日発行）

八、上田穣一執筆文献目録（その二）

上田穣一が執筆した文献について、本会の「熊本近研会報」五三五号（二〇一六年七月刊）に掲載した。その際、熊本近代史研究会の「会報」「熊本近研会報」（三〇五号より改題）は未収録であることをことわっておいた。今回「会報」「熊本近研会報」を調査した結果を発表したい。同「会報」には会員が他誌紙に発表した論文などが「文献紹介」欄に時々、掲載されている。それによって、上田が発表した文献も判明した分については本目録に収録した。

題　名〔（氏名）は例会報告の記録者名〕	数字は「会報」「熊本近研会報」号数	発行年月
飛松与次郎について（水）	五四号	一九七三年七月
座談会―戦前の社会運動の体験を聞く（上田記）	五八号	一九七三年一二月
大正末期の社会運動 ―大正一五年熊本市電争議を中心に―（無記名）	七〇号	一九七五年一月
いわゆる九州決戦と熊本 ―一九四五・八・一五前後―（上田）	七二号	一九七五年三月
熊本バンドをめぐって（水野）	八四号	一九七六年四月
〝熊本市大空襲〟に関する資料（以下は上田穣一の署名）	九八号	一九七七年七月
ノート・ヘルファのL・L・ジェーンス研究について	九九号	一九七七年八・九合併
初期社会主義研究の視点	一〇六号	一九七八年四月
初期社会主義と「熊本評論」	一〇七号	一九七八年五月
熊本評論の歴史的背景	一一七号	一九七九年四月
史料紹介「働く人」と「労働」について	一二一号	一九七九年九月
熊本評論と労働問題	一二三号	一九七九年一一月
史料紹介「愛国之説」	一二四号	一九七九年一二月
史料紹介「愛国之説」（承前）	一二五号	一九八〇年一月
九州の空襲と〝本土決戦〟	一三一号	一九八〇年七月
※「熊本評論」創刊前の熊本における社会主義運動	一三五号	一九八〇年一二月
（資料）熊本県労働組合地域センターの変遷	一四八号	一九八二年二月
（資料紹介）〝宇土民権派〟に関する資料	一五〇号	一九八二年四月
県下の民権（社会運動）の跡を歩く	一五一号	一九八二年五月

（資料紹介）「熊本新聞」の民権党批判	一五二号	一九八二年六月
※熊本県下に於ける戦後労働運動の再生 —占領下の県下労働運動(1)	一五七号	一九八二年一二月
※同　右　—占領下の県下労働運動(2)　レッド・パージ	一五八号	一九八三年一月
（資料紹介）熊本大空襲にあたっての知事『告諭』	一六〇号	一九八三年三月
※東京帝大新人会と熊本	一八七号	一九八五年九月
※学生社会運動の機関誌—新人会と建設者同盟	一九〇号	一九八五年一二月
※国歌としての「君が代」と松岡荒村	『熊本教育』四五二号　熊本県教組	一九八六年一月
※米村鉄三について—大正中期の熊本社会運動—	二〇一号	一九八六年一二月
※熊本における大正期の社会運動(1)	二〇〇号	一九八七年一月
知事様塔と波野村の経済的考察 —地方行財政改革の「今昔」—	熊本県地方自治研究センター	一九八七年八月
地租改正と阿蘇地方原野下戻しについて	熊本県地方自治研究センター	一九八七年一〇月
松本・安曇野の文化風土 日本社会文学会・第三回・秋季研究会松本大会参加記	二一二号	一九八七年一二月
熊本の水問題について	熊本県地方自治研究センター 『熊本自治研センター』	一九八八年三月
（資料紹介）『熊本県官権弾圧の事実集』について	二一五号	一九八八年三月
『鹿本郡田原村是』について	二二五号	一九八九年二月
『鹿本郡田原村是』について（承前）	二四二号	一九九〇年九月
明治『村是』調査書の検討	二四三号	一九九〇年一〇月
※藤本豊喜の遺稿について—忘れ得ぬ人々—	二五〇号	一九九一年五月

阿蘇高冷地の農山村（その1）　二五八号　一九九二年二月

〈史料紹介〉波野村荻岳の知事様塔をめぐって　二八八号　一九九四年一一月

太平洋戦争下における沖縄学童集団疎開と九州(1)　二九〇号　一九九五年一月

同右(2)　二九一号　一九九五年二月

同右(3)　二九二号　一九九五年三月

明治後期・阿蘇と玉名の村
—阿蘇・玉名『郡是』『町村是』を中心に—　三二四号　一九九八年二月

『近代熊本女性史年表』について　三四六号　二〇〇〇年二月

『近代熊本女性史年表』と新聞　熊本言論史研究会『木鐸』一号　二〇〇〇年三月

〈メモ〉近代熊本と看護婦　三五〇号　二〇〇〇年六月

『沖縄新聞』について　三七五号　二〇〇二年一〇月

上田穣一氏報告「田添鉄二について」（小田憲郎）　五一三号　二〇一四年九月

出典「熊本近研会報」（熊本近代史研究会発行）五三七号（二〇一六年九月一日発行）

※印は本書に収録した。

上田穣一の労作の一つに『「熊本評論」関係資料』（『近代熊本』二〇号〈一九七九年〉、五二頁、同二一号〈一九八一年〉、六四頁）があるが紙数が多く本書に収録できなかった。また、『近代熊本』三四号（二〇一〇年一二月刊）には「大逆事件『証拠物写』熊本関係—付、大逆事件熊本関係資料」が掲載されているが、同様の理由で本書に収録できなかった。

上田　穰一　略歴

1926（大正 15）年 8 月 22 日、熊本市生まれ。

幼少年期を中国で過ごす。1945（昭和 20）年、宇土中学校卒業。

近代熊本社会運動史をはじめ、熊本洋学校、初期社会主義などの研究に尽力。

2016（平成 28）年 5 月 22 日没、享年 89。

〔編纂〕

『熊本県労働運動史年表』（熊本県労働組合総評議会　1981 年）

『熊本県労働運動史』（同前　1984 年）

『波野村史』（波野村　1998 年）　ほか

〔共編著〕

上田穰一・岡本宏編著『大逆事件と『熊本評論』』（三一書房　1986 年）

『ジェーンス　熊本回想』（熊本日日新聞　1978 年）

ほか

熊本社会運動史研究

2019 年 8 月 15 日　初版

著者　上田　穰一

発行　熊本近代史研究会

制作　熊本出版文化会館

熊本市西区二本木 3 丁目 1-28

☎ 096（354）8201（代）

発売　創流出版株式会社

【販売委託】武久出版株式会社

東京都新宿区高田馬場 3-13-1

☎ 03（5937）1843　http://www.bukyu.net

印刷・製本／モリモト印刷株式会社

※落丁・乱丁はお取り換え致します。

ISBN978-4-906897-55-1　C1021

定価はカバーに表示してあります